实践性、研究性人才培养综合案例教学系列教材

总主编/皮修平　副总主编/唐芳贵　梁文明

法学综合案例教学

主　编　谭和平　陈文曲

副主编　周标龙　罗文正

中国人民大学出版社

·北京·

实践性、研究性人才培养综合案例教学系列教材
编委会

《法学综合案例教学》编委会

主　编　谭和平　陈文曲

副主编　周标龙　罗文正

编　者　（按姓氏笔画排序）

刘金星　李　鲲　陈文曲　陈红国

肖　卫　罗文正　周标龙　郑明景

曾志华　曾　炜　谭和平

总　序

2009 年，我们迎来了新中国 60 华诞。回望 60 年艰苦卓绝的奋斗历程，我们无不为中国特色社会主义事业的全面发展和伟大祖国的日益强大而倍感自豪和骄傲。新中国教育 60 年的深刻变革和历史性跨越同样值得我们感佩和讴歌。然而，当我们放眼全球时，不难发现，在全球化的洪流中与发达国家百舸争流，不进则退；当我们立争中国现代化宏伟目标和中华民族伟大复兴的实现时，我们没有任何理由盲目乐观、安于现状；当我们的学校教育面对“钱学森之问”无力回应而成为教育战线难以释怀的“硬伤”时，我们没有任何理由不去冷静地对我们现行的教育理念、教育体制机制、人才培养模式、人才培养途径和方法等进行全面检视和深刻剖析。

“提高教育质量，培养创新型人才”，已成为中国新一轮教育改革与发展中的最强音。面对存在的问题、困难和挑战，我们没有退路。唯有以百倍之信心、无畏之勇气锐意改革、大胆创新，才是明智之举。然而，知易行难。对于我国整个高等教育而言，难就难在我们高校内部的各项改革仍滞后于社会经济发展和创新型人才培养的要求，没能够与社会需求主动对接；难就难在我们当中有一些高校管理者明知教育教学改革“剑”指何方，却没有真刀真枪地干；难就难在我们广大教育工作者缺乏一颗宁静之心和一种脚踏实地、不懈探求破解难题之法的精神品性。

如果这一切不能从根本上得到改观，那么我们长期以来形成的习以为常的“课堂教学气氛沉闷憋屈，缺乏论争、质疑、批判、探究、创生和活力”的教育景象将像病毒一样，一代代复制下去。这绝非危言耸听，它为我们敲响了“我们正处于危机之中”的警钟！

综观美国等发达国家，我们不能不为其从幼儿园到大学的课堂教学中处处洋溢着质疑、辩论、批判、探究、创造的气氛而慨叹，而更令我们感叹的是那些组织、营造和引领这种氛围的教师们，他们善于以问题、主题、小课题、小项目和案例的形式来组织学生进行课堂教学，培养学生的创新精神和实践能力。慨叹之余，我们应有所领悟，有所作为。他山之石，可以攻玉。在长期的探索中，我们逐渐发现，成熟于美国哈佛大学商学院的案例教学最为引人注目，最值得我们学习、借鉴。其原因在于案例教学这种教学方式所具有的独特优势。它一改传统，以激发学生参与、质疑、讨论、分析、批判、归纳、总结为主要目标，彻底改变了传统教学中教师权威、照本宣科与学生被动的局面。以教师的角色为例，教师在课堂上通过对典型案例的解剖，引导学生从个别到一般，进一步学习、理解和掌握教材中的相关原理、原则，更重要的是，学生在长期的“参与、质疑、讨论、分析、批判、归纳、总结”教学文化氛围中，逐渐形成了发现问题、分析问题、解决问题的方法论和精神品质。有鉴于此，我国一些高校商学院的 MBA 课程也纷纷效仿哈佛大学商学院，采用案例教学，取得了良好的效果。但总体而言，案例教学在我国绝大多数高校的课程教学中并没有得到足够重视。就目前我国地方高等师范院校教育而言，几乎很难看到案例教学的场景。原因有三：一是我们还没有充分认识到案例教学的独特优势；二是在日常的教育教学中没有注意收集和提炼案例；三是缺乏对案例教学教材的开发和体系化建设，导致长期以来一直缺少针对性强、综合性好的案例教学教材。

为应对上述教育之难，近年来，衡阳师范学院立足地方经济社会发展需要和本校实际，积极致力于教育教学改革，创新人才培养理念，打造学科专业综合课程，开发特色教材和校本教材，强化实践性和创新性人才的培养。“实践性、研究性人才培养综合案例教学系列教材”就是我们历经两年精心谋划的成果。系列教材共八本，每一本教材都力图充分展示出“知识、素质和能力三位一体，集系统知识体系和鲜活案例于一身”的特点。在教材的编写结构上，基本上以教学案例为主体，每个教学案例包含知识体系要点、案例、案例分析、思考题四个部分；在教学案例的组织上，注重例与理之间的有机联系，注重形式与结构上的灵活性，如有的先理后例，有的则先例后理；在案例的取材上，尽可能突出案例的目的性、典型性、科学性和启发性，注重呈现形式的多样性，如有事例描述型、解决问题型、自主设计型等案例形式；在思考题的设计上，紧扣知识要点和案例，体现巩固性、引导性、研究性和拓展性的特点。

当然，我们也清醒地认识到，本套教材的编写肯定存在诸多不足，正所谓“始生之物，其形必丑”。但是，立足于当代高素质创新型人才的需求，着眼于高校人才培养模式之创新，我们编写的这套教材，无疑开创了地方高等师范院校课程教材建设之先河，它的成功出版也必将成为推动地方高等师范院校教育教学方式转变的有效动力之一。在此，我们要对中国人民大学出版社表示最诚挚的感谢，感谢他们对地方高等师范院校教育教学的关心和大力支持。

“路漫漫其修远兮，吾将上下而求索。”我们对中国教育充满希望和信心，也将一如既往地在中国教育改革的征途中继续探索、继续奉献自己的力量！

总主编

2009 年 12 月

CONTENTS 目录

第一篇　程序法篇

第二篇 实体法篇

第三篇 国际法篇

第一篇 程序法篇

第一章
民事诉讼法学

一、诉与诉权

——赵天祥诉南阳市宛城区环城第一建筑公司案

知识要点

（一）诉权的基本理论

1. 诉权的定义和实质

民事诉讼中的诉权，是指当事人请求法院依法保护其民事权益的权利。这一定义包括以下三层含义：第一，诉权的主体为当事人；第二，诉权主体行使诉权的目的在于请求法院保护自己的民事权益，而不是其他权益；第三，法院保护诉权主体民事权益的方式是作出有利于诉权主体的判决。

诉权的实质是司法保护请求权，即它是公民、法人和其他组织在其民事权益受到侵害或者与他人发生争议时，请求法院用判决的方式予以保护的一种权利。

2. 诉权与诉讼权利的区别

一是法律依据不同；二是享有的主体不同；三是产生的时间不同；四是行使的阶段不同。

3. 二元诉权说

按照二元诉权说，诉权包含两方面的含义：一是程序意义上的诉权，是指当事人请求法院给予司法救济的权利，其外延表现为原告的起诉权和被告的反诉权；二是实体意义上的诉权，是指当事人请求法院通过审判强制实现其民事权益的权利，其外延表现为期待胜诉权。

（二）诉的基本理论

1. 诉的定义和特征

民事诉讼中的诉，是指当事人因民事权利义务关系发生争议，而向法院提出予以司法保护的请求。诉的基本特征是：第一，它只能向法院提出；第二，它的内容仅限于请求保护民事权益；第三，它的主体包括当事人各方；第四，它以当事人之间的民事权利义务关系发生争议为提起原因。

2. 诉的双重含义

与诉权的双重含义相适应，诉也具有双重含义，即诉包括程序意义上的诉和实体意义上的诉。所谓程序意义上的诉，是指当事人向法院提出的启动民事审判程序的请求。所谓实体意义上的诉，是指当事人向法院提出的保护其民事权益的请求。

程序意义上的诉与实体意义上的诉是形式与内容、手段与目的的关系。即程序意义上的诉，是保护实体意义上的诉的诉讼形式或者手段；实体意义上的诉，是程序意义上的诉所要保护的具体内容或者所要追求的目的。它们两者相互依存，缺一不可，从而使诉的概念具有完整的内容。

（三）诉与诉权的关系

诉与诉权既有联系，又有区别。两者的联系表现在：首先，诉权是诉存在的基础，诉是诉权的表现形式和行使诉权的起点；其次，诉权的双重含义决定诉的双重含义。两者的区别表现在：首先，诉是一种请求，而诉权则是一种权利或者权能；其次，诉处于动态，而诉权则处于静态；再次，诉是具体的，而诉权则是抽象的。[①]

案情简介

1991 年，南阳市宛城区北郊法律顾问处（以下简称北郊法律顾问处）在南阳市宛城区环城第一建筑公司（以下简称环城建筑公司）设立接待室。后北郊法

① 参见江伟主编：《民事诉讼法》，2 版，24 页，北京，北京大学出版社，2004。

律顾问处聘请赵天祥为接待室负责人。双方签订协议：接待室实行有偿服务，受聘者每年应向北郊法律顾问处交纳 1 000 元管理费。暂定的 1 年协议期届满后，双方又续签了为期 2 年的协议。同时，赵天祥还与环城建筑公司签订协议约定：环城建筑公司聘请赵天祥为法律顾问，对标的额在 1 万元以上重大案件的诉讼代理，聘请方按国家规定另行向受聘方支付诉讼费用。协议生效后，环城建筑公司给接待室提供办公设施，赵天祥为环城建筑公司提供法律服务，代理诉讼。约定的 1 年协议到期后，环城建筑公司与赵天祥又续签了与前协议内容相同的为期 2 年的合同。在 1992 年 6 月 1 日到 1993 年 6 月 30 日期间，赵天祥除了为环城建筑公司处理法律事务外，还为其代理诉讼案件 26 件，应得代理费 17 618.12 元。1994 年至 1995 年 1 月，赵天祥又为环城建筑公司代理诉讼案件 5 件，应得代理费 7 314.12 元。上述费用环城建筑公司均未给付。另据合同约定，环城建筑公司每年应向赵天祥支付聘金 2 000 元，3 年共计 6 000 元，但环城建筑公司尚欠 600 元未付。赵天祥遂向南阳市宛城区人民法院提起诉讼，请求法院判令被告环城建筑公司给付所欠的聘金和代理费。被告环城建筑公司则认为公司是与北郊法律顾问处签订聘请常年法律顾问协议的，与原告无关，原告依据该协议书起诉，不符合法定起诉条件，所以请求人民法院驳回其起诉。①

案情分析

本案属于法律服务合同纠纷，这是一方以其智力付出换取对方给付报酬的双务合同。本案提供法律服务方为受聘于北郊法律顾问处的赵天祥，接受法律服务方为环城建筑公司。赵天祥在合同履行期间依照合同约定为环城建筑公司提供法律服务，但没有获得全部聘金及代理费。他的合法权益受到侵害，于是请求司法保护。根据二元诉权说的理论，程序意义上的诉权是请求法院开始审判程序的权利，其依据在于纠纷本身，也就是说纠纷的双方均有程序意义上的诉权，即都享有起诉权。实体意义上的诉权的根本依据是民事权益本身，所以民事权益和实体意义上的诉权按其现实性只能归属于纠纷双方中的一方。期待胜诉权，作为实体意义上的诉权的外延，是指在当事人实际享有的民事权益同其诉讼请求相一致

① 参见汤维建主编：《民事诉讼法案例分析》，24 页，北京，中国人民大学出版社，2003。

时，就可以得到胜诉判决。这里的一致包括“质”的意义上的一致和“量”的意义上的一致，即当事人只有在辨明其实体权益并且在该范围内向法院提出诉讼请求，才能在得到司法保护的同时获得胜诉判决。在本案中，当事人赵天祥的实体意义上的诉权的实现，最终体现为他得以胜诉的结果。赵天祥的民事合法权益受到侵害是他的实体意义上的诉权的根据，他要求法院判令被告给付诉讼代理费和聘金的诉讼请求与其实际享有的民事权益在“质”与“量”上达到一致，因而赵天祥能够实现实体意义上的诉权。

二、民事诉讼法中的处分原则

——国阳机械制造厂诉兴业商贸公司案

知识要点

（一）民事诉讼法基本原则的基本理论

1. 民事诉讼法基本原则的含义和特征

所谓民事诉讼法的基本原则，是指能够指导民事诉讼活动正常进行的基本原理和基本规则。

民事诉讼法的基本原则不同于民事诉讼法的一般原则，它具有以下 3 个特征：一是基础性；二是导向性；三是抽象性。

2. 民事诉讼法基本原则的作用

（1）其是民事诉讼法学基本理论的重要组成部分和集中体现，是民事诉讼法学基本理论的条文化、法律化。

（2）其是民事诉讼法中具体条文的统帅，是制定各项程序制度的依据。

（3）其具有概括性强、适应性强的特点，可以弥补立法的不足。

（二）民事诉讼法基本原则的内容

1. 民事诉讼法特有的基本原则

根据《民事诉讼法》的规定，民事诉讼法特有的基本原则共有 7 项：当事人诉讼权利平等原则；诉讼权利义务同等原则和对等原则；法院调解自愿与合法原则；辩论原则；处分原则；支持起诉原则和人民调解原则。

2. 处分原则

民事诉讼法基本原则中的处分原则，是指当事人有权在法律许可的范围内自由支配自己的民事权利和诉讼权利。这一原则包括以下具体内容：其一，处分权的享有者只限于民事诉讼当事人，其他诉讼参与人不享有处分权；其二，当事人行使处分权的对象，包括处分自己依法享有的民事权利和诉讼权利。

处分原则贯彻于民事诉讼的全过程，主要体现在：第一，当事人的处分行为直接关系着民事诉讼程序能否开始；第二，当事人的处分行为对于诉讼程序的发展和终结有着重要影响；第三，审判保护的范围和方法，一般要尊重当事人的意愿。①

案情简介

国阳机械制造厂是一家国有大型企业，其生产的机床器械销路很好，该机械制造厂因此效益极佳，每年上交的利税是当地财政的重要来源。2000年国阳机械制造厂同兴业商贸公司签订合同，由国阳机械制造厂卖给兴业商贸公司机床10台，价款总计560万元，兴业商贸公司承诺货到付款。但是机床运抵之后兴业商贸公司却总是找理由推托、搪塞，迟迟不付款。为此，国阳机械制造厂于2002年9月向兴业商贸公司所在地的基层人民法院提起诉讼，要求兴业商贸公司履行付款义务，其提交的证据包括双方的购销合同、国阳机械制造厂的机床出厂发货单、兴业商贸公司开出的收货单。在诉讼进行过程中，国阳机械制造厂发现兴业商贸公司严重亏损，完全付款确实很有困难。为了让兴业商贸公司尽快付款，国阳机械制造厂厂长同兴业商贸公司商定，只要兴业商贸公司承诺在两个月之内支付500万元，国阳机械制造厂就可以免除剩余的60万元货款和迟延付款产生的利息，并马上撤回起诉。在国阳机械制造厂向法院合议庭申请撤诉的过程中，合议庭认为国阳机

---

① 参见江伟主编：《民事诉讼法》，2版，57页，北京，北京大学出版社，2004。

械制造厂的这种行为损害了自身利益，并且会导致当地财政收入减少和国有资产流失，因此合议庭裁定不准原告撤诉。①

案情分析

1991年《民事诉讼法》第131条第1款规定：宣判前，原告申请撤诉的，是否准许，由人民法院裁定。（2007年《民事诉讼法》修改时对此款未作变动，故而新法修订后，人民法院审理同类案件，适用依据相同。）作为与处分原则对应的、经常被谈到的例子就是某公司属于国有企业，与另一公司发生了债权债务纠纷，国有企业作为债权人提起给付之诉，要求对方履行义务。但由于该公司法定代表人与对方当事人存在某种利益关系，或顾忌双方的合作关系等其他因素，该公司便要求撤回起诉，此时法院认为如果原告撤诉将损害国家利益，因此不同意撤诉，诉讼继续进行，最终法院判决被告履行义务。这样的例子试图告诉人们：由于限制了原告的处分行为，国家的利益得以维护，国家的利益免受损失。这是对待处分原则的一个误区，即将处分原则与国家干预对立起来。对立的结果实质上是将国家干预作为民事诉讼的一项原则，而将真正的原则排斥在外或降格为非原则。从民事诉讼的特性和本质来看，国家干预从来就不应当是一项原则，当事人对自己实体权利和诉讼权利的自由处分才是民事诉讼的一项基本原则。处分原则的设立不仅体现和反映了民事诉讼的特性，也充分体现了民事诉讼程序的程序正义性。诉讼程序以及主要的子程序，例如，管辖异议程序、回避程序、财产保全程序、先予执行程序、执行程序等的启动应当基于当事人的主动申请而开始，如果法院能够依职权启动，必然会打破民事诉讼平等当事人之间的平衡，使法院失去中立性，而中立性是民事审判程序正义的体现。在本案中，原告虽然是一个国有企业，但是它也是独立的民事权利主体，完全可以自由处分自己经营管理的财产，不仅享有处分自己实体权利的自由，也享有处分自己程序权利的自由。原告选择达成和解，仅是为了尽量减少损失，是完全合理合法的，法院裁定不准撤诉是不合适的。

---

① 参见张卫平主编：《民事诉讼法学教学案例》，8页，北京，法律出版社，2005。

三、一般地域管辖

——陈芳君等与陆伯权返还财礼纠纷案

知识要点

（一）地域管辖的基本理论

1. 地域管辖的概念和种类

地域管辖，是指同级人民法院之间受理第一审民事案件的分工和权限。

地域管辖主要根据当事人住所地、诉讼标的物所在地或者法律事实所在地来确定。即当事人住所地、诉讼标的或者法律事实的发生地、结果地在哪个法院辖区，案件就由该地人民法院管辖。

根据《民事诉讼法》的规定，地域管辖分为一般地域管辖、特殊地域管辖、专属管辖、共同管辖和协议管辖。

2. 地域管辖与级别管辖的关系

地域管辖与级别管辖二者之间存在区别。级别管辖从纵向划分上、下级人民法院之间受理第一审民事案件的权限和分工，解决某一民事案件应由哪一级人民法院管辖的问题；而地域管辖从横向划分同级人民法院之间受理第一审民事案件的权限和分工，解决某一民事案件应由哪一个人民法院管辖的问题。

当然，二者也是有联系的。地域管辖是在级别管辖的基础上划分的，只有在级别管辖明确的前提下，才能确定地域管辖；而要最终确定某一案件的管辖法院，则必须在确定了级别管辖之后，再通过地域管辖来进一步落实受诉法院。①

（二）一般地域管辖

1. 一般地域管辖的含义和原则

一般地域管辖，又称普通管辖，是指以当事人住所地与法院辖区的关系来确定管辖法院。

一般地域管辖的原则是“原告就被告”，即民事诉讼由被告所在地人民法院

---

① 参见江伟主编：《民事诉讼法》，2版，79页，北京，北京大学出版社，2004。

管辖。实行“原告就被告”原则，有利于人民法院调查、核实证据，迅速查明案情，正确处理民事纠纷；有利于传唤被告出庭应诉；有利于采取财产保全和先予执行措施；如果被告败诉，还有利于执行；同时，还可以防止原告滥用诉权，给被告造成不应有的损失。

2.“原告就被告”原则的司法运用

（1）我国《民事诉讼法》第22条规定：对公民提起的民事诉讼，由被告住所地人民法院管辖；被告住所地与经常居住地不一致的，由经常居住地人民法院管辖。对法人或者其他组织提起的民事诉讼，由被告住所地人民法院管辖。同一诉讼的几个被告住所地、经常居住地在两个以上人民法院辖区的，各该人民法院都有管辖权。

（2）根据最高人民法院《关于适用〈中华人民共和国民事诉讼法〉若干问题的意见》（以下简称《民诉法意见》）相关规定，双方当事人都是现役军人的离婚诉讼，由被告住所地或者被告所在的团级以上单位驻地的人民法院管辖；双方当事人都被监禁或劳动教养的，由被告原住所地人民法院管辖；被告被监禁或被劳动教养1年以上的，由被告被监禁地、被劳动教养地的人民法院管辖；夫妻双方离开住所地超过1年，一方起诉的离婚案件，由被告经常居住地人民法院管辖；不服指定监护或变更监护关系的案件，由被监护人住所地人民法院管辖。

（3）“原告就被告”原则的例外。《民事诉讼法》第23条规定：“下列民事诉讼，由原告住所地人民法院管辖；原告住所地与经常居住地不一致的，由原告经常居住地人民法院管辖：（一）对不在中华人民共和国领域内居住的人提起的有关身份关系的诉讼；（二）对下落不明或者宣告失踪的人提起的有关身份关系的诉讼；（三）对被劳动教养的人提起的诉讼；（四）对被监禁的人提起的诉讼。”

案情简介

1990年9月，陆伯权与陈芳君经人介绍相识恋爱。双方恋爱期间，陆伯权送给陈芳君及其父母财礼若干。后因种种原因，双方中断恋爱关系。1992年11月13日，陆伯权以陈芳君及其父母陈学忠、严调花为被告，向被告户籍所在地的浙江省慈溪市人民法院提起诉讼，请求法院判令陈芳君及其父母返还所送之财礼。被告陈芳君、陈学忠、严调花在答辩期内，以自己经常居住地在杭州市江干区为理由，向慈溪市人民法院提出管辖权异议，要求将本案移送杭州市江干区人民法院审理。慈溪市人民法院经审查，裁定驳回了被告陈芳君、陈学忠、严调花对本案管辖权提出的异议。一审裁定后，陈芳君、陈学忠、严调花不服，向宁波市中级人民法院提起上诉，要求撤销一审法院的裁定，将本案移送杭州市江干区人民法院审理。在宁波市中级人民法院审理期间，上诉人陈芳君、陈学忠、严调花提供了房屋出租人陈柄根及杭州市江干区闸弄口村治保委员会出具的证明，证实陈芳君、陈学忠、严调花租住在杭州市机场路闸弄口新村28弄18号的时间为1991年8月。宁波市中级人民法院于1993年2月17日裁定：(1) 撤销慈溪市人民法院一审民事裁定。(2) 本案移送杭州市江干区人民法院处理。①

案情分析

本案一、二审法院之所以会对被告提出的管辖权异议作出截然相反的裁定，关键在于对经常居住地的起算时间作了不同的认定。

慈溪市人民法院查明被告陈芳君、陈学忠、严调花于1992年1月9日起暂住杭州市机场路闸弄口新村28弄18号，有杭州市公安局江干分局闸弄口派出所办理的被告暂住证为据，而该院对本案的立案日期为1992年11月13日。该院因此认为，三被告在杭州市江干区连续居住的时间至本院立案时尚不满1年，因此，不能认定杭州市江干区为被告的经常居住地，被告提出管辖权异议的理由不能成立。

而宁波市中级人民法院认为，公民离开住所地至起诉时已连续居住1年以上的地方为经常居住地。我国法律没有明文规定公民申报暂住证为经常居住地的起算时间，故应以公民实际居住时间为认定经常居住地的起算时间。上诉人于1991年8月起租住在杭州市机场路闸弄口新村，至被上诉人起诉时已连续居住1年以上，上诉人提出的管辖权异议成立，应予支持。

根据有关规定，我国法律对认定经常居住地的起算时间是以公民离开住所后、在其他地方开始居住时为认定标准的，并未规定以领取暂住证作为认定标准。因此，只要当事人能够对自己在其他地方实际开始居住的时间提供充分证据，而对方当事人没有提供相反证据或证据不充分，就应以其实际开始居住的时间为认定其经常居住地的起算时间；只有在当事人无法对自己实际开始居住的时间提供足够的证据予以证明时，人民法院才可以依据公安机关发给的暂住证来认定公民的居住时

① 参见汤维建主编：《民事诉讼法案例分析》，75页，北京，中国人民大学出版社，2003。

间。本案中，被告方对自己离开户籍所在地到现在暂住地开始居住的时间，提供了足够的证据，因此，二审法院以被告方实际开始居住时间作为认定经常居住地的起算时间，并因其至起诉时在此已连续居住1年以上而认定此地为被告的经常居住地，裁定应将案件移送给杭州市江干区人民法院审理，是完全正确的。

四、当事人的适格

——张静诉俞凌风网络环境中侵犯名誉权纠纷案

知识要点

（一）当事人的基本理论

1. 当事人的概念

民事诉讼当事人，是以自己的名义要求人民法院保护其民事权利或者法律关系、受人民法院裁判约束的起诉方和被诉方。一般来说，只要同时符合以下3个要求的主体就可以成为民事诉讼当事人：以自己的名义起诉或者应诉，实施诉讼行为；向法院请求解决争议、保护民事权益；接受法院裁判的约束。

2. 当事人的确定

当事人的确定，就是指在具体的诉讼案件中决定何人为当事人。

在实体利害关系当事人的定义下，确定当事人或者是以实体法为标准，或者是以判决所认定的利害关系人为标准。但是，根据程序当事人的概念，当事人应当在诉讼开始时就加以确定，诉讼主体地位不应当依其是否为实际的利害关系人而定，是否成为当事人也无须等到法院审理案件之后确定。所以，当事人应当在原告起诉时确定。

我国民事诉讼法对原告和被告的确定采用了不同的标准。具体来说，它要求原告是“与本案有直接利害关系的人”，而被告只要是“明确的被告”即可。

3. 当事人概念的发展

我国民事诉讼法中的当事人概念经历了一个从利害关系当事人到程序当事人的发展过程。

（1）我国民事诉讼理论的传统观点认为，当事人是指因民事权利义务关系发生纠纷，以自己的名义进行诉讼，并受人民法院裁判约束的直接利害关系人。

（2）为适应扩大民事实体权利救济的需要，我国民事诉讼法学者又提出了权利保护当事人的概念。当事人是指因民事权利义务关系发生纠纷，以自己的名义进行诉讼，旨在保护民事权益，并能引起民事诉讼程序发生、变更或消灭的人。这不仅包括那些为保护自己的民事权益而进行诉讼的人，还包括那些为保护他人的民事权益而进行诉讼的人，即对争议的民事权利享有管理权和处分权的人。

（3）程序当事人，是指以自己的名义要求人民法院保护其民事权利或法律关系的人及其相对方，即把实际进行诉讼的人作为当事人，而无须从实体法上审查他与诉讼标的的关系。

（二）当事人适格（正当当事人）

1. 当事人适格的概念

当事人适格，是指当事人就特定的诉讼，有资格以自己的名义成为原告或被告，因而受本案判决拘束的当事人，也称为正当当事人。

只有正当当事人起诉或者应诉，以自己的名义实施诉讼，并受本案判决拘束，诉讼才有实质意义。这种以自己的名义为当事人而受本案判决拘束的权能，称为诉讼实施权或诉讼行为权。具有诉讼实施权的原告，称为正当原告；具有诉讼实施权的被告，称为正当被告。

与正当当事人对应的概念是非正当当事人，它是指当事人与特定诉讼标的没有事实上或者法律上的关系，不是该诉讼标的的权利义务主体，对有关的诉讼标的没有诉讼实施权。

2. 当事人适格的确定——诉的利益

诉的利益是原告请求司法救济的利益，即实施诉讼的利益。这种利益与争议的权利或者实体性利益不同，也与原告的胜诉利益不同。原告认为自己的一项应当受法律保护的利益面临危险或者不安时，就会提起诉讼并谋求对自己有利的判决，原告请求法院保护的这种利益就是诉的利益。诉的利益与管理权学说的不同之处在于，无论当事人对请求法院承认和保护的权利是否有管理权，只要有诉的利益，该当事人仍然被认为是正当当事人，可以进行事实举证和抗辩。有的学者甚至认为，诉的利益是启动权利主张、进入诉讼审判程序的关键，也是通过诉讼审判而创制实体法规范这一过程的重要开端。因为在没有明确的实体法规范可寻，当事人却提出权利主张的情况下，在起诉时承认原告有诉的利益，就为法院通过个案审判创制实体规范提供了条件。①

案情简介

网络爱好者张静（女，21岁）以“红颜静”为网名，在e龙西祠胡同网站登记上网，并主持和管理一讨论板块。在e龙西祠胡同网站中，其真实姓名与网名均有一定的知名度。俞凌风以“华容道”为网名，在同一网站登记上网。2000年11月19日，e龙西祠胡同网站中“紫金山下”和“一根红线”讨论板块组织网友聚会。通过聚会，张静认识了俞凌风，并知道其网名为“华容道”。此外，俞凌风还在e龙西祠胡同网站使用“大跃进”的网名。2001年3月4日，在e龙西祠胡同网站的相关讨论板块上，网名为“大跃进”的网友发表的《记昨日输红了眼睛的红颜静》一文中使用了“耍赖骂娘，狗急跳墙”等侮辱性的言语。3月7日，“大跃进”又发表《我就是华容道，我与红颜静有一腿》的文章，此后“大跃进”分别在4月30日、5月8日至9日、5月31日发出的文章或者帖子中使用针对“红颜静”的侮辱性言辞。张静由此向江苏省南京市鼓楼区人民法院提起诉讼，起诉被告俞凌风在网络环境中侵犯了自己的名誉权，请求判令被告停止侵害、消除影响、赔礼道歉，并支付原告精神损害抚慰金10 000元。审理中被告辩称：注册ID（身份认证）不存在唯一性，虚拟的ID可以由多个用户使用，任何上网的人，只要凭借密码就可以以其身份登录。法院最终认定：原、被告在现实生活中通过聚会已经相互认识并且知道对方的网名，而且张静及其网名“红颜静”还被其他网友所知悉，“红颜静”就已不再是网络上的虚拟身份。知道对方真实身份的网友之间，交流的对象也已经不再是虚拟的人，而是具备了现实性和针对性。所以俞凌风侵害他人名誉权的行为，影响了他人对张静的公正评价，构成了民事侵权。②

案情分析

具体到本案，被告俞凌风提出的反驳意见认为：自己在网上发表的文章即使

① 参见江伟主编：《民事诉讼法》，2版，95页，北京，北京大学出版社，2004。

② 参见上书，115页。

构成侵权，侵犯的也是“红颜静”的名誉权，张静作为原告并不能证明自己与侵权行为存在利害关系，不应提起诉讼。但是按照程序当事人的概念，法院决定是否受理案件时，并不需要对案件的实体要件进行审查。只要是原告认为自己的民事权益受到侵犯，并提出了明确的被告，有具体的诉讼请求和事实理由，而且符合人民法院主管和管辖的规定，法院就应当受理。至于原告的名誉权是否受到被告行为的侵犯，只有在案件审理之后才能作出认定。法院在审理中，根据当事人之间参加聚会，原告及其网名被其他人知悉等情况，认为被告的侵权行为虽然发生在虚拟的网络空间，但是已经具备了现实性和针对性，而且给原告造成了现实的精神损害。所以法院最终认定被告构成侵权，是在查清事实、并对网络环境的特殊性及本案的具体情况认真分析之后作出的判断。由此可见，程序当事人的概念符合诉讼程序的进行过程和诉讼逻辑，对于解决像本案这样的新的法律问题更是具有重要意义。

五、先予执行

——北京国环物业公司诉苏某擅自关停供暖阀门案

知识要点

1. 先予执行的概念

先予执行，是指在终局执行以前，为了权利人生活或者生产经营的急需，法院裁定义务人预先给付权利人一定数额的金钱或者财物的措施。先予执行的着眼点是满足权利人的迫切需要。

2. 先予执行的适用范围

根据《民事诉讼法》第 97 条的规定，下列案件可根据当事人的申请，裁定先予执行：追索赡养费、扶养费、抚育费、抚恤金、医疗费用的案件；追索劳动报酬的案件；因情况紧急需要先予执行的。

其中，第三种情况，主要适用于某些经济合同案件以及需要立即制止某些行为或需要立即实施一定的行为的场合。根据《民诉法意见》第 107 条规定，因情况紧急需要先予执行的案件包括：第一，需要立即停止侵害、排除妨害的；第二，需要立即制止某项行为的；第三，需要立即返还用于购置生产原料、生产工具货款的；第四，追索恢复生产、经营急需的保险理赔费的。

在先予执行的数额方面，应当限于当事人诉讼请求的范围，并以当事人的生产、生活的急需为限。

根据《民事诉讼法》第98条及相关规定，人民法院裁定先予执行的条件是：当事人之间事实基本清楚、权利义务关系明确，不先予执行将严重影响申请人的生活或生产经营的；申请人确有困难并提出申请；案件的诉讼请求属于给付之诉；被申请人有履行能力。①

案情简介

原告北京国环物业公司是西城区扣钟北里小区1至4号楼的物业管理部门，被告苏某系该小区3号楼10层住户。原告起诉称，2005年11月7日供暖开始后，发现被告房屋以上的10家住户不通暖气。在公司物业人员到被告家中进行调查时，被告拒绝物业人员进入室内，并声称其在暖气管道上加装了暖气截流阀门，并将阀门予以关闭。公司人员要求被告打开阀门，保证楼层的正常供暖，但遭到被告拒绝。被告的行为造成了被告房屋以上的10户居民的供暖中断，妨碍了居民的正常生活，故提起诉讼。

诉讼中，原告北京国环物业公司提出先予执行的申请，并于11月17日提供担保。法院受理该申请后，立即作出了对被告苏某自裁定书送达后立即恢复暖气管道原状，确保小区住户正常供暖的裁定。

11月19日，承办此案的法官及法警一同来到苏某家，苏某拒不执行裁定内容。随行的物业人员进屋后把截断供暖的两个阀门打开，苏某却说："你们开吧，你们前脚走，我后脚就把阀门关上，除非你们把我抓走。"通过法官耐心细致地说服教育，终于使苏某转变了态度，并表示不再关闭暖气阀门，将通过诉讼解决其与原告之间的纠纷。②

案情分析

本案诉讼的性质是排除妨碍的诉讼。起因是小区居民关闭了暖气阀门，导

---

① 参见江伟主编：《民事诉讼法》，2版，217页，北京，北京大学出版社，2004。

② 参见张卫平主编：《民事诉讼法学教学案例》，132页，北京，法律出版社，2005。

致部分楼层不能正常供暖。由于及时供暖关系到整个楼层居民的正常生活问题，因此，原告小区物业管理部门在提起诉讼后便申请了先予执行，还为此提供了担保。法院同意了原告的申请，作出了先予执行的裁定，并实际得以执行。

本案的先予执行符合1991年《民事诉讼法》第97条（2007年修改《民事诉讼法》时对此条未作变动，故而新法修订后，人民法院审理同类案件，适用依据相同）和《民诉法意见》的规定。本案虽不属于追索赡养费、扶养费、抚育费、抚恤金、医疗费用、劳动报酬的案件，但可以归入1991年《民事诉讼法》第97条第3项规定的“因情况紧急需要先予执行的”案件之列。为便于落实，《民诉法意见》第107条又具体规定了四种“紧急情况”：（1）需要立即停止侵害、排除妨碍的；（2）需要立即制止某项行为的；（3）需要立即返还用于购置生产原料、生产工具货款的；（4）追索恢复生产、经营急需的保险理赔费的。本案应当属于“需要立即停止侵害、排除妨碍”的情形。另外，本案中先予执行也符合案件事实清楚这一基本条件，没有复杂的事实需要认定，法律关系比较简单，因此采取先予执行是正确的。在实践中先予执行的标的一般为财产，像本案以行为为执行标的的比较少，本案具有一定的典型性。

六、普通程序与简易程序的适用

——方某诉罗某还款纠纷案

知识要点

（一）普通程序的基本理论

1. 普通程序的含义与地位

普通程序是指人民法院在审理第一审民事争议案件时通常适用的审判程序，也即人民法院审理第一审一般民事争议案件的正规审判程序。在第一审民事争议案件中，除了简单的民事案件外，其他案件都要依照普通程序进行审理。因此，普通程序在我国的民事审判程序中处于非常重要的地位，具有其他审判程序无法取代的功能和作用。

2. 对于普通程序的理解

（1）我国法律并没有完整系统地规定简易程序，因此人民法院在适用简易程序审理案件时，法律没有专门针对简易程序作出规定的，就要适用民事诉讼法关于普通程序的规定。例如，关于诉讼中止、诉讼终结等。因此，民事诉讼法关于普通程序的一些规定并不仅仅适用于普通程序，也适用于简易程序。

（2）中级人民法院以及中级以上人民法院审理的一审案件都应当适用普通程序。

（3）人民法院在第二审程序中，除了依照法律适用关于第二审程序的专门规定外，没有专门规定的，还应当参照适用关于普通程序的规定。

（4）发回重审或再审适用一审程序的案件都应当适用普通程序，即使原一审案件适用简易程序。

（二）简易程序

我国现行《民事诉讼法》所规定的简易程序，是指基层人民法院及其派出法庭审理简单民事案件所适用的程序。

1. 简易程序的概念

目前理论界对简易程序概念的理解并不统一。通常来讲，对简易程序的概念可以从以下四个方面来理解：

（1）传统意义上的民事简易程序。这就是我国现行《民事诉讼法》所规定的简易程序，它既包括狭义的民事简易程序，又包括小额诉讼程序。从目前世界各国的情况来看，传统意义上的民事简易程序已经分为了上述两类简易程序。

（2）狭义的民事简易程序。它不仅排除了其他简易化的程序，例如督促程序，而且排除了小额诉讼程序。

（3）小额诉讼程序。它是从传统意义上的民事简易程序中分化出来的专门用于审理诉讼标的额更小的案件的程序。

（4）最广泛意义上的民事简易程序。这种简易程序是民事诉讼中所有简易程序的总称，它既包括通常程序中的简易程序，也包括特别程序中的简易程序；既包括整个的简易程序，也包括局部适用的简易程序；既包括初审程序中的简易程序，也包括上诉审程序和再审程序中的简易程序。

2. 简易程序适用的法院

根据《民事诉讼法》第 142 条的规定，简易程序主要用于基层人民法院和它派出的法庭审理事实清楚、权利义务关系明确、争议不大的简单的民事案件。这表明只有基层人民法院及其派出的法庭可以适用简易程序，中级以上人民法院均不得适用简易程序审理民事案件。

3. 简易程序适用的案件范围

根据《民事诉讼法》第142条的规定，简易程序主要用于审理事实清楚、权利义务关系明确、争议不大的简单的民事案件。根据《民诉法意见》第168条的规定，“事实清楚”，是指当事人双方对争议的事实陈述基本一致，并能提供可靠的证据，无须人民法院调查收集证据即可判明事实、分清是非；“权利义务关系明确”，是指谁是责任的承担者，谁是权利的享有者，关系明确；“争议不大”，是指当事人对案件的是非、责任以及诉讼标的的争执无原则分歧。

此外，根据最高人民法院《关于适用简易程序审理民事案件的若干规定》（以下简称“《简易程序规定》”）第2条的规定，基层人民法院适用第一审普通程序审理的民事案件，当事人各方自愿选择适用简易程序，经人民法院审查同意的，可以适用简易程序进行审理。但人民法院不得违反当事人自愿原则，将普通程序转为简易程序。

不过，《简易程序规定》第1条明确规定以下几类案件不得适用简易程序：(1) 起诉时被告下落不明的；(2) 发回重审的；(3) 共同诉讼中一方或者双方当事人人数众多的；(4) 法律规定应当适用特别程序、审判监督程序、督促程序、公示催告程序和企业法人破产还债程序的；(5) 人民法院认为不宜适用简易程序进行审理的。

除此之外，根据《简易程序规定》第3条，当事人就适用简易程序提出异议，人民法院认为异议成立的，或者人民法院在审理过程中发现不宜适用简易程序的，应当将案件转入普通程序审理。①

案情简介

罗某是一退休干部，其前妻于2000年11月去世。2001年，罗某与出生于1968年11月的方某建立恋爱关系后，同居生活。方某称，2001年10月22日，罗某向其借款10万元，并出具借条，借条载明：“借到方某人民币10万元，大

① 参见江伟主编：《民事诉讼法》，2版，228、265页，北京，北京大学出版社，2004。

写：壹拾万元整，此款定于2002年12月底还，不计利息。”2003年7月，双方发生矛盾，方某诉至当地人民法院，要求罗某偿还借款。但在开庭前，方某、罗某双方经协商，并经在场人杨某、刘某的劝解，又达成一个协议，协议主要内容是：原告自愿向法院撤回起诉；撤诉后，被告做好家庭成员的工作，然后双方办理结婚登记手续；罗某给方某出具的10万元借条，系当时罗某对方某的青春损失赔偿费的承诺，此条在双方结婚时销毁。协议达成后，方某于2003年8月1日撤诉，之后两人仍未和好、结婚。同年9月，方某再次起诉，要求罗某偿还借款。

法院起初适用简易程序由审判员独任审判，后发现此案并不只是简单的借款纠纷，案情较为复杂，遂决定组成合议庭审理。①

案情分析

从表面上看，此案似乎是一起简单的民事案件——一般的借款纠纷，有借条证明，数额明确，数额也不大，因此如果其中没有涉及复杂的案件事实，此案适用简易程序应当没有问题。但实际上此案属于比较复杂的案件，因为在双方达成的协议中涉及本案10万元的性质问题，协议中认定罗某给方某出具的10万元借条，系当时罗某对方某的青春损失赔偿费的承诺，这就使得本案不同于一般情节、简单的借款案件，所以不宜适用简易程序，而应适用普通程序。法院的做法是正确的。

七、第二审程序

——龙乡公司诉羽化公司合同纠纷上诉案

知识要点

（一）第二审程序的含义

第二审程序也称上诉审程序，是指当事人不服第一审人民法院作出的尚未生效的判决或裁定，依法向上一级人民法院提起上诉，要求撤销或变更原判决或裁

① 参见张卫平主编：《民事诉讼法学教学案例》，143页，北京，法律出版社，2005。

定，上一级人民法院据此对案件进行审理和作出裁判所适用的诉讼程序。

（二）第二审程序与第一审程序的联系

1. 第二审程序与第一审程序解决的实体法律关系或者诉讼标的是相同的。因此，法院依第二审程序进行审理作出裁判时，除了必须对第一审裁判作出评价外，还必须对当事人之间的实体法律关系作出最终的裁断。

2. 第二审程序与第一审程序存在时间上的前后相继关系。尽管第二审程序不是审理民事案件的必经程序，但是，只要案件进入第二审程序，就必然经过了第一审程序的审理。在这种情况下，第一审程序是第二审程序的前提，第二审程序是第一审程序的延续。

3. 从审理范围来看，第一审程序是第二审程序的基础，第二审程序是第一审程序的终结。我国《民事诉讼法》第151条规定："第二审人民法院应当对上诉请求的有关事实和适用法律进行审查。"可见，第二审程序的审理范围应当是当事人在第一审程序中已经提出并不服一审人民法院裁判而提起上诉的事实与法律适用，对于当事人没有提起上诉的事实与法律适用，在第二审程序中原则上不予审查，即第二审人民法院原则上应当以第一审人民法院认定的事实与适用的法律为准。简言之，第二审程序的审理范围以第一审程序的审理范围为基础。此外，根据《民事诉讼法》第158条规定，第二审人民法院的裁判是终审的裁判。也就是说，经第二审人民法院审理并依法作出裁判的案件，当事人不得再就同一争议提起诉讼，在这个意义上，第二审程序是第一审程序的终结。

（三）第二审程序与第一审程序的区别

1. 适用的法院与审级不同。第二审程序是中级以上人民法院在审理第二审民事案件时所适用的程序，是终审程序；第一审程序则是各级人民法院在审理第一审民事案件时适用的程序，是初审程序。

2. 程序发生的原因与启动程序的主体不同。第二审程序是因当事人不服第一审人民法院已经作出但尚未发生效力的裁判而发生的，其启动与审理的原因是当事人行使上诉权、第二审人民法院行使审判监督权；第一审程序是当事人因民事权利受到侵害或者因民事权利义务关系发生争议向人民法院提起诉讼而发生的，其启动与审理的原因是当事人行使诉权、人民法院行使审判权。同时，请求启动第二审程序的主体，既可能是第一审程序中的原告，也可能是第一审程序中的被告、有独立请求权的第三人、判决承担实体义务的无独立请求权的第三人；请求启动第一审程序的主体只可能是纠纷当事人中的一方。

3. 程序的目的与任务不同。第二审程序的目的与任务，是检查、监督下一级人民法院的审判工作，是纠正第一审裁判的错误，确保法律的统一实施，最终解决当事人之间的民事纠纷；第一审程序的目的与任务，是查明案件事实，正确适用法律，确认当事人之间的民事权利义务关系，解决当事人之间的民事纠纷。

4. 审理的对象与内部结构不同。第二审程序的审理对象原则上限定在当事人上诉请求的范围之内，即原则上只审理与当事人上诉请求有关的事实与适用法律。第一审程序的审理对象为当事人之间发生争议的民事法律关系及其所依据的事实和所适用的法律。同时，第二审程序不存在种类上的区分，第一审程序有普通程序与简易程序之分。

5. 审理的方式与审结期限不同。适用第二审程序审理的民事案件，以开庭审理为原则，以径行裁判为例外；适用第一审程序审理的民事案件，一律必须开庭审理，不能书面审理或者径行裁判。在审限方面，人民法院依第二审程序审理针对判决的上诉案件，应当在第二审立案之日起3个月内审结，有特殊情况需要延长的，由本院院长批准；人民法院审理针对裁定的上诉案件，应当在第二审立案之日起30日内作出终审裁定，不得延长。人民法院依普通程序审理第一审民事案件的，应当在立案之日起6个月内审结，有特殊情况需要延长的，由本院院长批准，可以延长6个月，还需要延长的，报请上级人民法院批准；人民法院依简易程序审理第一审民事案件的，应当在3个月内审结，不得延长。

6. 裁判生效的时间与条件不同。人民法院适用第二审程序作出的裁判，是终审的裁判，一经宣告和送达，立即发生法律效力，当事人不得再通过上诉的方式声明不服。人民法院适用第一审程序作出的裁判，除依法不得上诉的以外，在法定的上诉期间内暂不生效，上诉期间届满各方当事人都未上诉的，裁判才开始生效；在上诉期间内只要有当事人上诉的，第一审裁判就不发生法律效力。①

案情简介

2000年羽化公司与龙乡公司签订了一份买卖白糖的合同，约定羽化公司向

① 参见江伟主编：《民事诉讼法》，2版，284页，北京，北京大学出版社，2004。

龙乡公司提供370吨白糖，龙乡公司向羽化公司支付购糖定金110万元。合同签订后，龙乡公司依约向羽化公司支付了定金，但羽化公司没有足额履行协议。2001年12月，龙乡公司向人民法院提起诉讼，要求羽化公司双倍返还定金220万元，赔偿经济损失100万元。一审法院经审理认为，羽化公司只应当赔偿龙乡公司100万元，遂作出羽化公司赔偿龙乡公司100万元的判决。龙乡公司不服一审判决，向上级人民法院提起上诉，羽化公司未提起上诉。二审法院经审理认为，一审法院的判决基本正确，但是在赔偿数额上多判给了龙乡公司60万元。

二审法院应当如何作出判决，在法庭评议过程中出现了两种观点：一种观点认为法院只应当尊重事实和法律，二审法院应当改判，判决羽化公司赔偿龙乡公司40万元。另一种观点则认为，由于羽化公司未提起上诉，如果法院作出对上诉人不利的判决，与上诉制度的目的不相符，所以，二审法院应当驳回上诉，维持原判。①

案情分析

本案涉及的问题主要是一方当事人提起上诉后，另一方当事人未提起上诉，在这种情况下，二审法院能否加重上诉人的民事责任。我国《民事诉讼法》对此没有明文规定。

原则上上述第二种观点更合理。理由是：在另一方当事人未提起上诉的情况下，如果允许作出对上诉人的不利判决，则可能使当事人不敢提起上诉，与上诉制度救济当事人的目的相违背。这一原则在民事诉讼理论中又称为禁止不利益变更原则，与刑事诉讼中的上诉不加刑原则相类似。所谓禁止不利益变更原则是指，在只有一方当事人上诉的情况下，上诉法院不能作出比一审判决更不利于上诉人的判决。该原则包含下列要点：第一是另一方当事人未提起上诉。第二是上诉人在二审中最糟糕的结果是上诉请求被驳回。第三是在不影响判决主文的情况下判决理由的变更不属于不利益变更。例如，一审法院以债权不存在为理由驳回原告的请求给付之诉，原告上诉，二审法院认为债权虽然存在，但已经得到清偿。此时二审法院可以作出变更判决理由的判决，判决结果仍是驳回原告的诉讼请求。第四是诉讼要件欠缺情形下，上诉法院可以作出不利判决。例如，原告请求法院判令被告给付30万元，法院仅判令给付10万元，原告提起上诉，二审法

① 参见江伟主编：《以案说法——民事诉讼法篇》，137页，北京，中国人民大学出版社，2005。

院认为该案非法院主管，从而撤销一审判决并驳回原告的起诉，这是禁止不利益变更原则的例外。

本案中羽化公司未提起上诉，龙乡公司提起了上诉，二审法院认为龙乡公司应获得的赔偿数额应当少于一审法院认定的赔偿数额。在这种情况下，由于民事诉讼法没有明确规定，所以法院可以依据法理作出判决，即判决驳回上诉，维持原判，而不应当作出对龙乡公司更不利的判决。

八、审判监督程序

——某区房管二所诉胡建平等房屋搬迁纠纷再审案

知识要点

（一）再审程序的基本理论

1. 再审与再审程序的含义

再审，是指人民法院对裁判已经发生法律效力的案件再一次进行审理并重新作出裁判的诉讼活动。再审制度正是在裁判稳定性、权威性与裁判正确性、公正性之间寻求平衡的结果。再审制度的确立，体现了法治社会既要维护裁判权威，又要追求裁判公正的价值取向。

再审程序（审判监督程序），是指为了纠正生效裁判中的错误而对案件再次进行审理与作出裁判的诉讼程序。

2. 再审作为存在于审级结构制度之外的救济制度，与重审和上诉审存在根本区别

（1）再审不同于重审。重审，是指上诉案件被第二审人民法院发回原审人民法院重新进行审理，即当事人不服第一审裁判提起上诉后，第二审人民法院经过审理认为原审裁判确实有错误，且不宜直接改判，于是裁定撤销原裁判，发回原审人民法院，由原审人民法院对案件重新进行审理。重审是对裁判尚未生效的案件，利用原审程序纠正裁判错误的机制，而再审是对裁判已经生效的案件，利用新的程序纠正裁判错误的机制。

（2）再审也不同于上诉审。上诉审是当事人根据审级制度的规定，对原审人民法院尚未生效的裁判声明不服，而由上一级人民法院对案件进行审理。再审则是审级制度结构之外对裁判已经生效的案件的审理。

3. 再审程序的启动

根据民事诉讼法的相关规定，当事人申请、人民法院决定以及人民检察院抗诉三种途径均可启动再审程序。

（二）当事人申请再审

1. 当事人申请再审必须符合下列条件：认为人民法院已经发生法律效力的判决、裁定、调解书有错误；具有法定的申请事由（《民事诉讼法》第179条）；必须在法定期限内提出申请；必须向有管辖权的人民法院提出申请；不属于不得申请再审的案件（《民事诉讼法》第183条、《民诉法意见》第207条）。

2. 当事人申请再审的程序：当事人申请再审，应当向人民法院提交书面的再审申请书，并附生效的法律文书。当事人申请再审的形式，民事诉讼法未作规定。但再审是重大的诉讼活动，因此当事人申请再审，应当向人民法院提交书面的再审申请书，并附生效的法律文书。申请再审不能以口头的形式提出。另外，当事人根据《民事诉讼法》第179条第1款第1项的规定，即以“有新的证据，足以推翻原判决、裁定的”为事由申请再审的，应当向人民法院提供该新的证据，以证明自己的申请理由成立；当事人以其他事由申请再审并有新的证据的，也应当在提出申请时提交人民法院。

人民法院对当事人的再审申请，应当进行审查，认为符合再审条件的，裁定中止原判决、裁定或者调解书的执行，开始再审程序。发生法律效力的判决、裁定、调解书是第一审法院作出的，按照第一审程序进行再审，对所作的判决、裁定不服的，当事人可以上诉；发生法律效力的判决、裁定、调解书是第二审法院作出的，按照第二审程序进行再审，所作的裁判是发生法律效力的裁判，当事人不得再上诉。经审查，认为当事人的申请不符合法定条件的，应当裁定驳回其申请。①

案情简介

胡建平与杨玲是夫妻，居住在某市城关区前进小区8号楼3单元202号。该

① 参见江伟主编：《民事诉讼法》，2版，293页，北京，北京大学出版社，2004。

房系区房管二所直营公房，承租人为胡建平。1993 年 6 月 15 日，经（93）市规建字 1386 号文批准，区房管二所对前进小区住宅楼房进行加层改造。同年 8 月 2 日，区房管二所与胡建平签订了周转协议，约定 1993 年 8 月底前胡建平将所租房屋腾空，搬入周转房内居住。但胡建平与杨玲二人以临时迁出会对其生活、工作造成许多不便，以及其原住房比较紧张，这次楼房改造后应增加住房面积为由，逾期拒绝腾房，给施工带来困难。为此，区房管二所诉至人民法院，要求胡建平、杨玲二人履行协议，搬至周转房居住。区人民法院经审理后判决胡建平、杨玲在 1993 年 9 月 25 日前将承租的房屋全部腾空。

本案判决书送达当事人并发生法律效力后，胡建平、杨玲二人又以其承租的住房刚刚装修过，应给予其一定经济补偿为由，向区人民法院申请再审，要求对本案重新判决，以维护其合法权益。人民法院为使区房管二所及时对前进小区进行改造，让广大居民在入冬前能搬回来居住，在本案判决生效并在胡建平、杨玲提出申请再审后，依法强制执行了本案判决。①

案情分析

人民法院作出的判决、裁定，从它生效之日起，当事人认为确有错误的，可以向人民法院申请再审。但是，当事人对已生效的裁判申请再审，并不影响人民法院对生效判决、裁定的执行。这是因为，人民法院对当事人的再审申请经认真复查以后，认为原判决、裁定确实有错误的，由法院院长提交审判委员会讨论决定，才能再审，并作出裁定，中止原判决的执行；如果认为原判决、裁定正确，当事人申请再审无理，不能裁定中止原裁判的执行。也就是说，当事人申请再审后，人民法院院长未将再审申请提交审判委员会讨论并决定再审时，人民法院不应停止原裁判的执行。本案被告胡建平、杨玲二人不履行周转协议，拒不从承租的房屋里搬走，从而被区房管二所诉至人民法院。人民法院对本案作出的判决生效后，胡建平、杨玲二人虽然提出再审申请，但这并不能说明原判决确有错误。因此，人民法院收到再审申请后，依法执行了本案判决。这符合 1991 年《民事诉讼法》第 178 条之“当事人对已经发生法律效力的判决、裁定，认为有错误的，可以向原审人民法院或者上一级人民法院申请再审，但不停止判决、裁定的

① 参见汤维建主编：《民事诉讼法案例分析》，245 页，北京，中国人民大学出版社，2002。

执行”的法律规定。但值得注意的是，2007年《民事诉讼法》修改后，根据该法第178条的规定，将管辖再审案件的人民法院确定为上一级人民法院，原审人民法院不再作为再审案件的管辖法院。

九、特别程序

——认定谢某为限制民事行为能力人案

知识要点

（一）特别程序的基本理论

特别程序，是指与通常诉讼程序相对应的、人民法院审理某些非民事权益争议案件所适用的特殊审判程序。特别程序在性质上属于审判程序。

与通常诉讼程序相比较，特别程序具有以下特点：由几类不同类型案件的审理程序构成；只确认某种法律事实或者某种权利的实际状况；没有利害关系相冲突的双方当事人；审判组织特别；实行一审终审；审结期限较短；不适用审判监督程序对案件进行再审；免交案件受理费。

根据我国《民事诉讼法》第十五章及有关司法解释的规定，特别程序适用于审理以下五种类型的案件：宣告公民失踪和宣告公民死亡案件；认定公民无民事行为能力和限制民事行为能力案件；认定财产无主案件；宣告婚姻无效案件；选民资格案件。

（二）认定公民无民事行为能力、限制民事行为能力案件

认定公民无民事行为能力、限制民事行为能力案件，是指人民法院根据利害关系人的申请，对不能辨认或者不能完全辨认自己行为的精神病人、痴呆病人，按照法定程序，认定并宣告该公民为无民事行为能力人或者限制民事行为能力人的案件。人民法院审理认定公民无民事行为能力、限制民事行为能力案件的程序，称为认定公民无民事行为能力、限制民事行为能力程序。

人民法院审理认定公民无民事行为能力或者限制民事行为能力案件，首先要考虑利害关系人的意愿，核心是对有关公民的精神健康状况进行审查和判断，最

终作出该公民是否为无民事行为能力人或者限制民事行为能力人的认定与宣告。因此，此类案件的审理程序一般要经过申请与受理、鉴定与审查、判决等几个主要阶段。①

案情简介

1997年5月，谢某因对其单位安排的工作不满意以及对部门经理的批评产生误解而与部门经理发生冲突，并向公司提交书面辞职申请。公司经研究批准其申请。但谢某的父亲得知后随即向公司提出异议，认为谢某患有精神病，经常胡言乱语，其辞职申请无效。而公司认为平时未发现谢某有精神异常现象，所以不同意谢某患有精神病之说，双方因此发生纠纷。公司的上级主管部门委托某医院对谢某进行了医学鉴定，医院认为谢某以关系妄想、被害妄想、被跟踪妄想和夸大妄想等为主要症状，易冲动，自制力不全，为精神分裂症偏执型患者。公司的上级主管部门便以此为由决定谢某的辞职无效。而公司认为谢某所患的精神病已影响到其行为能力，应得到法律上的确认，为此，向法院申请宣告谢某为限制民事行为能力人，并提供了有关的证据材料。

在审理期间，谢某的父亲以谢某患病后一直与其共同生活为由，要求确认其为谢某的监护人，并提交了谢某的妻子同意放弃对谢某的监护权的书面材料。经调查，谢某的妻子对放弃监护权并将对谢某的监护权交由谢某的父亲没有异议。

法院经审理，作出了谢某为限制民事行为能力人的宣告，并判决指定其父为其监护人。②

案情分析

就本案来讲，谢某如果被宣告为限制民事行为能力人，其辞职行为是无效的。因此，谢某的利害关系人有其妻子、父亲、单位等，任一利害关系人都可以提出申请，要求宣告谢某为限制民事行为能力人。因此，谢某的单位提出申请符

---

① 参见江伟主编：《民事诉讼法》，2版，310页，北京，北京大学出版社，2004。

② 参见江伟主编：《民事诉讼法学案例教程》，311页，北京，知识产权出版社，2004。

合法律规定。但按照现行法的规定，谢某本人不能提出申请要求宣告其为无民事行为能力人或者限制民事行为能力人。

由于限制民事行为能力与无民事行为能力是有区别的，限制民事行为能力人只能从事与其年龄、智力和精神状况相适应的民事活动，无民事行为能力人原则上不能独立实施民事行为，因此是宣告其为限制民事行为能力人还是无民事行为能力人值得探讨。我们认为，公民是限制民事行为能力人还是无民事行为能力人一般应取决于医学判断，如果申请人申请宣告被宣告人为限制民事行为能力人，而法院在审理过程中发现被宣告人实际上为无民事行为能力人，就应当依照职权宣告其为无民事行为能力人。反之亦然。法院之所以可以依职权干预，是因为公民的行为能力不仅关系到公民个人的利益，还涉及社会秩序和公共利益，因此法院应当进行职权干预。

十、民事裁判的执行

——某建筑工程处与某县民政局建筑工程承包合同纠纷强制执行案

知识要点

（一）民事执行的含义

民事执行，也称民事强制执行或者强制执行，是指国家机关依债权人的申请，依据执行根据，运用国家强制力，强制债务人履行义务，以实现债权人的民事权利的活动。民事执行中，有权根据生效法律文书向人民法院申请执行的人，称为申请执行人；对方当事人，称为被执行人。由于申请人在实体权利义务关系中是债权人，而被申请人则是实体权利义务关系中的债务人，所以，执行当事人双方也分别被称为债权人和债务人。

民事执行不同于行政执行。根据我国《行政诉讼法》的规定，行政执行由行政机关或者人民法院进行，执行根据包括法院的行政判决书、裁定书，以及行政机关制作的行政决定书、命令书等；而民事执行在我国只由人民法院进行，执行根据包括法院的裁判文书、仲裁裁决书和公证债权文书。

民事执行也不同于刑事执行。根据我国《刑事诉讼法》的规定，刑事执行由公安机关或者司法行政机关下属的劳动改造机关执行，刑事罚金、没收财产、死刑等判决的执行，由人民法院进行，必要时可以会同公安机关执行。刑事执行的执行根据只能是人民法院制作的刑事判决书、裁定书、支付令等。

（二）民事执行与民事审判的关系

民事执行与民事审判既有联系又有区别。

二者的联系表现在：在基本原则和制度方面，二者有某些相同之处；民事审判和民事执行的目的都是保护当事人的合法权益；审判程序是执行程序的基础，执行程序是审判程序的继续。

同时，民事执行又相对独立于民事审判程序，民事执行与民事审判存在以下区别：民事执行与民事审判在诉讼程序中的地位不同；民事执行与民事审判的适用范围不同；民事执行与民事审判的任务不同；行使民事执行权与民事审判权的职能部门不同；民事执行的特殊性质决定了它的价值追求有别于民事审判：在公平与效率之间，更多地倾向于效率。

（三）民事执行的基本原则

民事执行的基本原则包括执行合法原则、执行当事人不平等原则、全面保护当事人合法权益原则以及执行及时原则四项。此外，执行实践中还总结出了一个重要原则，即执行穷尽原则。

1. 执行合法原则

执行合法原则，是指执行活动必须以生效的法律文书为依据，并且依照法定程序和方式进行。执行合法原则要求法院的执行活动既要符合实体法，又要符合程序法。

2. 执行当事人不平等原则

执行当事人不平等原则，是指执行程序中债权人和债务人地位不平等，双方的权利义务有差别。

3. 全面保护当事人合法权益原则

全面保护当事人合法权益原则，是指民事执行不仅要全部实现债权人的权利，同时也应当照顾债务人的实际需要。

4. 执行及时原则

执行及时原则体现了民事执行程序的基本价值要求。民事执行是一种与司法行为有密切联系的司法强制行为，效率是民事执行的最高追求目标。因此，民事执行程序要尽量缩短办案周期，在执行实践中要尽可能迅速满足债权人的利益。

5. 执行穷尽原则

所谓“执行穷尽”，是指人民法院根据债权人的请求，为了实现生效法律文书所确定的权利，穷尽各种执行方法、措施和途径，对被执行人的财产进行了必要的调查、审计，依法采取了查封、扣押、冻结、拍卖、变卖等执行行为，在履行上述程序后仍不能满足债权人权利的，法院才能裁定终结执行程序。①

案情简介

1995 年 10 月，某建筑工程处承建了某县民政局所属企业县军地福利针织厂厂房工程。该工程总造价为 225 400 元，1995 年年底主体工程完工，完成总工程量的 70%，该工程处共投入 157 000 元。因民政局未按协议规定的期限付款，导致工程停工，后针织厂只付给工程处 72 000 元，尚欠工程处 85 000 元，该工程处遂向人民法院提起诉讼。法院判决如下：扣除工程技术不合格部分的工程款，针织厂再给付工程处工程款 75 893 元，民政局对此负连带清偿责任，诉讼费由针织厂负担。针织厂、民政局均未上诉，也未自动履行判决所确定的责任，故工程处向法院申请强制执行。

在执行中查明：针织厂系县民政局开办的非法人性质的营业机构，在执行中已被工商行政管理部门注销营业执照，无法履行判决书确定的责任，故由负连带清偿责任的民政局承担给付义务。民政局以无钱为由不履行给付义务，但是愿以原厂的厂房抵顶债务。该工程处向法院提供证据证明民政局有多辆轿车，有给付能力，不同意以厂房抵押，并提供民政局在工程处施工过程中为该工程处拨款时使用的银行账号，要求执行人员依法强制执行。执行人员到银行查询，发现民政局在该账户内有存款 624 万余元，并得到银行提供的该账号不属于专用款账号的证明，遂依法冻结 80 000 元，从而使得该案得以顺利执行完毕。②

---

① 参见江伟主编：《民事诉讼法》，2 版，365 页，北京，北京大学出版社，2004。

② 参见汤维建主编：《民事诉讼法案例分析》，322 页，北京，中国人民大学出版社，2002。

案情分析

一般来说判决生效后，债务人应当依照法院判决书所确认的内容如期、保质地履行义务，但在实践中，许多债务人在判决生效后，拒绝履行判决书所确定的债务，因此人民法院必须采取相应的强制执行措施。强制执行措施，是人民法院根据民事诉讼法的规定，强制义务人履行义务的方法和手段。强制执行措施是国家强制力在执行程序中的体现，是具有执行效力的法律文书内容得以实现的根本保证，对于解决司法实践中的“执行难”问题具有重要意义。

由于执行标的不同，执行的具体措施也不尽相同，人民法院采取执行措施时，应当根据具体情况区别对待。查询、冻结、划拨被执行人的存款是人民法院对被执行人存款施以强制执行的手段。根据 1991 年《民事诉讼法》第 221 条第 1 款规定（2007 年《民事诉讼法》修改后，为第 218 条第 1 款，内容没有变化），被执行人未按执行通知履行法律文书确定的义务，人民法院有权向银行、信用合作社和其他有储蓄业务的单位查询被执行人的存款情况，有权冻结、划拨被执行人的存款，但查询、冻结、划拨存款不得超出被执行人应当履行的义务的范围。

在本案中，某县军地福利针织厂系某县民政局开办的非法人性质的经营机构，在执行中已被工商行政管理部门注销营业执照，无法履行判决书确定的责任，根据 1991 年《民事诉讼法》第 213 条的规定（2007 年《民事诉讼法》修改后，为第 209 条，内容没有变化），作为被执行人的公民死亡的，以其遗产偿还债务。作为被执行人的法人或其他组织终止的，由其权利义务承受人履行义务。最高人民法院《关于人民法院执行工作若干问题的规定（试行）》第 81 条规定：“被执行人被撤销、注销或歇业后，上级主管部门或开办单位无偿接受被执行人的财产，致使被执行人无遗留财产清偿债务或遗留财产不足清偿的，可以裁定由上级主管部门或开办单位在所接受的财产范围内承担责任。”因此，本案债务应由民政局承担。作为国家机关，某县民政局具有履行能力却以种种借口拒绝履行生效判决，法院冻结其银行存款，完全符合民事诉讼法的规定。

第二章
刑事诉讼法学

一、刑事诉讼概述

——刘某过失杀人案

知识要点

（一）刑事诉讼

刑事诉讼是国家专门机关在当事人及其他诉讼参与人的参加下，依法律规定的程序，查明被告人是否犯罪和对有罪被告人进行定罪和量刑的诉讼活动。在刑事诉讼中，国家权力的行使具有主动性，犯罪一旦发生并被发现，国家就必须追诉，而不能放弃追诉。刑事诉讼关系到公民的生命、自由和财产等宪法权利的剥夺和限制，刑事诉讼中的国家权力一旦滥用会侵犯公民的基本权利。因此，必须对国家专门机关的权力加以严格限制，刑事诉讼法主要是运用程序来限制权力。国家专门机关应严格依照法定程序来行使权力。

（二）刑事诉讼法

刑事诉讼法是调整刑事诉讼活动的法律规范的总和。刑事诉讼法规定了专门机关的权力和职责，也规定了犯罪嫌疑人、被告人、辩护人、被害人、代理人、证人等诉讼参与人的权利和义务。我国刑事诉讼法的渊源包括刑事诉讼法典，其他法律、法令中有关刑事诉讼程序的规定，如国家机关组织法、监狱法、律师法等，最高人民法院、最高人民检察院的司法解释和公安部作出的行政解释。

(三) 我国刑事诉讼法的制定根据、目的和任务

我国刑事诉讼法以宪法为根据制定。我国制定刑事诉讼法的目的是保证刑法的正确实施，惩罚犯罪，保护人民，保护国家安全和社会公共安全，维护社会秩序。我国刑事诉讼法的任务是保证准确、及时地查明犯罪事实，正确应用法律，惩罚犯罪，保障无罪的人不受刑事追究，教育公民自觉遵守法律，积极与犯罪分子作斗争，以保护公民的人身、财产、民主权利和其他权利。

案情简介

被告人刘某，江西南昌人。刘某与其妻王某一向感情较好。1998 年，刘某因下岗而性情大变，常常无故拿王某出气。1999 年 11 月 20 日，被告人刘某与王某因家庭琐事发生争吵，刘某打了王某一巴掌，此时已怀有身孕的王某悲愤欲绝，一气之下即要收拾行李回娘家。被告人意识到妻子怀有身孕，且身体一向不好，便上前劝阻。但王某决意离开刘某，两人再次发生争吵，情急之下刘某猛推了王某几下。自幼患有心脏病的王某被绊倒在地，当场昏迷过去。刘某见此情形，急忙叫出租车把妻子送到离家最近的医院。王某因心脏病发作，经抢救无效死亡。事发后，王某家人极度悲痛，欲将刘某送上法庭。平素深得岳父疼爱的刘某立即向岳父母负荆请罪，声称今后将像亲生儿子那样对待两位老人。在被告人刘某拿出 3 万元的赔偿费且签订一份赡养协议后，三人即共同约定：对外宣称王某是意外死亡。数日后，有邻居向公安机关报案。据法医鉴定，王某系外界因素诱发先天性心脏病发作而死亡。公安机关逮捕了刘某。经检察机关审查起诉和人民法院审判，被告人刘某被判过失杀人罪，被依法判处有期徒刑 4 年。判决书送达后，被告人刘某及其岳父母均感到困惑："我们之间达成的协议书怎么不管用呢?"

案情分析

在本案中，被告人刘某明知王某怀有身孕，且患有先天性心脏病，仍然将其推倒在地，由于动作过猛，刘某死亡。被告人在主观上并不希望刘某死亡，故法

院认定被告人犯过失杀人罪。被告人与被害人家属在案发后达成协议，在被告人刘某承担赔偿和赡养义务的前提下，被害人家属不再要求国家专门机关追究其刑事责任。然而，公、检、法机关不受该协议约束，追究了刘某的刑事责任。从这个案例可以看出刑事诉讼与民事诉讼的一个重要区别：民事诉讼实行处分原则，当事人的民事权利受到损害的情况下，由当事人自己决定是否起诉。在诉讼中，当事人可以变更或放弃诉讼请求，也可以自行和解。在刑事诉讼中，侦查、起诉权由国家专门机关行使，对于一个刑事案件是否立案侦查、是否提起公诉要由公安机关和检察机关依照法定条件和程序作出决定，而不受当事人主观意愿的约束。刑事诉讼的进行之所以要由国家决定而不能由当事人协议解决主要是因为，犯罪行为不仅侵害了被害人的权益，而且侵害了国家利益和社会公共利益，破坏了社会秩序。

二、管　辖

——罗某泄露国家机密、受贿案

知识要点

（一）管辖的概念

管辖指公、检、法机关等国家专门机关在立案受理刑事案件上的权限和分工。管辖包括立案管辖和审判管辖。审判管辖又可分为级别管辖、地区管辖和专门管辖。法律规定管辖制度有利于公安机关、检察机关和人民法院在各自的职权范围内行使职权，防止相互推诿和互争管辖；有利于公民、被害人按管辖之规定向公、检、法机关报案、控告和举报，减少案件移送。

（二）立案管辖

立案管辖是指公、检、法三机关在立案受理刑事案件上的权限和分工。我国《刑事诉讼法》第 18 条第 1 款规定：除法律另有规定外，公诉案件的侦查由公安机关进行。《刑事诉讼法》第 18 条第 2 款规定，检察机关对以下案件行使侦查权：贪污、贿赂犯罪；国家工作人员的渎职犯罪；国家机关工作人员利用职权实施的侵犯公民人身权利和民主权利的犯罪。国家工作人员利用职权实施的其他重大犯罪案件，需要人民检察院直接受理的，经省级以上检察机关决定，也可以由检察机关立案侦查。根据《刑事诉讼法》第 18 条第 3 款的规定，自诉案件由法院直接受理。自诉案件包括：告诉才处理的案件；被害人有证据证明的轻微刑事案件；公诉转自诉案件。

（三）审判管辖

审判管辖是指各级法院之间、同级法院之间以及普通法院与专门法院之间在审判刑事案件上的权限和分工。审判管辖又可分为级别管辖、地区管辖、指定管辖和专门管辖。

1. 级别管辖

级别管辖是指上、下级法院之间在审判第一审刑事案件上的权限和分工。《刑事诉讼法》第 19 条规定：除按本法由上级法院管辖的刑事案件外，其余案件均由基层人民法院管辖。中级人民法院管辖以下案件：危害国家安全的案件；可能判无期徒刑、死刑的案件；外国人犯罪案件。高级人民法院管辖全省性的重大刑事案件。最高人民法院管辖全国性的重大刑事案件。《刑事诉讼法》第 23 条规定：在必要时，上级法院可以审判下级法院管辖的第一审刑事案件，下级法院认为案情重大、复杂，可以请求将案件移送上级法院审判。

2. 地区管辖

地区管辖是指同级法院之间在审理第一审刑事案件上的权限和分工。根据我国刑事诉讼法的规定，刑事案件原则上由犯罪地人民法院管辖。根据案件情况，由被告人居住地法院审判更为适宜的，可以由被告人居住地法院管辖。几个法院都有管辖权的，由最初受理的法院管辖，必要时，可移送主要犯罪地法院审判。对于管辖不明的案件，或者有管辖权的法院不便审理的案件，由上级法院指定一个下级法院行使管辖权。

3. 专门管辖

专门管辖是指普通法院与专门法院之间在受理刑事案件上的权限和分工。我国军事法院、铁路运输法院和森林法院享有对专门刑事案件的管辖权。其中，军事法院管辖现役军人和军内在编职工涉及军职犯罪的案件。军人与非军人共同犯罪案件，分别由军事法院和地方法院管辖。铁路运输法院管辖破坏铁路设施以及在火车上实施的犯罪。森林法院管辖违反森林法构成犯罪的案件。

案情简介

罗某原系上海市人民检察院第一分院控告申诉科科长。1993 年 6 月 18 日，被告人罗某在查办原上海万声汽车修理厂厂长曾某涉嫌重大经济犯罪的过程中，将举报信交给了曾某。曾某利用厂内改革的机会把检举人赶出了单位。曾某为感谢罗某，送罗某 5 000 元人民币。同年 11 月，被告人罗某在负责查办原上海百雀羚集团公司副总经理潘某重大经济犯罪时，又将举报信内容给被举报人潘某看，会意的潘某当即拿出 1 万元人民币酬谢被告人罗某。同样，举报人孙某被潘某找借口赶出了单位。从此，潘某变本加厉地进行其他经济犯罪活动。此外，罗某先后多次向被举报人通风报信，并收受贿赂近三万元人民币。

1994 年 5 月，罗某被捕后对其罪行供认不讳。上海市保密局对罗某泄露的有关潘某的举报信进行了密级鉴定，结果为机密级国家秘密事项。上海市人民检察院第一分院即以泄露国家机密罪和受贿罪向上海市第一中级人民法院提起公诉。上海市高级人民法院了解有关情况后，指定上海市第二中级人民法院审理该案。上海市第二中级人民法院审理后，认定被告人罗某构成受贿罪、泄露国家机密罪，数罪并罚判处罗某有期徒刑 11 年。一审判决后，被告人罗某不服，以上海市第二中级人民法院没有管辖权为由提起上诉。二审法院审理后，认为被告人上诉理由不成立，并认为一审判决认定事实清楚，证据确实、充分，定罪准确，量刑适当，裁定驳回上诉，维持原判。

案情分析

对于管辖不明的案件，或者有管辖权的法院不便审理的案件，由上级法院指定一个下级法院行使管辖权，这在诉讼理论上被称为指定管辖。管辖不明的案件主要是指犯罪发生在两个法院辖区交界处，犯罪地属于哪个法院辖区不是很清楚，因而两个法院可能互争管辖或相互推诿。此时，可以由它们共同的上级法院指定一个下级法院管辖。所谓有管辖权的法院不便管辖，主要是指由有管辖权的法院进行审理可能受到各种因素的干扰，影响到审判的公正性。

在本案中，被告人罗某的犯罪地在上海市第一中级人民法院辖区，按地区管辖之规定，案件本应由上海市第一中级人民法院管辖。但是，被告人罗某原系上海市人民检察院第一分院控告申诉科科长，由上海市第一中级人民法院审理就要求由上海市人民检察院第一分院提起公诉。这样一来，提起公诉并出庭支持公诉的检察官是被告人罗某的同事。而且，上海市人民检察院第一分院与上海市第一中级人民法院在工作上具有密切关系，罗某可能非常熟悉审理案件的上海市第一中级人民法院的法官。由这些因素所决定，由上海市第一中级人民法院审理本案会使检察官和法官受到诸如人情、关系等因素的困扰，从而使审判丧失公正性。即使办理此案的检察官和法官排除内部和外部因素的干扰秉公办案，其审判的公正性也会受到公众的质疑。为了维护司法公正，上海市高级人民法院指定上海市第二中级人民法院审理本案，这个指定合理、合法。因此，被告人在上诉中对一审法院管辖权提出的异议是不能成立的。

三、强制措施

——李某强奸、杀人案

知识要点

（一）强制措施概述

强制措施是公、检、法机关依法对犯罪嫌疑人、被告人采取的暂时限制或剥夺其人身自由的各种强制方法。强制措施要么限制犯罪嫌疑人的人身自由，要么剥夺其人身自由。适用强制措施不是为了处罚嫌疑人、被告人，而是为了保障刑事诉讼的顺利进行，防止犯罪嫌疑人、被告人逃避或妨碍诉讼。我国刑事诉讼法规定的强制措施有 5 种：拘传、取保候审、监视居住、拘留和逮捕。这五种强制措施从轻到重排列，能够适应刑事诉讼的各种具体情况。

（二）拘传

拘传是指公、检、法机关对于没有被拘留、逮捕的犯罪嫌疑人、被告人，强制其到指定地点接受讯问的强制方法。拘传必须经公、检、法机关负责人审批，并填写《拘传证》，执行时应向被拘传人出示《拘传证》。拘传持续的时间不得超过 12 小时，不得连续拘传，变相拘禁犯罪嫌疑人和被告人。

（三）取保候审

取保候审是指公、检、法机关依法责令嫌疑人、被告人提供保证人或交纳保证金并出具保证书，保证不逃避或者妨碍诉讼，并随传随到的一种强制方法。取保候审主要适用以下情形：可能判处管制、拘役或者独立适用附加刑的；可能判处徒刑以上刑罚，采取取保候审不致发生社会危险性的；应当逮捕，但患有严重疾病，正在怀孕或者哺乳自己婴儿的妇女的；对已被依法拘留的犯罪嫌疑人，经过讯问、审查，认为需要逮捕但证据不足，需要继续收集证据的；已被逮捕羁押的犯罪嫌疑人、被告人，在法定的侦查、起诉、一审、二审的办案期限内不能结案的。取保候审有两种类型：保证人保证和财产保证。被取保候审人具有以下义务：未经执行机关批准不得离开所居住的市、县；随传随到；不得以任何形式干扰证人作证；不得伪造、毁灭证据或串供。公、检、法三机关决定采取取保候审措施，需要制作《取保候审决定书》，由公、检、法机关负责人签发。取保候审决定由公安机关执行。取保候审的最长期限为 12 个月。

（四）监视居住

监视居住是指公、检、法机关为了防止犯罪嫌疑人、被告人逃避或妨碍诉讼，依法责令其不得离开其住所或指定居所，并对其加以监视的强制方法。监视居住的条件与取保候审的条件相同。公、检、法机关都有权作出监视居住的决定，由公安机关执行。适用监视居住需报决定机关负责人批准，然后制作《监视居住决定书》。被监视居住人必须遵守以下规定：未经执行机关批准不得离开住所，没有住所的，不得离开指定的居所；未经执行机关批准，不得会见他人；随传随到；不得以任何形式干扰证人作证；不得伪造、毁灭证据或串供。监视居住的最长期限为 6 个月。

（五）拘留

拘留是指公安机关和人民检察院对现行犯或重大嫌疑分子，在法定紧急情况下依法采取的剥夺犯罪嫌疑人人身自由的强制措施。《刑事诉讼法》第 61 条规定了适用拘留的情形：（1）正在预备犯罪、实行犯罪或者在犯罪后即时被发觉的；（2）被害人或者在场亲眼看见的人指认他犯罪的；（3）在身边或者住处发现有犯罪证据的；（4）犯罪后企图自杀、逃跑或者在逃的；（5）有毁灭、伪造证据或者串供可能的；（6）不讲真实姓名、住址，身份不明的；（7）有流窜作案、多次作案、结伙作案重大嫌疑的。公安机关和检察机关都有权决定采取拘留措施，但检察院只有在《刑事诉讼法》第61条第4、5项规定的情形下，才能采用拘留措施，且须由公安机关执行。公安机关执行拘留，必须由公安局长签发拘留证，由2名以上公安人员执行。拘留时，必须向被拘留人出示《拘留证》，令其在拘留证上签名。拘留后，在24小时内通知其家属或所在单位，但有碍侦查或无法通知的除外。24小时内进行讯问，发现不应拘留的，应立即释放。认为需要逮捕的，应在拘留后3日内，提请检察机关批准，特殊情况下，提请批准的时间可延长1～4日。对于流窜作案、多次作案、结伙作案的重大嫌疑分子，提请批准的时间可延长至30日。拘留人大代表的，应立即向其所属人民代表大会的主席团或常委会报告。

（六）逮捕

逮捕是指公、检、法机关为防止犯罪嫌疑人、被告人妨碍或逃避诉讼，依法采取的剥夺其人身自由、予以羁押的强制措施。逮捕由检察院批准或决定或由法院决定，由公安机关执行。根据《刑事诉讼法》第60条的规定，逮捕的条件包括：第一，有证据证明有犯罪事实。第二，可能判处徒刑以上刑罚。第三，采取取保候审或监视居住难以防止发生社会危险性。逮捕的程序包括：（1）批准逮捕程序。公安机关书面提出《提请批准逮捕书》，连同证据移送检察院。检察机关接到申请后在7日内作出决定，制作《批准逮捕决定书》或《不批准逮捕决定书》。公安机关对检察院不批准逮捕的决定可申请复议，但必须立即释放被拘留人。公安机关对复议决定不服的，可向上一级检察机关提请复核。（2）检察院和法院决定逮捕。对于检察院自侦案件，由侦查部门提出意见，连同证据交批捕部门，批捕部门审查后，提出意见，报请检察长决定。决定逮捕的，制作《决定逮捕通知书》，交由公安机关执行。认为需要逮捕的，应在10日内作出决定，特殊情况下，可以延长1～4日。法院认为需要逮捕的，制作《逮捕决定书》，交由公安机关执行。逮捕县级以上人大代表，需经被逮捕人所属人民代表大会的主席团或常委会许可。（3）逮捕的执行程序。公安机关接到逮捕批准书或决定书后，由公安机关负责人签发《逮捕证》。逮捕时，应向被逮捕人出示《逮捕证》，并责令其在《逮捕证》上签字。逮捕后，24小时内通知被逮捕人的家属或其工作单位。24小时内讯问，发现不应逮捕的，应立即释放。被逮捕人及其委托的律师有权申请取保候审，逮捕机关认为采取取保候审不致发生社会危险性的，可决定取保候审。

案情简介

李某，男，34岁，系某市人大代表。1998年1月经人介绍和某服装厂会计孙某认识，并开始谈恋爱。半年后，孙某觉得李某年龄偏大，个子偏矮，因此不再理睬李某，并与另一男青年谈恋爱。李某深感自己年龄已大，婚事无着落，故多次向孙某苦苦相求，希望恢复恋爱关系，但屡遭拒绝。李某十分沮丧，决定与孙某同归于尽。1998年9月4日晚，李某将孙某约至公园一处僻静的草坪上，再次向孙某提出恢复恋爱关系的要求，在遭孙某拒绝后，将孙某强奸，然后用水果刀将孙某刺死。之后，李某向自己胸部猛刺一刀，昏迷在地。李某被公园管理人员送到医院抢救脱险。

公安机关接到报案后即立案侦查。公安机关认为，李某伤好后仍然有自杀可能，故决定对李某先行拘留。侦查员王某提出，李某系市人大代表，应当将拘留李某的情况立即向市人大常委会报告，但公安局领导认为没有必要。恰在此时，该市又发生了一起重大爆炸案，上级指示尽快破案。公安机关将全部精力放在爆炸案的侦破上，一时顾不上李某，近一个月时间未对李某进行讯问。后李某的家人向公安机关提出意见，要求释放李某。公安机关认为，《刑事诉讼法》规定的刑事拘留期限最长为37天，对李某的羁押尚未超期，因而不同意释放。

案情分析

李某涉嫌的罪行十分严重，且李某原本就有自杀倾向，故李某自杀或逃跑的可能性极大。只有对李某采取拘留措施，才能防止其自杀或逃跑，保障刑事诉讼的顺利进行。因此，公安机关对李某采取拘留措施是适当的。对于李某家人提出的释放李某的要求，公安机关不应同意。即便李某家属申请取保候审，公安机关也不应批准，因为，采取取保候审难以防止李某自杀或逃跑。但是，公安机关在适用拘留的程序方面是存在严重问题的：首先，李某系市人大代表，根据法律规定，公安机关拘留李某后，应立即向该市人大常委会报告，但公安机关并未这样做，这是违反法律的。其次，拘留超过了法定期限。公安机关将犯罪嫌疑人拘留后认为需要逮捕的，应在3日内提请检察院批准，特殊情况下，提请批准的时间可延长1～4日，对于流窜作案、多次作案、结伙作案的重大嫌疑分子，提请批准的时间可延长至30日。加上人民检察院审查逮捕的7天时间，拘留期限为14天或37天。李某显然不属于流窜作案、多次作案、结伙作案的重大嫌疑分子，故对李某的拘留期限不应当是37天，而应当是14天。在本案中，公安机关拘留李某后，近一个月时间都未向检察机关申请逮捕，甚至未对李某进行讯问，这种“一抓了事”的行为不利于迅速及时地惩罚犯罪，也是对公民权利的严重侵犯。

四、立　案
——丁某故意伤害案

知识要点

（一）立案的概念

立案是指公安机关、检察机关和法院对于报案、控告、举报等材料进行审查，判断是否有犯罪事实以及是否需要追究刑事责任，从而决定是否将案件交付侦查的诉讼活动。立案是侦查的前提，在立案前，公、检、法机关不得进行侦查活动。立案具有保证案件质量和保障无辜公民不受刑事追究的功能。在立案程序中，公、检、法机关通过对报案、控告和举报材料进行审查，对没有犯罪事实或者不需要追究刑事责任的案件，决定不立案，从而防止无根据地追究公民的刑事责任，避免发生冤、假、错案。

（二）立案的材料来源

公、检、法机关通过以下途径获取立案材料：第一，公民的报案、控告和举报。报案指有关单位和个人发现有犯罪事实发生，向公安、检察机关和法院揭露和报告的行为。报案人只知有犯罪事实，不知谁为犯罪人。举报是单位和个人向专门机关报告犯罪嫌疑人及其犯罪事实的行为。举报人不仅报告犯罪事实的发生，而且还有具体的举报对象。控告指被害人向专门机关告发侵害其合法权益的犯罪嫌疑人及其犯罪事实的行为。控告与举报的区别是：控告人是被害人，而举报人不是被害人。第二，公、检、法机关在行使职权过程中自行发现的犯罪事实材料。第三，行政执法机关移送的案件材料。第四，犯罪人自首。

（三）立案的条件

根据《刑事诉讼法》第86条的规定，立案需具备两个条件：第一，有犯罪事实。这是指有犯罪事实发生，这种犯罪事实必须有一定的证据证明。第二，需要追究刑事责任。只有依法需要追究刑事责任的，才予以立案。《刑事诉讼法》第15条规定了不追究刑事责任的情形，凡案件具有该条规定的情形之一的，就不能立案。专门机关应当严格遵守立案条件，凡具备立案条件的应及时立案，以便迅速开展侦查；凡不具备立案条件的，不予立案，以防止将依法不应追究刑事责任的公民纳入刑事诉讼中。

（四）立案的程序

公、检、法机关接到立案材料后，应及时进行审查。经审查，认为符合立案条件的，由承办人填写《立案报告表》交主管领导审批，主管领导批准后，填写《立案决定书》。认为不符合立案条件的，不予立案，同时将不立案原因通知报案人、控告人或举报人。报案人、控告人或举报人不服，可申请复议。公、检、法机关对于报案、控告、举报都必须接受，不属于自己管辖的，应移送主管机关处理。专门机关应保障报案人、控告人和举报人的安全。若其不愿公开自己的姓名和自己报案、控告和举报的行为，专门机关应当为他们保守秘密。公安机关的立案活动要受到检察机关的监督。检察院认为公安机关应当立案侦查而不立案侦查的，或者被害人认为公安机关应立案侦查而不立案侦查，向人民检察院提出的，人民检察院应当要求公安机关说明不立案的理由。人民检察院认为理由不成立的，应当通知公安机关立案。公安机关接到通知后应当立案。

案情简介

丁某，男，22岁，系某市工人。2005年4月11日晚8时许，丁某在一饭馆吃饭，被害人王某也在该饭馆吃饭。王某吃完饭去柜台结账，途经丁某的餐桌时，不小心碰到了丁某的酒杯，杯中的酒洒了一点出来，为此两人发生争吵，继而扭打在一起。丁某在混战中，抽出随身携带的水果刀朝王某的手腕刺了一刀，王某的手腕顿时血流如注。丁某弃刀而逃。王某追上去，丁某转身朝王某的眼睛猛击一拳，王某被打昏在地。经治疗，王某的手伤痊愈，但左眼球被摘除，造成终身残疾。市公安局对丁某劳教3年。被害人王某不服，向市人民检察院提出追究丁某刑事责任的请求。市检察院要求市公安局说明不立案的理由。市公安局以丁某喝多了酒、王某有过错作为不立案的理由。市检察院认为该理由不成立，通知市公安局立案。于是，公安局对本案立案侦查，侦查终结后移送市检察院审查起诉。市检察院以故意伤害罪向市中级人民法院提起公诉。法院一审判决丁某犯故意伤害罪，处15年有期徒刑，剥夺政治权利3年。

案情分析

实践中，在立案环节存在“有案不立”的问题，其原因较为复杂，如公安机关和检察机关人手不够，经费缺乏；有的是因为受到某种外部压力；有的系办案人员以权谋私。“有案不立”危害很大：一是不利于打击犯罪和维护社会稳定；二是被害人的合法权益得不到法律的救济。在本案中，丁某因小事动用水果刀伤人，以重拳打击王某的重要部位，致王某左眼球被摘除。丁某主观上有伤害王某的故意，客观上造成了王某重伤的严重后果，其行为已经构成了故意伤害罪。然而，公安机关不立案，仅对丁某适用劳动教养。

为了解决实践中存在的“有案不立”问题，我国《刑事诉讼法》规定了立案监督制度。根据法律规定，公安机关立案活动要受到检察机关的监督。检察院认为公安机关应当立案侦查而不立案侦查的，或者被害人认为公安机关应立案侦查而不立案侦查，向人民检察院提出的，人民检察院应当要求公安机关说明不立案的理由。人民检察院认为公安机关不立案的理由不成立的，应当通知公安机关立案。公安机关接到通知后应当立案。本案中，检察机关要求公安机关说明不立案的理由，公安机关以丁某喝多了酒、王某有过错作为不立案的理由。该理由明显不能成立，故检察院通知公安机关立案。检察院的立案监督取得了良好效果。

不过，我国刑事诉讼法在立案环节的监督制度并不完善。首先，法律只规定检察机关对公安机关应立案而不立案的案件进行监督，没有规定对公安机关不应立案而立案的案件进行监督，导致公安机关“不应立案而立案”的问题得不到及时纠正。其次，检察机关对职务犯罪案件行使侦查权，检察机关在侦查中也存在“有案不立”的问题，但法律未规定如何对检察机关立案权进行监督，导致实践中检察机关“有案不立”问题也十分严重，不少职务犯罪分子因此逃脱了法律的惩罚。

五、侦　查

——董某强奸案

知识要点

（一）侦查的概念

侦查是指侦查机关为了收集犯罪证据，查明犯罪事实和查获犯罪人而依法采取的专门调查工作和有关强制性措施。我国法定侦查机关包括公安机关、检察机关、国家安全机关、军队内部保卫部门和监狱。除上述机关外，任何国家机关和个人都不享有侦查权。侦查关系到对公民权利的限制和剥夺，违法侦查会侵犯公民基本权利，因此，侦查权必须受到严格的程序限制，以防止权力滥用而侵犯人权。我国刑事诉讼法要求侦查机关严格依照法定程序行使侦查权。侦查的内容包括专门调查工作和有关强制性措施。专门调查工作包括讯问犯罪嫌疑人、询问证人和被害人、勘验、检查、鉴定、通缉等。有关强制性措施包括拘传、取保候审、监视居住、拘留、逮捕、搜查、扣押、查封等。

（二）侦查行为

1. 讯问犯罪嫌疑人

讯问犯罪嫌疑人可以获取口供，并给犯罪嫌疑人一个为自己辩护的机会，还可以发现新的犯罪线索。讯问时，侦查人员不得少于 2 人。侦查人员不得对犯罪嫌疑人采取刑讯逼供、诱供、骗供和指供。讯问不满 18 周岁的犯罪嫌疑人，可以通知其法定代理人到场。讯问过程应制作笔录，笔录制作后，应交犯罪嫌疑人阅读，犯罪嫌疑人认为笔录有遗漏或差错，可以要求改正。犯罪嫌疑人阅读后应签名或盖章，侦查人员也应在笔录上签名。犯罪嫌疑人对侦查人员的提问应如实回答，对于与本案无关的问题，有拒绝回答的权利。

2. 询问证人、被害人

询问证人可以获得证人证言这样的法定证据形式。询问证人，可以在其住处进行，也可以让其到公安机关和检察机关接受询问。证人为多人的，应分别询问，而不能一起询问，以免证人间相互影响。询问证人时，先要告知其如实陈述事实以及故意作伪证的法律责任。侦查人员应如实地制作笔录，笔录应交证人阅读，证人认为没有错误的，应在笔录上签名，负责询问的侦查人员也应签名。询问被害人适用询问证人的程序。

3. 搜查

搜查是指侦查人员对犯罪嫌疑人人身、与犯罪有关的住所进行搜索、检查的侦查行为。搜查的目的是抓获犯罪嫌疑人和收集证据。搜查关系到公民的人身权利或住宅权利，因此，法律规定了严格的法律程序来限制搜查权。根据法律规定，搜查必须经公安、检察机关负责人批准，并填写《搜查证》。搜查时，应出示《搜查证》，但在执行拘留、逮捕时，遇紧急情况，不办《搜查证》也可以搜查。室内搜查，应当有被搜查人及其家属在场或见证人在场。搜查妇女的身体，由女工作人员进行。搜查过程，须制作笔录，由侦查人员、被搜查人或见证人签名。

4. 其他侦查措施

在侦查过程中，侦查机关可以对与犯罪有关的场所、物品、尸体或人身进行勘查和检查，可以扣押物证、书证，可以委托法定鉴定机构或聘请具有专门知识的人，就案件中的某些专门性问题进行鉴定。对于应逮捕而在逃的犯罪嫌疑人和被告人可以进行通缉。勘验、检查、扣押物证、书证、鉴定和通缉都必须依法定程序进行，防止权力滥用而侵犯公民的基本权利。

（三）侦查终结

侦查终结是指侦查机关经过一系列侦查工作，认为案件事实已查清，证据确实、充分，对犯罪嫌疑人是否有罪和应否追究刑事责任作出结论，提出处理意见的程序。侦查终结必须满足以下条件：事实已查清；证据确实、充分；法律手续完备。侦查终结后须制作结案报告。对于犯罪事实清楚，证据确实、充分的，制作《起诉意见书》，然后将《起诉意见书》及案件证据移送检察机关审查起诉。

犯罪嫌疑人的行为不构成犯罪或虽构成犯罪但不需要追究刑事责任的，制作《撤销案件决定书》，并将在押的犯罪嫌疑人释放。

（四）侦查羁押期限

侦查羁押期限，是指侦查阶段法律允许的羁押犯罪嫌疑人的最长期限。超过法定期限，即为超期羁押。法律之所以规定侦查羁押期限，是为了防止侦查机关将犯罪嫌疑人羁押后，拖延侦查，使嫌疑人被长期关押，从而侵犯犯罪嫌疑人的人身自由权利。法律对侦查羁押期限作了以下规定：一般案件不超过 2 个月，案情复杂、期限届满不能侦查终结的，经上级人民检察院批准可延长 1 个月。交通十分不便的边远地区的重大复杂案件；重大的犯罪集团案件；流窜作案的重大复杂案件；犯罪涉及面广，取证困难的重大复杂案件等四类案件，经省级人民检察机关批准，可再延长 2 个月。犯罪嫌疑人可能被判处 10 年以上有期徒刑的，经省级人民检察机关批准，还可以延长 2 个月。

（五）补充侦查

侦查工作结束后，发现案件事实不清，证据不足的，可以进行补充侦查。补充侦查包括以下两种情况：第一，审查批捕阶段的补充侦查。人民检察院对于公安机关提请批准逮捕的案件，经审查认为证据不足，不符合逮捕条件的，作出不批准逮捕的决定，必要时可通知公安机关补充侦查。此时，公安机关应将嫌疑人释放，或改为取保候审或监视居住，并开展补充侦查工作。第二，审查起诉阶段的补充侦查。检察机关对于公安机关侦查终结移送起诉的案件审查后，认为证据不足的，可以退回公安机关补充侦查，也可以自行补充侦查。退回公安机关补充侦查的，公安机关应当在 1 个月内完成补充侦查工作。退回补充侦查以 2 次为限，如果 2 次补充侦查仍不能查清事实，则检察机关可以作出不起诉决定。

案情简介

某县公安局将一起强奸案侦查终结移送县人民检察院审查起诉。检察机关在讯问犯罪嫌疑人董某时，董某推翻了在侦查阶段的全部供词。经细问，原来董某在侦查期间曾 7 次向公安机关作了交代，3 次承认了强奸事实，4 次交代是与女方通奸。承办检察官到公安机关索取董某4次无罪辩解的材料，侦查人员说，这些材料都是犯罪嫌疑人的辩解，所以没有装入诉讼卷内。检察机关认为公安机关这种做法是违反刑事诉讼法的，故向公安机关提出了《纠正违法通知书》，并将案卷退回公安机关，要求公安机关将侦查期间所取得的能够证明犯罪嫌疑人有罪或无罪的证据，均一并附卷。公安机关认为检察机关退卷的理由不充分，因为，对于无罪证据，公安机关并非销毁，而是装入侦查卷，检察机关需要时，可以调卷，故公安机关拒绝重新装订诉讼卷。

案情分析

《刑事诉讼法》第129条规定："公安机关侦查终结的案件，应当做到犯罪事实清楚，证据确实、充分，并且写出起诉意见书，连同案卷材料、证据一并移送同级人民检察院审查决定。"本条规定中的"案卷材料"包括哪些内容？是否包括证明犯罪嫌疑人无罪的证据材料？这需要联系《刑事诉讼法》的其他规定来分析。《刑事诉讼法》第93条规定："侦查人员在讯问犯罪嫌疑人的时候，应当首先讯问犯罪嫌疑人是否有犯罪行为，让他陈述有罪的情节或者无罪的辩解，然后向他提出问题。"据此规定，侦查人员讯问犯罪嫌疑人时，无论其作有罪供述，还是作无罪辩解，侦查人员都要如实记录。如果侦查人员只记录犯罪嫌疑人作出的有罪供述，而不记录犯罪嫌疑人的无罪辩解，那么，就等于剥夺了犯罪嫌疑人的辩护权。《刑事诉讼法》第43条规定："审判人员、检察人员、侦查人员必须依照法定程序，收集能够证实犯罪嫌疑人、被告人有罪或者无罪、犯罪情节轻重的各种证据。"据此规定，侦查人员必须全面调查收集证据，不仅要收集有罪证据，而且要收集无罪证据。因此，有罪证据和无罪证据都属于《刑事诉讼法》第129条规定的"案卷材料"的范围，因而都应当装入诉讼卷移送人民检察院审查起诉。公安机关向检察机关全面移送证据材料，有利于检察机关全面和客观地了解案件情况，从而正确地作出起诉或不起诉的决定。如果公安机关只移送证明犯罪嫌疑人有罪的证据材料，检察机关对案件事实的了解就会受到限制，可能因此作出错误的判断，最终作出错误的指控。因此，在本案中，检察机关退卷，要求公安机关将证据材料全部附卷的要求是合理、合法的。

六、公 诉

——张某、李某过失致人死亡案

知识要点

（一）审查起诉

审查起诉是指检察机关对侦查终结移送起诉的案件进行审查，依法决定是否对犯罪嫌疑人提起公诉的诉讼活动。审查起诉需要查明以下问题：犯罪事实是否清楚，证据是否确实、充分，侦查机关对犯罪性质与罪名的认定是否正确；有无遗漏罪行和其他应当追究刑事责任的人；有无附带民事诉讼；侦查活动是否合法等。审查起诉采取的方法有：阅卷；讯问犯罪嫌疑人；听取被害人的意见；听取犯罪嫌疑人、被害人委托的人的意见。对于公安移送起诉的案件，审查起诉工作应在 1 个月内完毕，重大复杂案件，可以延长半个月。补充侦查后再次移送起诉的案件，重新计算审查起诉期限。

（二）提起公诉

提起公诉是指人民检察院向人民法院提出控诉，请求法院通过审判确认被告人的犯罪事实，并依法定罪量刑的诉讼活动。检察机关提起公诉后，犯罪嫌疑人的身份发生了变化，成为被告人。提起公诉必须具备以下两个条件：第一，犯罪事实已查清，证据确实、充分。犯罪事实已查清是指犯罪的时间、地点、动机、犯罪情节、手段、危害后果均已查清。证据确实是指证据经查证属实，证据与证据之间相互印证。证据充分是指现有证据足以证明犯罪事实存在。第二，依法应当追究被告人的刑事责任。人民检察院决定提起公诉，必须按照规定的格式制作起诉书，然后将起诉书及证据目录、证人名单和主要证据复印件移送同级人民法院。

（三）不起诉

不起诉是指检察机关对侦查终结移送起诉的案件进行审查，认为不符合起诉条件，或认为犯罪情节轻微，依照刑法可以免除刑罚或不需要判处刑罚的，决定不将犯罪嫌疑人移送法院审判的诉讼活动。不起诉等同于宣告犯罪嫌疑人在法律上无罪，但并不意味着被告人在事实上无罪，相反，在一些不起诉案件中，犯罪嫌疑人在事实上是有罪的。有的犯罪嫌疑人已经构成犯罪，但法律规定不追究其刑事责任；有的犯罪嫌疑人事实上有罪，但证据不充分；有的犯罪嫌疑人罪行轻微，依照刑法规定可以免除处罚。不起诉有以下三种类型：(1) 法定不起诉。具有《刑事诉讼法》第 15 条规定的情形之一的，检察院应当作出不起诉的决定。(2) 存疑不起诉。对于补充侦查的案件，人民检察院仍然认为证据不足，不符合起诉条件的，可以作出不起诉决定。(3) 酌定不起诉。犯罪嫌疑人的行为已构成犯罪，但犯罪情节轻微，根据刑法规定不需要判处刑罚或可以免除刑罚的，人民检察院可以作出不起诉的决定。酌定不起诉是起诉便宜主义在我国刑事诉讼中的体现。

人民检察院作出不起诉决定，应按照规定格式制作《不起诉决定书》，并将《不起诉决定书》送达被不起诉人、被害人和公安机关。公安机关对不起诉决定不服的，可要求检察院复议，若复议后检察机关仍维持不起诉决定，公安机关可以向上级检察院提请复核；被害人对不起诉决定不服，可以在 7 日内向上级检察院申诉，检察院进行复查并作出复查决定；被不起诉人认为检察院作出的酌定不起诉有错误，可在 7 日内向人民检察院申诉，人民检察院应及时进行复查并作出复查决定。

案情简介

王某（男，48 岁）与张某（女，44 岁）系再婚关系。王某经常打骂张某及其女儿李某（24 岁），并曾两次强奸李某。某日深夜，王某欲再次强奸李某，李某竭力反抗，张某与李某合力将王某捆住，不慎用绳索将王某勒死。此案经当事人所在的市公安局侦查终结后移送市人民检察院审查起诉。市人民检察院审查后认为，王某平时对张某母女打骂虐待，并多次强奸李某，这是严重的犯罪行为。当王某正在实施犯罪时，张某母女忍无可忍，用绳索将王某捆绑，其行为是正当防卫，不负刑事责任。但是，她们在捆绑时不够慎重，将王某勒死，已经超过了正当防卫的合理限度，属于防卫过当。市人民检察院认为，本来应该以过失杀人罪追究张某、李某的刑事责任，但考虑到张某和李某的犯罪情节轻微，可以对张某母女作不起诉处理。检察院作出了不起诉决定，并将不起诉决定书送达张某母女和公安机关。

案情分析

在本案中，检察机关认为犯罪嫌疑人张某和李某的行为属于正当防卫，但防卫行为超过了必要的限度，构成了过失杀人罪。检察机关还认为犯罪嫌疑人的犯罪情节轻微，根据刑法有关防卫过当可以免除刑罚的规定，检察机关作出了不起诉的决定。这个不起诉决定是以认定犯罪嫌疑人的行为构成犯罪为前提的，属于酌定不起诉。然而，检察机关作出的这个不起诉决定是违反法律规定的。我国《刑法》第 20 条规定："对正在进行行凶、杀人、抢劫、强奸、绑架以及其他严重危及人身安全的暴力犯罪，采取防卫行为，造成不法侵害人伤亡的，不属于防卫过当，不负刑事责任。"王某正在实施强奸行为，张某母女对此采取的防卫行为虽然造成了王某死亡的后果，但不属于防卫过当，防卫人不负刑事责任。换言之，张某母女的行为根本就不构成犯罪。因此，检察机关应依据《刑事诉讼法》第 142 条第 1 款之规定作出不起诉的决定。这种不起诉属于法定不起诉。由于检察机关作出的决定对张某母女不利，她们可以在 7 日内向上一级检察机关申诉，请求上一级检察院作出复查决定。

七、第一审程序

——江某盗窃案

知识要点

（一）庭前审查

庭前审查是指人民法院在开庭前对人民检察院提起公诉的案件是否具备开庭的条件进行审查，以决定是否将被告人交付法庭审判的诉讼活动。庭前审查的内容包括：案件是否属于本院管辖，是否有明确的指控犯罪事实，是否有证人名单、证据目录和主要证据复印件等。有明确的指控犯罪事实，附有证据目录、证人名单和主要证据复印件的，应决定开庭审理。如果不具备开庭的条件，则根据案件情况作出处理。人民法院对没有证据目录、证人名单和主要证据复印件的，应要求人民检察院补正；对不属于本院管辖的，应要求检察机关向有管辖权的法院起诉。庭前审查是一种程序性审查，因为法院只审查一些程序性问题，而不审查被告人是否构成犯罪、事实是否清楚、证据是否充分等实体问题。

（二）开庭审判前的准备

法院在开庭前要做一些准备性工作，主要包括：第一，确定合议庭组成人员。第二，向被告人送达起诉状副本，告之其可以委托辩护人或为其指定辩护人。送达起诉状副本的时间为开庭前 10 日，以保证被告人有充分的时间进行辩护准备。第三，在开庭 3 日前通知人民检察院开庭的时间、地点，以便公诉人做好出庭的准备工作。第四，开庭前 3 日向当事人和其他诉讼参与人发送传票或出庭通知书。第五，在开庭前 3 日发布公告。公告写明案由、被告人姓名、开庭的时间和地点，以便公民届时到场旁听和新闻记者到场采访，确保审判公开进行。

（三）法庭审判

法庭审判可分为开庭、法庭调查、法庭辩论、评议和宣判等程序。

1. 开庭

首先，由书记员查明当事人及诉讼参与人是否到庭；宣读法庭规则；请审判人员入庭。审判人员入庭时，全体起立，以示法庭威严。其次，由审判长查明被告人的情况，包括身份情况，以前是否受到法律处罚，何时收到起诉状副本等；宣布案由及案件来源；宣布合议庭组成人员、书记员、公诉人、鉴定人、翻译人员的名单；告知当事人享有的诉讼权利，包括申请回避的权利，申请通知新的证人到庭、调取新的证据、申请重新鉴定或勘验的权利，自行辩护和委托辩护人的权利，被告人最后陈述的权利等。然后，审判长询问当事人是否申请回避。

2. 法庭调查

法庭调查是指控辩双方提出证据，对对方提出的证据提出质证和反驳，合议庭对证据当庭审查、核实的诉讼活动。法庭调查的目的是通过对证据的调查来查明案件事实真相。法庭调查的程序是：（1）公诉人宣读起诉书。（2）被告人、被害人陈述和讯问被告人。讯问被告人的顺序为：首先是公诉人讯问被告人，其次是被害人及其代理人向被告人发问，然后是辩护人发问。必要时，审判人员可以补充讯问。（3）询问证人和鉴定人。首先由审判人员告知证人、鉴定人要如实提供证言及有意作伪证的法律责任。若证人是控方提出的，则应由公诉人先询问，再由被告及其辩护人询问。反之亦然。必要时，审判人员可以补充询问。（4）询问被害人。询问被害人适用询问证人的程序。（5）宣读未到庭的证人的证言和鉴定结论。若证人、鉴定人未到庭，由提供该证言、鉴定结论的一方当庭宣读书面证言和鉴定结论，然后由另一方发表意见。（6）出示物证、书证。由提供物证的一方说明该物证的特征，以及该物证要证明的事实，然后由另一方对物证予以辨认，或发表意见。对于书证，则由提供该书证的一方宣读，另一方发表意见。

3. 法庭辩论

法庭辩论是指控辩双方就本案的证据、事实以及法律适用等问题，提出论点，加以论证并相互辩驳的活动。法庭辩论先由公诉人发言，然后由被害人及其代理人发言，再由被告人及其辩护人进行辩护。公诉人的第一轮发言称为公诉词；辩护人的第一轮发言称为辩护词。公诉词和辩护词都要对法庭调查的情况进行总结，并对本案的事实认定和法律适用问题阐明本方的观点。在法庭辩论过程中，审判长应引导双方就本案的焦点进行辩论。对于控辩双方述说与本案无关的问题或纠缠于枝节问题，审判长应及时制止，以提高审判效率。法官不可以随意打断或制止双方的发言。法官认为控辩双方已充分发表意见，可以宣布法庭辩论结束。法官应当认真听取控辩双方的意见，对双方在法庭上提出的论点要在判决书中作出回应，阐述支持或不支持的意见及理由，使法院判决建立在控辩双方举证和辩论的基础之上。法庭辩论结束后，被告人行使最后陈述的权利。

4. 评议和宣判

法庭审判结束后，合议庭组成人员对案件的证据和事实，以及法律适用问题进行分析、讨论，并依法作出裁判。评议是秘密进行的。评议时，合议庭成员都可以发表意见，若意见存在分歧，以多数人的意见为准，但少数人的意见也要写入笔录。若合议庭认为案件疑难，难以作出裁判，应提请院长交审判委员会讨论决定。评议后作出裁判结论。对于事实清楚、证据充分、依法认定被告人有罪的，应作出有罪判决；依法认定被告人无罪的，作无罪判决；证据不足，不能认定被告人有罪的，作出“证据不足，指控的罪名不能成立的无罪判决”。

合议庭评议后制作裁判书并进行宣判。宣判是将法院裁判的内容向当事人和社会公众宣读。宣判分为当庭宣判和定期宣判。当庭宣判是指庭审结束后，审判人员退庭评议，然后立即复庭，由审判长口头宣告判决的主要内容，然后在5日内将判决书送达检察院和当事人。定期宣判是指庭审结束后，另定日期宣告判决书。定期宣判必须在宣判前一天通知公诉人及当事人，告之宣判的时间和地点。定期宣判后，立即将判决书送达公诉人和当事人。

案情简介

被告人江某，男，32岁，因涉嫌盗窃被逮捕，随后被取保候审。2007年12月1日，书记员小王将其传唤到法庭，对他说："今天把你叫到这里来，主要是给你送达起诉书副本。"12月5日，书记员小王打电话给某中学教师李某，通知李某于12月6日上午8时赶到县法院第二法庭作为陪审员参加庭审。第二天，书记员小王在公告栏内贴出公告，公告内容是：江某盗窃案于2007年12月6日上午9点整在本院第二法庭开庭。12月6日上午8时40分，负责该案的审判员赵某对同办公室的审判员刘某说："待会儿我有个案子要开庭，请你参加一下。"开庭审判时，审判员赵某作为审判长主持庭审，李某和刘某始终在看书，不说一句话。

案情分析

刑事案件开庭前的准备程序是否合法和正当，关系到法庭审判程序能否公正进行，也关系到当事人诉讼权利能否得到充分的保障。我国刑事诉讼法对开庭前的准备程序作出了详细的规定，这些规定有助于确保开庭审判的顺利进行，保障审判程序的公平和公正，保障当事人的诉讼权利。因此，法院庭审前的准备工作必须严格依法进行，不能过于随意。从本案来看，法院庭前准备工作并未严格遵守法定程序。

首先，合议庭组成的时间不符合法律规定。依照法律规定，合议庭成员的确定是决定开庭审判后的第一项工作。然而，在本案中，在开庭前一天才由书记员通知陪审员李某参加庭审，在开庭前20分钟才由负责本案审理的审判员赵某通知另一审判员刘某参加庭审。由于合议庭组成的时间太晚，李某和刘某没有充分的时间去了解和研究案件，从而使李某和刘某难以在审判中发挥作用，以致在庭审过程中刘某、李某始终在看书，陪而不审，合议制已经名存实亡。

其次，书记员没有按照法定时间向被告人送达起诉书副本。本案开庭的时间是2007年12月6日，书记员在2007年12月1日给被告人送达起诉书副本，被告人开庭前只有5天时间进行辩护准备，而法律规定向被告人送达起诉书副本的时间为开庭前10日。由于送达起诉书副本的时间太晚，被告人没有充分的时间准备辩护，这实际上是对被告人辩护权的侵犯。

再次，公告的时间也违反法律规定。按照法律规定，法院应在开庭前3日公告案由、被告人姓名、开庭的时间和地点。法院及时公告便于公民到场旁听和新闻记者到庭采访，从而保障公开审判原则的实施。本案中，法院在开庭当日才发布公告，这种公告只是一种形式，起不到保障审判公开的作用。

八、第二审程序

——刘某强奸、杀人案

知识要点

（一）二审程序的概念和意义

二审程序是指一审法院的上一级法院根据当事人的上诉和检察机关的抗诉对案件进行重新审理所适用的程序。设立二审程序有以下几个方面的意义：第一，纠正一审裁判的错误。一审法院的判决不可避免地会发生错误，包括认定事实错误和适用法律错误。为此，需要设置一个二审程序来纠正一审法院的错误。第二，二审程序体现了上级法院对下级法院的监督。上、下级法院的关系不是领导与被领导的关系，上级法院不能直接对下级法院发号施令，只能通过二审程序来监督下级法院的工作。第三，保护当事人的合法权益。权利受到侵害的人有权获得法律的救济。被告人的基本权益因一审裁判的错误而受到侵害，故其有权通过上诉来启动二审程序，以捍卫自己的合法权益，争取一次改变自己命运的机会。

（二）二审程序的提起

二审程序因当事人的上诉和检察院的抗诉而提起。上诉是指当事人及其法定代理人不服一审判决或裁定，在法定期限内提请上一级法院对案件重新审理和裁判的一种诉讼活动。抗诉是指检察机关认为一审判决确有错误，在法定期限内提请上级法院对案件重新审理的一种诉讼活动。享有独立上诉权的主体包括被告人、自诉人、附带民事诉讼的原告和被告（只对一审判决中的附带民事诉讼部分享有上诉权），以及上述人员的法定代理人。被告人的辩护人及其近亲属，不享有独立的上诉权，他们提起上诉，必须先取得被告人的同意。被害人不享有上诉权，但享有申请抗诉权。被害人不服一审判决的，自收到判决书之日起5日内，有权申请人民检察院抗诉。人民检察院自收到申请之日起5日内，作出是否抗诉的决定。抗诉的主体是作出一审判决的法院的同级检察院。

当事人在上诉中可以阐述任何理由，无论这些理由是否合法和充分，都不影响上诉的效力。当事人也可以不提出任何理由，只要表示对一审裁判不服，要求二审法院重新审理，二审程序就必须启动。上诉的方式也较为灵活，可以采取口头方式，也可采取书面方式；既可向原审法院提出，也可向二审法院提出。检察机关提起抗诉，则必须有充分的理由认定一审判决、裁定确有错误，不能随意抗诉。检察院抗诉，只能采取书面形式，且只能向原审法院提出。检察院提起抗诉的，应将抗诉书抄送上一级检察院，上一级检察院认为抗诉不当的，可向同级法院撤回抗诉，并通知下级检察院；若上级检察院认为抗诉有理，则由上级检察院派员出席二审支持抗诉。

（三）二审的审判范围

在英美法系国家，二审法院只进行法律审，即二审法院对一审法院认定的事实是否错误不予审查，只审查一审判决在适用法律方面是否有错误。在大陆法系国家，二审法院审查的范围仅限于当事人对一审裁判不服的部分。若上诉人对一审裁判的事实认定不服，则二审进行事实审；若上诉人对一审裁判的法律适用部分不服，则二审法院进行法律审。在我国，二审法院对一审判决认定的事实以及法律适用是否错误都要审查，不受上诉或抗诉范围的限制。在共同犯罪案件中，只有部分被告人上诉的，二审法院也要对全案进行审查。

（四）二审审判方式

二审有3种审判方式：第一，开庭审判。开庭审判是指组成合议庭，传唤当事人，通知诉讼参与人到庭参加审判，审判程序与一审程序大致相同。开庭审判使法官能够全面而直接地听取控辩双方的举证和辩论，这有利于贯彻直接言词原则和审判公开原则，保障被告人的辩护权。法律规定，人民检察院抗诉的案件，必须开庭审理。第二，书面审。书面审是指组成合议庭，但不开庭，不传唤当事人到庭，不进行法庭调查和辩论。合议庭只是对案卷材料进行审查，通过阅卷作出二审裁判。书面审节省人力、物力，效率高，但合议庭不能直接听取被告人、被害人、证人的陈述，也不能听取控辩双方以言词方式进行的辩论。书面审不利于贯彻直接言词原则和审判公开原则，不利于保障当事人的诉讼权利。因此，开庭审判比书面审更具有优势。一般而言，对于事实清楚、控辩双方争议不大的案件，可以采取书面审。第三，庭外调查审。庭外调查审是指二审法院不开庭审判，合议庭主要是对书面材料进行审查，在此基础上到庭外进行调查，直接听取被告人、证人、被害人的陈述和意见。此种审判方式可以在一定程度上弥补书面审的缺陷。

（五）二审裁判

二审法院审理后，根据不同情况作出不同的裁判。二审法院认为一审裁判认定事实清楚，证据确实、充分，适用法律正确的，裁定驳回上诉，维持原判；认为一审裁判认定事实没有错误，但适用法律错误的，依法改判；认为一审裁判认定事实不清，证据不足的或者一审严重违反法定程序，影响公正审判的，裁定撤销原判，发回重审。我国实行二审终审制，二审裁判为终审裁判。

（六）上诉不加刑原则

上诉不加刑是指二审法院审判被告人或者他的法定代理人、辩护人、近亲属一方提起上诉的案件，不得加重被告人的刑罚。若被告方提起上诉，检察院同时提起抗诉或自诉人提起上诉，则二审可以加重被告人的刑罚。上诉不加刑原则的目的是保障被告人的上诉权，保障二审终审制度的实施。如果被告人上诉后，二审法院不仅没有减轻其刑罚，反而加重其刑罚，那么就会增加被告人上诉的思想顾虑，甚至在一审判决明显不当的情况下也不敢上诉。如果这样，就很少有被告人上诉了，二审终审制也就没有了实际意义。

案情简介

被告人刘某于2005年11月3日傍晚，在其居住的村庄西南方向不远处遇见一骑自行车妇女而起歹念。刘某将该妇女从自行车上拽倒，挟持到一个土沟里，并进行了强奸。为灭口，刘某用石头朝该妇女头部、面部猛击，因被害人极力呼救和附近有他人的喊叫声，刘某才罢手逃窜。该妇女被强奸后，精神受到很大刺激，同时，前额、面颊等多处留下创伤。刘某被抓获后对上述事实供认不讳。

一审法院认定刘某犯故意杀人罪，判处死刑，剥夺政治权利终身；犯强奸罪，判处有期徒刑10年。数罪并罚，决定执行死刑，剥夺政治权利终身。宣判后，被告人以其所犯故意杀人罪未遂，一审量刑过重为由，提起上诉。检察机关未提起抗诉。

二审法院审理后认为，一审判决认定事实清楚，证据确实、充分，刘某确已构成故意杀人罪和强奸罪。但是，刘某所犯二罪中，强奸罪更为严重，该罪行属于拦路挟持，手段残忍，给被害人造成严重后果，根据《刑法》的规定，其强奸罪行应判处死刑，剥夺政治权利终身。刘某为灭口而实施的故意杀人罪行系杀人未遂，也没有造成严重后果，一审以故意杀人罪判处刘某死刑，量刑明显过重，应改判为有期徒刑12年。基于以上认识，二审法院判决被告人刘某犯强奸罪，判处死刑，剥夺政治权利终身；犯故意杀人罪，判处有期徒刑12年。数罪并罚，决定执行死刑，剥夺政治权利终身。

案情分析

二审法院认为一审裁判认定罪名正确，但量刑不当，因而进行了改判，加重了强奸罪的刑罚，减轻了故意杀人罪的刑罚。从实体法的角度分析，二审法院的改判不无道理。但是，从程序法的角度看则存在问题。在本案中，只有被告人提起上诉，检察机关未提起抗诉，故应适用上诉不加刑原则，二审法院只能维持或减轻被告人的刑罚，而不能加重被告人的刑罚。虽然，在决定执行的刑罚方面，一审裁判与二审裁判都是判处死刑和剥夺政治权利终身，二审裁判并未加重被告人的刑罚，但问题是，在数罪并罚的情况下，二审法院在不加重决定执行的刑罚的前提下，可否加重数罪中某一罪的刑罚？关于这个问题，《刑事诉讼法》没有明确规定，最高人民法院《关于执行〈中华人民共和国刑事诉讼法〉若干问题的解释》第 257 条第 1 款第 3 项则规定：对被告人实行数罪并罚的，不得加重决定执行的刑罚，也不得在维持原判决决定执行的刑罚不变的情况下，加重数罪中某罪的刑罚。因此，在本案中，二审法院可以减轻被告人故意杀人罪的刑罚，但不能加重被告人强奸罪的刑罚。二审法院应维持一审裁判中有关被告人犯强奸罪，处有期徒刑 10 年的裁判内容不变，把一审裁判中有关被告人犯故意杀人罪，处死刑，剥夺政治权利终身的裁判内容改为被告人犯故意杀人罪，判处有期徒刑 12 年。然后，按照数罪并罚的规定决定执行的刑罚。

九、再审程序

——胡某侵占案

知识要点

（一）再审程序的概念

再审程序是指法院和检察院对于已经发生法律效力的判决和裁定，如果发现在认定事实或适用法律上确有错误，依法提出并重新审理的程序。提起再审程序必须符合严格的条件，因为，如若提起再审的条件过于宽松，则再审程序会被频繁地发动，这有损法院裁判的权威性、稳定性和严肃性。我国刑事诉讼法规定的提起再审的条件为原生效裁判确有错误，具体包括以下情形：原生效裁判认定事实错误的；原生效裁判适用法律错误的；审判严重违反法定程序，可能影响公正审判的；审判人员有贪污受贿、徇私舞弊、枉法裁判行为的。提起再审的主体为检察院和法院。当事人对生效裁判享有申诉权，但不是提起再审的主体。因为，当事人的申诉只是提起再审的一个材料来源，并不必然启动再审程序。再审程序是我国长期坚持“有错必纠”、“不枉不纵”刑事政策的体现，也体现了上级司法机关对下级司法机关的监督。

（二）提起再审的程序

提起再审主要有以下三种程序：第一，各级人民法院院长发现本院生效裁判确有错误的，将案件交审判委员会讨论，由审判委员会决定是否再审。第二，最高人民法院发现各级人民法院生效裁判确有错误，上级人民法院发现下级人民法院生效裁判确有错误的，有权提审或指令下级人民法院再审。第三，上级人民检察院发现下级人民法院生效裁判确有错误，经本院检察委员会决定，有权向同级人民法院提起抗诉。法院接到抗诉后，必须提审或指令下级法院再审。如果人民检察院发现同级人民法院的生效裁判确有错误，则须报请上级人民检察院提起抗诉。

（三）再审审判程序

原生效裁判为一审作出的，应按一审程序进行审判，所作的判决和裁定，当事人可以上诉，检察院也可以抗诉；原生效裁判为二审作出的，按二审程序审理，所作裁判为终审裁判，当事人不得上诉和抗诉；提审的案件，按二审程序审理。再审须另行组成合议庭，不得由原合议庭成员审理，以防止原合议庭成员产生先入为主的偏见，影响案件的公正审理。审理后，认为原生效裁判认定事实和适用法律均无错误的，应裁定维持原判；发现原生效裁判认定事实或适用法律错误的，应以判决的形式改判，同时裁定撤销原生效裁判。

案情简介

被告人胡某在某市一公司担任仓库管理员期间，先后盗走该公司价值5万元的财物。2007年3月9日，胡某携带赃物出卖给他人时，被公司所在地公安机关抓获。胡某在接受侦查人员审讯时如实交代了自己的全部犯罪事实，公安机关将赃物全部追回并发还给失窃单位。该市某区检察院以被告人胡某犯盗窃罪向相应的区法院提起公诉。2007年7月14日，区法院对本案进行了审理，被告人胡某自行辩护，而未委托律师进行辩护。审理后，区法院以盗窃罪判处被告人胡某有期徒刑7年，对此，被告人胡某未提起上诉，检察院也未提起抗诉。判决生效后，市中级人民法院在区法院检查工作时，发现本案在适用法律上确有错误，于是指令区法院再审。

区法院经书面审理认为，原判决认定事实正确，但适用法律错误。胡某身为公司职员，利用职务上的便利，侵占公司财物，数额较大，其行为构成侵占罪，而非盗窃罪。案发后，胡某能够如实交代犯罪事实，且其侵占的财物已全部追回，可以酌情从轻处罚。据此，区法院裁定撤销原审判决，改判胡某犯侵占罪，处有期徒刑 4 年。

案情分析

在本案中，区法院判决被告人犯盗窃罪显然是错误的，这个判决也是对被告人不利的，侵害了被告人的合法权益。被告人胡某未委托律师，其自身又不懂法律，故未提起上诉。区检察院以被告人犯盗窃罪向区法院起诉，因而也没能认识到法院在罪名认定上的错误，故没有提起抗诉。退一步讲，即便在区法院判决后，区检察院认识到区法院在罪名认定上存在错误，也可能不会提起抗诉。因为，若检察院以区法院认定罪名错误为理由提起抗诉，那么，检察机关会面临这样一个尴尬问题：为何当初以盗窃罪向法院提起公诉？所幸的是，市中级人民法院发现了区法院在罪名认定上的错误，指令区法院再审，从而纠正了区法院生效判决的错误。通过本案的分析可以看出，通过检察院的抗诉来纠正法院裁判的错误是有局限性的。被告人没有律师的帮助，仅凭自身的辩护难以充分保护自身的合法权益。

本案再审采取书面审的方式是合理的。因为，本案事实十分清楚，证据确实、充分，合议庭无须通过开庭的方式来查明事实，只需在阅卷的基础上对原判决在法律适用方面是否确有错误进行评议，就可以达到再审的目的。

第三章
行政诉讼法学

一、具体行政行为
——“丰田中心”产权界定案

知识要点

具体行政行为是指行政主体在国家行政管理活动中行使职权，针对特定的行政相对人，就特定的事项，作出的有关该行政相对人权利义务的单方行政行为。具体行政行为有以下四个要素：

1. 具体行政行为是行政机关实施的行为，这是主体要素。不是行政机关实施的行为，一般不是行政行为。但是，由法律、法规授权的组织或者行政机关委托的组织实施的行为，也是行政行为。

2. 具体行政行为是行政机关行使行政权力所作出的单方行为，这是成立要素。即该行为无须行政相对方同意，仅由行政机关单方即可决定，且决定后立即发生法律效力，行政相对人负有服从的义务，如果不服从，可以强制执行或者申请人民法院强制执行。

3. 具体行政行为是行政机关针对特定的公民、法人或者其他组织作出的，这是对象要素。

4. 具体行政行为是作出的有关特定公民、法人或者其他组织的权利义务的行为，这是内容要素。

具体行政行为具有可诉性，《行政诉讼法》第 2 条规定：“公民、法人或者其他组织认为行政机关和行政机关工作人员的具体行政行为侵犯其合法权益，有权依照本法向人民法院提起诉讼。”

案情简介

2004年12月，哈尔滨广来汽车配件公司（以下简称“广来公司”）以企业国有资产权属纠纷为由，将哈尔滨市丰田纯牌零件特约经销中心（以下简称“丰田中心”）及另外两家由丰田中心参股的公司，即哈尔滨广进汽车配件经销中心（以下简称“广进中心”）、哈尔滨广丰汽车维修有限公司（以下简称“广丰公司”）作为共同被告向哈尔滨市南岗区法院提起民事诉讼，请求法院认定上述被告的资产为国有资产，并归属广来公司所有。其诉讼请求所依据的一份重要证据就是国务院国资委办公厅在2003年12月6日制作的《关于广来公司和丰田中心产权界定意见的函》（以下简称“《产权界定意见函》”）。该函认定，广来公司资产为国有资产，其产权归属东安公司；界定丰田中心的资产为国有资产，其产权归属广来公司。南岗区法院依据这份证据于2005年1月17日作出一审判决，认定丰田中心的财产归属广来公司所有。

在得知国资委《产权界定意见函》后，丰田中心遂于2005年2月2日向北京市第一中级人民法院提起行政诉讼。北京市第一中级人民法院认为，国资委的产权界定不属于行政行为，而是答复性的民事行为，不符合行政诉讼的受理条件，因而于2005年3月16日驳回了丰田中心的起诉。2005年6月10日，哈尔滨市中级人民法院作出维持一审民事判决的终审判决。

丰田中心分别向北京市高级人民法院和最高人民法院申诉，要求对北京市第一中级人民法院不予以受理的生效行政裁定书按照审判监督程序进行再审。北京市高级人民法院裁定进行再审，并于2007年7月16日作出行政裁定，责令北京市第一中级人民法院立案受理丰田中心对国资委所提起的行政诉讼。

2008年9月20日，北京市第一中级人民法院作出行政判决，认定《产权界定意见函》对丰田中心产权的认定错误，侵害了该中心的权益，要求撤销该函件中部分越权内容。2009年6月5日北京市高级人民法院作出维持一审行政判决的终审判决。

案情分析

本案关键在于对具体行政行为的认定，以及对国资委性质及权限的明确。北京市高级人民法院的终审判决，虽以国资委界定企业资产性质错误为由要求撤销《产权界定意见函》中部分越权内容，但同时也确认了国资委的行政管理职能，明确其利害关系人对其意见函不服，属于对具体行政行为不服，可以提起行政诉讼。根据《企业国有资产监督管理暂行条例》第 6 条的规定，国资委应当根据授权，依法履行出资人职责，对企业国有资产进行监督管理。国资委对于广来公司所享有的权利是股东权利，是代表国家履行出资人职责，同时，国资委对国有资产进行监督，能以自己的名义行使国家行政管理职能并承受一定法律后果，其出具的《产权界定意见函》属于行政确认行为。因此，北京市高级人民法院的判决符合现有法律规定。

二、行政许可

——葛军诉某区公安分局行政许可违法案

知识要点

行政许可，是指行政主体根据行政相对方的申请，经依法审查，通过颁发许可证、执照等形式，赋予或确认行政相对方从事某种活动的法律资格或法律权利的一种具体行政行为。

其特征是：

1. 行政许可是依申请的行政行为。行政相对方针对特定的事项向行政主体提出申请，是行政主体实施行政许可行为的前提条件，无申请则无许可。

2. 行政许可的内容是国家一般禁止的活动。行政许可是在国家一般禁止的前提下，对符合特定条件的行政相对方解除禁止，使其享有特定的资格或权利，能够实施某项特定的行为。

3. 行政许可是行政主体赋予行政相对方某种法律资格或法律权利的具体行政行为。行政许可是针对特定的人、特定的事作出的具有授益性的一种具体行政行为。

4. 行政许可是一种外部行政行为。行政许可是行政机关针对行政相对方的一种管理行为，是行政机关依法管理经济和社会事务的一种外部行为。行政机关审批其他行政机关或者其直接管理的事业单位的人事、财务、外事等事项的内部管理行为不属于行政许可。

5. 行政许可是一种要式行政行为。行政许可必须遵循一定的法定形式，即应当是明示的书面许可，应当有正式的文书、印章等予以认可和证明。实践中最常见的行政许可的形式就是许可证和执照。

案情简介

某市公安局为整顿交通秩序，于1990年10月发出通知，要求在1990年年底对满两年审验的各类机动驾驶员进行交通规则和驾驶技术合格考试，并进行身体检查。合格者换发驾驶证，不合格者不能换发驾驶证。该市东方贸易公司推销员葛军（男，24岁，身高1.74米），同年11月初先后参加了市公安局组织的交通规则和轻便摩托车驾驶技术的考试，均取得优秀成绩。经市公安局指定的医院体检，体检结论为身体健康，符合机动车驾驶员的条件。1990年11月22日，葛军持考试成绩单和体检表到该市郊区公安分局换领轻便摩托车驾驶证，区公安分局按该区人民政府的规定，要求葛军先交纳风险保证金240元，才能更换轻便摩托车驾驶证。葛军于同年11月24日以“其符合法定条件，区公安分局不依法给其换发驾驶证”为由，向人民法院提起行政诉讼，要求判令区公安分局不给其换发轻便摩托车驾驶证是违法的。区法院依据《中华人民共和国行政诉讼法》第54条第4项的规定，判决责令区公安分局在判决生效后7日内，给葛军换发轻便摩托车驾驶证。①

案情分析

本案是一起典型的关于行政许可行为的行政诉讼案例。根据国务院1988年3月9日发布的《道路交通管理条例》的规定，公安机关负责道路交通管理工作，并负有换发机动车驾驶证的职责。因此，公安机关对于符合机动车驾驶员法定条件的，应当发给其机动车驾驶证。本案中，葛军在交通规则和轻便摩托车驾驶技术考试中合格，体检也符合要求，公安机关应当给其换发机动车驾驶证，但公安机关按

---

① 案例来源：http://www.examda.com/flgw/anli/20081014/103735430.html。

市政府文件，要求葛军交纳风险保证金240元没有法律依据。葛军提起行政诉讼，人民法院依法判决公安机关限期为葛军换发轻便摩托车驾驶证，无疑是正确的。

三、行政诉讼起诉期限

——衡南县松江加油站及武跃华诉湖南省商务厅行政违法案

知识要点

行政诉讼起诉期限是指公民、法人或者其他组织不服行政主体的具体行政行为向人民法院提起行政诉讼，其起诉可由人民法院受理的法定期限。行政诉讼起诉期限属于不变期间，该期限源于法律规定。我国有关行政诉讼起诉期限的规定散见于《行政诉讼法》、《行政复议法》、最高人民法院司法解释以及各部门行政法中，其中规定的时间长短不一，对行政诉讼起诉期限的种类可作如下划分。

（1）普通起诉期限。1）直接向法院提起行政诉讼的为3个月。《行政诉讼法》第39条规定："公民、法人或者其他组织直接向人民法院提起诉讼的，应当在知道作出具体行政行为之日起三个月内提出。法律另有规定的除外。"2）经复议后向法院提起行政诉讼的为15日。《行政诉讼法》第38条第2款规定："申请人不服复议决定的，可以在收到复议决定书之日起十五日内向人民法院提起诉讼。复议机关逾期不作决定的，申请人可以在复议期满之日起十五日内向人民法院提起诉讼。法律另有规定的除外。"

（2）特殊起诉期限。1）直接向法院提起行政诉讼的特殊起诉期限。其中有15日（《邮政法》、《统计法》、《水污染防治法》等）、30日（《渔业法》、《森林法》、《土地管理法》等）。2）经复议向法院提起行政诉讼的特殊起诉期限，其中有30日（《海关法》）、3个月（《专利法》）。

（3）最长起诉期限。最高人民法院《关于执行〈中华人民共和国行政诉讼法〉若干问题的解释》（法释［2000］8号，以下简称"《行政诉讼法若干解释》"）将行政诉讼最长起诉期限分为两种情形。其一是行政相对人知道具体行政行为内容，但未被告知诉权或者起诉期限的为2年，即该解释第41条规定：行政机关作出具体行政行为时，未告知公民、法人或者其他组织诉权或者起诉期限的，起诉期限从公民、法人或者其他组织知道或者应当知道诉权或者起诉期限之日起计算，但从知道或者应当知道具体行政行为内容之日起最长不得超过 2 年。复议决定未告知公民、法人或者其他组织诉权或者法定起诉期限的，适用前款规定。其二是行政相对人不知道具体行政行为内容的，涉及不动产的具体行政行为的起诉期限为 20 年，其他具体行政行为的起诉期限为 5 年。即该解释第 42 条规定：公民、法人或者其他组织不知道行政机关作出的具体行政行为内容的，其起诉期限从知道或者应当知道该具体行政行为内容之日起计算。对涉及不动产的具体行政行为从作出之日起超过 20 年、其他具体行政行为从作出之日起超过 5 年提起诉讼的，人民法院不予受理。

在行政诉讼中，行政诉讼起诉期限的计算起点往往构成确定起诉期限的基础，它们在起诉期限制度中占据非常重要的地位。不论起诉期限是 15 日、30 日或者是 3 个月，都面临着从哪一个时间点开始计算的问题。对于起诉人系具体行政行为的相对方的情形，起诉期限的计算起点容易确定，即如《行政诉讼法》第 39 条规定的“知道具体行政行为之日”，其他法律规定的“接到通知之日”或者是“收到（接到）决定书之日”。同时，《行政诉讼法若干解释》对于行政相对方“知道”或“收到（接到）”进行了有利于保护行政相对方权利的解释，即认为行政相对方完整地知道具体行政行为内容应包括“知道诉权或起诉期限”。如果行政机关仅告知了相对方具体行政行为内容，未告知其诉权或起诉期限，属于不完整的告知，起诉期限的计算起点应从“知道诉权或起诉期限之日起计算，但最长不得超过 2 年”。相应的，如果行政相对方不知道具体行政行为的内容，应从“知道具体行政行为内容之日起计算，但最长不得超过 5 年（对涉及不动产的具体行政行为不超过 20 年）”，同理，这里的“知道具体行政行为内容”应理解为知道包括诉权或起诉期限的具体行政行为的完整内容。由于相对方“知道或应当知道诉权或起诉期限”很难在诉讼中举证证明，如果行政机关作出具体行政行为时未告知相对方，或虽然告知但未告知其诉权或起诉期限，实践中相对方于 2 年或 5 年最长保护期中均可随时起诉，这也是往往被人误解为起诉期限在上述两种情形中发生了变化的原因。

由于行政诉讼的起诉人不仅包括具体行政行为的相对方，还包括具体行政行为法律上的利害关系人，而在行政程序中，行政机关作出具体行政行为时一般无告知非相对方的其他人（也包括法律上的利害关系人）的程序义务，具体行政行为法律上的利害关系人往往不知道该行为内容。而根据《行政诉讼法若干解释》第 12 条、第 13 条规定，具体行政行为法律上的利害关系人可作为原告提起行政诉讼，因此其行政诉讼起诉期限的计算起点即为知道包括诉权或起诉期限的具体行政行为完整内容之日。

案情简介

1995年8月，衡南县松江加油站（挂靠集体企业，业主为武跃华）经湖南省经济贸易委员会批准，取得成品油零售经营合格证（企业法定代表人为武跃华）。1997年至1999年年底，武跃华将加油站承包给本村村民阳世共经营。阳世共未经武跃华同意，利用湖南省政府整顿成品油市场的换证机会将衡南县松江加油站法定代表人申报变更为阳世共。省经济贸易委员会在换证过程中，对换证文件和程序审查不严，于2000年6月将衡南县松江加油站《成品油批准证书》的法定代表人登记为阳世共（省经济贸易委员会未将此情况告知武跃华）。阳世共以此为据，于2001年4月向衡南县工商行政管理局申请"衡南县松江乡松江加油站"企业法人营业执照，开展成品油零售业务谋利，武跃华因此不能再经营成品油业务。

湖南省经济贸易委员会因机构改革被撤销，由湖南省经济委员会继续行使其成品油许可经营职能，后该职能并入省商务厅。

武跃华和衡南县松江加油站于2004年6月2日向芙蓉区人民法院提起行政诉讼，要求撤销省商务厅核发给衡南县松江加油站（法定代表人为阳世共）的《0901031号成品油批准证书》，并依法重新对衡南县松江加油站核发成品油批准证书（法定代表人更正为武跃华）。芙蓉区人民法院于2004年12月2日以此案超过起诉期限为由驳回起诉，其理由是原告在2002年11月30日已知被告发的成品油批准证书改变了登记事项，根据《行政诉讼法》第39条"公民、法人或者其他组织直接向人民法院提起诉讼的，应当在知道作出具体行政行为之日起三个月内提出"的规定，应当在2003年2月28日前向人民法院提起行政诉讼，而原告直到2004年6月2日才向法院提起诉讼，已超过法定起诉期限。原告不服该裁定，提起上诉。长沙市中级人民法院经审查认为，本案上诉人是在2002年11月30日知道被上诉人核发的《0901031号成品油批准证书》改变了登记事项，而被上诉人核发《0901031号成品油批准证书》时并没有告知对该具体行政行为不服可以向人民法院起诉以及起诉期限，根据《行政诉讼法若干解释》第41条第1款的规定，"行政机关作出具体行政行为时，未告知公民、法人或者其他组织诉权或者起诉期限的，起诉期限从公民、法人或者其他组织知道或者应当知道诉权或者起诉期限之日起计算，但从知道或者应当知道具体行政行为内容之日起最长不得超过2年”。上诉人的起诉期限应当为自2002年11月31日起2年。因此，上诉人于2004年6月2日向原审法院起诉，没有超过法定诉讼期限，符合法定起诉条件，人民法院应予受理。长沙市中级人民法院作出（2005）长中行终字第9号行政裁定书，裁定指令芙蓉区人民法院对本案继续审理。

案情分析

原告在法定的起诉期限内不起诉，视为其放弃诉权，超过法定期间再行起诉的，法院不应受理。受理后，发现超过起诉期限的，应当驳回起诉。因此，本案原告是否超过起诉期限是法院首先要审查的内容。根据《行政诉讼法》第39条规定，从表面上看，本案中原告没有在2002年11月30日已知被告发的《成品油批准证书》改变了登记事项之日起3个月内向人民法院提起行政诉讼。但本案被告没有告诉原告其作出换证行为的具体内容，也没有告知原告诉权或起诉期限。根据《行政诉讼法若干解释》第41条第1款的规定，原告在2004年11月30日前向人民法院提起诉讼即可，因此原告在2004年6月2日起诉，很显然没有超过起诉期限。芙蓉区人民法院以《行政诉讼法》第39条规定的“公民、法人或者其他组织直接向人民法院提起诉讼的，应当在知道作出具体行政行为之日起三个月内提出”为依据，认为原告的起诉超过起诉期限而裁定驳回起诉，属于适用法律错误，长沙市中级人民法院依法予以纠正。

四、行政确认之诉

——李晓艳诉平顶山市卫东区民政局婚姻登记案

知识要点

（一）行政确认判决的含义

确认判决是指人民法院通过对被诉具体行政行为合法性进行审查，确认被诉具体行政行为合法或者违法的一种判决形式。

（二）行政确认判决的种类

根据《行政诉讼法若干解释》的规定，我国司法审查中的确认判决有三种形式：

1. 确认合法或有效的判决。确认合法或有效的判决是指人民法院经审查认为被诉具体行政行为虽然合法，但又不适宜判决维持或者驳回诉讼请求，因此作出确认其合法或有效的判决。

2. 确认违法或无效的判决。确认违法或无效的判决是指人民法院经审查，认为被诉具体行政行为违法，但又不适宜作出撤销判决或履行判决，从而确认被诉具体行政行为违法或无效的判决形式。依违法形态的不同，确认违法或无效的判决又可分为下述三种类型：不作为违法确认判决；无效确认判决；一般违法确认判决。

3. 确认违法并责令补救或赔偿的判决。确认违法并责令补救或赔偿的判决是指人民法院经过审查，认为被诉具体行政行为违法，但撤销该具体行政行为将会给国家利益或公共利益造成重大损失的，人民法院应当作出确认被诉具体行政行为违法的判决，并责令被诉行政机关采取相应的补救措施；造成损害的，依法判决承担赔偿责任。

（三）行政确认判决的适用

在维持判决、撤销判决、履行判决和变更判决中，行政行为的合法性必须作为“先决”问题予以处理，上述四种判决形式也包含了对行政行为合法与否的确认，但司法审查的直接结果是对被诉行为的维持、撤销或变更以及责令被告履行职责，而不必先作出确认判决，再对具体行政行为作出处理。确认之诉是针对不适宜上述任何一种判决的行为而提起的诉讼，其争议的焦点就是行为的合法性问题，确认判决并非完全被其他判决所吸收，而是一种独立的判决形式。并且在特定的情况下，即使原告未提起确认之诉，法院也可一并作出确认判决。例如，行政机关扣押行政相对人财物后予以使用并造成损耗，行政相对人提起诉讼要求撤销扣押财物的行政强制措施。法院审查认为，被告作出扣押决定正确合法，但使用行为违法并侵权，因而在判决维持扣押决定的同时，应增加一项判决：确认被告使用被扣押财物的行为违法。

案情简介

1996年9月，李强与李晓艳登记结婚。2009年3月30日李强与一女性到卫东区民政局要求办理离婚登记，李强及该女依民政局要求填写了相关表格，提供了李强和李晓艳的身份证、户口本等资料，该女性以李晓艳名义签字并提供了其本人照片。当日，卫东区民政局以李强、李晓艳感情不和为原因为李强和“李晓艳”办理了离婚登记，离婚证编号为平卫离000900265号。

原告李晓艳认为，本人并未到卫东区民政局办理离婚登记，被告对于李强及冒名李晓艳提出的离婚登记没有认真审查，因而提起本案诉讼。李晓艳诉称，2009年3月30日，在原告毫不知情且未到场的情况下，被告卫东区民政局向第三人李强颁发了平卫离000900265号离婚证，确认原告与第三人解除婚姻关系。原告认为被告颁发该离婚证的行为违反了《婚姻登记条例》关于男女双方必须共同到场登记离婚等相关规定，请求撤销被告违法颁发的平卫离000900265号离婚证。

被告辩称，原告与李强系合法婚姻关系。因双方感情不和，亲自到答辩人处办理离婚登记。经审查，被答辩人与李强符合离婚的法定要件，答辩人依法为其颁发了平卫离000900265号离婚证。上述离婚登记事实清楚、证据确凿、程序合法，符合法定条件，请求驳回原告的诉讼请求。法院经审理最后判决确认平卫离000900265号离婚证无效。①

案情分析

在本案中，卫东区民政局在办理李强的离婚申请时，尽管其根据《婚姻登记条例》的规定对申请人的身份证、户口本、结婚证等文件资料进行了审查，履行了形式上的审查义务，但并没有核对当事人身份的真实性。行政行为成立的条件之一是行政行为的内容必须具有合法性和真实性，故卫东区民政局颁发平卫离000900265号离婚证的行政行为依法不能成立。根据《行政诉讼法若干解释》第57条第2款第3项之规定——被诉具体行政行为依法不成立或者无效的，人民法院应当作出确认被诉具体行政行为违法或者无效的判决。因此，平顶山市卫东区

---

① 案例来源：http://pdswdfy.chinacourt.org/public/paperview.php? id=169974。

人民法院的确认判决是正确的。

五、行政赔偿

——宋国民诉南乐县城乡建设局行政赔偿案

知识要点

(一) 行政赔偿的概念

行政赔偿是指行政主体违法实施行政行为，侵犯行政相对人合法权益造成损害时由国家承担的一种赔偿责任。行政赔偿的特征有以下几个方面：

第一，行政赔偿因行政主体而引起。只有行政主体才享有行政权，才能实施行政行为，才能构成行政赔偿主体、司法机关作为司法权主体、行政机关作为机关法人、行政人员作为公民等而引起的赔偿，都不是行政赔偿。

第二，行政赔偿因行政行为而引起。只有行政行为，即行政主体行使行政权、执行公务的行为，才能构成行政赔偿。非行政行为，如立法机关的立法行为、司法机关的司法行为、行政机关的民事行为及行政人员的个人行为等，均不能构成行政赔偿。

第三，行政赔偿因行政行为违法而引起。只有违法行政行为才能构成行政赔偿，合法行政行为不能构成行政赔偿。

第四，行政赔偿因行政主体违法行政，侵犯行政相对人合法权益并造成损害而引起。

第五，行政赔偿责任由国家承担。行政主体由国家设立，其职能属国家职能，行政权也属国家权力，行政主体及其行政工作人员行使职权所实施的职务活动，是代表国家进行的，本质上是一种国家活动，因此，行政主体违法实施行政行为，侵犯行政相对人合法权益并造成损害的，应由国家承担赔偿责任，并不是由行政主体及其工作人员承担赔偿责任。

(二) 行政赔偿义务机关

这是指实施行政行为侵犯公民、法人或其他组织的合法权益并造成损害，有义务代表国家承担赔偿责任的行政主体。

（三）行政赔偿的范围

根据我国《国家赔偿法》第3条、第4条的规定，行政赔偿的范围包括侵犯人身权的违法行政行为和侵犯财产权的违法行政行为两类。其中对人身权的侵犯仅限于公民，对侵犯法人或其他组织的行政行为，目前行政主体不需要承担赔偿责任。

案情简介

第三人万×伟是被告南乐县城乡建设局招录的临时协管员，负责兴华路从电影院至土产街北口的店外经营和流动商贩的管理工作。2007年8月15日10时50分许，第三人万×伟行至土产街北口看到张×的四轮拖拉机（河南JU1732）停放在路口影响通行，便自行启动拖拉机向西行驶，将坐在路南侧人行道外屋檐下的宋国民撞伤，经南乐县公安局交通巡警大队《交通事故认定书》认定，“万×伟负事故的全部责任”。2008年8月1日，原告宋国民向被告南乐县城乡建设局申请国家赔偿，被告未予答复，原告遂提起诉讼。

一审法院认为，行政机关和行政机关工作人员违法行使职权侵犯公民、法人和其他组织的合法权益并造成损害的，受害人有取得行政赔偿的权利。一审判决被告南乐县城乡建设局于判决生效之日起10日内赔偿原告宋国民残疾赔偿金等各项损失共计292 290元。

南乐县城乡建设局不服一审判决，提起上诉。上诉人南乐县城乡建设局主要上诉理由是：一审以行政赔偿判决属定性错误，适用法律不当，完全混淆了普通民事侵权与行政侵权赔偿。万×伟开四轮拖拉机不慎将宋国民撞伤并非是行政机关行使权力的行为，不是具体行政行为，不构成行政侵权赔偿责任。

二审法院认为，根据最高人民法院《关于审理行政赔偿案件若干问题的规定》第1条规定：《国家赔偿法》第3条、第4条规定的其他违法行为，包括具体行政行为与行政机关及其工作人员行使行政职权有关的，给公民、法人或者其他组织造成损害的，违反行政职责的行为。本案中，上诉人南乐县城乡建设局与被上诉人宋国民之间不存在行政管理与被管理的关系，二者之间不构成行政法律关系。一审法院以行政赔偿案件审理本案，属定性不当，违反法定程序，依法应予改判。二审判决撤销南乐县人民法院（2009）南行初字第008号行政赔偿判决；驳回被上诉人宋国民的行政赔偿诉讼请求。

案情分析

根据我国《行政诉讼法》的规定，行政赔偿是行政主体违法实施行政行为，侵犯行政相对人合法权益并造成损害时由国家承担的一种赔偿责任。本案中，第三人万×伟在其负责管理的区域内发现违规停放的四轮拖拉机，因其影响通行，在未找到车主的情况下，自行启动拖拉机，将坐在路南侧人行道外的宋国民撞伤。在这个过程中第三人万×伟作出了行政行为，但是该行政行为的行政相对人并非被撞的宋国民，而是那辆四轮拖拉机的车主，因此南乐县城乡建设局与宋国民之间不存在行政赔偿的问题。故本案一审适用法律错误，二审的改判是正确的。

六、具体行政行为的合法性审查

——赵C不服鹰潭市公安局月湖区公安分局换发公民身份证案

知识要点

根据《行政诉讼法》第5条规定，人民法院审理行政案件，对具体行政行为是否合法进行审查。这里的“合法性”就是人民法院审查具体行政行为的标准问题。根据《行政诉讼法》第52条规定，人民法院审理行政案件，以法律和行政法规、地方性法规为依据。地方性法规适用于本行政区域内发生的行政案件。人民法院审理民族自治地方的行政案件，并以该民族自治地方的自治条例和单行条例为依据。该法第53条规定，人民法院审理行政案件，参照国务院部、委根据法律和国务院的行政法规、决定、命令制定、发布的规章以及省、自治区、直辖市和省、自治区的人民政府所在地的市和经国务院批准的较大的市的人民政府根据法律和国务院的行政法规制定、发布的规章。人民法院认为地方人民政府制定、发布的规章与国务院部、委制定、发布的规章不一致的，以及国务院部、委制定、发布的规章之间不一致的，由最高人民法院送请国务院作出解释或者裁决。据此，人民法院审理行政案件，以法律和行政法规、地方性法规为依据，参照规章。《行政诉讼法若干解释》第62条规定，人民法院审理行政案件，适用最高人民法院司法解释的，应当在裁判文书中援引。人民法院审理行政案件，可以在裁判文书中引用合法有效的规章及其他规范性文件。

案情简介

赵C，男，1986年7月18日出生于江西省鹰潭市月湖区，出生后用“赵C”进行户籍登记。2005年，使用“赵C”申请第一代身份证，当年6月16日月湖区公安分局签发身份证。2007年7月被告月湖区公安分局户政科根据原告赵C要求换发第二代居民身份证的申请，向鹰潭市公安局户政管理处报告。鹰潭市公安局户政管理处批复称：“你科《关于赵C申请姓名不予变更的报告》收悉。现批复如下：按照《公安部关于启用新的常住人口登记表和居民户口簿有关事项的通知》（公通字［1995］91号）中‘常住人口登记表和居民户口簿应使用国务院公布的汉字简化填写，民族自治地区可使用本民族的文字或选用一种当地通用的民族文字填写’的规定，赵C的姓名中的C，使用的是英文字母，必须变更为汉字。”据此，被告月湖区公安分局拒绝给原告赵C换发第二代居民身份证。原告赵C不服被告月湖区公安分局公安行政登记，于2008年1月8日提起行政诉讼，诉请法院判决被告月湖区公安分局作出核准并签发原告赵C继续使用赵C的姓名换发第二代居民身份证的具体行政行为。

2008年6月6日，鹰潭市月湖区人民法院对此案作出一审判决，赵C胜诉。鹰潭市公安局月湖区公安分局于2008年6月提出上诉。①

案情分析

人民法院审理具体行政行为合法性的标准是以法律和行政法规、地方性法

---

① 案例来源：http://ytyhfy.chinacourt.org/public/paperview.php?id=145746。

规为依据，参照规章。根据《行政诉讼法若干解释》第62条规定，对于合法有效的规章及其他规范性文件，人民法院可以在裁判文书中引用。本案中，《公安部关于启用新的常住人口登记表和居民户口簿有关事项的通知》只是一个内部通知，不是法律、法规，也不是规章，其关于公民姓名权的相关规定与《民法通则》、《居民身份证法》等法律、法规的精神相违背。因此，月湖区人民法院判决不予参照或引用，而是根据《民法通则》、《居民身份证法》作出判决，即责令被告鹰潭市公安局月湖区公安分局允许原告赵C以"赵C"为姓名换发第二代居民身份证，并在法律规定的期限内办理完毕是正确的。

七、抽象行政行为

——袁×坤诉珠海市香洲区人民政府拆迁实施办法案

知识要点

（一）抽象行政行为的界定

抽象行政行为是指行政主体非针对特定人、事与物所作出的具有普遍约束力的行政行为。它包括有关政府组织和机构制定的行政法规、行政规章、行政措施，作出的具有普遍约束力的决定和命令。其法律特征是：

1. 抽象行政行为具有普遍约束力。它是针对一类事或一类人，而不是针对特定人或特定事作出的，因而具有普遍约束力。抽象行政行为是约束一群公民和组织的行为。

2. 抽象行政行为具有间接的法律效果。它不能使行政相对人发生直接的权利义务的变化，而是使有关行政相对人拥有产生权利义务变化的依据。

3. 抽象行政行为具有效力后及性。它针对往后的事件作出，并只适用于行政规则制定以后的行为和事件。它不仅对所有的公民和组织有效，而且在公布以后的所有时间内有效，直到被废止。这种往后的效力，还表现在对同类行为在制定行政规则以后的时空里可以反复适用。

（二）抽象行政行为的非诉性

抽象行政行为本身是一个相对于“具体行政行为”的理论概念。在谈到抽象行政行为的非诉性问题时就必须明确其与具体行政行为的区别。具体行政行为是指行政主体在国家行政管理活动中行使职权，针对特定的行政相对人，就特定的事项，作出的有关该行政相对人权利义务的单方行为，具体行政行为与抽象行政行为虽然都属于行政行为，但二者也存在本质区别，表现在以下两方面：

1. 实施行政行为的主体不同。实施具体行政行为的主体是各级行政机关及其委托的组织，而实施抽象行政行为的主体只能是国家最高行政机关及地方各级立法机关。

2. 具体行政行为可以引起行政诉讼，而抽象行政行为不能引起行政诉讼。根据《行政诉讼法》第 12 条规定，人民法院不受理公民、法人或者其他组织对行政法规、规章或者行政机关制定、发布的具有普遍约束力的决定、命令提起的行政诉讼。《行政诉讼法若干解释》第 3 条规定：“行政诉讼法第十二条第（二）项规定的‘具有普遍约束力的决定、命令’，是指行政机关针对不特定对象发布的能反复适用的行政规范性文件。”可见，针对抽象行政行为，是不能启动诉讼程序进行救济的。

（三）抽象行政行为的认定

根据《行政诉讼法若干解释》第 3 条规定，判断抽象行政行为的两大标准就是：对象的不特定性和反复适用性。具体行政行为通常只是针对特定对象的一次性适用，一次性有效。

案情简介

2000 年珠海市人民政府设立了珠海市香洲区改造城中旧村建设文明社区领导小组（以下简称领导小组），该领导小组于 2000 年 7 月发布了珠改（2005）05 号《珠海市香洲区改造城中旧村建设文明社区配套政策实施办法（二）的通知》（以下简称《通知》），该《通知》的主要内容是对珠海市香洲区城中旧村改造的原则、方式以及补偿标准等作出规定。2001 年 11 月，根据《珠海市政府改造城中旧村建设文明社区有关配套政策和实施办法》，袁×坤与珠海市燊荣房产开发有限公司签订了《新村旧村拆迁补偿安置合同》。2005 年 11 月，袁×坤对被诉《通知》不服，向珠海市中级人民法院提起行政诉讼，请求法院撤销被诉《通知》。珠海市中级人民法院认为，领导小组是珠海市人民政府设立的临时机构，该小组作出的《通知》是针对不特定对象制定的具有普遍约束力的规范性文件，属于抽象行政行为的范畴，因而并不属于我国行政诉讼的受案范围，遂裁定驳回原告袁×坤的起诉。袁×坤不服一审裁定，向广东省高级人民法院提出上诉。广东省高级人民法院经审理，认为被诉《通知》是行政机关以“实施办法”的名称作出，具备了行政规范性文件的表现形式，其内容是针对珠海市香洲区城中旧村的改造作出的普遍适用的政策，并非针对具体的个人或组织，对象具有普遍性，在城中旧村的改造过程中，该《通知》亦是可以反复适用的。因此，原审裁定认定被诉《通知》属于抽象行政行为范畴，并以此为由裁定驳回上诉人的起诉正确，该院依法予以维持。上诉人袁×坤认为被诉《通知》属于具体行政行为的理由不能成立，该院不予支持。此外，被诉《通知》是珠海市香洲区改造城中旧村建设文明社区领导小组作出的，该领导小组是由珠海市人民政府组建的机构，原审法院未告知上诉人依法应变更被告为珠海市人民政府，而是将珠海市香洲区人民政府列为被告，该做法不妥，但原审裁定驳回上诉人起诉并无不当。二审法院最终裁定驳回上诉，维持原裁定。①

案情分析

本案主要涉及抽象行政行为的法律认定标准问题。我国《行政诉讼法》将抽象行政行为排除在受案范围之外。本案中的关键是《通知》是具体行政行为还是抽象行政行为。首先，本案中《通知》是针对不特定对象作出的，只要是珠海市香洲区范围内符合其规定条件的对象都要适用，对象具有普遍性。其次，该行政行为具有效力的后及性和反复适用性。在《通知》的有效期内可以对未来的城中旧村改造进行规范。本案中的被诉《通知》的效力在其存续期间，不仅对袁×坤，而且对所有符合设定条件的珠海市香洲区城中旧村的居民都应当适用，符合抽象行政行为的反复适用性特征。因此，原告袁×坤诉请的行政行为不属于我国行政诉讼的受案范围，本案一、二审法院的裁定是正确的。

---

① 案例来源：http://www.gdcourts.gov.cn/alxc/xz/t20070903_11803.htm。

八、行政复议前置

——李俊寿诉章丘市人民政府行政许可案

知识要点

行政复议前置是指行政相对人对法律、法规规定的特定具体行政行为不服，在寻求法律救济途径时，应当先选择向行政复议机关申请行政复议，而不能直接向人民法院提起行政诉讼；如果经过行政复议之后行政相对人对复议决定仍不服的，才可以向人民法院提起行政诉讼。

复议前置的情况主要有以下两种：

1. 一级复议前置。一级复议前置是指当事人对具体行政行为不服，必须经上一级行政机关复议，对复议不服的，才可向法院起诉，否则，人民法院不予受理。一级复议前置的情形主要有以下几种：《行政复议法》第30条第1款规定："公民、法人或者其他组织认为行政机关的具体行政行为侵犯其已经依法取得的土地、矿藏、水流、森林、山岭、草原、荒地、滩涂、海域等自然资源的所有权或者使用权的，应当先申请行政复议；对行政复议决定不服的，可以依法向人民法院提起行政诉讼。"其他法律如《税收征收管理法》第88条第1款，《海关法》第64条，《国家安全法》第31条，《商标法》第32条、第43条，《专利法》第41条、第46条等，都规定了行政诉讼的复议前置程序。

2. 二级复议前置。二级复议前置是指当事人对具体行政行为不服，必须向上一级行政机关申请复议，对该复议决定不服的，还需要向再上一级机关复议，对最终复议决定不服的，才可向人民法院起诉。

复议前置必须由法律、法规予以规定，其他规范性文件不得设定此种限制。在复议前置的情况下，如果复议机关不受理复议申请或者在法定期限内不作出复议决定，公民、法人或其他组织不服，依法向人民法院提起诉讼的，人民法院应当受理。此时，如果行政相对人仅对具体行政行为不服，则起诉时以原行政机关为被告；如果行政相对人是对复议机关的不作为不服，则应以复议机关为被告。

案情简介

原告李俊寿与第三人李寿阳的爷爷将其住宅一分为二，分给原告和第三人的父亲李金修（已故）使用。1992 年，被告章丘市人民政府为第三人李寿阳颁发章文集建（92）字第 1120151 号集体土地建设用地使用证。该土地证记载第三人的南邻为原告李俊寿，文祖镇黑峪村民委员会出具的权源证明记载，本宗土地系祖上继承，权属合法、面积准确，权属界址与四邻无争议。1997 年，原告在分得的宅基地上盖上了三间南屋、一间栏，并建有院墙。第三人的宅基地上有栏一间。原告建房后将大门朝北，经过第三人的宅基地向北通行，直通大街。2005 年 4 月，第三人在原告的大门外挖地槽进行施工，原告认为侵犯其宅基地面积，进行阻拦，第三人提起民事诉讼，并向法庭提供章文集建（92）字第 1120151 号集体土地建设用地使用证，为此，原告于 2005 年 9 月 28 日提起行政诉讼，请求法院依法撤销被告为第三人颁发的章文集建（92）字第 1120151 号集体土地使用证。原告诉称，原告的住宅北邻是空闲地，至今没有住宅。1992 年被告给第三人颁发了建设用地使用证，该证是被告在原告与第三人有争议期间，原告未签字的情况下，为第三人颁发的，是违反法定程序的，请求法院予以撤销。被告辩称，被告为第三人颁发建设用地使用证，事实清楚，适用法律准确，程序合法，应予以维持；同时根据《行政复议法》的相关规定，原告应先行复议，才能起诉，应驳回其诉讼请求。第三人述称，第三人所持有的土地使用证，颁发程序合法有效，原告所提到的与第三人存有争议，与事实不符，请求驳回原告的诉讼请求。本案在审理过程中，原告因故申请撤诉。法院认为原告的撤诉申请理由正当，依法裁定准予撤诉。

案情分析

本案虽然以原告的撤诉而告终，但是本案第三人提出的原告应当适用行政复议前置确实是值得我们思考的问题。这里涉及对《行政复议法》第 30 条第 1 款的理解问题，对此，最高人民法院《关于适用〈行政复议法〉第三十条第一款有关问题的批复》（法释［2003］5 号）作出解释："根据《行政复议法》第三十条第一款的规定，公民、法人或者其他组织认为行政机关确认土地、矿藏、水流、森林、山岭、草原、荒地、滩涂、海域等自然资源的所有权或者使用权的具体行政行为，侵犯其已经取得的自然资源的所有权或者使用权的，经行政复议后，才可以向人民法院提起行政诉讼，但法律另有规定的除外；对涉及自然资源所有权或者使用权的行政处罚，行政强制措施等其他具体行政行为提起行政诉讼的，不适用《行政复议法》第三十条第一款的规定。”该批复中的“确认”是指对自然资源的权属发生争议后，行政机关对争议的土地、矿藏、水流、森林、山岭、草原、荒地、滩涂、海域等自然资源的所有权或使用权所作的确权决定，即行政确认。

本案所涉及的章文集建（92）字第1120151号集体土地使用证应当是一种行政许可行为，而非行政确认，故不适用《行政复议法》第30条第1款规定的复议前置程序。

九、行政诉讼不适用调解

——某村民诉某乡人民政府强制扣押案

知识要点

除了我国《行政诉讼法》第67条第3款规定的“赔偿诉讼可以适用调解”外，我国《行政诉讼法》第50条明确规定：“人民法院审理行政案件，不适用调解。”“行政诉讼不适用调解”是指在行政诉讼过程中，双方当事人无权处分其行政权利（职权）和义务（职责），裁判者也不得采用调解作为审理方式和结案方式，而应在判明是非的基础上作出裁判。行政诉讼双方当事人的权利和义务由实体法事先加以规定，一方或双方当事人没有任意抛弃或免除义务的自由；而且作为行政诉讼客体的具体行政行为是行政机关单方面作出的，不能因为当事人双方意思表示而变更或废弃。因此，在行政诉讼的审理中，不存在双方当事人自愿处分的可能，人民法院也就不能以调解作为审理方式，更不能以调解作为结案方式。在行政诉讼中，除原告撤诉外，行政诉讼仅能以裁定与判决方式结案，而不能以调解方式结案。

案情简介

2002年9月10日，某乡人民政府（以下简称乡政府）因某村民不缴纳有关税金，扣押其农用运输车一辆。2004年12月28日，该村民因对乡政府的上述强制扣押行为不服，向法院提起行政诉讼，请求法院依法确认被告乡政府的强制扣押行为违法，判令被告返还属于其的农用运输车、恢复原状并赔偿损失。合议庭经庭前审阅卷宗及多方面调查了解，确认如下事实：原告在被告采取强制措施前，未依法履行法律规定的纳税义务；被告乡政府对原告财产采取强制扣押的行为不具有合法性。针对此种原、被告均存在行为错误的情况，合议庭从解决纠纷的效率和社会效果出发，运用了调解的结案方式。合议庭对原、被告进行了一系列的说法、讲理的调解、协调工作。首先，使被告充分而深刻地认识到其强制扣押行为的违法性，使其认识到其行为给行政相对人合法权益带来的侵害，并说服被告返还原告其扣押的财产并赔偿原告的有关损失。其次，在确认被告行为违法的情况下，对原告进行说理，使其认识到其拒不履行纳税义务的违法性，使其能从大局出发，从维护行政机关公众服务形象出发，对被告的行政行为予以谅解。最后，经过合议庭的调解、协调，原、被告达成和解协议。被告将扣押的农用运输车返还原告，并赔偿了相关损失。原告向法院申请撤回起诉，法院裁定予以准许。

案情分析

本案属于典型的行政诉讼中错误适用调解的案例。根据我国《行政诉讼法》的规定，人民法院审理行政案件，除行政赔偿诉讼外，不适用调解。本案法官在行政诉讼中主动启动了调解程序，说服被告返还扣押财产，并赔偿损失，同时要求原告撤诉。对于法院而言，可以做到案结事了，体现司法效率，同时促进社会和谐，这是它的积极作用。但是与此同时，法院的这种做法也破坏了法律的严肃性。行政权属于国家公权，行政机关不得自行处分，法院也不得居间调解。人民法院审理行政案件的宗旨，就是确认具体行政行为是否合法，没有中间状态可言，也就是没有调解的余地。本案中法院的做法从法律上说，有不妥之处。

十、行政诉讼中被告不得自行收集证据规则

——张某诉公安局行政拘留案

知识要点

《行政诉讼法》第 33 条规定："在诉讼过程中，被告不得自行向原告和证人收集证据。"《行政诉讼法若干解释》第 30 条第 1 项规定，被告及其诉讼代理人在作出具体行政行为后自行收集的证据，不能作为认定被诉具体行政行为合法的根据。在行政诉讼中，被告不得自行收集证据规则，是指被告在作出具体行政行为后，不得再行取证或不得擅自取证，否则在涉诉后其自行收集的证据将被认定为无效证据或瑕疵证据的证明规则。该证据规则，作为行政诉讼重要的证据规则，不仅有利于规范行政机关依法行政，而且有利于人民法院对证据的认证和对案件的裁判。

在行政诉讼中确立这一证据规则，主要基于三点：一是行政程序法上的"先取证，后裁决"规则。"先取证，后裁决"是行政主体在作出具体行政行为时应遵循的一项基本原则。依照该原则，行政主体只能以其在作出具体行政行为时所依据的证据作为证明其行为合法的依据，而不能以事后收集的证据来证明其已作出的行为合法。二是行政诉讼中的原告处于被管理者地位，与被告地位具有不平等性，如果允许被告在诉讼中自行补充证据，会助长行政机关不负责任、草率处理问题的作风。三是行政机关为了不败诉，可能采取不正当手段取证，甚至凭借行政权力采取诱供等非法手段收集有利于自己的证据，给法院处理案件造成障碍。

行政诉讼中，被告不得自行收集证据规则，包括被告禁止性行为规则和法院对该类证据的认证规则。被告禁止性行为规则，即被告在作出具体行政行为后不得再自行收集证据；法院对该类证据的认证规则，指的是被告自行收集的证据效力如何，是法院必须作出认证的内容。被告在作出具体行政行为后自行收集的证据的效力分为绝对无效和效力瑕疵两种。对于绝对不得收集的证据，如果被告自行收集，应为无效证据；对于瑕疵证据，只要其不影响相对方的利益，证据的内容又具备真实性，法院可视情况采信。

《行政诉讼法》第 34 条规定，人民法院有权要求当事人提供或者补充证据。但根据《行政诉讼法若干解释》第 28 条的规定，被告经法院准许可以补充相关的证据仅限于以下两种情形：(1) 被告在作出具体行政行为时，已经收集证据，但因不可抗力等正当事由不能提供的；(2) 原告或者第三人在诉讼过程中，提出了其在被告实施行政行为过程中没有提出的反驳理由或者证据的。

案情简介

李某与张某系邻居，关系一直不好。某日，李某与张某因小事发生争吵，并大打出手，双方均受轻微伤。当地派出所接到报案后赶到现场，劝双方先到医院治疗再说。后来，派出所上报公安局批准作出了对李某罚款 200 元、对张某行政拘留 10 天的处罚（以公安局名义送达处罚决定）。李某因为所受处罚轻，没有表示异议，但张某不服拘留 10 天的处罚决定，向人民法院提起行政诉讼。张某起诉后，派出所同志连忙到张某和李某那里作笔录，并且向知情者了解情况，并记录在卷。在向法院提交答辩状时一并提交了这些证据。

案情分析

《行政诉讼法》第 33 条规定："在诉讼过程中，被告不得自行向原告和证人收集证据。"这里的"在诉讼过程中"，是指法院立案受理案件到作出终审裁判的整个过程。在这一过程中，被告不能向原告和证人收集证据，除非有法律规定的正当理由并经人民法院准许。本案中被告公安局下属的派出所，在张某起诉后向李某、张某和其他证人收集的证据属于法定的"在诉讼过程中向原告和证人收集的证据"，而且也不属于《行政诉讼法若干解释》第 28 条规定的可以补充收集证据的范畴，所以可以确定本案被告在诉讼过程中收集的证据是不合法证据，人民法院不应予以采纳。

第二篇　实体法篇

第四章
民法学

一、继　　承
——李树纲继承案

知识要点

学习有关继承的知识点，主要应了解继承的类型、继承的顺序，以及遗产的具体分配制度。

1. 遗嘱继承。它是按被继承人的生前意愿处分其个人财产的形式，其重点是区别自书遗嘱、代书遗嘱、录音遗嘱、口头遗嘱和公证遗嘱。

2. 法定继承。主要应清楚继承的顺序。法定继承按下列顺序进行：第一顺序：配偶、子女、父母。第二顺序：兄弟姐妹、祖父母、外祖父母。

3. 代位继承。指的是被继承人的子女先于被继承人死亡的，由被继承人的子女的晚辈直系血亲代位继承。

4. 遗赠。是指公民可以立遗嘱将个人财产赠给国家、集体或者法定继承人以外的人。其形式与遗嘱继承是一样的。受遗赠人应当在知道受遗赠后两个月内，作出接受或者放弃受遗赠的表示。到期没有表示的，视为放弃受遗赠。

5. 死亡顺序。在法定继承中应注意有一种特殊情况，即相互有继承关系的几个人在同一事件中死亡时的继承问题。对于这种情况，一般的做法是：如果不能确定死亡先后时间的，推定没有继承人的人先死亡；如果死者各自都有继承人的，几个死者辈分不同的，推定长辈先死，辈分相同的，推定同时死亡，彼此不发生继承，由他们各自的继承人分别继承。

案情简介

李树纲以打鱼为生，有两层楼房一幢，共12间房。其女李玲出嫁多年，常有来往。长子李全喜，用自己经商收入建房4间，自成家庭；李全喜前妻早丧，遗子李山；后妻任平，生子李林。李山是复员军人，为成立小家庭用复员费购置新房2间，其妻何慧，生女李洁。李树纲的次子李全兴已病故，妻子王氏带儿子李明星改嫁。李树纲有一友宋建，曾帮助过李树纲，李树纲想赠与其一笔钱，但其未接受。李树纲即写下字据，表明待自己死后将自己房屋2间赠给宋建的儿子宋明。某日，李树纲、李全喜、李山3人出海打鱼，遇台风船毁人亡，但各人死亡时间不能确定。丧事完毕，死者亲属们为房产分割发生纠纷。李玲认为，其兄已死，她是李树纲唯一在世子女，要求继承李树纲的房屋12间；任平认为李玲是出嫁女，不能回娘家分房子，她系李树纲的丧偶儿媳，因此房屋应由她和李林继承；另外，她还认为李山也系其子，她亦有权继承李山的房产。何慧不同意她们的意见，她和李洁均请求分割遗产，李明星也要求继承。宋明得知受遗赠后3个月一直未表明态度，但在发生纠纷时也提出分割遗产要求。

案情分析

继承法的案例，一般首先看是否有遗嘱，如果有遗嘱，则按遗嘱处分遗产。如果没有遗嘱或有遗嘱未涉及的遗产，则按法定继承进行。在法定继承中，首先确定可继承遗产的范围和继承人，然后才能进行处理。在此期间必须注意是否有代位继承和意外事件等涉及多个被继承人死亡顺序的确定问题。

1. 指出本案的被继承人及被继承人死亡的先后顺序。

本案中，首先看是否有遗嘱。李树纲有一份遗赠，将自己2间房屋待自己死后赠给宋建的儿子宋明。但宋明在得知受遗赠后3个月内未表示是否接受李树纲的遗赠，已超过2个月的法定期限，故应视为放弃受遗赠。在宋明被视为放弃接受遗赠的情况下，本案即进入法定继承。

李树纲、李全喜、李山均为被继承人，遗产为三人的房屋共18间。根据法律规定，本案中李树纲、李全喜、李山三人都有继承人，不能确定谁先死亡时，按辈分确定，应认定李树纲先死亡，李全喜次之，李山再次之。

2. 本案当事人李玲、任平、李林、何慧、李洁、李明星能否分割遗产?

根据法定继承的规定，李玲享有对父亲李树纲遗产的继承权。

任平与何慧不属于李树纲的法定继承人，本案也未显示其是对公婆尽主要赡养义务的丧偶儿媳，因此不能继承李树纲的遗产。

李明星之父李全兴先于李树纲死亡，李明星对李树纲的遗产享有代位继承权。

李全喜是李树纲的继承人，他继承李树纲的一份房产且归其继承人继承，由其妻任平、其子李林、李山共同继承；因李山亦死亡，其继承李全喜的该份遗产，转归李山之妻何慧及女儿李洁共同继承；任平是李山的继母，与李山未形成实际扶养关系，故不是李山的继承人。

二、宣告死亡

——王锋宣告死亡案

知识要点

1. 宣告死亡。宣告死亡是民事法律中一种比较特殊的事件，所涉及的法律关系相对复杂，而宣告死亡的实质条件、申请主体、宣告主体等都是需要了解的内容。

(1) 自然人被宣告死亡的情形包括：A. 下落不明满 4 年的；B. 因意外事故下落不明，从事故发生之日起满 2 年的。战争期间下落不明的，下落不明的时间从战争结束之日起计算。

(2) 申请主体：利害关系人。如果有多位利害关系人，其顺序是：

第一顺位：配偶；第二顺位：父母、子女；第三顺位：兄弟姐妹、祖父母、外祖父母、孙子女、外孙子女；第四顺位：其他有民事权利义务关系的人。不同顺位的申请主体在申请对某自然人宣告死亡时，顺位决定了其宣告的法律效力。

(3) 宣告主体：人民法院。其他任何单位和个人都无此权力，包括行政机关等。

2. 宣告死亡引起的法律关系：(1) 夫妻关系自然解除。(2) 财产按继承法相关规定由继承人继承。

3. 被宣告死亡的人没有死亡所引起的法律关系。(1) 其实施的民事法律行为仍然有效。(2) 婚姻关系：死亡宣告被人民法院撤销，如果其配偶尚未再婚的，夫妻关系从撤销死亡宣告之日起自行恢复；如果其配偶再婚后又离婚或者再婚后配偶又死亡的，则不得认定夫妻关系自行恢复。(3) 可以行使请求返还财产等其他民事权利。

案情简介

王锋与刘青结婚4年后，已生有一子王达。1994年7月5日，王锋出海打鱼遇台风未归，生死不明。若干年后，其妻刘青向法院申请宣告王锋死亡，王锋的母亲不同意申请宣告王锋死亡，但法院仍作出宣告王锋死亡的裁定。经查，王锋结婚后与父母分开生活（其父于1996年7月5日死亡）。王锋因与刘青感情不和且离婚未果而与刘青分居，分居期间王锋盖有楼房6间。王锋遇台风后被人相救，因不想再见刘青而未与家人联系，独自到南方某市打工。1997年王锋与打工妹陈莹相识，后在该市教堂举行了婚礼，生有一女王莉。1998年5月5日，王锋因买彩票中奖，获奖金30万元。1999年4月8日，王锋因心脏病发作死亡，临终前告诉了陈莹自己的身世，并希望安葬在故乡。

案情分析

本题涉及《民法通则》中关于宣告死亡及《继承法》中关于继承的问题。宣告死亡的问题经常在司法考试中出现，其引起的法律关系很容易被混淆。

1. 刘青向法院申请宣告王锋死亡的最早申请日应是哪一天？

对于刘青向法院申请宣告王锋死亡的最早申请时间，应考虑两个问题：一是王锋死亡是应适用2年期间，还是适用4年期间？二是期间应从哪一天算起，到哪一天结束？本案中，王锋被宣告死亡应适用意外事件这一情形，期间应是2年。按照《民法通则》第154条的规定，计算期间的，开始的当天不算，从下一天开始计算。因此本案的2年期间应是从1994年7月6日至1996年7月5日。其妻刘青最早申请的时间应是满2年后的第1天，即1996年7月6日。

2. 刘青与王锋的母亲在宣告王锋死亡的态度上是不同的，法院为什么还会作出宣告王锋死亡的裁定?

对于申请宣告死亡的顺序，配偶是在第一顺位的，父母在第二顺位，因此，本案中王锋的配偶刘青申请宣告死亡，法院应依照第一顺位的请求而作出判决，而不需要考虑第二顺位人的请求。另外，如果是同一顺位的利害关系人，有的申请宣告死亡，有的申请宣告失踪，法院应判决宣告死亡。

3. 假设刘青于最早的申请日向法院申请宣告王锋死亡，法院依法宣告王锋死亡后，王锋所建的6间房屋应如何继承?

自然人被宣告死亡后，其财产依法被继承。本案中继承的开始时间是1996年7月6日，因此王锋合法的继承人是刘青、王达、王锋之母三人。但是，本案最容易被忽略的是这6间房屋的财产性质，首先这6间房屋应属于刘青与王锋的夫妻共同财产，刘青应分得其自有的3间房屋，其余3间才是王锋的遗产，由刘青、王达、王锋之母三人平分。

4. 王锋中奖所得30万元，应怎样继承?

王锋在被宣告死亡期间，其所实施的民事行为依然有效，因此其中奖所得30万元为其合法财产。王锋去世后，这30万元应由其继承人依法继承。王锋去世时，王锋之父已死亡，故其父不能成为继承人。王锋之母、王达、王莉，他们为王锋的合法继承人。刘青与王锋的婚姻关系因王锋被宣告死亡而自然消灭且未恢复，陈莹未与王锋形成合法婚姻关系，故她们都不是王锋的继承人。这30万元应由王锋之母、王达、王莉三人平分，各得10万元。

三、名誉权

——“荷花女”死者名誉案

知识要点

1. 名誉权。名誉权是指公民或法人保持并维护自己名誉的权利，是人格权的一种，这是在《民法通则》中予以明确规定的。名誉权主要表现为名誉利益支配权和名誉维护权。名誉权人有权利用自己良好的声誉获得更多的利益，更大程度上被人尊重。当然，名誉权人有权利维护自己的名誉，任何人对公民和法人的名誉不得损害。任何败坏他人名誉、损害他人形象的行为，都是对名誉权的侵犯，行为人应负侵权的法律责任。

2. 死者名誉。对于死者的名誉问题，即死者是否应享有名誉权，享有的是名誉还是名誉权的问题，在法学界讨论了很久。1989 年最高人民法院曾就“荷花女案”作出过解释，肯定了死者的名誉权。但从权利的属性和法律规定来看，死者的名誉权与法律上自然人的权利相冲突。《民法通则》规定了自然人从出生开始至死亡为止享有权利，名誉权也是自然人人格权的一种，应随着自然人的死亡而终止。如果承认死者享有名誉权也就承认了死者的民事主体地位，这是相冲突的。故在 1993 年时，最高人民法院在司法解释中规定了死者的名誉如何保护的问题，少了一个“权”字，这在很大程度上解决了如何维护死者名誉的问题。

3. 维护死者名誉的合格诉讼主体。根据 1993 年最高人民法院关于名誉权的司法解释，死者的近亲属有权向人民法院起诉。近亲属包括：配偶、父母、子女、兄弟姐妹、祖父母、外祖父母、孙子女、外孙子女。

案情简介

原告陈秀琴系天津解放前已故曲艺演员吉文贞（艺名“荷花女”）之母。吉文贞自幼随父学艺，15 岁起在天津登台演出，有一定名声。1944 年 19 岁时病故。被告魏锡林于 1985 年着手创作以吉文贞为原型，表现旧社会艺人苦难生活的小说。在创作期间，魏锡林曾先后 3 次找到原告陈秀琴，并给吉文贞之弟写信了解有关吉文贞的生平以及从艺情况，索要了吉文贞的照片，但未将写小说一事告诉原告及其家人。

被告魏锡林写完小说《荷花女》后，投稿于《今晚报》。该报于 1987 年 4 月 18 日至 6 月 12 日在副刊上连载，每日刊登 1 篇，共计 56 篇，约 11 万字。小说在《今晚报》开始刊登不久，原告陈秀琴及其亲属即以小说内容及插图有损吉文贞名誉为由，先后两次去《今晚报》报社要求停载。《今晚报》报社以报纸要对读者负责为由予以拒绝。

被告魏锡林所著《荷花女》一书使用了吉文贞的真实姓名和艺名，称陈秀琴为陈氏。书中描写了吉文贞从 17 岁到 19 岁病逝的两年间，先后同许某某等 3 人恋爱，并 3 次接收对方聘礼，其中于某某已婚，吉文贞却愿意作于某某的妾等情节。小说还描写了吉文贞先后到当时天津帮会头目、大恶霸袁某某和刘某某家唱堂会并被袁、刘侮辱的情节。小说最后影射吉文贞系患性病打错针致死。同时，小说还描写了陈秀琴同意女儿作于某某的妾，接收了于家的聘礼的情节。上述内容确属魏锡林虚构。

原告陈秀琴在《荷花女》发表后，精神受到刺激致病，造成医疗费等实际损失 404.58 元。在审理中，被告魏锡林辩称，《荷花女》体裁为小说，作者有权虚构，创作该小说的目的是通过对荷花女悲惨命运的描写，使读者热爱新社会，痛恨旧社会。小说《荷花女》并未损害吉文贞的形象，而是美化、抬高了她的形象，故不构成对原告及吉文贞的名誉权的侵害。吉文贞本人已故，原告陈秀琴与本案无直接利害关系，无权起诉。被告《今晚报》报社辩称，报社对小说不负有核实内容是否真实的义务。如该小说构成侵权，按“文责自负”原则，责任应由作者本人承担；吉文贞早已死亡，保护死人名誉权没有法律根据。

案情分析

这是一起非常著名的案件，它启动了我国法律对死者名誉问题的关注，以致 21 世纪出现的许多已故名人名誉案都可以从此案找到合理的依据。

1. “荷花女”是否享有名誉权?

名誉权是一种民事权利。根据现有法律规定，名誉权的享有者为公民（自然人），公民一旦死亡，他的权利义务也就随之消失。这一点在《民法通则》第 9 条中规定得很清楚：“公民从出生时起到死亡时止，具有民事权利能力，依法享有民事权利，承担民事义务。”第 9 条对公民（自然人）的定义适用于《民法通则》中所规定的所有权利义务，当然也适用于第 101 条和第 120 条所保护的名誉权。正如前文分析，从法律的规定来看，“荷花女”不享有具备权利属性的名誉权。但这并不是代表其名誉就得不到维护。因为，如果死者名誉可以被任意诋毁而诋毁者不会受到任何制裁，不仅对死者是不公正、不合理的，而且也不利于弘扬社会正气、维护安定团结。死者名誉遭到不法损害，受到不利影响的首先是他的近亲属，他们会陷于不同程度的精神痛苦和感情创伤，还可能受到社会的非议、歧视和疏远，以至丧失某些本应得到的利益。

2. “荷花女”的母亲是否为合格的诉讼主体?

死者名誉应由其近亲属来维护，法律也赋予其近亲属合格的诉讼主体地位。为什么近亲属可以成为合格的主体呢？因为从我国传统观念看来，亲情是人生中最重要的感情之一，死者的名誉不仅关乎死者本人的形象，也间接影响父母、儿女、兄弟、姐妹等近亲属的利益。对于有些人，有时把亲属的名誉看得比自己的名誉还重要，而我们的法律必须贴近于社会，不能无视此种善良风俗。本案中，“荷花女”的母亲陈秀琴于法于理都是合格的诉讼主体。

3. 文学作品中判断侵害死者名誉的标准是什么？

出于对死者名誉利益的维护，本案判决的关键点是看文学作品内容本身是否是事实，是否存在重大的误解和歪曲、篡改。因为我们在维护逝去者名誉的同时，也不能给文学作品作太多的限制，不然，文学将失去其本身的魅力。近年来类似案件的判决，已将是否有重大的误解和是否重大地歪曲、篡改了历史人物的本来面目作为判断文学作品是否侵权的标准，当然，这方面的限制越来越宽松。在本案中，当时处理结果是，原告胜诉，被告败诉，“荷花女”的名誉得以维护。

四、物权公示、地役权

——李某购买独立别墅纠纷案

知识要点

1. 物权公示。物权是绝对权，绝对权也称对世权，是指以不特定的任何人为义务主体的民事权利。物权的设立与变动（变更、移转、消灭）将发生排他性效力，会涉及第三人的利益，因而法律规定应将物权创设和变动的事实以一种公开的方式表现出来并具备公信力，使人知晓该标的物上设定有物权，以保障交易秩序，这就是公示原则。在物权法的一般原则中，公示原则发挥着核心作用。

所谓公示，是指物权在变动时，必须将物权变动的事实通过一定的公示方法向社会公开，从而使第三人知道物权变动的情况，以避免第三人遭受损害并保护交易安全。公示制度是物权变动所特有的制度，因为物权具有排他性，具有优先的效力。公示制度的建立可以维护交易的安全和秩序。所谓公信，是指一旦当事人变更物权，依据法律的规定进行了公示，即使按照公示的方法表现出来的物权不存在或存在瑕疵，但对于依赖该物权的存在并已从事了物权交易的人，法律仍然承认其具有与真实的物权存在相同的法律效果，以保护交易安全。公信原则实际上是赋予公示的内容具有公信力，公示与公信是密切联系在一起的。

物权公示是为了让他人清楚地知道谁是权利人，以维护权利人、与交易有关的人的合法权益。除有相反证据证明的以外，记载于不动产登记簿上的人是该不动产的权利人，动产的占有人是该动产的权利人。《物权法》规定，不动产、特殊动产的公示方式为登记，动产的公示方式为交付。

2. 地役权。地役权是普通人不易理解的一种权利，所以，也是物权法规定的一种比较特殊的权利，属于用益物权的一种。地役权是指为使用自己不动产的便利或提高其效益而按照合同约定利用他人不动产的权利。其一，地役权是按照当事人的约定设立的用益物权。其二，地役权是存在于他人不动产上的用益物权。其三，地役权是为了需役地的便利而设立的用益物权。地役权是以他人土地供自己土地使用便利而享有的权利。

了解地役权，必须掌握以下四个知识点：

(1) 设立地役权的形式：采取书面形式订立地役权合同。

(2) 地役权登记效力：当事人要求登记的，可以向登记机构申请地役权登记；未经登记，不得对抗善意第三人。

(3) 地役权的期限：地役权的期限由当事人约定，但不得超过土地承包经营权、建设用地使用权等用益物权剩余的期限。

(4) 地役权的消灭：除了合同自然到期以外，地役权人有下列情形之一的，供役地权利人有权解除地役权合同，使地役权消灭：一是违反法律规定或者合同约定，滥用地役权；二是在有偿利用供役地情形下，约定的付款期间届满后在合理期限内经两次催告未支付费用。

案情简介

张某与王某是好朋友，王某买了一套独立别墅，在办理房产证期间因紧急公务出国，于是委托张某全权代为办理房产证。张某利欲熏心，将王某的房屋登记在自己的名下，并以极高的价格将房屋转让给李某。李某因信赖张某所提出的房屋权属证明，而与张某订立了房屋买卖合同。李某与张某在房产部门和国土部门办理了过户手续，后李某入住。李某入住以后，发现出入不太方便，便与相邻土地的建设用地使用权人凯华公司签订书面合同，该合同约定：在凯华公司土地上修筑一条5米长的机动车道，以利于交通出行；使用期限为20年；李某向凯华公司一次性支付5万元费用。该合同所设立的权利没有办理登记手续。

案情分析

本案涉及两个知识点：一是物权公示效力，二是地役权。这都是物权法中比较重要的知识点。

1. 张某与李某的房屋买卖行为是否有效？如果有效，王某的权益应怎样维护？

本案中的房屋交易属于不动产交易，不动产的公示方式为登记。张某将王某的房屋登记在自己的名下，并将该房屋转让给李某，李某因信赖张某所提出的房屋权属证明，而与张某订立了房屋买卖合同，并办理了房屋过户登记手续，尽管张某不是真正的权利人，但法律仍然承认该项交易所导致的所有权转移的效力，张某与李某的该项房屋交易是有效的。这就是利用公示、公信原则来保护无过错的第三人的利益并维护交易安全。如果此情况下确认该交易无效，则表明登记不具有公信力，这样会导致任何人与他人进行交易时，难以相信通过登记所表现出来的权利，交易的安全也难以保证，不利于正常的交易秩序。王某若要维护自己的利益，可以收集自己是房屋真正的权利人的证据，如购房合同、向房屋开发商付款的证明等，并可以起诉张某请求返还卖房所得及赔偿损失等。如果能够证明登记机构有错误，还可以向登记机构请求承担赔偿责任。

2. 李某与凯华公司订立合同拟设立的是何种物权？该物权是否已经设立？

李某与凯华公司设立的是地役权，该地役权已经设立。根据规定，地役权自地役权合同生效时设立。本案中，当事人未办理登记不影响地役权的设立，地役权自地役权合同生效时设立。

五、物权的变更、不动产登记

——某房产开发公司“一房二卖”纠纷案

知识要点

1. 物权变更。物权是权利主体对物依法享有的支配权，即权利人在法定范围内直接支配一定的物，并排除他人干涉的权利。物权根据不同的分类方法可分为所有权、他物权，用益物权、担保物权，动产物权、不动产物权等。物权的变更广义上包括物权主体的变更、物权内容的变更和物权客体的变更。在诸多的物权变更中，不动产物权的变更，尤其是不动产所有权的变更是一个至关重要的知识点。根据物权法的规定，不动产所有权的变更应当依照法律规定登记才能产生效力，没有经过登记，不动产是不会发生物权变更效力的。

2. 不动产登记。不动产登记是指经当事人申请，国家专门机关将物权变动的事实记载在国家设计的专门簿册上的事实或行为。广义上的不动产登记包括权利来源、取得时间、权利变化情况和地产的面积、结构、用途、价值、等级、坐落、坐标、图形等事项。狭义上，不动产登记是土地上建筑物的所有权与他项权利的登记。我国物权法上的登记显然属于广义上的登记。

不动产登记是我国物权法上的一项重要制度，它对于明确权属关系、减少房产纠纷起到的作用是巨大的。进行不动产登记后，将产生两种效力：一是公示效力，这种公示是对不特定群体的；二是会发生不动产物权设立或变更的法律效力。不动产登记是交易制度中关键的一环，它直接影响到交易是否成功。

案情简介

某房地产开发公司（以下简称 A 公司）在某市商业街开发了一幢商品楼，售价为 4 000 元/m²。某甲选中了其中一套三居室，双方签订了购房合同，并于 2004 年 2 月 1 日办理了付款、交房的手续，同时约定一年之内办理所有权证书。

某甲因公需要出国一年，为了方便房屋的维护，某甲在 2004 年 2 月 18 日将房屋钥匙交给 A 公司下属的物业处保管。3 月份以后，该市的楼价大幅上涨，商品房供不应求。3 月 5 日，A 公司售楼人员某乙从物业处取走了某甲的房屋钥匙，打开房门让购房者参观选购。该房屋被某丙看中，某乙以 A 公司名义与某丙签订了购房合同，双方于 3 月 30 日办理了付款、交房手续，并于次日办理了过户登记手续。

某甲于 2005 年 5 月回国后发现本属于自己的房屋已被他人居住，十分气愤，于是手持购房合同要求某丙腾退房屋，遭到某丙拒绝。某甲找到 A 公司交涉，A 公司负责人表示“一房二卖”的确是自己的工作人员所为，向某甲道歉并表示愿意按照合同约定返还某甲的全部购房款及利息，但拒绝某甲要求返还房屋的请求。

案情分析

“一房二卖”问题在《物权法》出台前是经常出现的，是引发整个交易秩序混乱的根源之一，即便《物权法》实施后，也是屡禁不止。从法律层面上分析“一房二卖”行为，不仅涉及物权变更、不动产登记，同时也涉及合同效力问题。

1. A公司与某甲签订的购房合同是否有效？

解决本案的关键不是看物权是否发生变更，而是看合同本身是否符合合同生效的要件。本案中，A公司与某甲的购房合同是有效的。因为该合同订立时主体合格、意思表示真实、内容合法，其他方面也符合法律的有关规定，属合法有效的合同。

2. A公司与某丙签订的购房合同是否有效？

A公司与某丙签订的合同从形式上看侵犯了第一个合同当事人的权利，但是其实没有侵犯，因为第一个合同没有产生公示效力，两个合同是相互独立的，A公司与某丙的购房合同有效。虽然A公司已将房屋交付给某甲，但并未办理过户手续，即没有经过不动产登记，未发生物权变更的法律效力。A公司仍然是该房屋的所有权人，因此，第二个合同的合同主体仍然是合法的，当事人的意思表示也是真实、自愿的，合同内容和其他方面符合法律的有关规定，故A公司与某丙签订的合同合法有效。

3. 房屋的所有权应当归谁？

在没有相反证据的情况下，不动产的登记将决定物权的归属，因此该房屋的所有权应当归某丙。根据我国相关的法律规定，房屋所有权的变动以登记为准。某甲虽然拿到了房屋钥匙，但是并未进行不动产登记，所以并没有取得该房屋的所有权。而某丙不仅有合法有效的合同，而且进行了不动产登记，所以某丙是该房屋的所有权人。

4. 某甲可以怎样要求A公司承担法律责任？

这是一个法律问题，更是一个社会问题，从法律层面上讲A公司应当向某甲承担违约责任，因为其“一房二卖”和逾期未办理所有权证书的行为构成违约。如果利用《消费者权益保护法》中的双倍赔偿条款对某甲的权利进行保护，也符合法理。

六、表见代理、代位权

——宇华公司与利通公司等表见代理、代位权纠纷案

知识要点

表见代理、代位权是民法中两种重要的制度，我们学习这两种制度须把握其内涵、类型以及条件，当然，还需要注意行使过程中出现的其他问题。

1. 表见代理。所谓表见代理，是指行为人没有代理权、超越代理权或者代理权终止后签订合同，如果善意相对人有理由相信行为人具有代理权，那么善意相对人就可以向被代理人主张该合同的效力，被代理人须对此承担责任的代理。简言之，即本属无代理权，但表面上却足以令人相信其有代理权而按有权代理对待的行为。

在学习表见代理制度时，我们应重点把握以下两点：一是表见代理的类型。常见的类型有以下五种：(1) 本人明知他人以其名义实施民事法律行为而不作否认表示；(2) 本人声明授予行为人以代理权，但实际上并没有授予；(3) 行为人向相对人声明其有代理权，但实际上本人并未授权给行为人；(4) 因本人授权不明而产生的表见代理；(5) 代理权终止后产生的表见代理。二是表见代理的法律后果：(1) 表见代理成立，订立的合同有效，表见代理中的相对人不享有《合同法》第48条规定的撤销权；(2) 本人（被代理人）对相对人（善意第三人）承担民事责任；(3) 代理人对本人（被代理人）承担民事赔偿责任。

2. 代位权。代位权是指当债务人怠于行使其对于第三人享有的权利而有害于债权人的债权时，债权人为保全自己的债权，可以自己的名义代位行使债务人的权利。

学习代位权须把握两个知识点：

一是代位权行使的条件：(1) 债权人对债务人的债权合法、确定，且必须已届清偿期；(2) 债务人怠于行使其到期债权；(3) 债务人怠于行使权利的行为已经对债权人造成损害；(4) 债务人的债权不是专属于债务人自身的债权。

二是行使代位权的法律后果：(1) 债权人向次债务人提起的代位诉讼经人民法院审理后认定代位权成立的，由次债务人向债权人履行清偿义务，债权人与债

务人、债务人与次债务人之间相应的债权债务关系即归于消灭；（2）在代位权诉讼中，债权人胜诉的，诉讼费用由次债务人负担，从实现的债权中优先支付。

代理权行使后果的一个关键问题是债权人就代位权行使的结果是否享有优先受偿权利。《合同法》对此未作明确的规定，但从学界的一般观点来讲，债权人应享有优先的权利，不然，其代位权的行使就没有任何意义和积极性，也不符合代位权设置的立法初衷。

3. 检验义务。检验是买卖合同中非常重要的一环。在买卖合同中，当事人约定检验期间的，买受人应当在检验期间内将标的物的数量或质量不符合约定的情形通知出卖人，买方怠于通知的，视为标的物的数量或者质量符合约定。

案情简介

宇华公司书面授权其代理人郭某以 4.00 元～4.20 元的单价与利通公司签订一买卖合同。但郭某在与利通公司的合同谈判过程中，认为宇华公司的最高授权价格仍比正常的市场价格低，于是在与利通公司反复磋商后，于 2001 年 4 月 1 日与利通公司签订了单价为 4.50 元、合同标的额为 200 万元的买卖合同。最近 3 年，利通公司一直通过郭某与宇华公司签订买卖合同，但利通公司并不知道在该买卖合同中代理人郭某已超越了其代理权。

根据合同约定，宇华公司应在 2001 年 7 月 1 日至 7 月 5 日期间向利通公司提供全部货物，利通公司收到货物的 10 天内对货物进行检验，并于 8 月 1 日前向宇华公司支付全部货款 200 万元。2001 年 7 月 5 日，宇华公司按照合同约定将全部货物交给利通公司，利通公司于 7 月 7 日对货物进行检验时，发现部分货物质量有问题，但未通知宇华公司。8 月 2 日，宇华公司要求利通公司支付 200 万元的货款，利通公司以部分货物质量有问题为由表示拒绝。

宇华公司在对利通公司的调查中发现，利通公司拒绝付款的真正原因是利通公司已丧失支付能力，利通公司同时欠建林公司到期债务 200 万元。但利通公司享有对外贸公司的到期债权 200 万元，由于利通公司管理混乱，利通公司一直没有对外贸公司主张其债权。

2001 年 8 月 20 日，宇华公司向人民法院请求以自己的名义代位行使利通公司对外贸公司的到期债权 200 万元。人民法院经审理后认定代位权成立，宇华公司胜诉。裁定由外贸公司向宇华公司履行清偿义务，同时宇华公司与利通公司、利通公司与外贸公司的债权债务关系消灭。

建林公司得知人民法院的裁定后，向宇华公司主张应由宇华公司、建林公司平均分配外贸公司偿还的200万元，宇华公司表示拒绝。

案情分析

本案主要涉及表见代理、代位权诉讼的范畴，而这两个制度，又是比较复杂的。案例涉及的问题也颇有难度。

1. 宇华公司与利通公司签订的买卖合同是否有效?

在本案中，由于最近3年利通公司一直通过郭某与宇华公司签订买卖合同，而且4.50元的单价属于正常的市场价格，因此可以推定利通公司为善意相对人，而且利通公司有理由相信行为人郭某有代理权，因此郭某的代理行为有效，郭某以宇华公司的名义与利通公司签订的买卖合同成立。

2. 利通公司拒绝付款的理由是否成立?

根据《合同法》第158条规定，买方怠于通知的，视为标的物的数量或者质量符合约定。在本案中，双方约定的检验期间为7月6日至7月15日。但利通公司未在该检验期间内将部分货物质量不符合约定的情况及时通知宇华公司，则视为货物的数量和质量符合约定，因此利通公司拒绝付款的理由不成立。

3. 宇华公司提起代位权诉讼时应符合哪些条件?

根据合同法司法解释的规定，宇华公司享有代位权应具备以下条件：(1) 宇华公司对利通公司的债权、利通公司对外贸公司的债权，均为合法到期债权；(2) 利通公司怠于行使对外贸公司享有的债权权利；(3) 利通公司的怠于行使权利的行为有害于宇华公司的债权；(4) 利通公司对外贸公司的债权不是专属于债务人利通公司自身的债权。

4. 法院的裁定是否正确?

根据《合同法》的规定，代位权行使后，两种债权债务关系即消灭，即债权人与债务人、债务人与次债务人之间的债权债务关系即予消灭。在本案中，人民法院裁定“由外贸公司向宇华公司履行清偿义务，同时宇华公司与利通公司、利通公司与外贸公司的债权债务关系消灭”符合法律规定。

5. 代位权诉讼中的诉讼费用应由谁承担?

根据合同法司法解释的有关规定，在代位权诉讼中，债权人胜诉的，诉讼费用由次债务人负担。所以该诉讼费用由外贸公司承担。

6. 建林公司的主张能否成立?

根据合同法司法解释和一般实践的做法，债权人行使代位权，其债权就代位权行使的结果有优先受偿权利。在本案中，债权人宇华公司的代位权诉讼成立，因此其债权就其代位权行使的结果（200 万元）有优先受偿权，因此建林公司的主张不成立。

七、不当得利、代理合同之债

——伟达商场与时尚服装厂等贸易纠纷案

知识要点

1. 不当得利：不当得利是指没有合法根据而取得他人的利益，他人受到损失的情形。取得不当利益的受益人，应当将取得的不当利益返还给受损人。但如果受益人是善意的，受损人仅可请求受益人返还现存利益；如果受益人是恶意的，其应当返还当初所受的利益、基于该利益所生的利益及孳息等。如果受领的利益不存在，不论其原因如何，受益人都应当如数偿还，不得主张因利益不存在而免除返还义务。

2. 担保竞合：是指一个债权存在两种以上担保的情形，通常是保证和物保之间的竞合。当此种情形出现时，处理的原则是：物保在先，保证在后。即优先适用物保，保证人仅对物保价值以外的债务承担保证责任。如果物保权人放弃物保，保证人仅对权利人放弃之外的债权承担保证责任。

3. 风险转移：风险转移的原则是以交付为界，交付之前由卖方承担，交付后由买方承担。

案情简介

伟达商场规定其下属的百货、家电、食品等承包组对外开展业务时可以使用伟达商场的名义和公章，但发生的债权债务概与商场无关。1999 年 11 月 2 日，该商场百货组以伟达商场的名义，与时尚服装厂签订了一份购买 5 万件服装的合同，合同约定由百货组自行提货，签约后买方在 6 个月内一次性付清货款。为担保合同的履行，在合同签订时，双良商场书面承诺对该合同买方所承担的支付货款义务负保证责任。此外，百货组还以伟达商场的名义，将商场的 4 辆汽车向时尚服装厂作了抵押，并办理了抵押登记。1999 年 11 月 5 日，百货组派人到时尚服装厂提货，该服装为 500 件一包，服装厂装货人员共装运了 105 包服装，双方人员当时均未察觉多出 5 包。货车回商场途中与一辆运煤车相撞起火，车上服装全部被烧毁。

案情分析

本案涉及的知识点比较多，法律关系相对复杂，但是只要把握其具体规则，就可以很好地解决问题。

1. 百货组以伟达商场的名义与时尚服装厂签订的合同是否有效？

百货组的行为是否为有效代理。在本案中，百货组以伟达商场的名义，使用伟达商场公章从事民事活动，这使相对人时尚服装厂有充分理由相信这是商场的行为，虽然商场规定不受债权债务关系的约束，但其实质是一种内部规定，只在商场内部产生效力，对第三人不发生效力，第三人也无须知道此种规定。这实际上形成了百货组作为代理人为伟达商场代订合同的事实，因而合同有效。基于商场未明确授权且规定不受债权债务关系约束，其实际属于未授权给百货组，因此，本案中的代理也可以称为表见代理。

2. 100 包服装被烧毁的损失由谁承担？

基于上述分析，合同为有效合同，其买方是伟达商场，卖方是时尚服装厂，因此由伟达商场享有和承担合同的权利义务。

3. 合同中买方的权利、义务由谁享有或承担？

风险转移的规则是以交付为界。本案中，买方伟达商场的代理人百货组已提走货物，这里的提货属于上门提货的交付方式，交付自提货人将货运出卖方工厂或仓库大门时完成，那么风险即在提货完成时转归买方。在运输途中，100 包货物的风险早已转由买方伟达商场承担。

4. 多出的 5 包服装属于什么性质？其损失后果由谁承担？伟达商场对另外 5 包货物的不当得利是善意的还是恶意的？

从案情看，买方伟达商场是善意的，因此，商场仅以现存利益为限负返还责任，既然现存利益不复存在，其后果只能由服装厂自己承担，不可以要求商场进行返还或赔偿。

5. 在清偿债务时，双良商场保证的责任范围与伟达商场抵押担保的责任范围应当如何界定?

本案属于担保竞合，双良商场作为保证人，仅对抵押物 4 辆汽车价值以外的债务承担保证责任。

八、“三金”、合同相对性等

——郎林服饰公司与红叶服装厂等的合同履行纠纷案

知识要点

1. “三金”的区别与适用:

(1) 定金罚则：如给付方违约，则定金被接受方“没收”；如接受方违约，则给付方可要求接受方双倍返还定金。定金数额不能超过主合同标的额的 20%。但双倍返还时，给付方最高可获合同标的额的 40%。

(2) 违约金：由当事人在合同中约定违约金，数额一般应是合理的，其参照的标准是违约所造成的损失。违约金低于损失的，当事人可请求法院或仲裁机构予以增加；违约金过分高于损失的（超过造成损失的 30%），当事人可以请求适当减少。当事人就迟延履行约定违约金的，违约方支付违约金后，还应当履行债务。

(3) 损害赔偿金：其数额参考标准是“合理的预期利益”，即应当相当于因违约所造成的损失，包括合同履行后可以获得的利益，但不得超过违反合同一方订立合同时预见到或者应当预见到的因违反合同可能造成的损失。

(4) “三金”适用规则：“三金”均为单独适用，即定金与违约金不能同时适用，只能选择其中一个适用；如适用违约损害赔偿金时，则不能再适用定金罚则；违约金与损害赔偿金不能累加适用。

2. 合同相对性：合同的效力一般只及于相对的当事人之间，当事人一方因第三人的原因造成违约的，应当向对方承担违约责任。当事人一方和第三人之间的纠纷，由其另行解决。

3. 不安抗辩权：即由先履行义务方因对方所产生的“不安状况”而行使的权利，其行使必须分为两个阶段，第一阶段是不安抗辩权人可以中止履行合同，并要求对方提供担保；第二阶段是在对方拒绝提供担保且在合理期限内未恢复履行能力时，不安抗辩权人才可以解除合同。

4. 单方解除权：合同的单方解除权分为约定和法定的单方解除权。约定的解除是附解除条件成就时的解除，法定的解除是由法律明文规定的解除。如《合同法》中规定：在加工承揽合同中，定作方可随时解除合同，且不需要理由。

案情简介

郎林服饰公司与红叶服装厂签订了一份服装买卖合同。合同约定：红叶服装厂向郎林服饰公司出售高档男、女西服各200套，其中男式西服每套1 000元，女式西服每套800元，共计价款36万元。款式以郎林服饰公司在红叶服装厂车间看到的成衣样式为准，面料为纯毛料。交货时间为合同签订后3个月以内。郎林服饰公司应向红叶服装厂交付定金10万元，余款于提货时付清。合同还约定如任何一方迟延履行义务，则每迟延一天按货款的1%向对方支付违约金。红叶服装厂为组织生产与丙纺织厂订立了一份加工承揽合同。合同约定由丙纺织厂为其加工一批纯毛料，原料由红叶服装厂提供。丙纺织厂交货时应将有关检验单、合格证明提交红叶服装厂。红叶服装厂应支付加工费5万元，于合同订立时先行支付定金5 000元。合同订立后，丙纺织厂为降低成本在已有的纯毛原料中掺入了混纺成分，于合同约定期限到来时向红叶服装厂交货，并称由于时间紧迫，检验证明还未拿到。红叶服装厂急于拿回布料，又考虑到丙纺织厂多年来的良好信誉，认为不会有问题，未仔细检验就接收货物，约定有关证明以后再取。后红叶服装厂用这批布料进行生产，但交货时已超过约定履行期10天。郎林服饰公司在提货时发现质量问题，便拒绝接收。双方经过交涉商定30天后按质交货。之后红叶服装厂另行购入合格布料进行生产，30天后按质按期向郎林服饰公司交货。

案情分析

合同相对性、“三金”问题在合同纠纷中经常出现，其法律关系本身并不复杂，但每个定义必须理解透，才能很好地解决出现的问题。

1. 红叶服装厂能否以“本厂不能如期履约是由于丙纺织厂未如期履行造成”为由，向郎林服饰公司提出抗辩？

根据合同相对性原理，红叶服装厂与丙纺织厂之间的合同不能及于郎林服饰公司与红叶服装厂之间的合同，因此，红叶服装厂不能以此作为抗辩。

2. 假设郎林服饰公司在与红叶服装厂签约前已和香港某公司签订了一份同一标的和履行期限的合同，约定每迟延交货一天就向香港某公司支付违约金2 000 元。郎林服饰公司与红叶服装厂签约时，郎林服饰公司明确告知了红叶服装厂该情况，并要求红叶服装厂按期履行。现因红叶服装厂违约，郎林服饰公司向其提出哪种要求最为有利？

根据“三金”的区别及适用规则，郎林服饰公司可以就定金、违约金、损害赔偿金选择一种行使请求权，当然以最高者为优。(1) 若要求红叶服装厂返还定金。定金不能超过主合同标的额的 20%，即 7.2 万元，超过的部分无效。因此，双倍返还应为 14.4 万元，加上无效的 2.8 万元，共应返还 17.2 万元。(2) 若要求支付迟延履行违约金，则为：10 天×36 万元×1%＝3.6 万元。(3) 若要求赔偿损失。损失为郎林服饰公司要向港方支付 40 天（10 天＋30 天）迟延违约金 8 万元，且该损失是可以预见的。根据以上分析，郎林服饰公司选择要求红叶服装厂赔偿损失最为有利。在适用损害赔偿金时，不能再适用定金罚则，但红叶服装厂已收到的 10 万元定金应予原价返还，那么 8 万元＋10 万元＝18 万元，故红叶服装厂最高应向郎林服饰公司支付 18 万元。

3. 假设红叶服装厂与丙纺织厂签约一周后，发现对方有丧失履行债务能力的情形，红叶服装厂是否可向对方提出解除合同？

(1) 根据不安抗辩权行使的两个阶段，红叶服装厂在此情况下不能直接解除合同，其正处于第一个阶段，但可以暂时中止履行，要求对方提供担保，如对方在合理期限内未提供担保其方可解除合同。(2) 根据法定的单方解除权行使条件，红叶服装厂作为定作人可随时解除合同，不受不安抗辩权的限制。

九、租赁、建筑物侵权

——张兴与李奋、王启等房屋租赁、侵权纠纷案

知识要点

1. 租赁合同中包括以下两个重要知识点：

（1）买卖不破租赁规则。所谓买卖不破租赁，是指租赁物在租赁期间发生所有权变动的，不影响租赁合同的效力。承租人与新的产权人继续维持租赁合同的效力。特别指出的是，如果出租人要出卖房屋，承租人对房屋享有两种权利：一是在合理期限内获得通知的权利；二是优先购买权。如果承租人未获得通知，承租人可以向法院主张出租人与第三人签订的房屋买卖合同无效。在实践中，容易引起争议的是怎么确定“合理期限”以及如何定性“优先购买”。

（2）转租。《合同法》规定的转租条款对于出租人是非常有利的。承租人转租必须经出租人的同意才有效，否则出租人可以解除租赁合同，收回房屋。同时，即便出租人同意转租，第三人和承租人二者均应向出租人承担相应责任，承租人并不退出租赁合同。这一点是非常特殊的。

2. 建筑物侵权。建筑物的侵权行为经常发生，此类案件中难以确定的是承担侵权责任的主体。根据法律规定，建筑物或者其他设施以及建筑物上的搁置物、悬挂物发生倒塌、脱落、坠落造成他人损害的，它的所有人或者管理人应当承担民事责任，但能够证明自己没有过错的除外。

案情简介

2001 年 10 月 2 日，张兴与本市个体户李奋签订了房屋租赁合同。合同规定：张兴将其自有房屋 3 间租赁给李奋开办饭馆。租赁期限为 1 年，自 2001 年 10 月 3 日至 2002 年 10 月 2 日，每月由承租人李奋向出租人张兴交纳租金 450 元，必须在每月 1 日至 3 日交纳；超过期限不交，张兴有权收回房屋。在房屋租赁期间，房屋修缮费用由承租人承担，所租房屋只准承租人使用，不允许转租；此合

同自签订之日起生效。如果有一方违约，违约方要付给对方 1 000 元违约金。合同签订后，张兴即将出租的 3 间房屋腾出交给承租人李奋，李奋同时也向张兴交纳了第一个月的房租 450 元。2002 年 1 月，张兴通知李奋准备将出租的房屋转让给王启，李奋未表示异议。5 月，张兴与王启办理了房产登记过户手续。6 月，承租人李奋由于在别处另开设一处发廊，遂将其承租的 3 间房屋转租给他的一个朋友林凡使用。林凡每月向李奋交房租 500 元。8 月，王启得知后，与李奋交涉，要求李奋解除其与新承租人林凡的租赁关系，李奋以其房屋是租自张兴，与王启无关而置之不理。王启只好诉至法院，要求收回房屋。

案情分析

本案例意在考查房屋租赁合同的有关知识点，其中难点有二：一是买卖不破租赁规则；二是转租行为的效力。另外还考查了建筑物致人损害的特别侵权责任及损坏他人房屋的一般侵权责任。

1. 出租人在租赁期间是可以将房屋进行买卖的，但是其必须通知承租人。本案中张兴可以在租赁期内出卖出租房屋，且张兴已将此事通知了李奋，李奋听说后未表示异议，意味着李奋放弃了优先购买权。因此，张兴转让房屋行为有效。房屋转让后，李奋与新产权人王启构成租赁合同关系，这是买卖不破租赁规则的体现。

2. 根据合同中关于转租的规定，李奋的转租行为无效，其转租必须征得新产权人王启的同意。正因为李奋的擅自转租行为，王启可以行使合同中约定的解除权利，解除租赁合同，并收回房屋。

3. 假设林凡居住期间，悬挂在房屋外墙上用于支撑自家空调的三角架突然掉下，砸伤邻居赵云，赵云应向谁提出赔偿要求？

根据《民法通则》第 126 条规定，建筑物或者建筑物上的搁置物、悬挂物等造成他人损害的，它的所有人或者管理人应当承担民事责任。本案中，所有人是王启，管理人是林凡，这责任应由谁负呢？一般学说认为，所有人与管理人并非一人时，谁负有看管、照顾建筑物的义务，谁就承担责任。因为在房屋租赁场合下，承租人往往在建筑物上放置搁置物，悬挂悬挂物，因而应对搁置物、悬挂物致人损害承担责任。所以，应由林凡承担责任。

4. 假设林凡居住期间，有一间房突然倒塌，当场砸死路人鲁达。经查，房屋倒塌是房屋结构不合理所致。谁应向鲁达承担责任？

对建筑物的倒塌，尤其是由于建筑物建筑质量等原因而致的倒塌，应由房屋所有人而非租赁人承担致人损害的侵权责任。这与上述第3点是不一样的。所以应由房东王启承担赔偿责任。

十、保证方式、保证和抵押间关系

——信利商场与银行等合同纠纷案

知识要点

1. 保证。保证方式的认定与共同保证中责任的分配是比较重要的知识点。

（1）保证方式。保证须为书面保证，方式分为连带保证和一般保证，需要特别注意的是，如果双方未约定保证方式或约定不明的，保证人应承担的是连带保证责任，而不是一般保证责任。

（2）共同保证的处理。在保证中，共同保证的情况经常出现，其中涉及的问题也比较复杂，主要有保证责任的承担方式和保证份额的分担问题。共同保证责任方式也分为一般共同保证和连带共同保证。当然一般共同保证必须在保证中予以明确说明，如果未明确说明或未约定，则只能认定为连带共同保证。

（3）保证份额的分担。保证合同签订时，有份额约定的，各保证人按约定的份额承担，没有约定的，债权人可以要求任何一个保证人承担全部保证责任。这里特别需要注意的是，如果在保证时，各保证人并未向债权人明确保证份额，而事后却以保证人之间的一份协议来对抗债权人，法院是不会认定其内部协议对债权人有效的，当然其在保证人内部是有效的。已经承担保证责任的保证人，有权向债务人追偿，或者要求承担连带责任的其他保证人清偿其应当承担的份额，如果份额没有约定的，由各保证人平均分担。

2. 抵押与保证间的关系。这是多重担保要注意的问题，主要是分清楚担保的先后顺序以及担保的责任范围。在有物保和保证共同存在时，保证只对物保以外的债权承担责任。债权人放弃物保的，保证人在债权人放弃权利的范围内免除保证责任。

3. 多式联运承运人的责任。多式联运经营人负责履行或者组织履行多式联运合同，对全程运输享有承运人的权利，承担承运人的义务。在多式联运合同中，比较重要的一点是关于多式联运承运人与各区段承运人的责任分配问题。这里有一个处理的原则：多式联运经营人对全程运输承担责任，各区段的承运人只承担区段内的运输承担责任。

案情简介

2000 年 4 月 21 日，信利商场与丰盛食品公司签订了一份购买苹果脯 5 000 箱的合同，总价款为 50 万元人民币，丰盛食品公司于 5 月 20 日之前以代办托运公路、铁路联运方式交付给买方。合同签订后，信利商场即积极筹备货款，银行同意向其提供贷款，但要求其提供担保。信利商场即以两部汽车向银行作了抵押，办理了抵押登记手续。但这两部汽车只值 20 万元，应信利商场的请求，伟达公司、百利公司及兴发公司共同为该笔贷款提供了保证担保，没有约定各自的保证份额，也未约定保证方式。信利商场于 4 月 28 日取得 50 万元货款后后，即将该款以电汇的方式支付给了丰盛食品公司。

丰盛食品公司于 4 月 30 日收到 50 万元货款后，即抓紧组织货源，并于 5 月 8 日与汽车运输公司签订运输合同并将货物交汽车运输公司，再转由铁路快车发运。由于铁路快车工作人员的疏忽，5 月 8 日只发运了 3 500 箱，剩下的 1 500 箱直到 5 月 18 日才通过慢车发运。信利商场于 5 月 13 日收到第一批 3 500 箱果脯后，经过验收，发现果脯湿度较大，但其他方面的质量还可以，遂电报告知丰盛食品公司，一是要求降价 20%，二是催告剩余的 1 500 箱果脯按时运到。丰盛食品公司收到电报后，立即告知信利商场，不同意降价，并说明 5 000 箱果脯已同时交汽车运输公司运送信利商场的情况。

5 月 18 日通过慢车发送给信利商场的 1 500 箱果脯，途中恰遇铁路塌方，5 月 31 日才运抵收货站。信利商场鉴于该 1 500 箱果脯迟延到达并已全部发生霉变，拒绝收货。该 1 500 箱果脯全部毁损。

信利商场已收到的 3 500 箱果脯销售情况不好，大部分都积压在仓库中。除了向银行偿还 10 万元贷款外，其余部分一直拖延未还。

案情分析

本案例综合考查了保证方式的确定、物保与保证的关系、连带保证人之间的关系、保证人的追偿权、抵押权实现的价值数额的确定、多式联运人承担责任的问题，综合性较强，颇有难度。

1. 在信利商场向银行偿付 10 万元的贷款后，伟达公司、百利公司与兴发公司对银行的债权，承担何种保证责任？数额是多少？

在伟达公司、百利公司、兴发公司与银行签订的保证书中，没约定责任方式，即无约定，法律上对此视为连带保证。此外，本案中，存在物保和保证两种担保，保证人只承担物保以外的责任。本案共有 50 万元贷款，已还 10 万元，扣除抵押物两辆汽车价值的 20 万元，三个保证人应承担剩余 20 万元贷款的保证责任。

2. 银行对于伟达公司、百利公司和兴发公司三个保证人所享有的权利应如何行使？

在本案例中，伟达公司、百利公司与兴发公司没有向银行约定各自的保证份额，故属于连带保证责任，银行可以要求任何一个公司承担 20 万元贷款的保证责任。

3. 假设伟达公司向银行偿还了 15 万元的贷款，则伟达公司取得哪些权利？

这是关于共同保证人之间的保证份额分配及追偿问题。在本案例中，伟达公司、百利公司与兴发公司没有约定保证份额，所以在对外关系上，三公司对债权人银行负连带保证责任，但在对内关系上，各共同保证人承担的保证份额应是均等的。若保证人之一伟达公司偿还 15 万元贷款后，其可以按下列两种方式追偿：(1) 可以请求信利商场偿还 15 万元；(2) 可以请求百利公司、兴发公司各偿还 5 万元，并可以同时请求信利商场偿还 5 万元。

4. 对 1 500 箱果脯的损失，应如何处理？

在本案例中，对于 1 500 箱果脯毁损的损失，托运人丰盛食品公司享有请求赔偿的权利，这个权利是基于托运合同本身产生的；另外，作为收货人的信利商场亦有索赔权，这种请求权是基于所有权产生的。因为在代办托运的关系中，出卖人货交承运人已算是完成交付，收货人对货物享有所有权。至于向谁提出赔偿，因为汽车公司是多式联运经营人，其承担全程的义务，所以应向汽车运输公司索赔，当然，汽车运输公司承担责任后可向铁路部门追偿。

十一、后履行抗辩权、标的物转移
——海通公司与林华纺织厂等贸易纠纷案

知识要点

1. 委托

(1) 关于委托指示处理的三种情形：1) 受托人应当按照委托人的指示处理委托事务，这是原则性的规定；2) 需要变更委托人指示的，应当经委托人同意；3) 因情况紧急，难以和委托人取得联系的，受托人应当妥善处理委托事务，但事后应当将该情况及时报告委托人。

(2) 因受托人过错产生赔偿责任的包括三种情形：1) 有偿的委托合同，因受托人的过错给委托人造成损失的，委托人可以要求赔偿损失；2) 无偿的委托合同，因受托人的故意或者重大过失给委托人造成损失的，委托人可以要求赔偿损失；3) 受托人超越权限给委托人造成损失的，应当赔偿损失。因此，委托合同是有偿还是无偿将决定损失的分配。

2. 后履行抗辩权

《合同法》中规定了抗辩权制度，这在我国的立法中还是首次，具有重要的意义。《合同法》规定了不安抗辩权、同时履行抗辩权和后履行抗辩权三种类型的抗辩权。此三种类型的区分和适用是合同法学习的一个重点。其中所谓后履行抗辩权是指在负有先履行义务的一方当事人未履行义务或履行义务存有重大瑕疵的情况下，负有后履行义务的一方享有拒绝履行自己义务的权利。该抗辩权的行使前提是先履行方存在重大违约的情形。

3. 标的物的所有权转移

(1) 所有权转移的时间：自标的物交付时起转移，法律有规定或有约定的除外。当然，标的物不包括不动产。

(2) 交付的方式有：现实交付、简易交付、拟制交付。现实交付是指将标的物直接转移给另一方。简易交付指合同订立前，买方已占有标的物，其合同生效时完成交付。拟制交付是指将标的物的单证进行交付，而不需要现实交付。单证交付后，所有权即转移。

案情简介

海通贸易公司（以下简称“海通公司”）将1000包长绒棉通过铁路运往上海准备出售，委托上海的运拓仓储公司（以下简称“运拓公司”）将棉花存放于当地仓库，并约定在棉花出售后按售价比例给运拓公司提成。运拓公司将棉花存入仓库，并将仓单的复印件、发票等凭证寄回给海通公司。半个月后，海通公司找到林华纺织厂，双方签订了长绒棉的买卖合同。合同约定先由林华纺织厂交付总价额50%的价金，海通公司收到该款后将委托运拓公司把全部货物的仓单背书给林华纺织厂，林华纺织厂在提货并验收以后一个月内付清余款。

过了交付首付款的约定期限多日，海通公司仍未收到林华纺织厂的首付款，却打听到一个消息，该纺织厂因严重亏损将被其他企业收购。海通公司立即致电运拓公司，没有海通公司的书面确认通知书，不得将棉花的仓单交给任何人。数日后林华纺织厂派人到运拓公司取棉花仓单，并出示了与海通公司的买卖合同和由某银行签发的付款保证书。运拓公司见到合同及付款保证书，就将仓单背书给林华纺织厂，在林华纺织厂取完货给了回执后，运拓公司就急急向海通公司要提成。海通公司立即回电：“没发给你们书面确认书怎么就随便放货，他们首付的钱还没给呢，如果这笔钱要不回来就要你们赔偿！”

案情分析

本案例着重考查所有权转移与风险负担、履行抗辩权、委托等问题，这些知识点的内涵很容易在现实生活中引起误解。

1. 海通公司与林华纺织厂买卖合同约定的是哪种交付类型？棉花所有权从何时转移？

本案中合同约定的交付方式属于拟制交付。当然，无论何种交付，只要一经完成，即发生所有权移转的效力。本案中，出卖人经由受托人运拓公司完成了对买受人林华纺织厂的交付行为，棉花所有权即告移转。因为仓单是物权凭证，经合法背书后交付，仓单中载明的货物所有权发生移转。当然，本案最大的混淆点就在于买受人纺织厂未付款，但这种未付款的行为是合同履行过程中的违约行为，应由林华纺织厂承担合同的违约责任，但这不应影响标的物所有权因仓单交付而移转。

2. 在林华纺织厂提交付款保证书并请求交付时，海通公司有何理由拒绝向林华纺织厂交付货物?

从案情来看，林华纺织厂没有支付货款，属违约在先，且是重大违约，海通公司可行使后履行抗辩权以拒付货物。

3. 运拓公司要承担什么责任?

本题核心是弄清楚两个问题：一是运拓公司是否按指示办事，二是委托是否为有偿委托。很明显，运拓公司在交付仓单给林华纺织厂时并未获得海通公司的书面通知，属于违反委托指示。另外，海通公司与运拓公司的委托是有偿委托，因为双方约定了按比例提成。根据以上两点的分析，运拓公司在有偿委托合同中，违反指示办事，应向海通公司方承担由此带来的损失。

4. 林华纺织厂在取得仓单但未付款以前对棉花有没有所有权?

在一般人看来，在买卖合同中，如买方未付款，则标的物所有权不应发生转移。殊不知，所有权转移与违约责任是两码事，标的物所有权发生转移是以交付为条件，而不是以其他的为条件。本案中，虽林华纺织厂未付款，但其已合法获得仓单，属于标的物的拟制交付。仓单被交付给林华纺织厂的那一刻，棉花的所有权即归林华纺织厂所有。海通公司对于林华纺织厂的未付款行为，只能通过追究林华纺织厂的违约责任而实现。海通公司享有棉花的所有权。

十二、署名权

——吴冠中与上海朵云轩等著作权纠纷案

知识要点

1. 署名权。署名权，即表明作者身份，在作品上署名的权利。它是属于著作人身权中的一种，对署名权的保护具有永久性。学理通说认为，署名权的行使有以下 5 种方式：

(1) 决定是否在作品上署名；

(2) 决定署名的方式，如署真名、笔名；

(3) 决定署名的顺序；

(4) 禁止未参加创作的人在作品上署名；

（5）禁止他人假冒署名，即有权禁止他人盗用自己的姓名或笔名在他人作品上署名。

对以上5种方式，也有些争议，尤其是对第5种禁止权，有学者认为如果被署名者对不是属于自己的作品享有著作权，这会与著作权设置的一般原理相冲突，因为作者只应对自己的作品享有署名权等著作人身权，而不能对别人的作品享有著作权，即便别人的作品是冒自己名的。

2. 姓名权。姓名权是公民的一项基本人身权，《民法通则》规定公民享有姓名权，有权决定、使用和依照规定改变自己的姓名，禁止他人干涉、盗用、假冒。从中可以理解姓名权主要包括四项权利：一是姓名决定权；二是姓名变更权；三是姓名使用权；四是禁止权。

3. 著作人身权的保护。著作权分为人身权和财产权两种，对于侵犯著作人身权的，《著作权法》的保护方式主要是以停止侵害、消除影响、赔礼道歉为主，但如果造成著作权人重大损害时，也可同时适用赔偿损失。这种损失在某种程度上是属于精神损害的一种。

案情简介

被告上海朵云轩、香港永成古玩拍卖有限公司联合在香港拍卖了一幅“毛泽东肖像画”，上有“炮打司令部，我的一张大字报，毛泽东”字样，落款为“吴冠中画于工艺美院一九六二年”。拍卖前，原告吴冠中曾通过有关单位转告上海朵云轩撤下这幅假冒其署名的伪作，但上海朵云轩接到通知后，仍与香港永成古玩拍卖有限公司联合拍卖，并出具了香港文物专家的鉴定意见，称这是吴冠中的真品，最终，该作品在香港被他人以港币52.8万元购去。原告吴冠中以两被告的行为侵犯其著作权为由，诉至法院。法院委托公安部鉴定中心对拍卖中的“毛泽东肖像画”的署名作出笔迹鉴定，最后的鉴定结论是：“送检的上海朵云轩与香港永成古玩拍卖有限公司联合拍卖字画目录署名吴冠中的‘毛泽东肖像画’上书写‘吴冠中画于工艺美院一九六二（重复字）年’字迹，不是吴冠中亲笔所写。”

案情分析

著作权中的署名权经常引起纠纷，署名权虽没有财产属性，但又与其有紧密联系。解决署名权纠纷的关键是还原作者的真实身份。

1. 吴冠中对“毛泽东肖像画”是否享有著作权?

作者是对作品享有著作权的最原始享有者，而对著作人身权中署名权、修改权、保护作品完整权的享有在某种程度上是永恒的。如果不是作品的作者当然不是作品著作权的当然享有者，所以从这个意义上讲，吴冠中不应当成为“毛泽东肖像画”的著作权人。但我国《著作权法》又规定了制作、出售假冒他人署名作品的行为也属于侵犯著作权的一种行为，因此，吴冠中能依据现行法律主张著作人身权。

2. 如果吴冠中以侵犯姓名权为由提起诉讼，理由是否成立?

如果原告吴冠中以姓名权被侵犯为由提起诉讼，则不管是在法理上还是在法律实践层面上，都是可行的。《民法通则》明确规定了姓名权是受保护的一种基本人身权。当然有学者也认为这是《民法通则》与《著作权法》的法条竞合，根据特别法优于普通法的原理，原告应当可依据《著作权法》提起侵犯著作权之诉。

3. 本案可以怎样处理?

我们依据相关的法理对本案进行学理上的评判，可能各有说法，得出的结论也有可能不一。此案发生在 1995 年，当时终审的判决结果是:

(1) 被告上海朵云轩和被告香港永成古玩拍卖有限公司联合拍卖假冒吴冠中署名的“毛泽东肖像画”的行为，侵犯了原告吴冠中的著作权，应当停止侵害;

(2) 两被告在《人民日报(海外版)》、《光明日报》上载文向原告公开赔礼道歉、消除影响;

(3) 两被告共同赔偿原告损失人民币 7.3 万元。

十三、表演权、表演者权

——殷承宗诉南新雅艺术苑等纠纷案

知识要点

《著作权法》中表演权与邻接权的区分是一个难点，关于表演权的纠纷在实务中经常出现，因此，我们在学习时有必要对二者进行厘情。

1. 表演权：是指公开表演作品，以及用各种手段公开播送作品表演的权利。其中表演分为人工表演和机械表演。这种区分是理解表演权的核心。机械表演是指借助设备将人工表演公开再现。比较常见的方式有：将表演通过电台和电视台播送；将表演制成音像制品并发行；音像制品的购买人将表演进行营运使用（如用于卡拉 OK，作为商场的背景音乐进行播放等）。

2. 表演者权：这是表演者进行表演且因为表演所获得的相关权利，是邻接权的一种。其中表演者所享有的财产性权利是非常重要的权利，包括：许可他人现场直播和公开传送其现场表演；许可他人录音录像；许可他人复制、发行录有其表演的录音录像制品；许可他人通过信息网络向公众传播其表演。

3. 二者的联系和区别：表演权的行使是表演者权能够存在的前提。如果没有著作权人授权，表演者将无法进行表演，其表演者权也将无从谈起。二者虽一字之差，权利的性质却有天壤之别。表演权为著作权，其主体是作者。表演者权是邻接权，其主体是表演者。

案情简介

原告殷承宗是一位著名美籍华裔钢琴家，原告将音乐作品《黄河》、《红灯记》改成了钢琴协奏曲和钢琴伴唱曲。原告与被告南新雅艺术苑达成协议，约定 2002 年 1 月 2 日由原告在上海大剧院演出这两首曲目，但双方在合同中没有就演出的录音、录像及录音录像制品发行问题作出约定。合同签订后，被告按约定向原告支付了报酬。在演出中，南新雅艺术苑进行了现场录音，并将录音带提供给第二被告上海音像出版社出版发行。2003 年 1 月 13 日，原告在音乐书店处购买到“2002 年殷承宗上海倾情演绎——2002 年 1 月 2 日上海大剧院演出现场版”CD 光盘，该光盘彩封上标明：南新雅艺术苑供版、上海音像出版社出版发行。原告殷承宗认为，被告上海音像出版社、南新雅艺术苑的行为违反了我国《著作权法》的相关规定，侵害了原告的权利，请求法院判令上海音像出版社、南新雅艺术苑停止发行“2002 年殷承宗上海倾情演绎——2002 年 1 月 2 日上海大剧院演出现场版”CD 光盘，赔偿原告经济损失 250 000 元及合理诉讼支出 35 000 元。

被告上海音像出版社辩称：原告殷承宗与南新雅艺术苑之间签有演出合同，对演出事宜进行了约定；音像出版社与南新雅艺术苑就出版涉案 CD 光盘一事签订了协议书，已取得合法授权。因此没有侵犯原告的著作权及表演者权。

被告南新雅艺术苑提交书面答辩意见称：该艺术苑就 2002 年 1 月 2 日在上海大剧院的演出已向殷承宗支付了报酬。

案情分析

本案涉及著作权的表演权与著作权邻接权的相关问题。表演权和表演者权是著作权法学习的重点和难点，二者很容易混淆。

1. 被告南新雅艺术苑是否侵权？侵犯了什么权利？

判断被告南新雅艺术苑是否侵犯原告的权利，关键是看原告享有什么样的权利。很明显，在本案中，原告在上海大剧院进行了演出，因此，其理应享有表演者权。虽然被告为原告的演出支付了报酬，但这种报酬只是表演者当场演出的费用。而对于其他的录音、录像及制成 CD 并发行的行为，原、被告双方并未约定，未约定即意味着原告并未授权被告将其演出制成 CD 并发行。因此，被告南新雅艺术苑侵犯了原告的表演者权。

很多人认为被告只侵犯了原告的表演者权，并未侵犯其他权利。这也是本案的一个障眼法。其实，原告既是表演者，同时也是作者，因为其改编了作品，理应享有著作权。而被告的行为显然也侵犯了原告的表演权。被告将原告的演出制成 CD 并发行，显然是属于机械表演的范畴。

2. 被告上海音像出版社是否侵犯了原告的权利？侵犯了什么权利？

通过上述分析也易明了，被告上海音像出版社的行为也同时侵犯了原告的表演权和表演者权。此处容易引起误解的是，上海音像出版社已与南新雅艺术苑签订了合同，并取得了其授权，要错就应错在南新雅艺术苑一方。其实不然，知识产权的侵权一般是无过错责任原则，即只要侵权行为存在，就不管主观过错程度，均应承担责任。本案中，被告南新雅艺术苑与上海音像出版社对原告构成共同侵权。

十四、专利职务发明

——矿山设备公司与王某等职务发明纠纷案

知识要点

职务发明是专利法中一个非常重要的知识点。职务发明与非职务发明的区分不清在实务中经常引发纠纷，这种纠纷存在于单位与单位的工作人员或聘用人员等之间，由此职务发明的定义以及职务发明判断标准的界定对于解决此类纠纷就显得至关重要。

1. 职务发明。所谓职务发明，是指执行本单位的任务或者主要是利用本单位的物质技术条件所完成的发明创造。职务发明创造申请专利的权利属于该单位；申请被批准后，该单位为专利权人。专利法中关于职务发明的界定指明了职务发明的权利主体，这种权利主体不仅是专利权的申请主体，同时也是专利权的被授予主体。当然，该定义也原则性地提供了职务发明的判断标准。

2. 职务发明的判断标准。职务发明有 2 个判断标准，第一个标准是执行本单位的任务的职务发明，包括 3 种情形：（1）本职工作中作出的发明创造；（2）履行单位交付的本职工作之外的任务所作出的发明创造；（3）退职、退休或调动工作一年内所作出的与其在原单位承担的本职工作或分配的任务有关的发明创造。第二个标准是主要利用本单位的物质技术条件所完成的发明创造。第二个标准必须要注意以下 3 个方面：（1）发明不是在履行本职工作中作出的；（2）发明不是本单位交付的任务；（3）发明人的利用必须达到“主要利用”而不是“一般利用”，物质技术条件是指单位的设备、零部件、原材料或者不对外公开的技术资料等。

案情简介

1992 年 12 月 2 日，王某、徐某获得中国专利局授予的“双腔回转颚式破碎机”实用新型专利权。1993 年 12 月 23 日，王某、徐某作为该专利的专利权人，与侨星公司签订协议书，决定实施该项专利技术。双方约定组建生产、销售“双腔回转颚式破碎机”产品的专营公司，由侨星公司提供生产资金并向王某、徐某支付技术入门费；由王某、徐某提供生产工艺，并负责对生产、技术把关，开发新产品；王某、徐某以技术入股形式在新组建的公司内占有 15%的股份；新组建的公司隶属于侨星公司。合同签订后，侨星公司于 1993 年 12 月 25 日向王某、徐某支付了技术入门费 3 万元。侨星公司按约定于 1994 年成立了矿山设备公司，即双方约定的专营公司。该公司为企业法人，主营制造、销售矿山采掘和选矿设备等。在实际经营中，矿山设备公司主要生产、销售矿山采掘设备“双腔回转颚式破碎机”系列产品。

王某于1994年12月到矿山设备公司工作，徐某于1994年3月到矿山设备公司工作。王某和徐某在矿山设备公司工作期间，负责指导基于“双腔回转颚式破碎机”专利技术的系列产品的生产工作；二人均在矿山设备公司按月领取固定工资及福利，但未与矿山设备公司签订劳务合同。1999年，王某、徐某开始研制“旋摆式破碎机”技术，它属于“双腔回转颚式破碎机”后续改进技术，该设计工作于当年年内完成。2000年5月23日，王某、徐某就“旋摆式破碎机”技术向国家知识产权局申请实用新型专利，并于2001年3月7日获得授权，2000年6月至7月王某、徐某先后离开了矿山设备公司。同年，矿山设备公司向法院起诉，请求确认“旋摆式破碎机”的发明属于职务发明。

案情分析

本案例主要涉及职务发明的认定问题，解决问题的关键是要熟知职务发明的判断标准。当然，专利权作为一项财产权利，其也会牵涉其他的民事行为，我们可以一并解决。

1. 王某、徐某能否以专利权入股新公司?

专利权是一种无形财产权，虽然知识产权具有人身属性的特点，但财产权是主要的。我国的法律和行政法规已明确规定了可以用无形财产入股公司、企业或合伙，当然，在入股时，须履行一定的程序，如评估、登记等，但在不违反法律的禁止性规定情况下，各方当事人也可协议确定无形财产的折抵价。本案例中，王某、徐某将专利入股新公司，并确认获得15%的股份，这并不违反法律的规定，且是当事人之间的协议，所以，他们的行为是合法的。

2. 技术入门费的性质是什么?

本案中的技术入门费不是属于新公司成立的必备条件，因为它不属于公司的股份。这种入门费相当于劳务工资，或技术咨询、指导费。

3. “旋摆式破碎机”的发明是否属于职务发明?

本案中判断“旋摆式破碎机”是否为职务发明，应在职务发明的两个判断标准间择一处理。很明显，王某、徐某自从1993年起相继成为公司的员工，他们的身份是双重的：一是股东，二是员工。虽两人从未与公司签订劳动合同，但已形成事实上的劳动关系。而指导生产、主管、科研均是他们在公司的任务，所以在离开公司前，两人就相同或类似公司产品作出的发明都是在履行本职工作，属于职务发明的一种。

十五、商标侵权、驰名商标的认定

——“阿尔卑斯”与“珠穆朗玛”之商标侵权纠纷案

知识要点

1. 商标侵权。所谓商标侵权，是指行为人未经商标权人许可，通过实施各种行为，损害注册商标权人合法权益的行为。对于商标侵权行为，主要是要学习侵权的类型。根据《商标法》的规定，典型的侵权类型有5种。

一是未经商标注册人的许可，在同一种商品或者类似商品上使用与其注册商标相同或者近似的商标的，此种侵权行为发生的案件最多；二是销售侵犯注册商标专用权的商品的；三是伪造、擅自制造他人注册商标标识或者销售伪造、擅自制造的注册商标标识的；四是未经商标注册人同意，更换其注册商标并将该更换商标的商品又投入市场的，此种行为又可称为反向假冒，与第一种侵权行为刚好相对；五是给他人的注册商标专用权造成其他损害的，此种侵权是立法的一种技术，是兜底条款。根据《商标法实施条例》的规定，在同一种或者类似商品上，将与他人注册商标相同或者近似的标志作为商品名称或者商品装潢使用并容易误导公众的，也属于侵权行为的一种。

2. 驰名商标的认定。在我国驰名商标的认定存在着两种方式：第一种是行政认定，这种认定是通过国家工商总局下属的商标局以行政方式认定。在实践中，行政认定方式在实体上要求十分严格，认定的标准很高，比如，对市场占有率、知名度等有较高的要求，同时在程序上比较复杂，整个过程很长，有时从申请到最终批准可能花上数年。所以商家选择行政认定驰名商标的成本很高。第二种是司法认定，我国司法认定是从2001年开始的。所谓司法认定，就是由人民法院在商标侵权纠纷案中认定一方的商标为驰名商标。相对行政认定方式而言，法院认定驰名商标的程序、标准、成本等要低很多，所以很多商家，往往寻求司法认定驰名商标。直到2009年，最高人民法院对司法认定作出严格的解释后，司法认定驰名商标才得以走上正轨。司法认定驰名商标有一点是必须考虑的，就是认定驰名商标的必要性，如果以一般商标侵权行为就可认定案件事实，就不需要认定涉案商标是否为驰名商标，认定驰名商标的主要意义之一是跨类保护，如果双方是同类或相似的商标，就更不需要认定商标是否为驰名商标了。

案情简介

不凡帝意大利公司先后于1999年、2000年和2002年获得了“阿尔卑斯 Alpenliebe”文字注册商标、以阿尔卑斯山脉为背景的图形注册商标和用于草莓牛奶糖的文字与图案组合注册商标。它生产的系列奶糖具有相当高的知名度。该系列奶糖的装潢也是该公司自行设计的。1994年，不凡帝意大利公司在沪投资成立了不凡帝中国公司，并先后许可该中国公司有偿使用自己的装潢和部分注册商标。

2003年2月、3月间，不凡帝中国公司从市场上买到了一种装潢及标识与自己生产的“阿尔卑斯 Alpenliebe”系列奶糖非常相似的“珠穆朗玛 Zomliamma”高级牛奶糖和草莓牛奶糖。虽然这两种糖的包装上印着“福建许福记兄弟食品有限公司”的字样，但事实上，该产品是福建省晋江市永和许福记兄弟食品有限公司的“杰作”。这家成立于1996年的公司，早在2000年6月就收到过晋江市工商局作出的《行政处罚决定书》。工商局认为它使用了与“阿尔卑斯 Alpenliebe”系列奶糖近似的装潢，造成与他人知名商品相混淆。到了2003年5月，它又因为擅自改变企业名称被处以罚款。它曾经向中国专利局申请的“珠穆朗玛 Zomliamma”糖果装潢的外观设计专利，也因为与“阿尔卑斯 Alpenliebe”系列奶糖的包装相近似而最终被宣告无效。

但在晋江市工商局作出处罚后，市场上又出现了使用侵权装潢和标识的“珠穆朗玛 Zomliamma”高级牛奶糖、草莓牛奶糖，并且这些侵权糖果在互联网上展示、销售。为此，不凡帝意大利公司和不凡帝中国公司将官司打到了上海市第二中级人民法院。

案情分析

商标权纠纷往往是以侵权为主，处理此类纠纷关键的是怎样解决“相似性”问题。

1. 许福记公司是否侵犯不凡帝中国公司的商标权?

判断许福记公司是否侵权，主要是看其有没有实施《商标法》规定的5种侵权行为之一。从本案来看，不符合前四种侵权情形。第五种典型情形中有一种是在同一种或者类似商品上，将与他人注册商标相同或者近似的标志作为商品名称或者商品装潢使用并容易误导公众的。从本案来看，“珠穆朗玛 Zomliamma”高级牛奶糖和草莓牛奶糖在装潢及标识上与“阿尔卑斯 Alpenliebe”系列奶糖非常相似，容易引起公众误认，所以许福记公司的行为属于比较典型的侵权行为。

2. 假设不凡帝中国公司在起诉许福记公司侵权的同时，请求法院认定“阿尔卑斯”为驰名商标，法院是否应予认定?

是否认定“阿尔卑斯”为驰名商标，主要是看有无必要认定，即是否只有首先认定“阿尔卑斯”为驰名商标，才能判定被告侵权。在本案中，没有必要认定“阿尔卑斯”为驰名商标，因为双方当事人生产的是同一类商品，没有涉及跨类保护问题，且商标法中已经明确规定了此种侵权行为，所以，从案情本身的需要来看，人民法院无须认定“阿尔卑斯”为驰名商标。

第五章
商法学

一、合伙人入伙的法律责任

——某城市银行诉王海、李平、俞颖、舒立欣四人合伙纠纷案

知识要点

1. 合伙的概念、特征

合伙是一种古老的商业组织形态。从法律行为的角度来看，合伙是指两个以上的民事主体共同出资、共同经营、共负盈亏、共担风险的协议；就组织形态的角度而言，合伙是指两个以上的民事主体共同出资、共同经营、共负盈亏、共担风险的企业组织形态。由此可见，无论是从法律行为角度还是从组织形态角度，都强调合伙的主要特征是共同出资、共同经营、共负盈亏、共担风险。

2. 合伙企业的设立条件

合伙企业一般可分为普通合伙企业和有限合伙企业两种，其中以普通合伙企业最为典型。根据我国《合伙企业法》第 14 条的规定，设立普通合伙企业应具备以下条件：（1）有两名以上的合伙人；（2）有合伙协议；（3）有合伙人实际缴付的出资；（4）有合伙企业的名称；（5）有经营场所和从事合伙经营的必要条件。

3. 合伙企业事务的决议和执行

合伙企业事务的决议由合伙人依法作出，一般不得委托其他合伙人或合伙人以外的人进行。根据《合伙企业法》的相关规定，合伙企业的重大事项，如改变合伙企业名称；改变合伙企业的经营范围、主要经营场所的地点；处分合伙企业

的不动产；转让或者处分合伙企业的知识产权和其他财产权利；以合伙企业的名义为他人提供担保；聘任合伙人以外的人担任合伙企业的经营管理人员；修改或者补充合伙协议；合伙人向第三人转让其在合伙企业中的全部或者部分财产份额；吸收新的合伙人等，须经全体合伙人一致同意。而其他一般性事项，则实行一人一票并经全体合伙人过半数通过的表决办法处理。

如果根据合伙协议的约定或者经过全体合伙人一致同意，由一个或者数个合伙人执行合伙事务的，则其他合伙人不再执行合伙事务。不执行合伙事务的合伙人有权监督执行事务合伙人执行合伙事务的情况，执行事务合伙人应当定期向其他合伙人报告事务执行情况以及合伙企业的经营和财务状况。执行合伙事务的合伙人，对外代表合伙组织，其执行合伙事务所产生的收益归全体合伙人，所产生的亏损或者民事责任，由全体合伙人承担。

当然，对于上述合伙事务执行方面和其他方面的决议事项，《合伙企业法》都采取了约定优先的原则，即合伙协议另有约定的，依照合伙协议的约定，只有在合伙协议没有约定或者约定不明时，才适用《合伙企业法》的规定。

4. 利润分配与亏损分担

合伙企业的利润分配方法和亏损分担方法，均由合伙协议约定，按照约定处理。如果合伙协议对利润分配或亏损分担未作约定或者约定不明，则由合伙人协商确定；协商不成的，由各合伙人按照实际的（而非约定的）出资比例分配利润和分担亏损。如果无法确定各合伙人的出资比例，则由各合伙人平均分配利润和分担亏损。

5. 入伙与退伙

入伙是指在合伙企业存续期间，合伙人以外的第三人加入合伙企业并取得合伙人资格的行为。入伙人入伙须经全体合伙人的同意，且与原合伙人订立书面合伙协议。入伙后，入伙人取得合伙人的资格，对入伙前合伙企业的债务承担连带责任。

退伙是在合伙存续期间，合伙人资格的消灭。退伙的形式包括声明退伙、法定退伙。声明退伙又称自愿退伙，是指合伙人基于自愿的意思表示而退伙，可分为协议退伙和通知退伙两种形式。法定退伙则是指根据法律的规定而退伙，可分为当然退伙和除名退伙两种类型。

退伙的效力表现为：

一是退伙人丧失合伙人身份，脱离原合伙协议约定的权利义务关系。

二是导致合伙财产的清理与结算。退伙时的结算应遵循如下规则：1）合伙人退伙，其他合伙人应当与该退伙人按照退伙时的合伙企业财产状况进行结算，退还退伙人的财产份额。退伙时有未了结的合伙企业事务的，待该事务了结后再进行结算。2）退伙人对给合伙企业造成的损失负有赔偿责任的，相应扣减其应当赔偿的数额。3）退伙人在合伙企业中财产份额的退还办法，由合伙协议约定或者由全体合伙人决定，可以退还货币，也可以退还实物。4）如果退伙时合伙企业的财产少于合伙企业债务，亦即资不抵债，则退伙人应当根据合伙协议的约定或者《合伙企业法》第 33 条的规定分担亏损。5）退伙人退伙时，对基于其退伙前的原因发生的合伙企业债务，仍应与其他合伙人一起承担无限连带责任。

三是退伙并不必然导致合伙的解散。只有在合伙人为 2 人的情况下，其中 1 人退伙才导致合伙的解散。当然，即使是在合伙人为 2 人的情况下，如果另一合伙人同意，也可以由退伙人将其份额转让给第三人，则合伙继续存在。

案情简介

王海、李平和俞颖三人于 2008 年 9 月 15 日订立合伙协议，约定共同出资 10 万元开设综合商店，其中王海出资 4 万元，李平出资 3 万元，俞颖出资 3 万元；三人按出资比例分享收益和分摊亏损。2008 年 10 月 10 日，三人缴清了全部出资，并领取了营业执照。2009 年 2 月 18 日，该店向该市城市银行贷款 7 万元，期限为 1 年。2009 年 6 月 2 日，李平向王海和俞颖提出，将其在综合商店的财产份额以 3 万元的价格转让给舒立欣，王海和俞颖均表示同意。同年 7 月 1 日，李平办妥了退伙手续。王海和俞颖还向舒立欣介绍了该店的经营和财务状况，修订了合伙协议，并向登记机关办理了变更登记。2009 年结算时，该店发生严重亏损。2010 年 1 月 22 日，王海、俞颖和舒立欣决定解散该店，并将现有财产 5 万元予以分配，但对银行贷款如何清偿未作处理。2010 年 2 月 18 日，银行贷款到期，银行要求李平偿还全部贷款，李平以退伙为由而予以拒绝。银行找到舒立欣要求其偿还全部贷款，舒立欣则认为这是其入伙前的债务，与其无关。银行又找到王海和俞颖要求偿还全部贷款，他们均表示只按合伙协议约定的比例偿还应由其偿还的份额。①

① 案例来源：http://law.jnu.edu.cn/blaw/jxal/ShowArticle.asp?ArticleID=144。有改动。

案情分析

王海、李平和俞颖三人于2008年9月15日订立的合伙协议，符合《合伙企业法》的规定，合法、有效，李平退伙和舒立欣入伙也符合相关规定。王海和俞颖的主张不能成立，他们作为新、旧合伙的合伙人，均对该贷款承担连带责任。李平虽已退伙，但该贷款发生在其退伙之前，因此他对偿还该贷款仍应承担连带责任。舒立欣虽为新合伙人，亦应对其入伙前的合伙债务承担连带责任。

二、公司的特征

——黄丽萍与天元装饰材料有限公司债务纠纷案

知识要点

公司是依照法定的条件和程序设立的、以营利为目的的商事组织。一般来说，公司具有三个基本的法律特征：

1. 公司具有法人资格

《公司法》第3条规定了“公司是企业法人”。法人是与自然人并列的一类民商事主体，具有独立的主体资格，具有法律主体所要求的民事权利能力与民事行为能力，能够以自己的名义从事民商事活动并以自己的财产独立承担民事责任。公司是最典型的法人类型，体现了法人的最本质特征。

2. 公司是社团组织，具有社团性

依法人内部组织基础的不同，可将法人分为社团法人和财团法人，公司属于社团法人。公司的社团性表现为它通常由两个或两个以上的股东出资组成。股份有限公司具有完全的社团性，其股东为2人以上。有限责任公司同样体现了公司的社团性，只是法律允许存在例外情形。我国《公司法》关于有限责任公司社团性规定的例外情形包括两类：一是一人有限责任公司，二是国有独资公司，在这两种类型的公司中，都只有一个股东。但是社团性除了含有社员因素外，还含有团体组织性，即不同于单个的个人的特性，是一个组织体，就此特性而言，一人有限责任公司和国有独资公司同样体现了公司的社团性。

3. 公司以营利为目的，具有营利性

公司以营利为目的，是指设立公司的目的及公司的运作，都是为了谋求经济利益。营利法人的宗旨是获取利润并将利润分配于成员（出资人或股东）；而非营利法人的宗旨是发展公益、慈善、宗教、学术事业，它们即使从事商业活动、赚取利润，也只是以营利为手段，旨在实现与营利无关的目的，而且其营利所得不能直接分配给成员。公司的营利性实质上是股东设立公司的目的的反映。公司只有以营利为目的，实现公司利益最大化，才能让股东收回投资，进而实现盈利。

案情简介

2007 年 1 月，罗高卫、严宝生、杨晓红三被告共同投资入股，创办了天元装饰材料有限公司，工商登记载明企业性质为有限责任公司，法定代表人为罗高卫，注册资金 59 万元。经营期间，原告黄丽萍受雇在该公司打工。2009 年 1 月，该公司停产歇业。随后，工商行政管理部门依法吊销了该公司的营业执照。但该公司对其经营期间的债权债务未进行清算，其中包括拖欠原告的工资计人民币 349 元。原告为此诉至人民法院。人民法院经审理认为，天元装饰材料有限公司系三被告投资入股所办，原告受雇做工，已与该公司形成了劳务合同法律关系，该公司负有按时支付原告劳务报酬的义务。该公司虽然停产歇业，且被工商管理部门吊销营业执照，但三被告作为股东，依法负有清算公司债权债务的责任，对公司债务负有清偿的义务。因此，人民法院判决三被告支付原告劳务工资计人民币 349 元；诉讼费 120 元由三被告负担。①

案情分析

本案焦点在于，原告追偿时，负有给付义务的主体天元装饰材料有限公司因停产歇业被吊销了营业执照，原告作为公司的债权人，可否向设立公司的股东追

① 案例来源：http://ielaw.uibe.edu.cn/html/guojijingjifalvfagui/guonaanli/20080804/10431.html。有改动。

偿的问题。有限责任公司以包括歇业在内的方式终止的，在终止后应当进行清算，在清算后进行公司注销登记，这既是《公司法》的强制性规定，也是债权人通过非诉方式实现债权的最后保障手段。同时，股东承担有限责任也是公司法的基本原则之一。故在正常情况下，债权人实现债权的方式是在清算程序中申报债权，以清理确认后的公司现有财产获得清偿。但是，公司不论以何种原因终止，不进行清算而欺骗公司登记部门办理注销登记，或者不进行清算而等待公司登记部门给予吊销营业执照处理的，不仅规避了《公司法》的强制性规定，而且不符合诚实信用原则，损害了债权人的利益。故公司的这种行为具有故意侵害债权的性质，应当由其股东承担清偿责任。

三、揭开公司面纱

——“喜洋洋”公司法人人格否认案

知识要点

1. 揭开公司面纱概述

公司法以法律的形式赋予公司独立的法人人格，基于该法人人格，公司独立于股东，成为以自己名义和财产参与民事活动、承担民事责任的独立主体。通说认为，公司法人人格在本质上类似于自然人人格，公司是法律所拟制的“人”①。公司人格理论的意义在于，承认公司是独立的主体，享有与自然人一样的人格，从而使公司得以独立承担责任，使股东承担有限责任。但是，在特定情况下，公司的这种独立人格可能遭到否认，使股东对公司债务直接承担责任，这就是通常所说的公司法人人格否认制度，在美国称之为“揭开公司面纱”（lifting the corporate veil），在英国称之为“刺破公司面纱”（piercing the corporate veil），在德国称之为“直索（durchgriff）责任”②，它是普通法系国家法律在处理公司人格否认时所运用的重要制度。

我国现行公司法也引进了这项制度。《公司法》第 20 条规定：公司股东不得

---

① Robert. W. Hamilton，*The Law of Corporations*，West Group，1999，p. 4.

② 王利明：《民商法理论与实践》，544 页，长春，吉林人民出版社，1996。

滥用公司法人独立地位和股东有限责任损害公司债权人的利益。公司股东滥用公司法人独立地位和股东有限责任，逃避债务，严重损害公司债权人利益的，应当对公司债务承担连带责任。根据这一规定，我国《公司法》所规定的“揭开公司面纱”制度具有以下特点：

第一，揭开公司面纱的适用情形是，公司股东滥用公司法人独立地位和股东有限责任，逃避债务，严重损害公司债权人利益。公司法人独立地位是公司的人格基础，股东有限责任是法律赋予股东的优惠特权，如果股东以逃避公司债务、损害公司债权人利益为目的而滥用公司法人独立地位和股东有限责任，可导致揭开公司面纱的适用。

第二，揭开公司面纱的适用后果是，股东应当对公司债务承担连带责任。本来，公司股东只承担有限责任，公司对公司债务独立承担全部责任。但是，“公司面纱”一经揭开，公司不再保有独立人格，公司人格为股东人格所吸收，二者合一。于此情形，股东自然须对公司债务承担连带责任。①

2. 揭开公司面纱原则的适用

适用揭开公司面纱原则的常见情形有：

（1）出资瑕疵型

即股东违反出资义务的行为，这里主要包括虚假出资和抽逃出资行为。如以无实际货币的虚假银行进账单、对账单或者以虚假的实物投资手续骗取验资报告或公司登记；将货币转入公司账户验资后又转出；公司成立后，无任何根据而向股东转移公司资金或其他财产；股东通过其控制关联交易，增加交易成本，变相获取公司财产等。

（2）人格混同型

人格混同是指某公司与其成员之间，及该公司与其他公司之间没有严格的分别。如在机构、财产、业务、人员、管理等方面，股东与公司之间混淆不分，属一套人马、两块牌子等。

（3）滥用公司形式型

一般认为，只有在股东利用公司形态逃避合同义务或法律义务时，股东才承担责任。在这种情形下，公司被作为股东逃避义务的工具，有悖于法律正义价值，因而公司的行为被视为股东的行为，股东即应对此承担责任。控制股东在公

---

① 参见施天涛：《商法学》，3版，139页，北京，法律出版社，2006。

司债台高筑之时，往往通过抽逃资金或解散该公司或宣告该公司破产的方式，使公司债权人得不到清偿。与此同时，控制股东再以原有的营业场所、董事会、雇主、从业人员等设立经营目的完全相同的另一公司，目的就是逃脱原来公司的巨额债务。在这种情况下，为保护债权人的利益，法院通常会揭开公司的面纱，由股东对公司的债权人承担责任。

（4）未尽清算义务型

公司清算是指公司解散或被宣告破产后，依照一定的程序了结公司事务、收回债权、清偿债务并分配财产，最终使公司终止消灭的程序。公司被注销、吊销、兼并、合并后，股东或出资者有的不严格按照《公司法》和有关法律规定程序操作，故意逃避公司或企业债务，损害债权人的合法权益。有些企业、公司被行政机关强制吊销营业执照后或企业因自身原因停止经营后，既不依法组织清算，也不向工商行政管理部门注销登记。有的在注销时，根本未依法进行清算，导致债权人无法主张债权或无法实现债权。

案情简介

2007年4月，原告电力公司与被告喜洋洋食品有限公司（以下简称“喜洋洋”）发生了一笔果冻条购销生意，后“喜洋洋”拖欠电力公司25万元货款。“喜洋洋”的拖欠理由是：公司已停止生产经营，无法偿还各项债务。后来，电力公司发现：“喜洋洋”系台商独资企业，于1991年由被告谢得财投资成立，法定代表人为谢得财；永昌荣食品有限公司（以下简称“永昌荣”）亦系台商独资企业，于1993年11月由谢得财投资成立，法定代表人也是谢得财；且这两家公司的经营地址、电话号码、组织机构、从业人员完全相同。电力公司认为，谢得财掏空“喜洋洋”，将财产转移到永昌荣来逃债。为此，电力公司将谢得财、“喜洋洋”、永昌荣均告上人民法院，要求三被告共同偿还25万元及利息。

人民法院经庭审后查明：永昌荣设立至今，从未实际开展生产经营活动，也无机器设备，其名下的土地、厂房及两部汽车均由“喜洋洋”无偿使用，日常费用则由“喜洋洋”支付。两公司的财务账目虽分别立册计账，但均由“喜洋洋”的会计人员负责制作，且永昌荣本身从未发放过工资。2003年永昌荣向银行贷款100万元，其中部分由“喜洋洋”使用，至2007年才由“喜洋洋”代为还清全部贷款；2007年年底，“喜洋洋”用永昌荣名下的土地、厂房作为抵押担保，再向银行贷款100万元。“喜洋洋”在2007年度共从其账户转出433 400元到永昌荣的账户，用于偿还永昌荣的银行贷款本息。且这两家公司的唯一投资者谢得财在经营期间也挪用、侵占“喜洋洋”的财产至少在72万元以上，全部作为个人债务的还款和交通肇事的赔款。①

案情分析

永昌荣与“喜洋洋”作为关联企业的两公司，其投资者、经营地址、电话号码及管理从业人员完全相同，实为一套人马、两块牌子，必然导致两公司缺乏各自独立意志而共同听从于谢得财。因此，有确凿的事实和理由认定两公司之间存在人格混同。现“喜洋洋”徒具空壳，无力偿还数额巨大的众多到期债务；而永昌荣从未开展业务活动却有数百万元的资产，足以推定谢得财操纵并利用关联公司之间的财产转移来逃避合同义务和法律责任。被告谢得财作为“喜洋洋”和永昌荣的唯一股东，无视公司的独立人格，滥用其控制权，挪用公司资产归个人使用，致使公司与其个人之间财务、财产均发生混同；而“喜洋洋”和永昌荣之间混同情况则更为严重，公司相对人难以认识到两个关联公司的独立性。上述种种行为，严重背离公司法人制度的分离原则，因此，应认定三者之间存在人格混同。如在本案中仅追究“喜洋洋”的责任，则作为善意相对人的原告将无法或可能无法实现其债权，不符合诚实信用原则和公平理念。因此，对“喜洋洋”适用法人人格否认制度，要求谢得财和永昌荣承担连带责任具有必要性和正当性。

四、有限责任公司的组织机构

——总经理滥用职权赔偿纠纷案

知识要点

我国公司法对有限责任公司组织机构的设置做了多元制的规定：一般的有限

① 案例来源：http://www.chinacourt.org/public/detail.php? id=121861。有改动。

责任公司，其组织机构为股东会、董事会和监事会；股东人数较少和规模较小的有限责任公司，其组织机构为股东会、执行董事和监事；一人有限责任公司不设股东会；国有独资有限责任公司，其组织机构为唯一股东、董事会和监事会。

1. 股东会

股东会是有限责任公司的权力机关。除《公司法》有特别规定的以外，有限责任公司必须设立股东会。但股东会不是常设的公司机构，而仅以会议形式存在，只有在召开股东会会议时，股东会才作为公司机构存在。

有限责任公司股东会由全体股东组成。依据《公司法》第38条规定，有限责任公司股东会行使下列职权：(1) 决定公司的经营方针和投资计划；(2) 选举和更换非由职工代表担任的董事、监事，决定有关董事的报酬事项；(3) 审议批准董事会的报告；(4) 审议批准监事会或者监事的报告；(5) 审议批准公司的年度财务预算方案、决算方案；(6) 审议批准公司的利润分配方案和弥补亏损方案；(7) 对公司增加或者减少注册资本作出决议；(8) 对发行公司债券作出决议；(9) 对公司合并、分立、解散、清算或变更公司形式作出决议；(10) 修改公司章程；(11) 公司章程规定的其他职权。

股东会分为定期会议和临时会议两种。定期会议的召开时间由公司章程规定，一般每年召开一次。临时会议可经代表1/10以上表决权的股东、1/3以上的董事、监事会或不设监事会的公司的监事提议而召开。有限责任公司股东会可依职权对所议事项作出决议。一般情况下，股东会会议作出决议时，采取“资本多数决”原则，即由股东按照出资比例行使表决权。但公司章程可以对股东会决议的作出方式另行予以规定，而不按出资比例行使表决权。股东会的议事方式和表决程序，除公司法有规定的外，由公司章程规定。但下列事项必须经代表2/3以上表决权的股东通过：(1) 修改公司章程；(2) 公司增加或者减少注册资本；(3) 公司分立、合并、解散或者变更公司形式。全体股东对股东会议决事项以书面形式一致表示同意的，可以不召开股东会会议，而可以直接作出决定，并由全体股东在决定文件上签名、盖章。

2. 董事会

董事会是有限责任公司的业务执行机关，享有业务执行权和日常经营的决策权。它是一般有限责任公司的必设机关和常设机关，股东人数较少或公司规模较小的有限责任公司除外。至于“股东人数较少”或“规模较小”的判断标准，公司法并未规定，故实践中有较大的意思自治的余地，由股东协商决定是否设立董事会，并记载于公司章程中。董事会对股东会负责。董事会由董事组成，其成员为3至13人。董事的任期由公司章程规定，各个公司可有所不同，但每届任期不得超过3年。换言之，公司章程可以规定董事的任期少于3年，但不得超过3年。董事任期届满时，连选可以连任，并无任职届数的限制。董事在任期届满前，股东会不得无故解除其职务。

根据《公司法》第47条的规定，有限责任公司的董事会行使下列职权：(1) 召集股东会，并向股东会报告工作；(2) 执行股东会的决议；(3) 决定公司的经营计划和投资方案；(4) 制订公司的年度财务预算方案、决算方案；(5) 制订公司的利润分配方案和弥补亏损方案；(6) 制订公司增加或者减少注册资本以及发行公司债券的方案；(7) 制订公司合并、分立、变更公司形式、解散的方案；(8) 决定公司内部管理机构的设置；(9) 决定聘任或者解聘公司经理及其报酬事项，并根据经理的提名，决定聘任或者解聘公司副经理、财务负责人及其报酬事项；(10) 制定公司的基本管理制度；(11) 公司章程规定的其他职权。

董事会会议由董事长召集和主持。董事长不能履行职务或者不履行职务的，由副董事长召集和主持；副董事长不能履行职务或者不履行职务的，由半数以上董事共同推举一名董事召集和主持。董事会应当对所议事项的决定作成会议记录，出席会议的董事应当在会议记录上签名。董事会决议的表决，实行一人一票制。

根据我国公司法规定，股东人数较少和规模较小的有限责任公司，不设董事会，可以设一名执行董事。执行董事兼具一般有限责任公司董事会及董事长的身份，可以是公司的法定代表人。

3. 经理

有限责任公司的经理是负责公司日常经营管理工作的高级管理人员。我国《公司法》第50条规定：有限责任公司可以设经理，由董事会聘任或者解聘，经理对董事会负责，行使下列职权：(1) 主持公司的生产经营管理工作，组织实施董事会决议；(2) 组织实施公司年度经营计划和投资方案；(3) 拟订公司内部管理机构设置方案；(4) 拟订公司的基本管理制度；(5) 制订公司的具体规章；(6) 提请聘任或者解聘公司副经理、财务负责人；(7) 决定聘任或者解聘除应由董事会决定聘任或者解聘以外的其他负责管理人员；(8) 董事会授予的其他职权。公司章程对经理职权另有规定的，从其规定。

4. 监事会

监事会为规模较大的有限责任公司的常设监督机关，专司监督职能。监事会对股东会负责，并向其报告工作。监事会由监事组成，其成员不得少于3人。监事会应当包括股东代表和适当比例的公司职工代表，其中职工代表的比例不得低于1/3，具体比例由公司章程规定。监事会中的股东代表，由股东会选举产生；监事会中的职工代表由职工民主选举产生；监事会应在其组成人员中推选一名召集人。监事的任期是法定的，每届为3年。监事任期届满，连选可以连任。股东人数较少和规范较小的有限责任公司，不设立监事会，可以设1至2名监事，行使监事会的职权。同时，公司董事、高级管理人员不得兼任监事。

依照我国《公司法》第54条规定，监事会行使下列职权：(1) 检查公司财务；(2) 对董事、高级管理人员执行公司职务时的行为进行监督，对违反法律、行政法规、公司章程或者股东会决议的董事、高级管理人员提出罢免的建议；(3) 当董事和高级管理人员的行为损害公司的利益时，要求董事、高级管理人员予以纠正；(4) 提议召开临时股东会会议，在董事会不履行公司法规定的召集和主持股东会会议职责时召集和主持股东会会议；(5) 向股东会会议提出提案；(6) 依照《公司法》第152条的规定对董事、高级管理人员提起诉讼；(7) 公司章程规定的其他职权。

为便于对董事的监督，我国公司法还规定，监事有权列席董事会会议，并对董事会决议事项提出质询或者建议。监事会或者监事发现公司经营情况异常，可以进行调查，必要时可以聘请会计师事务所等协助其工作，费用由公司承担。

5. 董事、监事和高级管理人员的义务

董事、监事和经理等高级管理人员是公司治理结构中重要的组成部分。为保障公司和股东利益，促使董事、监事和经理等高级管理人员依照法律和公司章程行使职权，我国《公司法》第148条明确规定了董事、监事和经理等高级管理人员对公司负有忠实义务和勤勉义务，不得利用职权收受贿赂或者其他非法收入，不得侵占公司的财产。

《公司法》第149条规定：董事、高级管理人员不得有下列行为：(1) 挪用公司资金；(2) 将公司资金以其个人名义或者以其他个人名义开立账户存储；(3) 违反公司章程的规定，未经股东会、股东大会或者董事会同意，将公司资金借贷给他人或者以公司财产为他人提供担保；(4) 违反公司章程的规定或者未经股东会、股东大会同意，与本公司订立合同或者进行交易；（5）未经股东会或者股东大会同意，利用职务便利为自己或者他人谋取属于公司的商业机会，自营或者为他人经营与所任职公司同类的业务；（6）接受他人与公司交易的佣金归为己有；（7）擅自披露公司秘密；（8）违反对公司忠实义务的其他行为。

《公司法》第150条规定：董事、监事和经理等高级管理人员执行公司职务时违反法律、行政法规或者公司章程的规定，给公司造成损失的，应当承担赔偿责任。

案情简介

某百货公司是以商品零售为主的公司，由两个自然人股东设立。公司成立前拟定的注册资本为25万元，后依《公司法》的规定调整注册资本并正式成立。两个自然人股东中，一个担任执行董事，另一个担任财务负责人，其中执行董事又兼任公司监事。该公司聘请在市财政局工作的丁某作为公司的总经理。此时，丁某买回的一批服装正欲卖出，上任后未经任何人同意私下和该百货公司签订了合同，用公司名义买下了他买来的服装，总价款达12.5万元，占用了公司的大量流动资金。后该批服装由于数量过多、款式陈旧而积压，致使该公司下半年的投资计划流产，大量的购货合同难以履行。公司执行董事向人民法院起诉，要求丁某赔偿经济损失。丁某认为：他是公司的经营主管，有权同任何人签订合同，确定经营方式，公司起诉他是没有任何道理的。

案情分析

根据《公司法》的规定，股东会是有限责任公司的权力机构，董事会是有限责任公司的执行机构。有限责任公司，股东人数较少和规模较小的，可以设一名执行董事，不设董事会。所以，本案中某百货公司股东人数少，不设董事会是合法的。监事会是对公司的财务和董事会执行公司业务活动进行监督的机构。有限责任公司，股东人数较少和规模较小的，可以设1至2名监事。所以本案中某百货公司只设1名监事也是合法的。但需要注意的是，《公司法》还规定董事、经理及财务负责人不得兼任监事。本案中，执行董事兼任监事，这是不符合《公司法》规定的。同时《公司法》规定，董事、监事和高级管理人员对公司负有忠实义务和勤勉义务，除公司章程规定或股东会同意外，不得同本公司订立合同或进行交易。本案中丁某滥用职权，未经任何人同意，为谋私利和本公司订立合同，违反了《公司法》规定。丁某的行为同时也违反了《民法通则》中有关代理的规定。因此，丁某和本公司签订的合同无效。《公司法》规定，董事、监事、经理执行公司职务违反法律、行政法规或者公司章程的规定，给公司造成损害的，应当承担赔偿责任。所以，丁某与本公司签订的合同无效，并且丁某应承担由此给公司造成的损失。

五、有限责任公司的股权转让

——M有限公司股权转让纠纷案

知识要点

有限责任公司的股东之间，可以相互自由转让全部或部分股权。由于公司法承认了一人有限责任公司的法律地位，所以如果因有限公司股东相互之间转让股权而导致公司只剩下一个股东时，公司仍可以继续存在，但此时公司需符合公司法关于一人有限责任公司的有关条件。

有限责任公司的股东可以将其持有的公司股权转让给股东以外的第三人，但需符合公司法规定的相关条件。

1. 其他股东的同意权及其行使。股东向股东以外的第三人转让股权，无论是部分转让还是全部转让，应当经其他股东过半数的同意。此项同意以股东人数计算，而非以股东持有的有表决权的股权计算。程序上，欲对外转让股权的股东应当就股权转让事项以书面形式通知其他股东，征求其他股东的同意。其他股东可以同意也可以不同意，但应当给予转让方答复。如果其他股东在接到转让方的书面通知之日起30日未予答复的，则视为其同意转让方对外转让股权。其他股东半数以上不同意转让的，不同意的股东应当购买该转让的股权；不购买的，视为同意转让。《公司法》的这一规定为有限责任公司股东提供了有效的股权退出机制，方便了投资行为，保护了股东投资的自由与退出公司的自由。若不同意对外转让的股东购买该转让的股权，股权转让价格应当由购买方与转让方通过协商确定。不能协商确定的，可以聘请第三人对股权价格进行评估，按评估的价格转让。

2. 其他股东的优先购买权。股东对外转让股权，取得了其他股东的同意，则在同等条件下，其他股东享有优先购买权。所谓同等条件，主要是指股权转让的价格，但也包括转让的其他条件，如支付方式、支付期限以及其他由转让方提出的合理条件。所以，如果第三人愿意以更优惠或对转让方更有利的条件购买股权，而其他股东不愿意以此条件购买，则其他股东丧失优先购买权，转让方可以向第三人转让股权。当然，其他股东可以声明放弃优先购买权。

如果其他股东中有两个或两个以上的股东都愿意受让该转让的股权，应当通过协商确定各自受让的比例，若协商不成，则按照转让时各自的出资比例行使优先购买权。

同等条件下的优先购买权并非强制性规定。如果公司章程中对股东对外转让股权有不同的或相反的规定，则从其规定。公司章程可以规定股东对外转让股权时其他股东不享有优先购买权；可以规定其他股东享有优先购买权的具体条件；可以规定其他股东行使优先购买权的程序；等等。

3. 强制执行程序中的股东优先购买权。在因股权质押担保等情形而导致人民法院依法采取强制执行措施，转让股东在有限责任公司中的股权的情形下，人民法院应当将此强制执行措施的有关情况通知该公司和全体股东，包括被强制执行股权的股东和其他股东。其他股东在同等条件下享有优先购买权，但该优先购买权应当自接到人民法院的通知之日起 20 日行使，逾期不行使的，视为放弃优先购买权，第三人可以通过强制执行措施受让该股权。对于该非通过协商而是通过强制执行程序购买股权的新股东，公司和其他股东不得否认其效力，公司应当注销原股东的出资证明书，并向新股东签发出资证明书，修改公司章程和股东名册中有关股东及其出资额的记载，此项对于公司章程的修改不需再由股东会表决而直接发生效力。

有限责任公司有较强的人合性质，股东相互之间的信任与合作对于公司的经营管理和发展非常重要。如果某一或某些股东对继续作为公司股东失去信心或不愿意与其他股东继续合作，又无第三人愿意受让其股权，或者其不愿意对外转让股权，在此情形下，法律应当为这些股东提供合理的救济渠道，保障股东退出公司的自由，保护其投资的积极性与安全感。正因为如此，我国《公司法》作出了上述相应的规定。

此外，根据《公司法》第 75 条的规定，有下列情形之一的，对股东会该项决议投反对票的股东可以请求公司按照合理的价格收购其股权：

（1）公司连续 5 年不向股东分配利润，而公司该 5 年连续盈利，并且符合公司法规定的分配利润条件的；

（2）公司合并、分立、转让主要财产的；

（3）公司章程规定的营业期限届满或者公司章程规定的其他解散事由出现，股东会会议通过决议修改公司章程使公司存续的。

在上述任何一种情形下，对公司股东会会议通过上述决议不赞成，并且投的是反对票的股东，有权自股东会会议决议通过之日起 60 日内提出请求，请求公司收购其持有的公司股权。收购股权的价格由该股东与公司协商确定，如果该股东与公司不能就股权收购事宜达成一致，则股东可以自股东会会议决议作出之日起 90 日内向人民法院提起诉讼，通过诉讼途径解决该争议。

有限责任公司的自然人股东如果死亡或者被宣告死亡，该股东有符合继承法规定的合法继承人，该合法继承人可以继承股东资格。但是，如果公司章程对此种情形另有规定，则从其规定。

案情简介

2005 年，海容冰箱厂、广德物资有限公司与汾河集团出资成立一家 M 有限责任公司，海容冰箱厂控股 51%，广德物资有限公司控股 39%，汾河集团控股 10%。M 有限责任公司是生产食品为主的公司，一开始，M 公司的经营业绩十分不错，成立后的第一年就取得了盈利。2008 年，公司开始将一部分资金投资到新的项目上，关于该项目的投资，汾河集团是持反对意见的，但当时由于其控股较少，以及另外两个股东的压力，被迫同意。当该新项目运转出现问题，大幅度出现亏损的时候，汾河集团希望通过转让一部分股权来减少风险。2009 年 10 月，汾河集团未经其他股东同意，私自将 5%的股份转让给 N 有限责任公司，海容冰箱厂和广德物资有限公司得知后，向法院起诉，要求法院确认该股权转让行为无效。①

---

① 案例来源：http://www.gongsinet.com/_anli/2007/0425/guquan_150.html。有改动。

案情分析

我国《公司法》第72条规定：（有限责任公司的）股东向股东以外的人转让股权时，应当经其他股东过半数同意；不同意转让的股东应当购买该转让的股权，不购买的，视为同意转让。经股东同意转让的股权，在同等条件下，其他股东有优先购买权。在该案件中，汾河集团未经其他股东同意，私自将5%的股权转让给股东以外的一家公司，违反了我国公司法的规定，应当认为其转让股权的行为无效。

六、股份有限公司的设立

——股东诉王某、李某、赵某退还所缴股款案

知识要点

1. 股份有限公司的设立条件

股份有限公司，简称股份公司，是指其全部资本分为等额股份，股东以其所持股份为限对公司承担责任，公司以其全部资产对公司的债务承担责任的企业法人。我国《公司法》第77条和其他相关条文规定，设立股份有限公司的条件包括如下几项：

（1）主体条件：发起人符合法定人数，即应当有2人以上200人以下为发起人，其中须有半数以上的发起人在中国境内有住所。

（2）财产条件：发起人认购和募集的股本达到法定资本最低限额，即人民币500万元，但法律、行政法规对股份有限公司的注册资本最低限额有较高规定的，从其规定。全体发起人的首次出资额不得低于注册资本的20%，其余部分由发起人自公司成立之日起2年内缴足；其中，投资公司可以在5年内缴足。在缴足前，不得向他人募集股份。

股份有限公司的资本应划分为股份，并且各股金额一般应为均等。这是对于股份有限公司的另一特别要求。

（3）组织条件：主要包括公司名称、类别、住所、经营范围等的选定以及公

司的组织机构等。

(4) 经营条件：应有固定的生产经营场所和必要的生产经营条件。这是股份有限公司一般应当具备的物质基础和客观条件。

(5) 设立行为要件：发起人只有严格依《公司法》及相关法律的规定设立公司，保证设立中的公司在股份的发行程序、条件、方式及其他的筹办事项等方面完全符合法律的规定，才能保证设立完成。

2. 股份有限公司的设立程序

(1) 签订发起人协议；

(2) 制定公司章程；

(3) 申请名称预先核准；

(4) 认购股份；

(5) 建立公司机构和申请设立登记。

营业执照签发日期，就是股份有限公司的成立日期。

3. 股份有限公司的设立方式

分为发起设立和募集设立两种。发起设立，是指由发起人认购公司应发行的全部股份，不向发起人之外的任何人募集而设立公司。募集设立，是指由发起人认购公司应发行股份的一部分，其余部分向社会公开募集而设立公司。

4. 股份有限公司设立中发起人的责任

发起人是指筹办公司的设立事务、认购公司的股份、进行公司设立行为的人。发起人对于股份有限公司的设立具有重要意义。发起人在进行公司设立行为过程中，应当签订发起人协议，明确各自在公司设立过程中的权利和义务。

在设立公司的过程中，发起人应当承担下列责任：

(1) 公司不能成立时，对设立行为所产生的债务和费用负连带责任；

(2) 公司不能成立时，对认股人已缴纳的股款，负返还股款并加付同期银行存款利息的义务；

(3) 在公司设立过程中，因自己的过失使公司利益受到损害的，应当对公司承担赔偿责任；

(4) 发起人虚假出资，如未支付货币、实物或者未转移财产权，欺骗债权人和社会公众的，责令改正，处以虚假出资金额5%以上15%以下的罚款；

(5) 发起人在公司成立后抽逃其出资的，责令其改正，处以所抽逃出资金额5%以上15%以下的罚款。

案情简介

王某、李某、赵某准备发起设立永昌股份有限公司。在招股说明书中承诺自2009年7月5日到2009年10月5日，首批向社会公开募集资金6 000万元。但是永昌股份有限公司发起人在按期募足资金后，直至2009年11月20日仍未发出召开公司创立大会的通知。公司认股人与发起人因此而产生争议，几经协商未达成一致，后诉至人民法院。原告认股人诉称：永昌股份有限公司的发起人不遵守法律，未在规定的期限内召开公司创立大会，致使公司未成立，违反了《公司法》的规定，要求发起人返还其所缴纳的股款并加算银行利息。被告发起人辩称：永昌股份有限公司按期募足了股份，正在积极筹备召开公司创立大会，认股人的要求不仅有违股金不可抽回的法律规定，而且这一行为将直接导致公司未按期募足资金而不能成立，致使发起人遭受较大的经济损失，遂不同意认股人的要求。

案情分析

本案中股份有限公司以募集方式设立，根据《公司法》第79条规定，设立股份有限公司，应当有2人以上200人以下为发起人，其中须有半数以上的发起人在中国境内有住所。本案有3个发起人，符合《公司法》中对股份有限公司设立主体条件的规定。但是，三个发起人违反股份有限公司设立的程序性规定，没有在认股人缴足股款后30日内召开公司创立大会，导致公司设立失败。发起人应当承担设立失败的法律责任。认股人有权要求发起人对认股人已缴纳的款项予以返还，并加算银行同期存款利息。

七、股份有限公司能否为股东债务提供担保

——万家乐股份有限公司保函垫款合同纠纷案

知识要点

公司能否为其股东提供担保，一直是我国社会各界广为关注的重要法律理论

和实务问题。原《公司法》对公司能否为股东担保规定并不明确，其中第 60 条规定的“董事、经理不得以公司资产为本公司的股东或者其他个人债务提供担保”是否可以理解为公司不具有为股东担保的能力一直有争议，法院的判决也截然不同。一些上市公司的控制股东更是滥用控制权迫使上市公司为大股东的举债提供担保，公司几乎沦为大股东的敛财工具。为保障上市公司中小股东的利益，最高人民法院于 2000 年 12 月发布的《关于适用〈中华人民共和国担保法〉若干问题的解释》（以下简称“《担保法解释》”）第 4 条规定：董事、经理违反《公司法》第 60 条的规定，以公司资产为本公司的股东或者其他个人债务提供担保的，担保合同无效。除债权人知道或者应当知道的外，债务人、担保人应当对债权人的损失承担连带赔偿责任。而现行《公司法》从平衡各方利益出发，明确赋予了公司的对外担保权，但同时从类别、内容和程序上予以适当的规制。修订后的《公司法》第 16 条规定：“公司向其他企业投资或者为他人提供担保，依照公司章程的规定，由董事会或者股东会、股东大会决议；公司章程对投资或者担保的总额及单项投资或者担保的数额有限额规定的，不得超过规定的限额。公司为公司股东或者实际控制人提供担保的，必须经股东会或者股东大会决议。前款规定的股东或者受前款规定的实际控制人支配的股东，不得参加前款规定事项的表决。该项表决由出席会议的其他股东所持表决权的过半数通过。”

案情简介

1997 年 6 月 20 日，顺德中行与万家乐集团签订一份《保函垫款合同》，约定万家乐集团为其下属企业广东珠江制冷设备厂向顺德中行申请支付 139 万美元的垫款，年利率 12%，从 1997 年 6 月 21 日起计息；万家乐集团保证于 1999 年 5 月前还清本息。万家乐股份有限公司以保证人身份在该合同上盖章，并于同日向顺德中行出具了一份《不可撤销的担保书》，承诺对上述垫款本金 139 万美元及利息、复息、罚息、实现债权的费用等承担不可撤销的连带责任保证。合同签订后，顺德中行为万家乐集团垫付了 139 万美元。1999 年 5 月 17 日，顺德中行致函万家乐集团、万家乐股份有限公司，要求于同年 5 月 20 日前清偿上述垫款本息。万家乐集团、万家乐股份有限公司分别在该函上盖章确认。贷款期限届满后，经顺德中行多次催收，万家乐集团一直不能按期还款，万家乐股份有限公司也未履行担保义务。2000 年 6 月 16 日，顺德中行将上述债权转让给东方资产公司，并于同年6月29日以公证方式通过广州市速递公司将债权转让情况通知了万家乐集团、万家乐股份有限公司。2002年1月29日，东方资产公司在《南方日报》C2版上就上述债权向万家乐集团、万家乐股份有限公司进行了公告催收。同年2月28日，万家乐股份有限公司向顺德中行出具一份《担保确认函》，对上述担保行为予以确认。但万家乐集团、万家乐股份有限公司之后仍未履行其应承担的义务，尚欠东方资产公司垫款本金139万美元及相应的利息。2002年8月27日，东方资产公司向人民法院提起诉讼。①

案情分析

顺德中行与万家乐集团签订的《保函垫款合同》，除利率条款高出中国人民银行允许上浮幅度的部分应确认无效，以及万家乐股份有限公司为其股东万家乐集团提供保证的条款和作为合同附件的《不可撤销的担保函》，因违反我国原《公司法》第60条“董事、经理不得以公司资产为本公司的股东或者其他个人债务提供担保”的规定也应确认无效外，其余条款内容合法，当事人意思表示真实，依法应确认有效。万家乐集团已构成违约，应向顺德中行偿还借款本息。东方资产公司已依法取得顺德中行的债权，万家乐集团应向东方资产公司清偿上述借款的本息。万家乐股份有限公司对其为其股东万家乐集团提供担保致担保合同被认定无效存在过错，顺德中行作为原债权人在签订合同时应当知道万家乐股份有限公司、万家乐集团之间的股东投资关系，却仍接受万家乐股份有限公司提供的保证，顺德中行对担保合同的无效亦有过错，依据《担保法解释》第7条“主合同有效而担保合同无效……债权人、担保人有过错的，担保人承担民事责任的部分，不应超过债务人不能清偿部分的二分之一”规定，万家乐股份有限公司应就万家乐集团不能清偿部分承担50%的赔偿责任。万家乐股份有限公司因无效担保合同向东方资产公司承担赔偿责任后，可向万家乐集团追偿。但值得注意的是，2005年修订后的《公司法》第16条对此进行了修正，公司可以向其他企业投资或者为他人包括股东提供担保，但必须具备一定的条件并履行一定的程序（具体要求参见前述“知识要点”内容）。

---

① 案例来源：http://www.zfwlxt.com/html/2007-7/20077102359451.htm。

八、汇票的背书

——连续背书的汇票如何行使追索权

知识要点

1. 汇票的概念、特征

汇票是出票人签发的、委托付款人在见票时或者在指定的日期无条件支付确定的金额给收款人或者持票人的票据。汇票是委托他人进行支付的票据，通常都需要由付款人进行承兑，在见票时或者指定的到期日无条件将一定的金额支付给持票人。因此，汇票法律关系包括出票人、付款人和收款人三个基本当事人。

2. 汇票的出票

出票是指出票人签发票据并将其交付给收款人的票据行为，也称为发票、开票、票据发行。当出票人按照法律规定的形式做成票据并将其交付给收款人时，出票行为即完成。

根据我国《票据法》第22条的规定，汇票上必须记载下列事项，否则汇票无效。

（1）表明“汇票”的字样；

（2）无条件支付的委托；

（3）确定的金额；

（4）付款人名称；

（5）收款人名称；

（6）出票日期；

（7）出票人签章。

出票作为一种票据法律行为，一经完成就产生票据上的权利义务关系，即票据债权债务关系，对票据当事人均产生一定的影响。

3. 汇票的背书转让

汇票转让是通过背书方式进行的。所谓背书是指持票人在票据的背面或者粘单上记载有关事项，完成签章，并将其交付相对人，从而将票据权利转让给他人或者将一定的票据权利授予他人行使的票据行为。

由于票据是一种表现为有价证券的特殊金钱债权，所以背书转让具有与一般债权转让不同的法律效力：一是背书转让无须经票据债务人同意。在票据背书转让时，行为人无须向票据债务人发出通知或经其承诺。只要持票人完成背书行为，就构成有效的票据权利转让。二是背书转让的转让人不退出票据关系。背书转让后，转让人并不退出票据关系，而是由先前的票据权利人转变为票据义务人，并承担担保承兑和担保付款的责任。三是背书转让具有更强的转让效力。通过背书的方式转让票据权利，能够使受让人得到更充分的保护。

在背书中进行特别内容的记载，对背书转让加以一定的限制，就构成限制背书。限制背书实际上是对背书人担保责任或被背书人权利加以限制的背书，主要有：

(1) 出票人的限制背书。根据我国《票据法》第 27 条第 2 款的规定，汇票的出票人在票据上记载“不得转让”字样，汇票不得转让。这时，如果持票人背书转让的，背书行为无效。这并不意味着该汇票绝对不能再转让，而只是表明该票据不能再依《票据法》规定的背书方式进行转让，也不再可能发生背书转让的效力。这时的转让只是一般指名债权的转让，其效力与背书转让的效力有很大不同：第一，受让人虽然取得转让人所有的票据上权利，但无论受让人善意与否，均不承认对人抗辩的切断。第二，受让人即使经交付而取得票据，也并不承认其当然的票据权利人资格，所以，无论其善意与否，均不得主张善意取得。只有在受让人持有票据，又无对抗事由的情况下，才能行使权利。第三，票据转让后，转让人不承担担保责任。出票人记载禁止背书的意义，在于排除背书转让的效力，保持对受让人的抗辩权，并防止在受到追索时增加更多的偿还金额。

(2) 背书人的限制背书。根据我国《票据法》第 34 条的规定，背书人可以在票据上记载“不得转让”字样，如果其后手再背书转让的，原背书人对后手的被背书人不承担保证责任。背书人记载的限制背书与出票人记载的限制背书都有避免对人抗辩切断、防止偿还金额增大的作用。不同之处在于，背书人的限制背书并不导致票据指示证券性的丧失，票据仍可背书转让，只是记载该限制背书的背书人将自己的担保责任限制在对其直接后手一个人上，对此后的后手受让人，不承担任何担保责任。对于持票人来说，限制背书以外的各个背书，仍为普通背书，具有普通背书的一切效力。

(3) 回头背书及其效力。回头背书是指以先前已经在票据上签名的出票人、背书人等票据债务人为被背书人的背书。回头背书具有一般背书的效力，并不因被背书人是先前的票据债务人而使该票据权利归于消灭，只是在权利担保的效力上有所不同。被背书人是出票人的，由于他是最终的追索义务人，事实上是不能行使追索权的，只有在汇票已经承兑的情况下，才可以向承兑人行使追索权；回头背书的被背书人是先前的背书人的，这时，他既是票据的债务人，又是票据的权利人，他要对其后手承担担保责任，所以也就不能向他们行使追索权。

（4）附条件背书及其效力。我国《票据法》第 33 条第 1 款规定，背书不得附有条件，背书时附条件的，所附条件不具有汇票上的效力。背书附条件和付款附条件具有完全不同的法律效力，付款附条件的，票据无效，任何人均不得以此票据主张任何票据权利；背书附条件的，票据依然有效，背书也依然有效，只是所附条件不产生票据法上的效力。

（5）分别背书和部分背书及其效力。分别背书是指将票据金额分别转让给不同的被背书人的背书，部分背书是指将票据金额的一部分进行转让的背书。根据我国《票据法》第 33 条第 2 款的规定，将汇票金额的一部分转让的背书或将汇票金额分别转让给 2 人以上的背书无效。所以，分别背书和部分背书的，背书无效，票据权利不发生转移。

（6）期后背书及其效力。期后背书是指在票据被拒绝承兑、被拒绝付款或者超过付款提示期限时所为的背书。根据我国《票据法》第 36 条的规定，期后背书应当属于无效背书，不能发生一般背书的效力，而只具有通常的债权转让的效力。但期后背书的背书人仍须承担票据责任。是否为期后背书的判断标准是票据上记载的背书日期，对该背书日期是否确实为实际的背书日期，持票人不负举证责任。当票据上未记载背书日期时，依据《票据法》的规定，推定是在期限内所为。

（7）委托收款背书及其效力。委托收款背书是指委托他人代替自己行使票据权利、收取票据金额而进行的背书。委托收款背书不是实质上的票据权利转让，而是以背书形式进行的委托。背书人是委托人，被背书人是受托人。被背书人行使票据权利后，应将所得金额归于背书人。委托收款背书的背书人在进行背书时，必须记载“委托收款”字样。

案情简介

2009 年 3 月 1 日，上海甲公司以上海乙公司为收款人签发商业汇票一张，汇票金额为 100 万元人民币，汇票到期日为 2009 年 7 月 31 日。乙公司在接到该商业汇票后将该汇票背书转让给浙江丙公司。此后，江苏丁公司、上海戊贸易公司和上海某区自来水公司亦依次通过背书转让方式取得了该商业汇票。同年8月1日，上海某区自来水公司持该商业汇票向银行提示付款。银行在接到该商业汇票后经查实，确认上海甲公司在银行的存款不足以支付票据款而将商业汇票退回给上海某区自来水公司。之后，上海某区自来水公司依法向其前手上海戊贸易公司进行票据追索，上海戊贸易公司在支付款项后又向其前手追偿，至江苏丁公司支付完票据款项100万元后，丁公司向浙江丙公司进行再追索。浙江丙公司支付了票据款项中的75万元，上海甲公司支付了票据款项中的25万元。之后，浙江丙公司依法向上海甲公司和上海乙公司就票据权利进行再追偿，但甲公司和乙公司拒绝偿付票据款项中的75万元。为此，浙江丙公司向人民法院提起诉讼，诉称：被告上海乙公司背书转让给原告（丙公司）的商业承兑汇票，被告上海甲公司系汇票出票人和付款人。在丙公司将汇票背书转让给后手后，当最后持票人在汇票到期日提示付款时，因上海甲公司银行存款不足被退票。要求判令上海乙公司支付票据款项75万元及利息，并由上海甲公司承担连带清偿责任。上海乙公司辩称上海甲公司系商业汇票的出票人，应当由上海甲公司独立承担汇票款项的偿付责任。上海甲公司未作答辩。①

案情分析

在票据关系中，有效票据是票据持票人主张票据权利的前提。本案所涉票据当属有效票据。首先，与票据法律关系相关的各方当事人均是独立的企业法人，具有民事权利能力和民事行为能力，因而其在法律上具有票据权利能力和票据行为能力；其次，争议的票据所记载的事项完整，符合法定条件；最后，票据背书转让是连续的。甲公司实施出票行为后，将汇票交付给乙公司，乙公司实施背书行为后将汇票交付给丙公司，随后上海戊贸易公司和上海某区自来水公司亦依法通过背书转让方式取得了该商业汇票。因此，各方作为汇票前手的权利人的权利受到法律的保护。在上海某自来水公司要求承兑未能实现权利的情况下，它向其前手行使了追偿权，其前手负有依法履行其偿付汇票款项的义务。由于背书的连续性，其汇

① 案例来源：http://www3.chinaport.gov.cn/info/view.do?type=trade0alfx&id=11194120090001。有改动。

票追偿权利的行使直至浙江丙公司向其前手请求追偿为止，因此丙公司依法享有票据权利。甲公司系汇票的出票人，为票据的主债务人，在完成票据行为后，即承担保证该汇票承兑和付款的责任。乙公司系汇票的背书人，在以背书方式转让汇票后，即承担保证其后手所持汇票承兑和付款的责任。因此，在丙公司依法履行其偿付款项的义务后，其有权向其前手乙公司行使追偿权，因而乙公司负有向丙公司支付款项的义务。甲公司系汇票的出票人，其应对乙公司的偿付款项的义务承担连带清偿责任，从而实现保障权利人的票据权利和促进票据流通的目的。

九、汇票的承兑

——华洋贸易公司与欣业有限责任公司票据纠纷案

知识要点

承兑是指汇票付款人承诺在汇票到期日支付汇票金额的票据行为。承兑是汇票特有的一种制度。因为汇票的出票人在出票时，是委托他人（付款人）代替其支付票据金额，而该付款人在出票时并未在票据上签章，并非票据债务人，无当然的支付义务。为使票据法律关系得以确定，就需要确认付款人能否进行付款，于是就设计了汇票的承兑制度。

汇票的付款人可以依自己独立的意思，决定是否进行承兑，不受出票人指定其为付款人的限制。即使付款人与出票人存在一定的资金关系或依承兑协议，应为汇票进行承兑而未承兑，也只承担票据外责任。

我国票据法采用完全承兑制，不允许部分承兑。《票据法》第 43 条规定，付款人承兑汇票，不得附有条件；承兑如果附有条件的，视为拒绝承兑，不发生承兑的效力。

提示承兑是指汇票的持票人，向汇票上所载的付款人出示汇票，请求其承诺付款的行为。由于提示承兑的目的仅在于请求付款人就是否承担到期付款义务加以确定，所以，对于提示人的资格一般无特别要求。对于定日付款或者出票后定期付款的汇票，持票人应当在汇票到期日前向付款人提示承兑。见票后定期付款的汇票，持票人应当自出票日起 1 个月内，提示承兑。尽管是否提示承兑是持票人的自由，但其法律后果却不同。我国《票据法》第 40 条第 2 款规定，汇票未按规定期限提示承兑的，持票人丧失对其前手的追索权。可见，提示承兑的效力，主要表现在追索权的保全上。

见票即付的汇票无须承兑。因为该种汇票不具备信用功能，只是作为支付和汇兑的工具而存在。持票人请求付款一旦遭到拒绝，即可行使追索权。我国目前使用的银行汇票，均为见票即付的汇票，因而无须承兑。

案情简介

某年3月12日，华洋贸易公司与欣业有限责任公司签订了一单购销合同，华洋贸易公司卖给欣业有限责任公司一批手提电脑，交货期为同年4月1日，合同总价款为250万元，用银行承兑汇票结算。欣业有限责任公司应当在合同签订后开出汇票，2个月后付款。欣业有限责任公司在合同签订后开出汇票，并且在自己的开户银行某工商银行支行申请承兑。该银行承兑，承兑日期为同年6月1日。汇票承兑以后，欣业有限责任公司将汇票交给华洋贸易公司。华洋贸易公司拿到汇票以后，为了马上得到资金，立即向自己的开户银行某农业银行支行申请贴现。某农业银行支行向该工商银行支行查询，回答是“承兑真实、有效”。于是，某农业银行支行办理了贴现，将200万元贴现款转到华洋贸易公司的账户上。后来，华洋贸易公司表示货源出现问题，暂无货可供。欣业有限责任公司经过调查发现，华洋贸易公司根本没有货物，也没有准备继续履行合同的意思。欣业有限责任公司遂立即通知某工商银行支行，合同有欺诈嫌疑，要求拒绝承兑。某工商银行支行又通知某农业银行支行，以该承兑汇票所依据的合同是欺诈合同，合同无效，承兑也无效为由，拒绝对该汇票付款。贴现银行，即某农业银行支行声称：经查询，某工商银行支行已确认“承兑真实、有效”，所以，承兑行某工商银行支行必须承担到期付款义务。双方协商未果，起诉到人民法院。①

案情分析

本案涉及的是银行承兑汇票。汇票承兑是汇票付款人明确表示于到期日支付

① 案例来源：http://china.findlaw.cn/info/jingjifa/piaojufa/55372_3.html。

汇票金额的一种票据行为，也就是表示愿意承担票据义务的行为。在票据法上，汇票付款人并不因为出票人的付款委托而当然地承担付款义务，但汇票一经付款人承兑，付款人即负有支付票据金额的义务而成为汇票的主债务人。所以，汇票一经承兑，付款人立即变成了主债务人，无论出票人还是任何背书人有没有付款能力，承兑人都必须首先承担付款义务。我国《票据法》第44条规定，“付款人承兑汇票后，应当承担到期付款的责任”。

汇票是典型的票据。根据票据法的理论，票据属于设权证券。设权证券是指票据权利的发生必须首先做成证券。票据的作用在于创设一定的权利，票据做成前，票据权利不存在，票据权利是依票据的做成同时发生的。没有票据，就没有票据上的权利。

票据是无因证券。票据上的法律关系只是单纯的金钱支付关系，权利人享有票据权利只以持有票据为必要，至于这种支付关系的原因或者说权利人取得票据的原因均可不问，即使这种原因关系无效，对票据关系也不发生影响。持有票据的人行使权利时，无须证明其取得证券的原因。票据的无因性特征所表现出来的票据债权债务关系和传统民法的债权债务关系有着重大的区别。这是票据法为了促进票据流通、保障票据交易的安全而设计的，使票据善意受让人享有优于其前手的权利，不受其前手权利瑕疵的影响。

票据行为也具有无因性。票据行为只要具备法定形式要件即可生效，不论其实质关系如何，这种性质称为票据行为的无因性。

票据作为设权证券，其原因关系与票据关系相脱离，票据一经产生，票据的权利义务就产生了，并且具有独立性。票据作为无因证券，不问原因关系是否存在，也不问原因关系是否有效。当然，《票据法》第10条还规定：“票据的签发、取得和转让，应当遵循诚实信用的原则，具有真实的交易关系和债权债务关系。票据的取得，必须给付对价，即应当给付票据双方当事人认可的相对应的代价。”但是，这并没有否定票据法原理中的上述基本原理，不是说没有“真实的交易关系和债权债务关系”而签发的票据，就无效。

本案中，某工商银行支行承兑汇票以后，应当承担无条件付款之责任。某农业银行支行因为贴现行为成为该汇票的正当权利人，有权要求某工商银行支行付款。至于本案有关合同的纠纷，应该另案处理。

十、保险合同的订立与效力

——胡某与中国人寿北京分公司人身保险合同纠纷案

知识要点

保险合同是投保人和保险人约定保险权利义务的协议。保险合同的订立须经投保和承保两个阶段：投保是投保人向保险人提出保险请求的单方意思表示，属于订立保险合同的要约阶段；承保是保险人承诺投保人的保险要约的意思表示，是保险人的单方法律行为，属于订立保险合同的承诺阶段。我国《保险法》第13条规定：投保人提出保险要求，经保险人同意承保，保险合同成立。

尽管保险合同是非要式合同，但实务中保险合同多采用书面形式。保险合同一般由投保单、保险单、暂保单或者其他书面文件构成。投保单，又称为要保单，是投保人向保险人提出的，订立保险合同的书面要约。投保单一般是由保险人准备的统一格式书据。由投保人依其所列项目逐项填写。保险合同成立后，保险人应当及时向投保人签发保险单或者其他保险凭证，并在保险单或者其他保险凭证中载明当事人双方约定的合同内容。保险单，简称保单，是保险人与投保人订立保险合同的正式书面形式。保险单必须明确完整地记载保险双方的权利义务内容，它是保险合同双方当事人履行合同的依据。保险凭证，又称为小保单，实际上是简化了的保险单，与保险单具有同等效力。暂保单，是一种临时保险单，是正式保险单发出前的一种临时保险合同。从法律效力上看，暂保单与保险单具有相同的效力，但暂保单的期限较短，正式保险单一经交付，暂保单自动失效。

经投保人和保险人协商同意，也可以采取其他书面形式订立保险合同。当事人在订立保险合同中，须履行相应的说明和告知义务。就保险人方面，订立保险合同，保险人应当向投保人说明保险合同的条款内容。说明义务是诚实信用原则的具体体现。由于保险合同条款由保险人事先拟定，投保人没有机会参与合同条款的拟定和协商，加之保险合同条款具有较强的专业性，投保人不容易了解其真实含义，容易对保险条款发生误解，所以有必要要求保险人对保险合同条款加以说明。对于保险合同中规定的保险人责任免除的条款，如果保险人在订立保险合同时未向投保人明确说明的，该条款不产生效力。我国《保险法》第17条规定：

“订立保险合同，采用保险人提供的格式条款的，保险人向投保人提供的投保单应当附格式条款，保险人应当向投保人说明合同的内容。对保险合同中免除保险人责任的条款，保险人在订立合同时应当在投保单、保险单或者其他保险凭证上作出足以引起投保人注意的提示，并对该条款的内容以书面或者口头形式向投保人作出明确说明；未作提示或者明确说明的，该条款不产生效力。”依据公平原则，我国《保险法》第 19 条还规定，保险人提供的格式条款如存在免除保险人依法应承担的义务或者加重投保人、被保险人责任，以及排除投保人、被保险人或者受益人依法享有的权利的，则该格式条款无效。而对于保险合同关系的当事人就合同条款产生争议的，《保险法》第 30 条规定，“采用保险人提供的格式条款订立的保险合同，保险人与投保人、被保险人或者受益人对合同条款有争议的，应当按照通常理解予以解释。对合同条款有两种以上解释的，人民法院或者仲裁机构应当作出有利于被保险人和受益人的解释”。

在订立保险合同时，投保人应当将与保险标的有关的重要事实如实地告知保险人。若投保人没有履行如实告知义务，根据我国《保险法》第 16 条的规定，将会发生以下法律后果：其一，投保人故意隐瞒事实，或者因重大过失未履行如实告知义务，足以影响保险人决定是否同意承保或者提高保险费率的，保险人有权解除保险合同。但保险人的合同解除权自保险人知道有解除事由之日起超过 30 日不行使而消灭，保险人也无权解除成立超过 2 年的保险合同。其二，投保人故意不履行如实告知义务的，保险人对于保险合同解除前发生的保险事故，不承担赔偿或者给付保险金的责任，并不退还保险费。其三，投保人因重大过失未履行如实告知义务的，对保险事故的发生有严重影响的，保险人对于保险合同解除前发生的保险事故，不承担赔偿或者给付保险金的责任，但应当退还保险费。

《保险法》第 14 条规定：“保险合同成立后，投保人按照约定交付保险费；保险人按照约定的时间开始承担保险责任。”这说明，通常情况下保险合同的成立时间就是保险合同的生效时间。具体地说，法律对保险合同的生效有规定的，依其规定；没有规定的，依照当事人之间的约定；既无法律规定，亦无保险合同特别约定的，保险合同于保险合同成立之时生效。

保险合同可因法律规定或者当事人约定的原因而发生全部或者部分无效。引起保险合同无效的原因主要有两个方面：（1）基于民法和合同法上的原因，如违反法律和行政法规的强制性规定；一方以欺诈和胁迫的手段订立合同，损害国家利益；无权代理；恶意串通，损害国家、集体或者第三人利益；损害社会公共利益等。(2) 基于保险法上的原因，如超额保险；投保人对保险标的无保险利益；为无民事行为能力人投保以死亡为给付保险金条件的人身保险（父母为未成年子女投保的除外）；保险人未向投保人作提示或明确说明的免责条款等。保险合同无效，自始不发生法律效力，在发生保险合同约定的保险事故时，保险人不承担保险责任。当事人因无效保险合同取得的利益应当依照民法上对无效合同处理的原则，予以返还或者予以收缴。

案情简介

胡某是怀柔区杨宋镇中心小学（以下简称“杨宋镇小学”）在校学生，该小学于1999年9月17日至2002年9月18日，连续为该校的学生集体在中国人寿北京分公司投保了“国寿学生、幼儿平安保险”，附加险为意外伤害医疗保险和住院医疗保险。胡某为被保险人之一，并交纳了相应的保险费用。2001年6月25日，胡某被确诊为“左肾母细胞瘤”并住院治疗，同年7月19日出院。后又于2001年11月6日再次入院治疗，于同年12月8日出院。中国人寿北京分公司根据胡某的理赔申请就两次住院发生的费用进行了理赔。2003年9月15日，杨宋镇小学再次为该校学生通过北京嘉信保险代理有限公司在中国人寿北京分公司为该校学生投保了“国寿学生、幼儿平安保险”及附加险。胡某仍在被保险人之列，并交纳了保险费用50元，保险期限为2003年9月15日0时起至2004年9月14日24时止。2004年1月和2月，胡某又两次住院治疗，但中国人寿北京分公司拒绝理赔，故胡某将中国人寿北京分公司告上法庭，要求其理赔9 250.46元。中国人寿北京分公司辩称，其免责条款约定：“被保险人投保前所未治愈患疾病”，“本公司不负给付保险金责任”，故不同意理赔。

案情分析

人民法院经审理认为，胡某与中国人寿北京分公司之间的保险合同法律关系依法成立。尽管中国人寿北京分公司向被保险人出具的保险凭单背面条款所载免责情形的第10条规定了被保险人首次投保前所患未治愈疾病导致死亡或残疾，或已有疾病及残疾的治疗和康复，不属于理赔范围，但人民法院还是作出了不利于提供格式条款一方的解释。因保险公司确认胡某首次投保时间为 1999 年 9 月，在此之前胡某并未患有“左肾母细胞瘤”，也并不存在所患“左肾母细胞瘤”尚未治愈的情形。胡某在连续投保的保险期间所患的同一疾病，不属于中国人寿北京分公司免责条款范围之内，中国人寿北京分公司应当承担给付保险金的责任，即赔偿胡某住院医疗保险金 7 650.47 元。中国人寿北京分公司以其出具的国寿学生、幼儿平安保险。附加住院医疗保险条款第 4 条第 6 项中规定的“被保险人投保前所患未治愈疾病及已有残疾的治疗和康复”作为拒赔理由，因中国人寿北京分公司未能提供其向投保人或被保险人提供了上述条款的相关证据，故该条款记载的免责条款对被保险人不产生法律效力。约束双方的合同依据应为人寿保险公司交付给胡某的保险凭证，故人寿保险公司的抗辩理由不能成立。

2009 年 10 月 1 日实施的现行《保险法》，更加强调保护投保人和被保险人的合法权益，强化了保险人的说明义务，规范了保险人提供保险条款的内容。如依照现行《保险法》，保险人承担给付保险金的责任是显而易见的。该法第 17 条规定：“订立保险合同，采用保险人提供的格式条款的，保险人向投保人提供的投保单应当附格式条款，保险人应当向投保人说明合同的内容。对保险合同中免除保险人责任的条款，保险人在订立合同时应当在投保单、保险单或者其他保险凭证上作出足以引起投保人注意的提示，并对该条款的内容以书面或者口头形式向投保人作出明确说明；未作提示或者明确说明的，该条款不产生效力。”第 19 条规定：采用保险人提供的格式条款订立的保险合同中的下列条款无效：（1）免除保险人依法应承担的义务或者加重投保人、被保险人责任的；（2）排除投保人、被保险人或者受益人依法享有的权利的。第 30 条规定：“采用保险人提供的格式条款订立的保险合同，保险人与投保人、被保险人或者受益人对合同条款有争议的，应当按照通常理解予以解释。对合同条款有两种以上解释的，人民法院或者仲裁机构应当作出有利于被保险人和受益人的解释。”第 16 条第 6 款则明确规定：“保险人在合同订立时已经知道投保人未如实告知的情况的，保险人不得解除合同；发生保险事故的，保险人应当承担赔偿或者给付保险金的责任。”本案中，没有证据证明中国人寿北京分公司向投保人和被保险人就免责条款进行提示或明确说明，免责条款对被保险人不产生效力。在发生争议的保险合同关系成立以前，保险人中国人寿北京分公司在已经知道被保险人胡某患有“左肾母细胞瘤”的情况下同意承保，但又同时主张免除赔付责任，显然既违反法律规定，又有悖于诚实信用原则和公平原则。

十一、保险法中的代位求偿权

——蔡燕诉中国人保张掖分公司财产保险合同纠纷案

知识要点

代位求偿权也称代位追偿权，是指财产保险中保险人赔偿被保险人的损失后，在其赔付保险金的限度内，可以取得要求被保险人转让其对造成损失的第三人所享有的追偿的权利。在财产保险中，当保险标的发生保险责任范围内的损失，而该项损失应当由第三人负赔偿责任时，投保人既可以要求该第三人即责任人赔偿，也可以要求保险人赔偿，如果投保人选择了后者，保险人承担了保险金赔付责任，便取得了对第三人即责任人的追偿权利。

《保险法》第60条第1款规定：因第三者对保险标的的损害而造成保险事故的，保险人自向被保险人赔偿保险金之日起，在赔偿金额范围内，代位行使被保险人对第三人请求赔偿的权利。依此规定，保险人行使代位求偿权的要件为：(1) 保险事故是由第三人的行为引起的。第三人的行为可以是违约、侵权、不当得利等可以产生债权请求权的行为，亦可以是犯罪行为、违法行政行为。(2) 保险人已向被保险人为保险赔偿。保险赔偿可以是全部的，也可以是部分的，保险人在未向被保险人为赔偿前不得行使代位求偿权。(3) 保险人行使代位求偿权的数额以给付的保险金额为限，对于超过保险人已支付的保险金额的部分，保险人无权要求第三人赔偿，其赔偿请求权仍由被保险人所享有。

保险代位求偿权源于被保险人对第三人的损害赔偿请求权，实质上是这种权利的法定转移，即由法律强制性地转移给保险人，从而转化为保险人的一项独立的法定权利。它不以被保险人同意或单独地转移对第三人的损害赔偿请求权予保险人为要件。由于代位求偿权对被保险人的损害赔偿请求权具有依附性，第三人得对抗被保险人的事由仍然得对保险人主张。保险人行使代位求偿权时，被保险人应当向保险人提供必要的文件或其所知道的有关情况，以协助其行使。被保险人获得保险赔偿后未经保险人同意放弃对第三人的赔偿请求权的行为无效。

代位求偿权的行使范围限于财产保险合同，在人身保险合同中，保险人不得享有代位求偿权。对代位求偿权行使对象的第三人的范围也有一定限制。第三人通常不包括被保险人一定范围内的亲属或雇员，除非是由他们的故意行为引起保险事故。我国《保险法》第 62 条规定：除被保险人的家庭成员或其组成人员故意造成本法第 60 条第 1 款规定的事故以外，保险人不得对被保险人的家庭成员或其组成人员行使代位请求赔偿的权利。

案情简介

蔡燕与王崇禹系夫妻关系，因王崇禹购买的车辆发生交通事故与中国人保张掖分公司（以下简称“人保张掖分公司”）产生理赔纠纷而向人民法院起诉。

2007 年 5 月 28 日，曹彪将其所有的蒙 M08779 经营性车辆在人保张掖分公司投保，人保张掖分公司向曹彪出具了保险单，并载明：被保险机动车转让他人，未向保险人办理批改手续的，保险人均不负责赔偿。2008 年 3 月 15 日，曹彪将被保险车辆出售给王崇禹，车价款为 155 000 元，并约定之前的交通事故责任由曹彪负责，之后的交通事故责任由王崇禹负责。双方未到人保张掖分公司办理保险单批改手续。

2008 年 5 月 18 日 9 时，在丹拉高速公路内蒙方向 175km 加 650m 处，程维正与于小克驾驶的车辆发生剐擦，分别停于左起第二行车道和应急车道。齐国源驾驶被保险车辆正常行驶过程中撞在程维正车辆尾部，并与右侧车全昌驾驶的半挂车剐擦而起火，造成上述四车全部烧毁，所载货物大部分烧毁，被保险车辆驾驶员齐国源和同车乘员王崇禹死亡的重大交通事故。2008 年 7 月 2 日，经河北省高速公路公安交通警察总队六支队怀安大队就上述交通事故作出认定，程维正、齐国源、于小克负事故同等责任，车全昌、王崇禹无责任。经河北天元保险公估有限公司对被保险车辆的公估报告书，蒙 M08779 号的定损金额为 152 625 元。

人保张掖分公司的拒赔理由是：(1) 本案保险合同的成立和保险事故的发生均在 2009 年 10 月 1 日前，应适用 2002 年修订的《保险法》。该法第 34 条规定，保险标的的转让应当通知保险人，经保险人同意继续承保后，依法变更合同。而交投保人的保险单也载明：被保险机动车转让他人，未向保险人办理批改手续的，保险人均不负责赔偿。本案被保险机动车转让未通知保险人，未办理批改手续和合同变更。(2) 2002 年修订的《保险法》第 46 条规定“保险事故发生后，保险人未赔偿保险金之前，被保险人放弃对第三者请求赔偿权利的，保险人不承担赔偿保险金的责任”。被保险人应当先向第三者请求赔偿，保险人赔偿保险金时，可以相应扣减被保险人从第三者已取得的赔偿金额。①

案情分析

本案中，保险合同成立于2009年现行《保险法》实施之前，保险事故也发生在现行《保险法》实施之前，但理赔争议及代位求偿问题却发生在现行《保险法》实施之后。那么，当事人就保险合同的效力或理赔发生争议，究竟应适用当时的法律还是适用现行《保险法》？对此，与现行《保险法》同于2009年10月1日生效的最高人民法院《关于适用〈中华人民共和国保险法〉若干问题的解释(一)》第2条明确规定："对于保险法施行前成立的保险合同，适用当时的法律认定无效而适用保险法认定有效的，适用保险法的规定。"第3条也规定，"保险合同成立于保险法施行前而保险标的转让、保险事故、理赔、代位求偿等行为或事件，发生于保险法施行后的，适用保险法的规定"。所以，本案显然应当适用现行《保险法》。

现行《保险法》第49条第1款规定："保险标的转让的，保险标的的受让人承继被保险人的权利和义务"。第4款规定，被保险人、受让人未履行规定的通知义务的，因转让导致保险标的危险程度显著增加而发生的保险事故，保险人不承担赔偿保险金的责任。由此可见，保险标的转让无须保险人同意，保险合同继续有效，被保险人的权利和义务由保险标的的受让人承继。虽然被保险人或者受益人有义务通知保险人，但这种通知义务通常不影响保险合同的效力，除非保险标的的转让导致危险程度显著增加。本案被保险车辆转让后，车辆未显著增加危险程度，所以，王崇禹承继被保险人相应的权利义务。在王崇禹死亡后，蔡燕作为其法定继承人应享有保险金请求权。保险人人保张掖分公司提出的"适用2002年修订的《保险法》"，"未办理批改手续，保险人不承担赔偿责任"的抗辩理由不成立。

现行《保险法》第60条第1款规定："因第三者对保险标的的损害而造成保险事故的，保险人自向被保险人赔偿保险金之日起，在赔偿金额范围内代为行使被保险人对第三者请求赔偿的权利。"本案被保险车辆发生保险事故后，在第三者致保险标的损失的情形下，被保险人具有选择赔偿主体的权利，既可以直接向

① 案例来源：http://vip.chinalawinfo.com/case/displaycontent.asp?Gid=117685930。

第三者索赔，也可以直接向保险人索赔。在保险人向被保险人赔偿保险金后，被保险人对第三者的赔偿请求权转移给保险人，由保险人向第三者主张损害赔偿请求权。本案中蔡燕选择向保险人人保张掖分公司主张权利符合相关法律规定，人保张掖分公司应向蔡燕赔偿保险金，并取得代位求偿权。

保险人人保张掖分公司的抗辩理由均不成立，应当依法承担给付保险金的义务。

第六章
刑 法 学

一、刑法概述

——王某等诈骗、伪造公文、印章案

知识要点

（一）刑法的概念和性质

刑法是关于犯罪和刑罚的法律，它包括狭义的刑法和广义的刑法，前者指刑法典，后者包括刑法典、单行刑法和附属刑法。就其法律性质而言，刑法具有如下特点：首先，相对于其他法律，刑法调整与保护的社会关系的范围与其他部门法不同，各种社会关系都在其调整和保护的范围之内。其次，其强制性不同，刑罚与民法规定的承担民事责任的方式、行政法所规定的行政处分与行政处罚等责任形式相比，无疑具有更强的强制性和严厉性。最后，刑法是其他部门法得以实施的后盾与保障，换言之，刑法具有作为最后手段的功能，不到万不得已时，无论是在立法还是司法上都不能动用刑法，除非用民事手段、行政手段尚无法制裁、遏制该种行为。

（二）刑法的基本原则

刑法的基本原则是指贯穿全部刑法规范、对全部刑事立法和刑事司法具有指导和制约意义、体现我国刑事法制基本精神的准则。我国刑法规定了三大原则，分别是：(1) 罪刑法定原则，是指“法无明文规定不为罪，法无明文规定不处罚”。(2) 刑法面前人人平等原则，是指“对任何人犯罪，在适用法律上一律平等；不允许任何人有超越法律的特权”。(3) 罪责刑相适应原则，是指犯罪的社会危害性的大小，是决定刑罚轻重的主要依据，犯多大的罪，就判多重的刑，做到重罪重判、轻罪轻判、罪刑相当、罚当其罪。

(三) 刑法的效力范围

刑法效力范围是指刑法在什么时间、什么地方有法律效力的问题，一般包括时间效力和空间效力。空间效力是解决刑法在什么地方有法律效力的问题，在我国刑法中立法确立的是以属地原则为基础，属人原则、保护原则、普遍管辖原则相补充的空间效力原则；刑法的时间效力，是指刑法的生效时间、失效时间以及刑法的溯及力的问题。我国在刑法溯及力的问题上，采用的是从旧兼从轻原则，即一般情况下适用旧法，但当适用新法对被告人有利时，则适用新法。

案情简介

被告人王某、李某经人介绍，于 1993 年 3 月底来到河北省衡水市，以引资为名，先后向中国农业银行衡水中心支行（以下简称“衡水农行”）行长赵金荣、副行长徐志国提交了虚假的引资承诺书及编造的美国纽约市亚联（集团）有限公司（以下简称“亚联”）的简介等材料，谎称“亚联”有雄厚的经济实力，可在国际金融市场上为衡水农行“引入巨额资金”，“衡水农行”只需开具备用信用证作为引资的必要手续，不承担任何经济和法律责任，引入的资金不还本、不付息等，以此骗取赵金荣、徐志国的信任。为了掩盖真相，李某将备用信用证英文文本译成中文文本提供给赵金荣、徐志国审查时，故意把英文文本中“证明开具的汇票金额代表与给予亚联（集团）公司贷款融资相关的债务”一段内容不译，致使赵金荣、徐志国于 1993 年 4 月 5 日开出了以“亚联”为申请人，“衡水农行”为开证行，莎物得投资（巴哈马）有限公司（以下简称“莎物得”）为受益人，一年期不可撤销、可转让的 200 份总金额为 100 亿美元的备用信用证。4 月 6 日，李某按王某提供的地点，将上述备用信用证寄给“莎物得”的财务主管麦西华（加拿大人）。之后，王某将上述备用信用证作为向“莎物得”贷款的抵押物。此后，国外有两家企业向“衡水农行”查询其所开备用信用证的真实性。王某、李某又以“衡水农行”无风险和资金将很快引入等谎言欺骗赵金荣、徐志国，使“衡水农行”对其所开备用信用证作了无条件确认。同年4月18日，赵金荣按王某、李某做过的承诺，索要“亚联”对“衡水农行”开具备用信用证的反担保。王某、李某伪造了一份联合国家共和银行的100亿美元备用信用证交给赵金荣，继续进行欺骗。同年6月，麦西华在英国、瑞士出售“衡水农行”的备用信用证，因我国有关部门采取相应措施，上述备用信用证在有效期限内尚未出现资金支付情况。1993年3月，被告人王某在广州为给加拿大人罗伯特·帕姆保兑伪造的中国农业银行三亚分行0014、0015号总金额为16.8亿美元的备用信用证，经被告人常某提议、王某和李某同意，由常某找人私刻了中国农业银行河北省分行等单位的印章。随后，被告人王某、李某、常某及于某共同伪造了中国农业银行河北省分行对0014、0015号备用信用证的保函。同年4月，王某、李某、常某、于某又在衡水市再次伪造了中国农业银行河北省分行对0015号金额为16亿美元备用信用证的保函。两次伪造的保函均由王某寄给了罗伯特·帕姆。

检察机关以伪造公文证件罪和诈骗罪对被告提起公诉，法院作出如下判决：

(1) 被告人王某犯诈骗罪，判处有期徒刑15年，附加驱逐出境，没收美金2 000元、金项链一条；犯伪造公文、印章罪，判处有期徒刑7年；决定执行有期徒刑20年，驱逐出境，没收美金2 000元、金项链一条。(2) 被告人李某犯诈骗罪，判处有期徒刑10年，附加驱逐出境；犯伪造公文、印章罪，判处有期徒刑6年；决定执行有期徒刑14年，驱逐出境。(3) 被告人常某犯伪造公文、印章罪，判处有期徒刑7年，剥夺政治权利2年。(4) 被告人于某犯伪造公文罪，判处有期徒刑2年。

案情分析

本案涉及的问题是刑法适用的空间效力。刑法的空间效力是指刑法在哪些地方能够适用，解决的是国家刑事管辖权问题。世界各国刑事立法在空间效力问题上一般采用四个原则：(1) 属地原则，单纯以地域为标准。(2) 属人原则，单纯以国籍为标准。(3) 保护原则。(4) 普遍管辖原则。在我国刑法中确立的是以属地原则为基础、其他原则相补充的空间效力原则，也就是说凡是在我国领域内犯罪的，除法律有特别规定外，都适用我国刑法。这里需要界定两个问题：其一，犯罪地的确定。我国采用的是行为结果择一说，只要犯罪行为或犯罪结果其中一项发生在我国领域内，就可以认定在我国犯罪。其二，刑事豁免权的问题。按照我国刑法规定，只有具有外交特权和豁免权的外国人的犯罪通过外交途径解决，而其他外国人在我国犯罪都应当适用我国刑法。

通过上述案情，我们可以发现本案是一起特大金融诈骗案，诈骗数额达到100亿美元，在国内尚属首例，在国际上也属罕见。在本案中，对于王某、李某的犯罪行为我国刑法能否适用，关键在于能否正确理解我国《刑法》第6条的规定。1997年《刑法》第6条是沿用了1979年刑法典的相关规定，两者规定基本一致。王某、李某虽为美国人，但是其诈骗行为发生在我国，同时此二人不享有外交特权和豁免权，依照旧刑法的第3条的规定，应当适用我国刑法。

二、犯罪客观方面

——李某故意杀人案

知识要点

（一）危害行为

危害行为，是指行为人在其意识和意志的支配下实施的具有社会危害性与刑事违法性的身体的动静。其特征是：首先，危害行为是行为人表现于外部的身体的动静，这是危害行为的客观外在特征，称为“体素”。其次，行为人的身体的动静是由行为人的心理态度支配的。这是危害行为的主观内在特征，称为“心素”。最后，由行为人的心理态度支配的身体的动静，必须对社会具有危害性。这是危害行为的法律特征，称为“介素”。单纯的思想不能影响社会关系的性质并对其造成损害或者威胁，只有思想外化为行为，才能具有社会危害性。一般而言，危害行为表现为作为和不作为两种方式。

（二）危害结果

广义的危害结果是犯罪行为对刑法所保护的社会关系所造成的损害。狭义的危害结果又称构成要件结果，是由犯罪的实行行为造成的、根据刑法分则的规定对于成立犯罪或者犯罪既遂具有决定意义的危害结果，它只存在于过失犯罪、间接故意犯罪和结果犯的既遂犯中。一般而言，在刑法中危害结果可以分为构成要件结果和非构成要件结果、物质性危害结果与非物质性危害结果、直接结果与间接结果等。

（三）因果关系

刑法上的因果关系是指犯罪实行行为在一定的具体条件下合乎规律地引起危害结果发生的实在可能性，就是说危害行为与危害结果之间存在引起与被引起的关系。具体而言，首先，作为原因的实行行为，必须具有引起危害结果发生的实在可能性，即因果之间存在着相同的质，具有质的同一性。也就是说，作为原因的实行行为，一定包含着引起危害结果发生的根据和内容，否则，该结果就不会由该行为引起。其次，作为原因的实行行为，必须合乎规律地引起危害结果的发生。只有当这种实在可能性合乎规律地引起了该结果的发生，才能认定因果关系。某种行为虽然具有引起危害结果发生的实在可能性，但如果在因果关系发展的进程中介入了其他危害行为或因素，就可能加速或延缓因果关系的发展进程，甚至改变因果关系发展的方向和趋势，以致切断原来的因果进程，由中途介入的行为或因素合乎规律地引起了危害结果的发生。那么，该实行行为和其结果就不具有刑法意义上的因果关系。

案情简介

被告人李某患有“梦游症”。2002 年 7 月的一个晚上，李某持刀将其妻砍死。第二天清晨醒来，发现其妻已死，却不知是自己所为，于是急忙向公安机关报案。公安机关经过侦查，确定李某是杀人之真凶。据李某回忆说，夜里梦见自己在烈日下赶路，口渴难耐，后来到了一片西瓜地，遂用刀割下一个西瓜。

检察机关以故意杀人罪对李某提起公诉，一审法院审理查明：被告人李某致使其妻死亡的行为是在梦游中所为，并非李某意志支配下的行为，不具有刑事违法性和社会危害性，故宣告李某无罪。

案情分析

此案涉及的是犯罪客观方面的问题，犯罪客观方面是刑法所规定的，构成犯罪在客观上需要具备的诸种要素的总和。一般包括危害行为和危害结果两大要素。危害行为是指行为在意志或意识支配下实施的危害社会的身体动静。危害结果是指危害行为侵犯犯罪构成中的直接客体所造成的或者可能造成的结果。一般而言，我们判断一个行为是不是危害行为关键是看其是不是具有“三素”，即心素、体素和介素。心素是指行为是在行为人心理支配下所作出的行为，这样就排除了单纯的反射运动、睡眠中的动作、精神病发作的动作以及不可抗力下的举止。体素是指人的身体的动和静。动表现为作为，静表现为不作为，这样就排除了思想犯罪的可能性。介素是指行为对社会产生了严重的危害性，这样一些正当行为（如正当防卫、紧急避险）也被排除在危害行为之外。所以危害行为必须是在人的意志支配下的身体动静，这个是危害行为的主观内在的特征。

对于本案被告人李某的行为，诉讼中有不同的看法：一种意见认为，“梦游症”不是精神病，不能因李某有“梦游”的习惯而否定故意杀人罪的成立。另一种意见认为，尽管“梦游”不属于精神病的范畴，但梦游中的行为实际是无意识的行为，因而李某在梦游中实施的杀人行为不是危害行为，应认定李某故意杀人罪是不成立的。我们认为，第二种意见是正确的，因为根据上面关于危害行为特征的分析可以得知，在本案中，李某在梦游中将其妻砍死，显然不是在其意志和意识的支配下的行为，即属于无意思的身体举动，那么李某的行为就不是刑法上的危害行为，因而李某就不构成犯罪了。

三、犯罪主体

——赵某贪污案

知识要点

（一）刑事责任能力和刑事责任年龄

刑事责任能力指行为人认识自己行为的性质、意义、作用和后果，自觉地控制自己的行为并对自己的行为承担刑事责任的能力。它包括认识能力和控制能力两方面的内容。

一般而言，刑事责任能力一般分为完全刑事责任能力、限制刑事责任能力和无刑事责任能力三个阶段。完全刑事责任能力人承担完全的刑事责任；无刑事责任能力人实施的侵害行为不构成犯罪，也不承担刑事责任；限制刑事责任能力人可以成为犯罪主体，但因其认识能力和控制能力有所减弱，所以承担刑事责任时应从宽处罚。

刑事责任年龄是指刑法规定的行为人应对自己实施的危害行为负刑事责任所必须达到的年龄。刑事责任年龄是刑事责任能力的下位概念。我国刑法中的刑事责任年龄分为：(1) 绝对无刑事责任年龄（14 周岁以下）；(2) 相对有刑事责任年龄（14～16 周岁）；(3) 完全刑事责任年龄（16 周岁以上）；(4) 从宽刑事责任年龄（14～18 周岁）。

（二）自然人犯罪的特殊主体

特殊主体是指犯罪要求犯罪主体除了具备刑事责任能力外，还必须具备特定身份才能构成，这样的犯罪主体就是特殊主体。在我国，特殊主体包括：(1) 具有特定职务的人——国家工作人员、军人。(2) 从事特定职业的人员，包括从事合法职业的人员和从事非法职业的人员两类。(3) 具有特定法律地位的人员，如证人、鉴定人、记录人，辩护人、诉讼代理人，依法被关押的罪犯、犯罪嫌疑人、被告人，纳税人和扣缴义务人等。(4) 具有自然身份的人，包括两种：男子，如强奸罪、嫖宿幼女罪的犯罪主体只能是男子；家庭成员，如虐待罪、遗弃罪等。

（三）单位犯罪主体

单位犯罪是指公司、企业、事业单位、机关、团体实施的依法应当承担刑事责任的危害社会的行为。单位除了法人外，还包括合伙、外国公司的分支机构、公司的筹备组织、公司的清算组织等在内。我国规定了单位犯罪，对单位犯罪主体的刑事处罚立法采用两种形式：(1) 代罚制，以处罚单位内部的自然人代替对犯罪单位的处罚，如我国《刑法》第 137 条规定的工程重大安全事故罪、第 244 条规定的强迫职工劳动罪等。(2) 两罚制，既处罚犯罪的单位，也处罚单位内部参与了单位犯罪的自然人。我国刑法多采用这种方式。也就是说，对于单位犯罪的处罚，以两罚制为原则，以代罚制为例外。

案情简介

被告人赵某通过关系在某乡镇食堂担任炊事员，主要负责炒菜工作。由于该单位一日三餐标准较高，所以每月的食堂伙食开销较大。赵某于1999年3月至2003年5月期间，利用其在食堂帮忙卖饭菜的机会，多次私自截留饭、菜票，合计人民币七千多元。尔后，被告人赵某通过刘某、李某、王某将这些饭、菜票销售给个体户郑某，获赃款六千余元。案发时，被告人赵某已与其他人将赃款全部挥霍掉。

检察机关以贪污罪对被告人提起公诉，法院判决认为，赵某的行为已构成贪污罪，应以贪污罪论处。

案情分析

犯罪构成要件中的犯罪主体是指实施犯罪行为，依法对自己的罪行应负刑事责任的人或者单位。根据我国刑法规定，只有达到一定年龄并且具有刑事责任能力，才能成为犯罪主体。任何犯罪行为，都是一定的犯罪主体实施的。没有犯罪主体，就不可能实施危害社会的行为，也不可能有危害社会的故意或过失，从而也不会有犯罪。具体而言，首先，达到刑事责任年龄是犯罪主体的必要条件之一。所谓刑事责任年龄，是指法律规定行为人对自己的危害行为负刑事责任所必须达到的年龄。根据我国《刑法》第17条的规定，刑事责任年龄可分为：第一，未满14周岁的人，完全不负刑事责任；第二，已满14周岁不满16周岁的人，犯故意杀人、故意伤害致人重伤或者死亡、强奸、抢劫、贩卖毒品、放火、爆炸、投毒罪的，应当负刑事责任；第三，已满16周岁的人犯罪，都应当负刑事责任。其次，刑事责任能力也是犯罪主体的必要条件之一。所谓刑事责任能力，就是指一个人辨认和控制自己行为的能力，亦即一个人辨认自己行为的性质、意义和后果并自觉控制自己行为的能力，无刑事责任能力人实施对社会造成危害的行为，不负刑事责任。例如《刑法》第18条规定："精神病人在不能辨认或者不能控制自己行为的时候造成危害结果，经法定程序鉴定确认的，不负刑事责任。"最后，犯罪主体依照刑法分则对于具体犯罪构成的不同要求又可分为一般主体和特殊主体。达到刑事责任年龄，具有刑事责任能力，是任何一个犯罪主体必须具备的条件。只要求具备上述条件的犯罪主体，是犯罪的一般主体，除此以外，还要求具有一定的身份才能构成的犯罪主体，是犯罪的特殊主体。犯罪的特殊主体从其在定罪量刑上的作用来看，分为作为犯罪构成要件的特殊主体和影响刑罚轻重的特殊主体。

依照上述犯罪构成主体要件的基本特征分析此案，赵某的行为应定盗窃罪，而不是贪污罪，因为被告人赵某不具备贪污罪的主体要件。根据《刑法》第382条的规定，贪污罪的犯罪主体是国家工作人员。所以，那些直接从事生产活动的工人和农民并不能构成贪污罪的主体。赵某承担食堂炒菜工作，从事服务性劳务工作，不具有贪污罪的主体身份。

本案中确定赵某是否具有贪污罪主体身份的根本标准在于赵某是从事公务还是从事劳务。公务是依法担任公职或受托暂时担任公职的人员从事管理国家、集体和社会事务的职务活动。而劳务则是工人、农民、私营工商业者直接进行物质生产或提供劳务的活动。对于赵某来说，他作为一名食堂的炊事员，属于服务性劳务人员，其经常在食堂帮忙卖饭菜，收饭、菜票的行为显然不属于受委托从事公务的行为，因此，赵某也就不可能成为贪污罪的主体。法院判决中对赵某行为的定性是错误的。

四、犯罪主观方面

——张某雇凶杀人案

知识要点

（一）犯罪故意

犯罪故意是指行为人明知自己的行为会发生危害社会的结果，并且希望或放任这种结果的发生的一种心理态度，其包括认识因素和意志因素。认识因素是成立犯罪故意的前提条件，人的任何行为都是基于对客观事实的认识，进一步通过意志确定行为的方向，选择行为的方式和进程，最终达到行为结果的。如果对有关事实缺乏认识，便不可能是犯罪故意。犯罪故意要求行为人明知自己的行为会发生危害社会的结果。犯罪故意的意志因素是希望、放任。希望，是指对危害结果的发生，有目的地、积极地追求的意志状态，结果的发生是行为人努力希望达到的目的。“希望”即“追求”。放任，是指行为人对结果的发生听之任之，不加控制和阻止的状态，危害结果的发生是他意料之中的事。“放任”即“同意”。犯罪故意要求行为人对这种危害社会的结果是希望或放任的。希望结果的发生就构成直接故意，放任结果的发生构成间接故意。

（二）犯罪过失

过失犯罪，指在过失心理支配之下实施的、根据刑法的规定已经构成犯罪的行为。犯罪过失，是指行为人应当预见自己的行为可能发生危害社会的结果，因为疏忽大意而没有预见，或者已经预见但轻信能够避免的心理态度。犯罪过失包括疏忽大意的过失和过于自信的过失两种类型。疏忽大意的过失是指行为人应当预见自己的行为可能发生危害社会的结果，因为疏忽大意而没有预见，以致发生了这种危害结果的心理态度，又称无认识过失，即“不意误犯谓之失”。过于自信的过失是指行为人虽然已经预见到自己的行为可能发生危害社会的结果，但轻信可以避免，以致发生了这种结果的心理态度。

（三）意外事件和不可抗力

意外事件是指行为在客观上造成了损害，但是行为人在主观上既没有故意也没有过失，损害是由于不能预见的原因造成的，这种情况是意外事件。在意外事件的情况下，行为人不构成犯罪。其构成条件包括：(1) 行为在客观上造成了损害结果；(2) 行为人对于自己行为所造成的损害结果在主观上既无故意、也无过失；(3) 损害结果的发生是由于不能预见的原因引起的。不可抗力是指行为在客观上造成了损害，但是行为人在主观上既没有故意也没有过失，损害是由于不能抗拒的原因造成的，这种情况是不可抗力。其构成条件包括：(1) 客观上造成了损害结果；(2) 主观上没有罪过；(3) 损害结果的发生是由于不能抗拒的原因所引起的。在意外事件和不可抗力的情况下，行为人不构成犯罪。

案情简介

被告人：张某，男，30 岁，高中文化，农民，2003 年 6 月 20 日被逮捕。

被告人：冯某，男，25 岁，小学文化，无业，2003 年 6 月 20 日被逮捕。

某市王某与张某系邻居关系，2002年12月20日曾因盖房发生过激烈口角，张某扬言要教训王某。此后不久，张某出钱找到冯某要求其对王某予以打击报复，经过踩点、认人等一系列准备之后，张某亲自带冯某到市场上购得尖刀三把，并决定立即前去报复王某，同时制定好了作案后脱逃现场的方案。2003年1月23日，冯某一行在前去报复王某的途中恰好与其相遇，在王某毫不知情的情况下，冯某一行突然掏出尖刀猛刺王某身体的关键部位，导致王某立即窒息死亡。事后，冯某一行按原先制定好的脱逃方案逃离现场。

检察机关以故意杀人罪对被告人提起公诉。人民法院在审理该案过程中，被害人一方认为被告人实施了故意杀人的犯罪行为，被告方辩称其行为为故意伤害。

案情分析

我国《刑法》第14条规定："明知自己的行为会发生危害社会的结果，并且希望或者放任这种结果发生，因而构成犯罪的，是故意犯罪。"根据刑法对故意犯罪所下的定义，可以对犯罪的故意作如下界定，即所谓的犯罪的故意，是指行为人明知自己的行为会发生危害社会的结果，并且希望或者放任这种结果发生的一种主观心理态度。犯罪主观方面是指刑法规定的成立犯罪必须具有的、行为人对实施危害行为及其危害结果所持的心理态度。对于犯罪主观方面的内容，我们可以划分为基本条件和特殊条件两个层次。其中刑法理论所称的"罪过"，即犯罪故意和过失，是犯罪主观方面的基本条件，我国刑法把故意犯罪分为直接故意和间接故意，过失分为过于自信的过失和疏忽大意的过失；犯罪目的，是犯罪主观方面的特殊条件，只有当刑法对其作出明文规定时，才能作为构成某一特定犯罪必须具备的条件。由此可见，犯罪故意是构成犯罪主观方面的核心要件，是研究犯罪构成，特别是故意犯罪的构成所不可或缺的主观心理态度。并且这一心理态度并非是孤立存在的，根据刑法上的因果关系，它还必须与特定的危害行为联系在一起，因此，客观上实施了危害行为，主观上同时具备犯罪主观方面要件时，才可能构成犯罪；如果行为在客观上造成了损害结果，但行为人主观上并不具备犯罪的主观方面要件，则不可能构成犯罪。所以，是否具备主观方面的要件，是区分罪与非罪的标准之一。

我国刑法中的危害行为，是指犯罪构成客观方面的行为。即由行为人的意识、意志支配的违反刑法规定的危害社会的身体动静。行为是受思想支配而表现在外部的客观活动，刑法上的危害行为往往受到犯罪行为人主观方面的支配和影响。从这个角度讲，如果有什么样的危害行为要认定为犯罪，必然有特定的犯罪心理与之相适应；反过来，如果有什么样的犯罪心理付诸行为，也就必然有特定的危害行为与之相适应。

结合本案，我们应该从危害行为的细节中去寻找犯罪故意的“蛛丝马迹”。首先，本案的发案原因是被告人张某与被害人王某发生过口角，张某从而对王某怀恨在心，意图打击报复王某。张某与王某系邻居关系，邻居之间因发生口角就欲恶意打击报复在社会上造成的影响是十分恶劣的。其次，行为人在实施危害行为之前进行过踩点、认人，准备凶器及制定了逃离作案现场的计划，说明行为人早有预谋，并且张某出钱雇凶、亲自购买作案工具的行为说明张某并非简单意义上的只想教训一下被害人。再次，犯罪行为人使用尖刀猛刺被害人王某身体的致命部位，并且这些猛刺行为在时间上具有连续性，而正是由于犯罪行为人一系列连贯性的危害动作迅速结束了被害人的性命，根据刑法上的因果关系，这是导致被害人死亡最直接的原因。最后，犯罪行为人对被害人造成的危害结果置之不理，即一种“放任”的心理态度，更没有对被害人进行抢救等其他积极意义上的意欲降低危害程度的措施和举动。通过上述对犯罪行为人的行为细节的简要分析，我们不难看出犯罪行为人对被害人死亡结果的间接故意的心理态度，也可以明显看出犯罪行为人意图剥夺被害人生命的犯罪故意。因此，从危害行为印证犯罪心理的角度，通过危害行为追溯犯罪行为人的犯罪故意的方式，我们可以看到犯罪行为人张某、冯某等人所实施的危害行为构成故意杀人的形式要件，而非故意伤害的形式要件。

五、排除犯罪的事由

——王某、张某故意杀人案

知识要点

（一）正当行为

正当行为，理论界又称为排除社会危害性的行为、排除犯罪性行为等。

“正”，指行为的性质；“当”，则指行为的程度。“正当”，是质和量的统一。正当行为指形式上符合犯罪构成而实际上不具有犯罪的社会危害性的行为。正当行为除了正当防卫和紧急避险外，还包括了依照法令的行为、业务正当行为、自助行为、被害人同意的行为等等。

（二）正当防卫

正当防卫是指为了使国家、公共利益、本人或者他人的人身、财产和其他权利免受正在进行的不法侵害，而以给不法侵害人造成损害的方式制止不法侵害，尚未明显超过必要限度、造成重大损失的行为。构成正当防卫需要五个条件：时机条件（侵害正在进行）、前提条件（侵害现实存在）、主观条件（必须具有正当防卫的主观意识）、对象条件（针对侵害人本人实施）、限度条件（不得超过必要限度）。只有这五个条件同时具备，行为人行为才属于正当防卫，不构成犯罪。

（三）紧急避险

紧急避险，是指在不得已的情况下损害较小法益以保护另一较大法益免受正在发生的危险，尚未超过必要限度、造成不应有损害的行为。紧急避险是法定的正当行为之一。在我国，构成紧急避险需要以下几个条件：（1）紧急避险的前提条件——必须有现实危险的存在；（2）紧急避险的时间条件——危险必须是正在发生的；（3）紧急避险的对象条件——避险行为所造成的损害是对第三者造成的损害；（4）紧急避险的方法条件——避险行为必须在不得已的情况下实施；（5）紧急避险的主体条件——职务上、业务上负有特定责任的人不能为了避免本人危险而实行紧急避险；（6）紧急避险的主观条件——必须要有避险意图；（7）紧急避险的限度条件——不能超过必要限度、造成不应有的损害。

案情简介

被告人王某之丈夫于2001年因病去世，2002年王某带着其女张某嫁到了同村的李某家中。2002年的一天深夜，李某钻入继女张某的被窝，意欲强奸，张某不从。这时王某翻身，李某恐其妻发现，便又回到了自己的被窝。凌晨4时许，李某又钻入张某的被窝，张某奋力反抗。李某说：“今天我不把你给祸害了，我就是你养的。”接着用身体压住张某，张某用手紧紧地抓住李某的睾丸，大声呼救。这时王某被惊醒，打开灯，气愤地打了李某两个嘴巴。接着王某按住李某，张某到外屋取了两段布带将李某手脚捆住，又用一根鞋带将其两手拇指绑住，并让王某从仓库取来布带，二人用布带将李某勒死。后两人投案自首。

检察机关以故意杀人罪对被告人提起公诉。人民法院在审理该案过程中，被告方辩称其行为为正当防卫。

案情分析

正当防卫是本来应由法律保护的利益受到侵害而在法力所不能及的紧急情况下，法律赋予公民奋起自卫的一项正当权利，它本身意味着对国家刑罚权的一种补充。正当防卫不负刑事责任，但这是有条件的，我国刑法明确规定了五个条件。我国刑法理论对正当防卫行为的构成条件作了必要的限制，即在主观方面特别强调正当防卫行为人的防卫意识，并通过刑法中“错误理论”中的认识错误来区别“正当防卫”与“假想防卫”的构成要件，通过其防卫意识判断行为的合法性，区别“挑拨防卫”与“正当防卫”的构成要件；在客观方面特别强调行为人进行正当防卫行为时的时间与方法，以及对抗程度的适度性、恰当性，以“正在进行”（即紧迫性）限制其正当防卫的时机，区别“正当防卫”与“防卫不适时”（事前防卫与事后防卫）的构成要件；通过其方法与程度“大体相当”的判断，限制其行为“防卫过当”。

本案中主要涉及正当防卫条件中两个条件的认定问题：其一，关于正当防卫的时间条件。正确理解正当防卫的时间，关键是正确把握侵害行为的开始和结束的时间问题。不法侵害正在进行的开始，应当是指不法侵害行为达到这样一种状态：侵害行为已经开始实施，并且使其侵害对象受到直接威胁，如该对象不采取防卫行为，将会受到侵害。侵害行为的结束，我们应当理解为侵害人已经结束其侵害行为，包括被动结束。我们不能认为其仍然有再次侵害的可能性，则认定其行为没有结束。其二，关于无限度防卫的范围。《刑法》第 23 条第 3 款作出无限度防卫的规定：“对正在进行行凶、杀人、抢劫、强奸、绑架以及其他严重危及人身安全的暴力犯罪，采取防卫行为，造成不法侵害人伤亡的，不属于防卫过当，不负刑事责任。”这是关于正当防卫制度的特殊规定，即在特定情况下公民可以进行无限度防卫。但这个法条的适用是应该以符合正当条件为前提的。通过上面的分析，我们认为，在本案中，王某、张某应以故意杀人罪定罪。理由是：

李某在对其继女实施强奸时，王某、张某将李某捆绑，属于对正在进行的不法侵害行为实施的正当防卫。但是，在李某已被制服、失去侵害能力的情况下，他所实施的不法侵害也随之结束了，王某、张某对其实施的打击行为已失去了正当防卫的前提条件，属于事后防卫，应该依法负刑事责任，也不适用《刑法》第23条第3款的法律规定。当然，王某、张某的行为属于激愤杀人，情节较轻，同时，两人有自首情节，属于法定从轻情节，可以适用犯罪后自首“犯罪较轻的，可以免除处罚”的规定量刑。

六、故意犯罪形态

——李某抢劫案

知识要点

（一）预备犯

预备犯，是指行为人为了犯罪而进行准备工具、创造条件的行为，由于行为人意志以外的原因未及着手实行犯罪的未完成形态。构成预备犯需要三个条件：其一，行为人已经进行了准备工具、制造条件的预备行为；其二，预备行为是在着手实行犯罪之前进行的，并且在着手实行犯罪之前已经终止；其三，预备行为在着手实行犯罪之前已经停止，是由于行为人意志以外的原因，并非出于行为人的本来意志。《刑法》第22条第2款规定，“对于预备犯，可以比照既遂犯从轻、减轻或者免除处罚”。

（二）中止犯

中止犯，是指在犯罪过程中，行为人自动中止犯罪或者自动有效地防止犯罪结果发生的犯罪未完成形态。构成中止犯需要三个条件：其一，时间性条件，在犯罪预备阶段、犯罪实行阶段及犯罪实行后阶段均可以成立中止犯。其二，自动性条件，行为人在确信能够将犯罪进行到底的情况下，基于本人的自由意志而决定放弃犯罪行为，或者主动有效地防止犯罪结果发生。该条件是成立犯罪中止的实质性条件。其三，有效性条件，犯罪人彻底抛弃了犯罪意图，放弃实施犯罪行为，或者有效地防止了犯罪结果的发生。《刑法》第 24 条第 2 款规定："对于中止犯，没有造成损害的，应当免除处罚；造成损害的，应当减轻处罚。"

（三）未遂犯

未遂犯，是指犯罪分子已经着手实行犯罪，由于其意志以外的原因而未能达到既遂状态的未完成形态。构成未遂犯需要三个条件：其一，犯罪分子已经着手实行犯罪，即犯罪分子开始实施刑法分则条文规定的具体犯罪的实行行为。这是实行行为的起点，是区分预备行为与实行行为的显著标志。其二，犯罪行为未能达到既遂状态，即犯罪行为未达到犯罪构成的全部要件。如果行为已经具备犯罪构成的全部要件，则不能再成立犯罪未遂。其三，犯罪未得逞是由于犯罪分子意志以外的原因。《刑法》第 23 条第 2 款规定："对于未遂犯，可以比照既遂犯从轻或者减轻处罚。"

案情简介

李某和王某是同事，一日，李某和王某一块儿出差。李某见王某从银行取了 15 000 元，遂生不良之意。中午李某约王某一起吃饭，李某将事前准备的安眠药放入王某的杯子里面，王某喝完后睡着，李某于是将王某的装有 15 000 元的手提包拿走，王某醒来后发现自己手提包不见了，遂报案。公安人员到达现场进行勘查，发现杯子里的安眠药是假药，客观上不能起到安眠的作用，而王某睡着的真正原因是其过于疲劳。

案情分析

该案涉及的是故意犯罪停止形态中既遂和未遂的问题。故意犯罪停止形态是指在犯罪发展过程中的不同阶段，由于主客观原因所发生的各种犯罪停止形态。我国刑法规定了犯罪预备、犯罪未遂、犯罪中止三种停止形态。犯罪预备要求在犯罪实施前阶段，主观上是为了犯罪，客观上实施了犯罪预备行为，并且被迫停止犯罪的形态。犯罪中止是指犯罪人主动地放弃犯罪或者主动有效地阻止危害结果的发生的停止形态。犯罪未遂是指犯罪人已经着手实行犯罪，由于其意志之外的原因而未得逞，即被迫停止的形态。考察行为人的行为是犯罪预备、犯罪未遂还是犯罪中止，首先要把握住行为人之所以没有完成犯罪的原因。如果犯罪行为停止下来是由于犯罪人自己意志以内的原因，在能够继续实施犯罪的情况下而基于某种动机主动放弃犯罪的，均属犯罪中止；如果是由于犯罪人意志以外的、足以阻止其继续实施犯罪的原因而使犯罪人不得不放弃犯罪的，则根据行为处于预备阶段还是实行阶段而分别构成犯罪预备或者犯罪未遂。

在本案中，对于李某的行为构成何种罪名，有三种意见：第一种认为李某构成抢劫罪，第二种认为构成盗窃罪，第三种认为李某构成抢劫罪和盗窃罪，应进行数罪并罚。我们根据李某的行为可以发现，李某采用暴力、胁迫之外的其他方法（使用安眠药的方法），意图占有财物，并当场劫取有 15 000 元的手提包的行为，完全符合我国抢劫罪的构成要件。但是我们分析一下，抢劫罪是否既遂的问题：在该案中，使用的安眠药是假药，客观上不可能对被害人王某起到作用，而实际是因为王某自身的原因才使李某犯罪得逞的。所以其使用的抢劫方法和他获取财物的结果不存在刑法意义上的因果联系。这就是刑法理论上的工具不能犯，他所使用的假安眠药客观上不可能导致其抢劫既遂，所以李某构成抢劫罪的未遂犯。但是他客观上还是获取了 15 000 元的财物。我们再考察一下他是如何得到这笔财物的：李某获得财物的真正原因是客观上他利用了王某熟睡之际，秘密窃取此笔财物。此种行为又符合盗窃罪的构成要件。故第二种观点说其构成盗窃罪也是有一定道理的。第三种观点我们认为是不成立的，刑法对一个人的犯罪行为只能处以一种罪名，让其来承担刑事责任，想象竞合犯、牵连犯都是如此。所以该案中李某的行为只能是以一罪处罚，不能数罪并罚。我们应该注意定罪要坚持主客观相统一的原则，在具体定罪的过程中，既要考察犯罪的客观方面，又要考察主观方面，我们在这个案例中发现李某在主观方面是想利用自己下安眠药致使王某昏睡的时机而取走手提包，而绝非想利用王某自身的入眠而秘密窃取财物。但是这里存在行为人的认识错误问题，客观上他取得财物是他在抢劫过程中的意外竞合的事由（实际上是利用王某自身原因而入眠的缘故）所导致的。所以我们认为此案应该构成抢劫罪（未遂）和盗窃罪（既遂）的想象竞合犯，应该按照想象竞合犯的处罚原则“从一重罪处断”，以抢劫罪（未遂）定罪量刑，对于李某客观上利用意外竞合事由，非法占有 15 000 元，可以在量刑的过程作为量刑情节加以考虑，可以比照既遂犯从轻处罚。

七、罪 数

——马某破坏电力设备案

知识要点

（一）继续犯

继续犯，又称持续犯，是指一个已经实现犯罪既遂的行为，在既遂后的相当时间里持续侵犯同一或相同客体的犯罪。刑法中的非法拘禁罪、绑架罪是继续犯的适例。其构成特性包括：(1) 继续犯是一个行为。主观上，支配行为的犯意只有一个；客观上，无论行为持续的时间有多长，都是一个行为。(2) 持续侵犯同一或相同客体。(3) 继续犯是犯罪达到既遂之后，犯罪状态继续，即行为与不法状态都在继续。(4) 继续犯是犯罪行为在相当的时间里的持续。

（二）想象竞合犯

想象竞合犯是指一个犯罪行为触犯了数个罪名的犯罪，即基于一个犯意，实施了一个行为，侵犯了数个客体，触犯了数个罪名的情况。成立想象竞合犯应具备以下条件：(1) 实施了一个行为，既可以是故意行为，也可以是过失行为。(2) 一行为触犯了数个罪名，即触犯了两个以上的罪名，一个行为在外观上、形式上同时触犯了数个罪名。刑法理论认为，对于想象竞合犯从一重罪处罚，即在所触犯的数个罪名中，按最重的一个罪处罚。在数罪中比较轻重，应以法定刑的轻重为准。

（三）结果加重犯

结果加重犯是指故意实施了符合基本的犯罪构成要件的行为，发生了基本的犯罪构成结果以外的重结果，刑法对重结果规定了加重的法定刑的犯罪。结果加重犯的构成需要以下要件：(1) 须有基本的犯罪构成。(2) 须有加重的结果。加重结果是刑法专门规定的行为人在实施某种基本的犯罪构成时，发生的基本的犯罪构成结果以外的重结果。(3) 刑法规定了比基本犯罪较重的法定刑。关于较重的法定刑，有两种不同的方式：一种是规定从重处罚，另一种是规定更高的法定刑。我国采用后一种方式。

案情简介

被告人：马某，男，30岁，初中文化，农民，2001年1月20日被逮捕。

2000年9月，被告人马某经事先踩点后，于9日夜携带作案工具，窜至A县造纸厂黄河供水站，将该站一台价值6 980元的备用变压器盗拆。9月11日夜窜至B县前龙村第二砖厂，将该厂一台价值9 400元的停机待用的变压器盗拆。将其中盗拆黄河供水站的变压器的铜芯于当夜藏匿于就近的一水坑内，第二砖厂的变压器的铜芯销售给废品站，获赃款1 200元，案发后赃款及未销铜芯追回并退失主。

检察机关以破坏电力设备罪和盗窃罪对被告人提起公诉。法院判决认为，马某行为已构成破坏电力设备罪，应以破坏电力设备罪论处。

案情分析

此案涉及的是刑法理论中的罪数问题。罪数即犯罪的个数，在刑法理论中是指一罪与数罪的区别。行为人的行为构成一罪还是数罪，一般情况下不难区分，但是，由于犯罪现象复杂多样，以至于存在有些犯罪形似数罪而为实质的一罪或法定的一罪的情形。我国刑法理论将其分为三类：一是实质的一罪，包括继续犯、想象竞合犯、结果加重犯。二是法定的一罪，包括结合犯和集合犯。三是处断的一罪，包括连续犯、牵连犯、吸收犯。罪数的多少直接决定了犯罪人的刑事责任的大小，因此正确地分清罪数有着重要的司法意义。

此案实际是实质的一罪中的想象竞合犯，想象竞合犯是指一个行为触犯数个罪名的犯罪形态。例如，开一枪，打死了甲，又伤了乙。其重要特征是只实施一个行为，同时触犯数个罪名。我国刑法对想象竞合犯的处罚原则是从一重罪来定罪量刑。在该案中，马某盗窃的两台变压器虽然都不是正在通电使用的变压器，但一台是备用变压器，一台是停机待用的变压器，均属于已投入使用的变压器，这两台变压器尽管当时没有通电使用，但随时都有通电使用的可能。盗拆这些变压器，对安全供电、用电构成威胁，危害不特定多数人的正常生产和生活，符合破坏电力设备罪的构成要件。值得注意的是，马某的行为不仅构成了破坏电力设备罪，同时也构成了盗窃罪，即一行为触犯数罪名。根据想象竞合犯“从一重罪处断”即按照其中一种重罪定罪处罚的原则，本案应以定破坏电力设备罪为宜。

八、共同犯罪

——刘某等人抢劫案

知识要点

（一）共同犯罪的概念和构成要件

共同犯罪是二人以上共同故意犯罪。构成共同犯罪，应当具备三个条件：(1) 主体要件。共同犯罪必须是两个以上的人。(2) 客观要件。必须有共同犯罪的行为。各共同犯罪人的行为结成了一个整体，互相联系，共同配合，共同导致了危害结果的发生。共同行为的表现形式多种多样，有作为和不作为的结合，有分工或者无分工的行为。(3) 主观要件。各共同犯罪人的行为之所以能结成一个整体，就是由于共同犯罪主观要件的存在——共同犯罪的故意。

（二）主犯和从犯

组织、领导犯罪集团进行犯罪活动的或者在共同犯罪中起主要作用的，是主犯。根据该规定，主犯包括以下几类人员：(1) 组织犯。即组织、领导犯罪集团的首要分子或者在犯罪集团中起策划、指挥作用的犯罪分子。(2) 犯罪集团中的骨干分子，他们在组织犯的领导下，特别卖力地实施犯罪行为，是组织犯的得力助手，具体的犯罪活动往往是由他们指挥进行的。(3) 一般共同犯罪中主要的实行犯，其行为对危害结果的发生起到了关键作用。《刑法》第 26 条第 3 款、第 4 款规定，“对组织、领导犯罪集团的首要分子，按照集团所犯的全部罪行处罚”。对于其他主犯，“应当按照其所参与的或者组织、指挥的全部犯罪处罚”。

从犯是指在共同犯罪中起次要或者辅助作用的行为人。因此，从犯包括两类人员：其一，在共同犯罪中起次要作用的犯罪分子，即次要的实行犯，他们实施的行为虽然是犯罪的实行行为，但行为对结果的发生所起的原因力作用较小，不是结果发生的主要原因。其二，在共同犯罪中起辅助作用的犯罪分子，即帮助犯。帮助犯是指自己不直接实施犯罪行为，而是在他人产生犯罪决意后为他人实施犯罪创造便利条件，帮助他人实施犯罪行为的共同犯罪人。在我国刑法中，所有的帮助犯都是从犯。对于从犯，应当从轻、减轻或者免除处罚。

（三）教唆犯

教唆犯是指故意引起他人进行犯罪的决意的犯罪分子。成立教唆犯需要满足以下两个条件：其一，客观上实施了教唆行为，或者其教唆行为引起被教唆人实施所教唆的犯罪。其二，主观上必须有教唆他人犯罪的故意。对教唆犯的刑事责任，我国刑法作了如下规定：（1）教唆他人犯罪的，应按其在共同犯罪中的作用处罚。（2）教唆不满18周岁的人犯罪的，对教唆犯从重处罚。（3）被教唆人没有犯被教唆之罪的，对教唆犯可以从轻或者减轻处罚。

案情简介

被告人：刘某，男，30岁，河北省秦皇岛市人，无职业，住秦皇岛市海港区桥东里外贸楼62号。1995年11月因犯故意伤害罪被判处有期徒刑3年，1998年6月刑满释放。

被告人：景某，男，25岁，河北省秦皇岛市人，原系秦皇岛市第二运输公司汽车一队司机，住秦皇岛海港区东光里56号。1995年7月因盗窃被劳动教养3年，1998年7月解除劳动教养，2000年11月28日因本案被逮捕。

2000年9月间，被告人刘某找被告人景某为他开汽车，二人两次从外地购进假冒的山海关牌香烟1 150条，在倒卖时被某工商行政管理所查获。该所依法将刘某尚未卖出的假山海关牌香烟300条、赃款14 500元以及运烟的汽车扣押，并罚款1万元，责令刘某于月底前交清罚款。刘某拒交罚款，并与景某预谋将被扣押的汽车偷开回来。同年9月24日晚12时许，刘某携带尖刀、手铐与景某一起翻墙进入该工商行政管理所院内。因大门上锁无法将汽车开走，二人经商量，由景某负责给被扣汽车加油并注意周围动静，刘某则从被扣押的汽车内拿出斧子、手电筒直奔二楼所长办公室要大门钥匙。值班的副所长张某被惊醒，当即起身，刘某见状便大叫：“别动，趴下，把脸蒙上。”这时，张某趁机抓起被子朝刘某捂去，刘某挥斧将被子刮破，砍在办公桌上，张某与刘某边搏斗边呼喊，张某受轻微伤。刘某见势不好，扔下斧头下楼和景某一起逃跑。

案情分析

本案主要涉及共同犯罪的成立与变化、累犯的构成、故意犯罪的停止形态等问题。共同犯罪的成立需要满足三个条件：主体要求两人以上，主观方面要求有共同的犯罪故意，犯罪客观方面要求行为人实施共同的犯罪行为。而累犯是指受过一定刑罚处罚的犯罪人，在刑满释放后一定期限内再犯应判处一定刑罚以上的罪。在我国构成累犯的条件是：两罪要求是故意犯罪；前罪被判处有期徒刑以上的刑罚，后罪应该被判有期徒刑以上的刑罚；后罪发生的时间必须在前罪刑罚执行完毕或者赦免后 5 年内。以上条件同时具备才构成累犯。另外，在本案中要注意抢劫罪的未遂形态，有两种不同情形：如果属于一般的抢劫罪即《刑法》第 263 条规定的在 3 年以上 10 年以下有期徒刑量刑幅度内处罚的，其既遂还是未遂应当与其他侵犯财产型犯罪一样，原则上以是否实际控制财物为准；如果是属于加重情形的抢劫罪如致人重伤、死亡等，即使没有抢到财物，也构成既遂。

本案中，刘某与景某两次从外地购进假冒的山海关牌香烟 1 150 条进行倒卖，属于未经许可经营法律、行政法规规定的专营、专卖物品，严重扰乱市场秩序的行为，构成《刑法》第 225 条规定的非法经营罪。刘某与景某本来共同预谋的是将被扣押的汽车偷开回来，但在具体实施盗窃汽车的行为时，因大门上锁而无法实现偷开的目的，二人临时起意，决定以暴力手段强行要来钥匙，并由刘某具体实施该行为，而景某予以帮助。可见，二人由共同的盗窃故意转化为共同的抢劫故意，并实施了共同的抢劫行为，应当构成抢劫罪的共犯。应注意的是，虽然刘某享有该汽车的所有权，但此时汽车已被依法扣押，处于国家机关管理之下，根据《刑法》第 91 条第 2 款的规定，应当以公共财产论。所以，刘某与景某的行为仍然构成抢劫罪。在实施共同的抢劫犯罪行为中，刘某一直起着起意、组织、策划和具体实施犯罪行为的作用，应当属于主犯，而景某的行为属于帮助行为，因而景某起着次要的、辅助的作用，属于从犯。由于在实施抢劫的过程中，二人遭到被害人抵抗而未能得逞，对被害人造成的伤害也是一般性的轻微伤害，所以属于抢劫的未遂形态。至于二人是否属于累犯，由于刘某在之前已犯故意伤害罪被判处有期徒刑 3 年，1998 年 6 月刑满释放，故符合《刑法》第 65 条规定的累犯的要件，而景某的前行为受到的仅仅是劳动教养处罚，所以不符合累犯的条件。

九、刑罚的体系及适用

——陈某盗窃案

知识要点

（一）主刑和附加刑

主刑是对犯罪适用的主要刑罚方法。主刑只能独立适用，不能附加适用。对一个犯罪只能适用一个主刑，不能适用两个以上的主刑。我国刑法共规定了 5 种主刑，即管制、拘役、有期徒刑、无期徒刑、死刑。主刑主要包括自由刑（如管制、拘役、有期徒刑、无期徒刑）和生命刑——死刑。

附加刑是补充主刑适用的刑罚方法。附加刑既可以独立适用，也可以附加适用。适用附加刑时，对一个犯罪可以适用两个以上的附加刑。我国刑法规定的附加刑包括罚金、剥夺政治权利、没收财产，以及对犯罪的外国人适用的驱逐出境。附加刑主要包括财产刑（罚金、没收财产）和资格刑（剥夺政治权利）。

（二）累犯

被判处有期徒刑以上刑罚的犯罪分子，在刑罚执行完毕或者赦免以后 5 年以内再犯应当判处有期徒刑以上刑罚之罪的，是累犯，应当从重处罚，但过失犯罪不构成累犯。累犯构成条件包括：（1）主观要件。前罪与后罪都是故意犯罪。（2）刑种条件。前罪被判处的刑罚和后罪应当判处的刑罚都是有期徒刑以上刑罚。（3）前提条件。后罪发生的时间，必须在前罪所判处的刑罚执行完毕或者赦免以后。（4）时间条件。后罪发生在前罪刑罚执行完毕或赦免以后 5 年以内。

（三）自首

自首是指犯罪以后自动投案，如实供述自己的罪行，以及被采取强制措施的犯罪嫌疑人、被告人和正在服刑的罪犯，如实供述司法机关还未掌握的本人其他罪行的行为。其包括一般自首和特殊自首，一般自首的成立条件是：其一，自动投案；其二，如实供述自己的罪行。特殊自首的成立的条件是：其一，主体必须是已经被采取强制措施的犯罪嫌疑人、被告人和正在服刑的罪犯；其二，必须是如实供述司法机关还未掌握的本人其他罪行。

案情简介

被告人陈孝先，1992 年 12 月因犯盗窃罪被某县人民法院判处有期徒刑 5 年，1997 年 9 月刑满释放。2001 年 1 月又犯盗窃罪被该县人民法院判处有期徒刑 3 年，2003 年 9 月刑满释放。2008 年 2 月 5 日凌晨 3 时许，被告人陈孝先与他人，到该县双沙镇小堡村 4 社村民余刚湖家窃得腊肉、香烟等并分赃。案发后，公安机关在被告人陈孝先家中搜得部分被盗腊肉、香烟等，价值为 1 335 元。公安机关已将所查获的腊肉、香烟等返还了余刚湖。本案在审理过程中，合议庭对该案应如何适用法律及如何量刑存在三种不同意见：第一种意见是认为被告人陈孝先不构成累犯，根据《刑法》及相关规定，对被告人陈孝先酌定从重处罚，判处拘役 6 个月，并处罚金人民币 1 000 元。第二种意见是适用最高人民法院《关于审理盗窃案件具体应用法律若干问题的解释》第 6 条第 3 项第 4 目的规定，对被告人陈孝先判处有期徒刑 3 年，并处罚金人民币 2 000 元。

案情分析

本案涉及的是累犯的问题，我国《刑法》第 65 条规定，被判处有期徒刑以上刑罚的犯罪分子，刑罚执行完毕或者赦免以后，在 5 年以内再犯应当判处有期徒刑以上刑罚之罪的，是累犯，应当从重处罚，但过失犯罪除外。累犯构成条件包括：（1）主观要件。前罪与后罪都是故意犯罪，如果前罪或者后罪是过失犯罪，或者都是过失犯罪，均不能构成累犯。（2）刑种条件。前罪和后罪都必须是较重的罪，即前罪被判处的刑罚和后罪应当判处的刑罚都是有期徒刑以上刑罚，包括有期徒刑、无期徒刑或者死缓等刑种。（3）前提条件。后罪发生的时间，必须在前罪所判处的刑罚执行完毕或者赦免以后，如果不是发生在前罪刑罚执行完毕或赦免以后，而是发生在前罪刑罚执行期间，则不能认为是累犯。(4) 时间条件。后罪发生在前罪刑罚执行完毕或赦免以后 5 年以内。对于累犯，《刑法》第 65 条明确规定应当从重处罚。所谓从重处罚是指在犯罪分子的具体犯罪行为应当适用的法定刑幅度内从重处罚，而不能突破该法定量刑幅度。在司法实践中，对累犯适用从重处罚是必须从重，这也是刑法遵循罪刑相适应原则的一个体现。而加重处罚则不同，它是指在犯罪分子的具体犯罪行为应当适用的法定刑幅度以上的另一法定量刑幅度内处刑，与从重处罚有着本质上的区别。

本案中，被告人陈孝先因犯盗窃罪被判处有期徒刑，刑满释放后 5 年以内再犯盗窃罪，对照累犯的构成要件，其已经具备了累犯应有的主观要件、前提条件、时间条件，至于刑种条件则是本案争议的焦点。如果再犯的是应当判处有期徒刑以上刑罚之罪，就应当认定为被告人构成累犯，否则就不是累犯。也就是说，本案嫌疑人是否构成累犯，后罪是否被判有期徒刑以上的刑罚是认定的关键。

如果单独对陈孝先的这个盗窃行为定罪量刑的话，我们知道，按照《刑法》第 264 条有三种量刑幅度：(1) 盗窃公私财物，数额较大或者多次盗窃的，处 3 年以下有期徒刑、拘役或者管制，并处或者单处罚金；数额巨大或者有其他严重情节的，处 3 年以上 10 年以下有期徒刑，并处罚金。(2) 数额特别巨大或者有其他特别严重情节的，处 10 年以上有期徒刑或者无期徒刑，并处罚金或者没收财产。(3) 有下列情形之一的，处无期徒刑或者死刑，并处没收财产：1) 盗窃金融机构，数额特别巨大的；2) 盗窃珍贵文物，情节严重的。最高人民法院、最高人民检察院、公安部《关于盗窃罪数额认定标准问题的规定》对盗窃罪数额认定标准规定如下：(1) 个人盗窃公私财物"数额较大"，以 500 元至 2 000 元为起点。(2) 个人盗窃公私财物"数额巨大"，以 5 000 元至 2 万元为起点。(3) 个人盗窃公私财物"数额特别巨大"，以 3 万元至 10 万元为起点。由此可见被告人陈孝先盗窃数额 1 335 元，离数额巨大的起点还相差较大，且所盗赃物已追回，单独对其这种盗窃行为定罪量刑，他的行为是不能被判有期徒刑以上刑罚的，所以只能对其行为判处管制或者拘役。但综合被告人陈孝先不是初犯而是再犯这样酌定量刑情节，可以对其酌定从重处罚，根据《刑法》第 264 条及相关规定，判处被告人陈孝先拘役 6 个月，并处罚金人民币 1 000 元。因此，被告人陈孝先不构成累犯。

十、危害公共安全罪

——马某交通肇事因逃逸致人死亡案

知识要点

（一）危害公共安全罪的概念

危害公共安全罪是指故意或者过失实施了危害或者足以危害不特定多数人的生命、健康和重大公私财产安全的行为。其构成特点是：客体是不特定多数人的生命、健康和重大公私财产安全。客观方面表现为实施危害公共安全的行为。主体为有的是一般主体，也有的是特殊主体。危害公共安全罪共涉26个条文、42个罪名。

（二）交通肇事罪

交通肇事罪被称为“过失犯罪之王”，它是指按照刑法规定，违反交通运输管理法规，因而发生重大事故，致人重伤、死亡或者使公私财产遭受重大损失的行为。只有发生了导致重大损失的结果或者有其他严重的情节才能构成该罪。1997年《刑法》对主体内容做了修改，为一般主体。主观方面是过失，即行为人对自己违反交通运输管理法规的行为导致的严重后果应当预见，由于疏忽大意而没有预见，或者虽然预见了，但轻信能够避免。

案情简介

被告人：马某，男，36岁，农民。

2002年11月3日，马某驾驶湘C234567货车途经望城县城时，因该车没行驶证和养路费票，被县交警将车扣留。被告人为了逃避处罚，于当晚7时许，驾车逃跑，在灯光较暗的道路上，被告人不敢打开车灯，不敢鸣喇叭，以每小时50公里的速度行驶至某上坡路段时（限速每小时20公里），马某发现有人骑自行车正在下坡，并在坡上横过马路（根据现场调查证实，死者在与汽车相距100米的时候开始横穿马路），即向右避让。因两车相距太近，马某驾驶的汽车仍然和骑自行车的死者相撞，当即造成被害人车毁人伤。案发后，被告人继续驾车逃跑。被害人未得到及时抢救，失血过多死亡。

案情分析

此案涉及的是危害公共安全罪中的交通肇事罪的问题。我们知道危害公共安全罪的最大的特点是危害的对象不特定。而交通肇事罪被称为“过失犯罪之王”。按照刑法规定，违反交通运输管理法规，因而发生重大事故，致人重伤、死亡或者使公私财产遭受重大损失的行为，就是交通肇事罪。对于致人重伤、死亡或者使公私财产遭受重大损失如何认定，根据最高人民法院《关于审理交通肇事刑事案件具体应用法律若干问题的解释》（简称《解释》）第 2 条第 1 款规定，是指具有以下情形之一：（1）死亡 1 人或者重伤 3 人以上，负事故全部或者主要责任的；（2）死亡 3 人以上，负事故同等责任的；（3）造成公共财产或者他人财产直接损失，负事故全部或者主要责任，无能力赔偿数额在 30 万元以上的。《解释》第 2 条第 2 款规定：交通肇事致 1 人以上重伤，负事故全部或者主要责任，并具有下列情形之一的，以交通肇事罪定罪处罚：（1）酒后、吸食毒品后驾驶机动车辆的；（2）无驾驶资格驾驶机动车辆的；（3）明知是安全装置不全或者安全机件失灵的机动车辆而驾驶的；（4）明知是无牌证或者已报废的机动车辆而驾驶的；（5）严重超载驾驶的；（6）为逃避法律追究逃离事故现场的。其他特别恶劣情节，是指具有下列情形之一：（1）死亡 2 人以上或者重伤 5 人以上，负事故全部或者主要责任；（2）死亡 6 人以上，负事故同等责任的；（3）造成公共财产或者他人财产直接损失，负事故全部或主要责任，无能力赔偿数额在 60 万元以上的。

对于本案，客观上存在两种观点：一种观点认为，被告人马某肇事逃跑的行为，不属于因“逃逸致人死亡”的情况，因此，不能仅仅定交通肇事罪，而应该对其不抢救的行为单独认定为不作为的间接故意杀人，并与交通肇事罪数罪并罚。第二种观点认为，所谓交通肇事逃逸致人死亡指的就是有确实的证据证明，被害人本来不至于死亡，却因肇事者逃逸未得到及时抢救而死亡。我们认为，此案的关键是如何理解“因逃逸致人死亡”这个问题，我们知道，《刑法》第 133 条第 2 款的规定是 1997 年《刑法》新增加的条款，其立法理由就是考虑到在交通肇事案件中，往往有的肇事人致人重伤后，不但不积极抢救受害人，反而置受害人死活于不顾，驾车逃逸，导致受害人得不到及时救治，以致死亡。这种行为不仅危害后果十分严重，同时也反映了行为人主观恶性程度较深，所以新刑法才增加了第 133 条第 2 款的规定。所以我们从立法背景和目的上可以得出结论，交通肇事逃逸致人死亡指的就是有确实的证据证明，被害人本来不至于死亡，却因肇事者逃逸未得到及时抢救而死亡。需要指出的是，逃逸不抢救的行为必须与他人死亡之间具有不作为的因果关系，即必须是当时还能抢救而不抢救，以致他人死亡的，才符合本条款构成要件。如果行为人虽有逃逸行为，但客观上被害人在其逃逸之前已死亡的，或者行为人在逃逸以前，已经有人在抢救被害人，并且逃逸对抢救工作不造成障碍的，尽管被害人最终抢救无效死亡，也不能认定为交通肇事逃逸致人死亡。

最后需要指出的是，“因逃逸致人死亡”仅仅是指由于行为人逃逸，未及时抢救被害人而致被害人死亡。如果在逃逸前，行为人将被害人转移，丢弃至较为偏僻、难以被人发现的地方，然后逃逸致人死亡，在这种情况下，因为行为人肇事后的罪过态度发生了明显变化，并在这种新的罪过支配下进行了新的犯罪，将被害人转移到难以被人发现的地方，目的就是为逃避罪责，客观上给被害人的抢救制造了障碍，主观上明明知道其行为会造成大大增加被害人死亡概率的结果，却依然放纵这个结果的发生。所以行为人应构成故意杀人罪。此时，应该对行为人按照交通肇事罪和故意杀人罪进行数罪并罚。

通过以上分析，我们认为，本案的被告人马某肇事后逃逸，致使被害人未得到及时抢救，以致死亡，其行为属于《刑法》第 133 条规定的“因逃逸致人死亡”，因此对其行为应该认定为交通肇事罪，并按照该项规定从重处罚，而不能以交通肇事罪和故意杀人罪数罪并罚。

十一、破坏社会主义市场经济秩序罪

——廖升旗等人合同诈骗案

知识要点

（一）破坏社会主义市场经济秩序罪

破坏社会主义市场经济秩序罪是类罪名，是指违反国家经济管理法规，在市场经济运行或经济管理活动中进行非法经济活动，严重破坏社会主义市场经济秩序的行为。这类犯罪侵犯的是我国正常的社会主义市场经济秩序。犯罪主体情况较为复杂，有自然人犯罪，也有单位犯罪。这类犯罪共涉 92 个法条，具体规定了 94 个罪名。

（二）生产、销售伪劣产品罪

生产、销售伪劣产品罪是指生产者、销售者故意在产品中掺杂掺假、以次充好、以假充真或者以不合格产品冒充合格产品，销售金额达 5 万元以上的行为。其构成特点是：本罪所侵害的客体是复杂客体，包括国家有关产品质量、工商行政的管理制度和消费者的合法权益；对象是伪劣产品；客观方面表现为故意在产品中掺杂掺假、以假充真、以次充好或者以不合格产品冒充合格产品，销售金额在 5 万元以上的行为；主体是生产者、销售者，实践中，一切达到刑事责任年龄、具有刑事责任能力的自然人只要实施了生产、销售伪劣商品的行为均能构成该罪；主观方面表现为直接故意，即故意以“假、劣”冒充“真、好”。

（三）合同诈骗罪

合同诈骗罪，是指以非法占有为目的，在签订、履行合同过程中，骗取对方当事人财物，数额较大的行为。该罪不仅侵犯了公私财产的所有权，还破坏了社会主义市场经济秩序，这是合同诈骗罪与一般诈骗罪的本质区别。合同诈骗罪在客观上表现为，在签订、履行合同的过程中，采用虚构事实或隐瞒真相的方法，使对方当事人产生错觉，信以为真，从而骗取数额较大的财物的行为。主观方面是故意，并且以非法占有为目的。

案情简介

1998 年 4 月，许前发（在逃）在常宁市良知招待所遇到被告人刘光波，以有钨砂出卖为由要求刘光波介绍他人前来购买。刘光波表示同意，并与郴州市对外经济贸易公司业务员周建徕联系，周建徕又告知郴州市冶金公司经理李水清到常宁购买钨砂，李水清表示同意。1998 年 5 月初，许前发找到被告人廖升旗，廖升旗又找来被告人陈年徕，三人商量共同利用钨砂生意进行诈骗。1998 年 5 月 11 日，郴州市冶金公司经理李水清派公司业务员欧阳谍跟周建徕到常宁看货取样。许前发与被告人陈年徕即将欧阳谍、周建徕带到常宁市白沙镇个体户张仁成的磁选厂，许前发对张仁成谎称要购买该厂钨砂，并要求先取样化验，张仁成表示同意，许前发就要欧阳谍在该厂提取少量钨砂作样品带回郴州检测。同年5月12日，样品经郴州市冶金公司中心化验室检测，含钨量达70.3%。李水清见钨砂纯度高，即决定购买，5月15日又安排业务员欧阳谍、肖富烈携带20 000元定金到常宁市与许前发和被告人廖升旗、陈年徕签订钨砂购销合同，即日上午廖升旗冒充常宁市荫田磁选厂的代表并化名廖发生与郴州市冶金公司业务员欧阳谍在常宁市红双喜宾馆306房间洽谈合同签订事宜，并收取郴州市冶金公司预付的20 000元定金。被告人廖升旗、刘光波、陈年徕及许前发即将此款私分。被告人陈年徕从廖升旗处领取现金4 600元，被告人刘光波和许前发共同从廖升旗处领取现金9 300元。其余赃款由廖升旗占有。合同签订后，许前发与被告人廖升旗等人将欧阳谍、肖富烈、刘光波安排在常宁市红双喜宾馆住宿。许前发找来本市罗桥供销社退休职工蔡贤臣（在逃）买钛铁冒充钨砂。5月17日，蔡贤臣带被告人陈年徕及许前发到耒阳市灶市村第四村民小组姚国玉家购买钛铁。到姚国玉家后，陈年徕于当日去广东。许前发以每吨100元的价格从姚国玉处购买了钛铁20吨，并于当晚将钛铁运回常宁市存放在荫田工商所一空屋内。5月18日上午，许前发等人告诉郴州市冶金公司的业务员货已准备好，要求其带款来常宁市荫田镇提货。18日下午，被告人陈年徕从广东回到常宁。5月19日下午，许前发、蔡贤臣与被告人廖升旗、陈年徕、刘光波及郴州市冶金公司的业务员和周建徕一同租乘朱晓红的车到常宁市荫田镇。郴州市冶金公司负责人李水清带现金来常宁市荫田镇提货，为了掩盖以钛铁代替钨砂的真相，被告人廖升旗等故意拖延时间到晚上才让李水清看货。当晚，李水清误将钛铁当成钨砂购买，在付清货款15万元人民币后，即将19.6吨钛铁全部运回郴州。被告人廖升旗、陈年徕、刘光波同许前发、蔡贤臣及周建徕、朱晓红当晚又赶回常宁市宜阳镇，在达湘运旅社的住房内分赃。其中，被告人陈年徕分得31 000元，被告人刘光波分得28 500元，许前发分得32 000元，蔡贤臣分得15 000元，朱晓红分得3 800元，廖升旗分得32 000元，此前周建徕领走3 000元，余款4 700元由众人共同挥霍。各人对所分赃款分别打了收条交给被告人廖升旗保管。李水清将钨砂运回郴州后，于5月21日取样检测，其砂含钨量为0.24%至0.33%，方知货物是钛铁。李水清当即同欧阳谍赶到常宁寻找被告人，并向公安机关报案。1998年7月、8月，三名被告人被抓获归案。归案后，被告人陈年徕退缴赃款35 600元，被告人刘光波退缴赃款 33 000 元。

案情分析

合同诈骗罪，是指以非法占有为目的，在签订、履行合同过程中，骗取对方当事人财物，数额较大的行为。该罪不仅侵犯了公私财产的所有权，还破坏了社会主义市场经济秩序，这是合同诈骗罪与一般诈骗罪的本质区别。合同诈骗罪在客观上表现为，在签订、履行合同的过程中，采用虚构事实或隐瞒真相的方法，使对方当事人产生错觉，信以为真，从而骗取数额较大的财物的行为。本案中，被告人廖升旗、陈年徕、刘光波等以非法占有为目的，假冒他人名义签订购销合同，在合同履行期间，以钛铁假冒钨砂骗取他人现金 17 万元，数额巨大，其行为完全符合合同诈骗罪的构成要件。法院依照刑法的有关规定对三名被告人定罪处罚是正确的。

合同诈骗罪，是从诈骗罪中独立出来的一种罪。因此合同诈骗罪具有诈骗罪的基本特征。但是它与诈骗罪又有明显的区别：其一，在侵犯的客体上，合同诈骗罪除了具有诈骗罪侵犯公私财物所有权的基本特征外，还具有侵犯国家经济合同管理制度、破坏社会主义市场经济秩序的特征。所以本罪侵犯的是复杂客体。其二，在实施诈骗犯罪的客观行为上，合同诈骗罪的诈骗行为是发生在签订、履行合同过程中，这一特征也是合同诈骗罪区别于其他诈骗罪的标志之一。本案三名被告人的行为符合合同诈骗罪的构成要件，属于典型的合同诈骗罪。

根据《刑法》第 224 条的规定，以非法占有为目的，在签订、履行合同过程中，骗取对方当事人财物，数额较大的，构成合同诈骗罪。根据最高人民检察院、公安部《关于经济犯罪案件追诉标准的规定》，以非法占有为目的，在签订合同过程中，骗取对方当事人财物的，个人诈骗数额在 5 000～20 000 元以上的，应予追究。本案系合同诈骗的共同犯罪，常宁市人民法院参照上述司法解释的规定，以各被告人参与共同诈骗的 17 万元人民币为标准确定为数额巨大的合同诈骗罪，结合被告人廖升旗、陈年徕、刘光波在共同犯罪中的地位、作用和非法所得数额进行量刑是适当的。

十二、侵犯公民人身权利、民主权利罪

——白某涉嫌强奸案

知识要点

（一）故意杀人罪

故意杀人罪，是指故意非法剥夺他人生命的行为。其构成要件是：故意杀人罪侵犯的客体是他人的生命权。故意杀人罪的客观要件，首先必须有剥夺他人生命的行为，作为、不作为均可构成。其次，剥夺他人生命的行为必须是非法的，即违反了国家的法律。故意杀人罪的主体是一般主体。已满 14 周岁不满 18 周岁的人犯故意杀人罪，应当从轻或者减轻处罚。故意杀人罪的主观要件是须有非法剥夺他人生命的故意，包括直接故意和间接故意，即明知自己的行为会发生导致他人死亡的危害后果，并且希望或者放任这种结果的发生。

（二）强奸罪

强奸罪，是指违背妇女意志，使用暴力、胁迫或者其他手段，强行与妇女发生性交的行为。其构成要件是：本罪侵犯的客体是妇女性的不可侵犯的权利（又称贞操权），即妇女按照自己的意志决定正当性行为的权利。犯罪对象是已满 14 周岁的少女和成年妇女。客观上必须具有使用暴力、胁迫或者其他手段，使妇女处于不能反抗、不敢反抗、不知反抗状态或利用妇女处于不知、无法反抗的状态而乘机实行奸淫的行为；同时，这种行为要违背妇女意志。本罪的主体是特殊主体，即年满 14 周岁具有刑事责任能力的男子，但在共同犯罪情况下，妇女教唆或者帮助男子强奸其他妇女的，以强奸罪的共犯论处。本罪在主观方面表现为故意，并且具有奸淫的目的。

（三）非法拘禁罪

非法拘禁罪，是指以拘押、禁闭或者其他强制方法，非法剥夺他人人身自由的行为。非法拘禁罪的构成要件：侵犯的客体是他人的身体自由，侵害的对象是依法享有人身权利的任何自然人。客观上表现为非法剥夺他人身体自由的行为，该行为是一种持续的非法的行为，即该行为在一定时间内处于继续状态，使他人在一定时间内失去身体自由，不具有间断性。时间持续的长短不影响非法拘禁罪的成立，只影响量刑。同时该罪要求拘禁行为是非法的行为。非法拘禁罪在主观方面表现为故意，并以剥夺他人人身自由为目的。

案情简介

白某与被害人姚某某于1997年10月1日结婚，婚后夫妻感情不好，经常发生口角。姚某某于1998年2月27日回娘家居住，并向白某提出离婚要求。经村委会调解，双方因退还彩礼数额发生争执，未达成协议。1998年5月2日晚8时许，白某到姚家找姚某某索要彩礼，双方约定，次日找中间人解决，后白某回家。晚上9时许白某再次到姚家。姚某某对白某说“不是已经说好了吗，明天我找中间人解决嘛”，并边说边脱衣服上炕睡觉。白某见状，亦脱衣服要住姚家。姚父对女儿说你回白家去，白某说：“不行，现在晚了。”此时，姚某某从被窝里坐起来，想穿衣服。白某将姚某某按倒，欲与其发生性关系。姚某某不允，与白某厮打。白某骑在姚某某身上，脱姚的衬裤，姚某某抓白某的头发。白某拿起剪刀，将姚某某的内裤剪断。随后姚某某拿起剪刀想扎白某，被白某抢下扔掉，后白某强行与姚某某发生性关系。姚某某与白某继续厮打，将白某的背心撕破。白某用裤带将姚某某的手绑住。村治保主任接到姚父报案后，来到姚家，在窗外看见白某趴在姚某某身上，咳嗽一声。白某在屋内听见便喊：“我们两口子正办事呢，谁愿意看就进来看吧。”治保主任进屋后说“你们两口子办事快点，完了到村委会”，并给姚某某松绑。后白某再次强行与姚某某发生了性关系。白某对姚某某的蹂躏达五个多小时，致姚某某因抽搐昏迷，姚某某经医生抢救苏醒。

案情分析

本案涉及的是强奸罪的问题。强奸罪是指违背妇女意志，使用暴力、胁迫或者其他手段，强行对妇女进行奸淫，或者与不满14周岁的幼女发生性关系的行为。其构成要件包括：（1）客体要件。侵犯的客体，是妇女性的不可侵犯的权利。(2) 客观要件。在客观方面，表现为以暴力、胁迫或其他使妇女不能抗拒、不敢抗拒的手段，违背妇女意志，强行与妇女发生性交的行为。(3) 主体要件。犯罪主体是年满 14 周岁的男子。(4) 主观要件。主观方面是直接故意，并且具有强行奸淫的目的。对于犯罪主体是否包括被害人的合法丈夫，丈夫强行与妻子发生性行为能否齐备强奸罪的构成要件，在刑法理论界和司法实践中历来都有争议。从立法规定上看，现行刑法对于丈夫能否构成强奸罪的主体没有明确规定，既未排除丈夫作为强奸罪主体的主体资格，亦未强调丈夫不构成强奸罪的主体，也就是说丈夫是否符合强奸罪犯罪构成要件中的主体要件，没有明确的规定。立法的模糊性加剧了理论争议和实践操作中的分歧，直接影响到定罪量刑。从国外的立法看，一些国家的刑法作出明确规定，丈夫强奸妻子的行为不构成强奸罪，如德国、瑞士刑法就把强奸罪的对象限制为无夫妻关系的女性。

我国不同地区、不同民族的风俗习惯不同，具体案件情况又往往比较复杂，不能简单地确定行为构成犯罪或者不构成犯罪，应具体情况具体分析。对丈夫强奸妻子案件的审理，应该依据刑法和婚姻法等有关法律规定，区分不同的婚姻状况以及行为人的暴力方式、方法，造成的危害后果等具体事实、情节，分别依法处理。其中，有些行为可以构成强奸罪，如双方经法院判决离婚，判决尚未发生法律效力，在此期间丈夫违背妻子意愿强行与其发生性关系的，应认定为强奸罪。再如，夫妻双方虽未离婚，但由于感情不和分居多年，在此期间双方从未向对方提出过性要求，此时丈夫违背妻子意志强行发生性关系，情节严重的，一般应认定为强奸罪。当然，实践中也存在着丈夫强行与妻子发生性关系不构成强奸罪但可能构成其他相关犯罪的情形。例如，丈夫违背妻子意志，强行与妻子发生性关系造成伤害后果，情节严重的，应依法认定为故意伤害罪。又如丈夫多次强暴妻子，进行性虐待，情节严重的，应按照虐待罪处理。当然，处理这类案件，应综合考虑社会效果，如妻子及有关家庭成员希望对被告人从轻处理的，在量刑上一般应予考虑。

结合本案，根据民法和婚姻法的规定，合法的婚姻产生夫妻之间特定的人身和财产关系。同居和性生活是夫妻之间人身权利和义务的基本内容，双方自愿登记结婚，就是对同居和性生活的法律承诺，妻子对丈夫有要求性生活的权利，丈夫对妻子具有同样的权利；反过来，妻子或者丈夫对对方的要求则具有配合的义务。因此，从法律上讲，合法的夫妻之间不存在丈夫对妻子性权利自由的侵犯。相反，如果妻子同意与丈夫以外的男子发生性关系即构成对合法婚姻的侵犯。所以，如果在合法婚姻存续期间，丈夫不顾妻子反对，甚至采用暴力手段与妻子强行发生性关系，不属于刑法意义上的违背妇女意志与妇女发生性关系的行为，一般不能构成强奸罪。同理，如果是非法婚姻关系或者已经被判离婚，婚姻关系实际已处于被解除状态中，丈夫违背妻子的意志，采用暴力手段，强行与其发生性关系，从刑法理论上分析是符合强奸罪的构成要件的。本案中，白某与姚某某之间的婚姻关系是合法有效的，在案发前，虽然女方提出离婚，并经村委会调解，但夫妻之间相互对性生活的法律承诺仍然有效。因此，白某的行为虽然在表面上似乎齐备了强奸罪的犯罪构成要件，有暴力的奸淫行为、具备刑事责任能力、有违背妇女意志发生性关系的主观意愿、有妇女的性自由被侵犯，但是归根到底，基于白某与姚某某之间婚姻关系的存续，相互之间有性生活的权利和义务，因此，其行为不是强奸罪的暴力与奸淫，亦未侵犯妇女的性权利，亦不具备犯罪主体要件及犯罪主观方面的要求，因此，白某的行为不构成强奸罪。

十三、侵犯财产罪

——梁丽侵占案

知识要点

（一）抢劫罪

抢劫罪，是以非法占有为目的，对财物的所有人或者保管人当场使用暴力、胁迫或其他方法，强行将公私财物抢走的行为。该罪的构成要件包括：（1）本罪侵犯的客体是公私财物的所有权和公民的人身权利。但主要客体是公私财产所有权。（2）本罪在客观方面表现为行为人对公私财物的所有者、保管者或者守护者当场使用暴力、胁迫或者其他对人身实施强制的方法，强行劫取公私财物的行为。抢劫罪的目的行为是强行劫取公私财物。强行劫取财物主要表现为两种情况：一是行为人当场直接夺取、取走被害人占有的财物；二是迫使被害人当场直接交出财物。（3）本罪的主体为一般主体。依《刑法》第 17 条规定，年满 14 周岁并具有刑事责任能力的自然人，均能构成该罪的主体。（4）本罪在主观方面表现为直接故意，并具有将公私财物非法占有的目的，如果没有这样的故意内容就不构成本罪。如果行为人只抢回自己被骗走或者赌博输的财物，不具有非法占有他人财物的目的，不构成抢劫罪。

（二）盗窃罪

盗窃罪是指以非法占有为目的，秘密窃取数额较大的公私财物，或者多次窃取公私财物的行为。其构成特征包括：本罪侵犯的是公私财物所有权。侵犯的对象是公私财物，一般指动产，但不动产的附着物可与不动产分离的，可以成为本罪的对象；另外，能源也能成为本罪的对象。本罪在客观方面表现为行为人具有窃取数额较大的公私财物或者多次窃取公私财物的行为。本罪主体是一般主体，凡达到刑事责任年龄（16 周岁）且具备刑事责任能力的人均能构成。本罪在主观方面表现为直接故意，且具有非法占有的目的。

（三）侵占罪

侵占罪，是指以非法占有为目的，将他人的交给自己保管的财物、遗忘物或者埋藏物非法占为己有，数额较大，拒不交还的行为。本罪所侵害的客体是他人财物的所有权。犯罪对象为他人交给自己保管的财物、遗忘物和埋藏物。本罪在客观方面表现为将他人的交由自己代为保管的财物、遗忘物或者埋藏物非法占为己有，数额较大，拒不交还的行为。此行为要求同时具有两个条件：一是要有通过正当、善意、合法的手段，持有他人财物的行为。二是必须是将他人的财物非法占为己有，拒不交还的行为。本罪的主体为一般主体，凡年满 16 周岁具有刑事责任能力的自然人均可构成本罪。侵占罪在主观方面必须出于故意，即明知属于他人交与自己保管的财物、遗忘物或者埋藏物仍非法占为己有，过失不能构成本罪。构成本罪还必须具有非法占有的目的。

案情简介

2008 年 12 月 9 日上午 8 时 20 分左右，深圳机场清洁工梁丽，看到垃圾桶附近的行李车上，有个小纸箱无人看管，遂放在手推车上将其推至 79 米外的卫生间处，并对另一清洁工曹万义说捡到纸皮箱一个，要求借曹的地方放一下。曹答应将纸箱放在厕所。其后在吃早餐时，梁丽告诉周围同事，捡到一个纸皮箱。清洁工马银山征得梁丽同意，将纸皮箱打开，取出一包金黄色首饰。梁丽自己也从箱中拿出部分首饰查看，又拿出一件交给同事韩英到候机楼内珠宝店鉴定。韩英咨询之后回复梁丽，与店内所售金饰相同。下午 1 时 30 分，梁丽下班，将纸皮箱带回住处。4 时许，曹万义找到梁丽，称有旅客丢失黄金，已报警。二人均未将首饰交出。后警察到梁丽家上门询问，并进行了 20 分钟劝说，梁丽交出这批黄金首饰。当晚，梁丽被公安机关带回派出所接受调查。2009 年 3 月 12 日，公安机关以涉嫌盗窃罪对梁丽案出具起诉意见书。随后，检察机关以涉嫌盗窃罪正式批捕梁丽。2009 年 4 月 30 日，该案由深圳市检察院移送宝安检察院审查后，宝安检察院第一次将该案退回公安机关补充侦查。2009 年 5 月 29 日，公安机关将补充侦查的梁丽案移交检察院审查起诉。2009 年 7 月 13 日，宝安检察院第二次将梁丽案退回公安机关补充侦查。2009 年 9 月 25 日，检察机关最终认定“捡黄金”案犯罪嫌疑人梁丽犯盗窃罪的证据不足，认定其行为构成侵占罪，属“不告不理”的自诉案件。2009 年 10 月 10 日，深圳市公安局机场分局撤案。

案情分析

此案涉及的是侵犯财产型的犯罪，在这类犯罪中基本都要求以非法占有为目的，最为典型的犯罪是盗窃罪、抢劫罪、抢夺罪、侵占罪、职务侵占罪等。在这类财产型犯罪中，我们区别此罪与彼罪的关键是看犯罪行为的客观方面，即行为人采用的是何种手段，侵犯的是何种犯罪对象。如果采用的是暴力、胁迫或者其他方法，使得他人不能反抗或不敢反抗，当场取得财物，就是抢劫罪。而盗窃罪是以非法占有为目的，采用秘密的方式，窃取财物的行为。梁丽在此案中具体涉及两个罪名，即盗窃罪和侵占罪，司法机关实际也对这两个罪名的取舍进行了论证。我们通过刑法理论来分析一下，梁丽究竟构成何种犯罪。

根据法律规定，所谓侵占罪，是指以非法占有为目的，将他人的交给自己保管的财物、遗忘物或者埋藏物非法占为己有，数额较大，拒不交还的行为。物品是“遗忘物”还是“遗弃物”的认定直接关系案件的处理结果。区别“遗弃物”和“遗忘物”的重要意义在于，本案可否构成侵占罪。如果判定为遗弃物则不能成立“非法侵占”。《刑法》第 270 条规定，“将他人的遗忘物或者埋藏物非法占为己有，数额较大，拒不交出的”构成侵占罪。本条不包括遗弃物。对于遗弃物，仅可能成立民事上的不当得利行为。在该案中，如果说行为之初，梁丽认为垃圾箱附近的物品属于“遗弃物”尚情有可原，那么，在发现物品为黄金首饰，且经金店鉴别的情况下，依社会常理，梁丽显然应当知道物品不是被“遗弃”，而是被“遗忘”。“遗弃”是指行为人明知而舍弃，遗弃黄金首饰显非社会常情。梁丽将物品带出机场，即构成法律上的拒绝返还。警方找上门后，是否存在劝说20分钟后才返还的事实，不影响行为之定性。梁丽的行为构成侵占罪应无争议。

我们再分析一下盗窃罪的构成要件。在一般的盗窃罪中，表现为以非法占有为目的，采用秘密的方式盗取他人财物的行为，根据上面的案情，梁丽自然不构成一般意义的盗窃罪。但需要补充说明的是，刑法理论界有人认为，特定关系人将他人遗忘物占为己有，构成盗窃罪而非侵占罪。例如银行工作人员将客户遗忘的金钱占为己有，构成盗窃罪而非侵占罪。法理之所以如此，是为了维护一定的社会秩序，对特定关系人科以严格的义务，以禁止此类行为发生。梁丽作为机场的特定关系人，明知应当返还而拒不返还的行为，构成盗窃罪。由此得出结论，梁丽的行为构成侵占罪应无异议，若依严格之法理，尚涉嫌构成盗窃罪。但是我们知道，在对犯罪人定罪量刑的过程中，一定要坚持罪刑法定原则，在相关的司法解释出台之前，刑法理论界的主张不能成为法官定罪量刑的依据。法理在司法中的运用只能是在有法理依据的前提下，指导法官的司法判断，而不能作为司法裁判的依据。所以我们认为，梁丽应当只构成侵占罪，而不构成盗窃罪。

十四、贪污贿赂罪

——田某等人挪用公款案

知识要点

（一）贪污罪

贪污罪，是指国家工作人员，利用职务上的便利，侵吞、窃取、骗取或者以其他手段非法占有公共财物的行为。本罪侵犯的客体是复杂客体，既侵犯了公共财物的所有权，又侵犯了国家机关、国有企业事业单位的正常活动以及职务的廉洁性，但主要是侵犯了职务的廉洁性。本罪的客观方面表现为利用职务之便，侵吞、窃取、骗取或者以其他手段非法占有公共财物的行为。所谓利用职务上的便利，是指行为人利用其职责范围内主管、经手、管理公共财产的职权所形成的便利条件，假借执行职务的名义非法占有公共财物。贪污罪的主体是国家工作人员或者受委托管理、经营国有财产的人员。因此，贪污罪的主体包括以下两种人：(1) 国家工作人员；(2) 受委托管理、经营国有财产的人员。不具有上述特殊身份的一般公民与上述人员勾结，伙同贪污的，以贪污罪的共犯论处。本罪在主观方面必须出自直接故意，并具有非法占有公共财物的目的。

（二）受贿罪

受贿罪是指国家工作人员利用职务上的便利，索取他人财物，或者非法收受他人财物，为他人谋取利益的行为。本罪侵犯的客体是国家工作人员职务行为的廉洁性和国家机关、国有公司、企事业单位、人民团体的正常管理活动。本罪的犯罪对象是具有物质性利益的财物。本罪在客观方面表现为行为人具有利用职务上的便利（包括两种行为：一是利用职务上的便利；二是利用与职务有关的便利条件），向他人索取财物，或者收受他人财物并为他人谋取利益的行为。本罪的主体是特殊主体，即国家工作人员，既包括在国家机关中从事公务的人员，也包括国有公司、企事业单位、人民团体中从事公务的人员和国家机关、国有公司、企事业单位委派到非国有公司、企事业单位、社会团体从事公务的人员，以及其他依照法律从事公务的人员。本罪在主观方面是由故意构成，只有行为人出于故意所实施的受贿犯罪行为才构成受贿罪，过失行为不构成本罪。

（三）挪用公款罪

挪用公款罪是指国家工作人员，利用职务上的便利，挪用公款归个人使用，进行非法活动的，或者挪用公款数额较大，进行营利活动的，或者挪用公款数额较大，超过 3 个月未还的行为。构成此罪的关键在于是否挪用公款私用，或者是否私分公款以及挪用公款所得的利润等，刑事惩罚的范围目前还未扩展到挪用公款公用。本罪的客观方面表现为：首先，行为人实施了挪用公款的行为；其次，行为人挪用公款的行为是利用其主管、管理、经手公款的职务上的便利实施的；最后，行为人挪用的公款是归个人使用的。本罪的主体是特殊主体，即国家工作人员。本罪在主观方面是直接故意，行为人明知是公款而故意挪作他用，其犯罪目的是非法取得公款的使用权。

案情简介

田立廷，原系中国工商银行海伦支行房地产信贷部主任。范义，原系中国工商银行海伦支行房地产信贷部副主任。2001 年 7 月 13 日，海伦市宏远建筑工程有限责任公司经理何国富，来到田立廷办公室，向田立廷借款 100 万元使用一两天，用于本公司注册验资。田立廷说，“这事我得和范义商量一下再给你答复”。随后，田立廷找到范义，把何国富想要借 100 万元一两天用于公司注册验资使用的事说了。范义说，“咱们信贷部账上有钱就借给他吧”。于是，田立廷就让出纳员王晓慧给宏远建筑公司转了 100 万元。之后何国富给田立廷出了一张 100 万元的借条。7 月 16 日，何国富将这笔 100 万元借款归还，没有支付利息。田立廷没有收取何国富任何好处。

2001 年 9 月份的一天，海伦市建设道桥有限责任公司经理盛林找范义吃饭，在吃饭的过程中，盛林对范义说：“建筑行业要重新进行资质验证，我公司验资资金缺少 200 万，你能不能从你单位给我转出 200 万来，就用一天。”范义表示问题不大，但得回去研究一下。之后，范义回到单位，找到田立廷说：“建设道桥公司的盛林要从咱们单位借 200 万元验资使用，就用一天。正好咱们单位账户上有钱，是财政完成储蓄任务还没有还的钱。”田立廷表示同意。9 月 26 日，范义找到出纳员王晓慧，让其给建设道桥公司转款 200 万元。9 月 27 日，盛林将 200 万元归还，没有支付利息。

案情分析

此案涉及的是挪用公款罪。《刑法》第 384 条对该罪是这样规定的：国家工作人员，利用职务上的便利，挪用公款归个人使用，进行非法活动的，或者挪用公款数额较大、进行营利活动的，或者挪用公款数额较大、超过 3 个月未还的行为。通过这个法条我们可以分析，挪用公款罪有三种行为方式：一是进行非法活动（这里没有挪用时间和挪用数量的要求），二是进行营利活动（这种方式要求挪用数量较大，没有时间要求），三是挪用数量较大，3 个月未还的行为。根据这一概念，我们可以清楚地看到，田立廷、范义系作为工商银行海伦支行房地产信贷部的主任、副主任，符合国家工作人员的身份；二人对本单位的资金具有支配权，也正是利用了职务上的便利把资金借给其他单位使用。这两个特征完全符合挪用公款罪的标准。但是，我们还要注意，《刑法》第384条规定的三种行为方式必须有一个前提，就是“挪用公款归个人使用”，所以我们要分析一下此二人将资金借给其他单位用于注册验资使用的这一行为是不是属于上述概念中所规定的“挪用公款归个人使用”的范畴。如果是的话，就可能是构成挪用公款罪，否则就不构成犯罪。

我们来看一下，最高人民法院于1998年4月作出的《关于审理挪用公款案件具体应用法律若干问题的解释》对“挪用公款归个人使用”进行的解释，即“‘挪用公款归个人使用’，包括挪用者本人使用或者给他人使用”。同时，该解释又作了进一步的解释：“挪用公款给私有公司、私有企业使用的，属于挪用公款归个人使用。”本案中，宏远建筑公司和建设道桥公司均系私有企业，似乎符合最高人民法院的这一解释。随后，最高人民法院于2001年9月18日又作出了《关于如何认定挪用公款归个人使用有关问题的解释》，该解释第1条规定：“国家工作人员利用职务上的便利，以个人名义将公款借给其他自然人或者不具有法人资格的私营独资企业、私营合伙企业等使用的，属于挪用公款归个人使用。”同时，第2条又规定：“国家工作人员利用职务上的便利为谋取个人利益，以个人名义将公款借给其他单位使用的，属于挪用公款归个人使用。”该解释把“以个人名义”作为“挪用公款归个人使用”的一个条件。从这个解释中又派生出了田立廷、范义的行为是不是“以个人名义”的问题。然而，在现实中，挪用者以谁的名义将挪用的公款借给他人使用，对被挪用的单位来说，利益的损害是没有区别的，但对行为者的处罚却是罪与非罪的区别，对于认定田立廷、范义二人是否构成犯罪关系重大。

全国人大常委会于2002年4月颁布《关于〈中华人民共和国刑法〉第三百八十四条第一款的解释》，该解释对于“挪用公款归个人使用”列举了三种行为方式：一是将公款供本人、亲友或者其他自然人使用的；二是以个人名义将公款借给其他单位使用的；三是个人决定，以单位名义将公款提供给其他单位使用，谋取个人利益的。这三种方式都属于挪用公款的范畴，因此我们不难看出，单位的法定代表人或者负责人，在单位的授权范围内或者经过批准、许可，以单位的名义将公款借给其他自然人或者单位使用的，属于单位与单位、单位与个人之间的拆借资金行为，不应认定个人与单位、个人与个人的借款行为，不能认定是挪用公款犯罪。本案中，田立廷、范义是单位的主任、副主任，对本单位的资金使用具有决策权，在将公款借给他人之前，进行了研究讨论。同时，二人的行为并没有逃避监管的主观故意，只是挪用的时间比较短、监管程序没有到位的一种集体行为，这一行为应当属于以单位的名义将公款借给其他单位使用的情形，不属于个人行为。另外，全国人大的立法解释中还对“为谋取个人利益”作出了具体的规定。这里的“谋取个人利益”一般是指谋取不正当、非法的个人利益，也包括正当的、合法的利益。从本案的现有证据来看，田立廷、范义借公款给其他单位使用的时候，没有从中谋取个人利益。综上所述，二被告不构成挪用公款罪。

十五、渎职罪

——李某玩忽职守案

知识要点

（一）滥用职权罪

滥用职权罪是指国家机关工作人员违反法律规定的权限和程序，滥用职权，致使公共财产、国家和人民利益遭受重大损失的行为。本罪侵犯的客体是国家机关的正常活动。客观方面表现为滥用职权，致使公共财产、国家和人民利益遭受重大损失的行为。滥用职权一般表现为：一是超越职权，擅自决定或处理没有具体决定、处理权限的事项；二是玩弄职权，随心所欲地对事项作出决定或者处理；三是故意不履行应当履行的职责，或者说任意放弃职责；四是以权谋私、假公济私，不正确地履行职责。同时，滥用职权的行为，必须致使公共财产、国家和人民利益造成重大损失的结果。滥用职权罪的主体是国家机关工作人员。主观方面表现为故意，行为人明知自己滥用职权的行为会发生致使公共财产、国家和人民利益遭受重大损失的结果，并且希望或者放任这种结果发生。

（二）玩忽职守罪

玩忽职守罪是指国家机关工作人员玩忽职守，导致公共财产、国家和人民利益遭受重大损失的行为。犯罪客体是国家机关的正常管理活动。犯罪客观方面表现为行为人实施了玩忽职守的行为，并使公共财产、国家和人民利益遭受了重大的损失。所谓玩忽职守，是指行为人严重不负责任，不履行或者不认真履行职责。犯罪主体是特殊主体，即只有具有国家机关工作人员身份的人才能成为本罪的主体。犯罪主观方面只能是过失，即行为人作为国家机关的工作人员理应恪尽职守，尽心尽力，履行公职的过程中时刻保持必要的注意，但行为人却持一种疏忽大意或过于自信的心态，对自己玩忽职守的行为可能导致的公共财产、国家和人民利益的重大损失应当预见而没有预见，或者已经预见而轻信能够避免。

（三）徇私枉法罪

徇私枉法罪，是指司法工作人员徇私枉法、徇情枉法，对明知是无罪的人而使他受追诉，对明知是有罪的人而故意包庇不使他受追诉或者在刑事审判活动中故意违背事实和法律作枉法裁判的行为。本罪主要构成特征是：(1) 本罪侵犯的客体是国家司法机关的正常活动和应有的声誉。(2) 客观方面表现为在刑事诉讼中徇私、徇情枉法的行为。所谓徇私、徇情枉法，是指出于个人目的，为了私利私情而故意歪曲事实，违背法律作错误裁判。(3) 本罪的主体是特殊主体，只能由国家司法工作人员构成。(4) 主观要件为故意。

案情简介

被告人李某为某地区矿山管理局局长，主管安全生产，杜某为该地区某矿山矿长。2001 年 12 月的一天，杜某所在的矿山三矿区悬崖出现裂缝，滚石砸断了水泥高压电线杆，裂缝有继续扩大的趋势，即将危及职工和设备的安全。杜某及时向地区矿山管理局报告了险情。李某表示，要向党委汇报、向上级请示，但事后他并没有向党委汇报，也没有向上级汇报。后矿区滚石频繁，情况更加紧急，杜某又几次报告，但险情依然没有引起李某的重视。矿场工人非常不满，强烈要求停工，但是杜某看到矿山管理局没有采取措施，也认为没有什么事情，为了赶工期进度，在危险情况下，仍然让工人继续照常工作，结果发生山崩事故，造成25 名工人死亡，直接经济损失达 700 万元。

案情分析

此案涉及的是国家机关工作人员渎职型犯罪和危害公共安全罪。渎职罪指的就是国家机关工作人员在公务活动中滥用职权、玩忽职守、徇私舞弊，妨害国家管理活动，导致公共财产或者国家和人民的利益遭受重大损失的行为。最为典型的是滥用职权罪和玩忽职守罪。危害公共安全罪是指故意或者过失危及不特定或多数人的生命、健康或者重大公私财产安全的行为。其包括故意犯罪中典型的放火罪、投放危险物质罪等，过失犯罪中典型的交通肇事罪和重大责任事故罪等。

本案中，李某的行为符合玩忽职守罪的构成要件。玩忽职守罪是指国家机关工作人员玩忽职守，导致公共财产、国家和人民利益遭受重大损失的行为。通过这个概念我们可以知道，构成玩忽职守罪客观上要求行为人有玩忽职守的行为，就是指行为人严重不负责任，工作中草率马虎，不履行或者不认真履行公职。犯罪结果要求"重大损失"，根据最高人民检察院《关于渎职侵权犯罪案件立案标准的规定》，一般指：（1）造成死亡 1 人以上，或者重伤 3 人以上，或者重伤 2 人、轻伤 4 人以上，或者重伤 1 人、轻伤 7 人以上，或者轻伤 10 人以上；（2）造成直接经济损失 30 万元以上，或者间接经济损失超过 150 万元；（3）造成有关公司、企业等单位停产、严重亏损、破产……犯罪主体是国家机关工作人员和代表国家机关从事公务的人员。犯罪主观方面只能是过失，即行为人作为国家机关工作人员本应恪尽职守，在履行公职的过程中时刻保持必要注意，但行为人却持一种疏忽大意或者过于自信的心态，对自己玩忽职守的行为可能造成的严重后果应当预见而没有预见，或者已经预见了却轻信能够避免。该案中，李某作为主管安全生产的国家机关工作人员，在危险紧急的情况下，主观上也应该预见到不采取措施的严重性后果，而李某轻信不会发生这样的后果，属于过于自信的过失。客观上，其严重不负责任，在杜某几次的请求后，依然没有采取有效的措施，也没有汇报，因而造成了 25 名工人死亡、直接经济损失达 700 万元的重大损失，后果特别严重，因此，李某的行为完全符合玩忽职守罪的构成要件，其行为构成玩忽职守罪。

杜某的行为符合重大责任事故罪的构成要件，重大责任事故罪是指在生产、作业中违反有关安全管理的规定，因而发生重大伤亡事故或者造成其他严重后果的行为。此罪的构成在客观上需要：（1）有违反了安全管理规章制度的行为。（2）违反规章制度的行为必须发生在生产、作业过程中。（3）违反规章制度的行为要导致重大伤亡事故或者其他严重后果。在主观上是过失。杜某作为矿山矿长，明知矿山已经非常危险了，但是轻信在这种状况下，危害后果不会发生，故仍然强令工人冒险作业，违背了安全生产的规章制度，因此造成了25名工人死亡、直接经济损失达700万元的重大损失后果，后果特别严重，应该承担重大责任事故罪的刑事责任。

第七章 行政法学

一、行政合法性原则

——沙某与某县东关清真寺管理委员会土地纠纷案

知识要点

1. 行政合法性原则又称依法行政原则，是指行政权力的存在、行使必须依照法律，符合法律要求，不得与法律相抵触。行政合法性原则要求行政主体为行政行为时不仅要遵循宪法、法律，还要遵循法规、规章、自治条例和单行条例等。行政合法性原则在行政法中具有不可替代的地位，可以说，在任何一个推行法治的国家，行政合法性原则都是其法律制度的重要原则。

2. 行政合法性原则的具体内容包括：(1) 行政权力必须基于法律的授予才能存在。行政合法性原则要求行政主体在其法定的权限内行使权力，任何没有法律根据的权力都是不应存在的。法定权限不容非法超越，是否“超越权限”是司法审查的一个重要标准。(2) 行政权力必须依据法律行使，不得违法。依据法律行使权力是行政合法性原则为行政主体设定的一项义务或职责，要求行政主体行使权力既不能违反行政实体规范也不能违反行政程序规范。不履行或拖延履行法定职责，要承担相应的行政责任。(3) 行政授权、行政委托必须有法律依据，符合法律要旨。行政合法性原则要求行政授权或行政委托都必须有法律依据，按法定程序进行，不得违反法律要旨。行政合法性原则三个方面的内容是有机的统一体，我们应当全面地理解这一原则。实践证明，不坚持行政合法性原则是无法实现行政法治的。在我国，人们的法律观念比较淡薄，行政违法时有发生，行政法治的完善尚需努力。因此，提倡、坚持和深化行政合法性原则既必要又迫切。

案情简介

沙某与某县东关清真寺管理委员会所争议的土地位于该清真寺的西南角，其边界南至东关大街，北至清真寺，西至清真港，东至清真寺，面积为104.54平方米。该片土地上面建有沙某居住的房屋三间（东屋一间、西屋二间）。清真寺始建于元代末年，在1931年前立寺。1931年前，该寺为了以寺养寺，决定将清真寺临街土地租赁给私人阎某、苏甲、苏乙、苏丙等人盖门面房做生意和居住使用，寺里收取租地粮。其中，苏甲在租赁清真寺的地皮上建造房屋8间（街面房两间、堂屋两间、磨道1间、西屋3间），后以200块大洋卖给了沙某的公公王某。自此，王某取代苏甲定期向寺内交租地粮，每年200斤小麦，交至"文化大革命"前夕，由于"文化大革命"，该寺宗教活动停止，有的房屋被拆除。在"文化大革命"期间先后有九户居民搬进了清真寺，并占地建造了房屋。1982年某省人民政府下发文件《关于落实宗教团体房产政策情况和意见的报告》，根据有关文件精神，清真寺专门召开了清真寺内住户的搬迁会议，动员寺内住户迁出，其中包括沙某，当时沙某表示同意按期搬出，后又后悔。

1952年政府为清真寺颁发了"土地房产所有证"，产权证载明清真寺地基为：东至马乙、南至谢家、北至马丙，内有瓦房69间，占地5.57亩。沙某居住的房屋在1952年登记时未进行登记，只有其兄王宝在东关大街分得一间房屋并进行了登记。此后，王宝将分得的一间房屋卖给了沙某。

自1986年以来，沙某与清真寺因土地权属问题多次发生争议，为此，清真寺于1994年2月向县人民政府提出解决土地权属争议的请求，县人民政府为此组成了联合调查组进行调查，依据《土地管理法》（1986年）第13条等有关规定作出处理决定：将争议的104.54平方米土地确定为清真寺信教群众集体所有，归清真寺使用。

沙某不服上述处理决定，向某中级人民法院提起行政诉讼。

一审人民法院审理后，认为双方争议的土地位于县城内东关，应属于国有土地。根据《土地管理法》（1986年）第6条、第8条，《行政诉讼法》第54条第2项第2目之规定，判决：(1) 撤销县人民政府处理决定；(2) 判令被告重新作出具体行政行为；（3）一审诉讼费 100 元由被告负担，诉讼活动费 600 元由原、被告及第三人各负担 200 元。

沙某和清真寺管理委员会都不服，向某省高级人民法院上诉。

二审人民法院经审理认为，根据《土地管理法》（1986 年）第 2 条之规定，我国土地实行全民所有制和劳动群众集体所有制两种所有制形式，没有其他第三种土地所有制形式。县人民政府确认东关伊斯兰教信教群体拥有该片争议土地的所有权与法不符，本院不予支持，应重新作出具体行政行为；沙某所诉该争议的土地归其使用之诉，证据不足，亦不能支持。原审人民法院认定事实清楚，适用法律、法规正确，其中“该争议土地应属国有”的认定不当，本院予以纠正。但原审人民法院判决予以撤销县人民政府处理决定是正确的，应予维持。根据《行政诉讼法》第 61 条第 1 项之规定，判决驳回上诉，维持原判。①

案情分析

本案中县人民政府所作出的具体行政行为被人民法院撤销，并判决其重新作出行政行为的根本原因是县政府的行为及其结果违背了行政合法性原则。本案关键是县政府的处理结果不符合法律规定，属于不合法行为。行政权力是行政行为的核心，也是实施行政行为中不可缺少的要素之一。只有享有行政权力才能实施行政行为，享有哪一种行政权力才能为哪一方面的行政行为，就这一点而言，本案中县人民政府是符合这一要求的。但是，任何行政权力总是要有一定限度的，行政机关运用行政权力不得超越其权限。权限的“限”表现在多方面，行政权力的存在既有时间上的限制，又有空间地域上的限制；既有行政权力运用程度上的限制，又有行使权力所采取的方式、手段上的限制；同时还有行政权力所针对的特定事项上的限制。行政机关必须在法定权限范围内实施行政行为，不能超出法定限度，否则行为即属不合法。本案中县人民政府最终作出行政处理决定时，超越了法律规定的范围，导致行政行为违法而被撤销。1986 年《土地管理法》② 第 2 条第 1 款规定：“中华人民共和国实行土地的社会主义公有制，即全民所有制和劳动群众集体所有制。”第 6 条又规定：“城市市区的土地属于全民所有即国家

① 案例来源：http://www.docin.com/p—4082799.html。

② 该法于 1998 年、2004 年两次被修订。

所有。农村和城市郊区的土地，除法律规定属于国家所有的以外，属于集体所有；宅基地和自留地、自留山，属于集体所有。”而本案县政府的处理结论是争议的 104.54 平方米土地为清真寺信教群众集体所有。很明显，本案争议的土地或者在市区，或者在郊区，也就是说争议的土地归属只有两种可能，或者全民所有或者劳动群众集体所有，不存在第三种土地所有制形式。如果认为清真寺信教群众集体所有不属于劳动群众集体所有这一类型，很明显该结论与上述法律规定相违背；而如果认为属于劳动群众集体所有这一类型，则依 1986 年《土地管理法》第 8 条之规定，集体所有的形式只有村农民集体所有和乡农民集体所有以及村内的农业集体经济组织所有三种，那么，很明显，县人民政府的处理决定也不符合该条规定。综上所述，县人民政府的处理决定违背了行政合法性原则，法院判决撤销并令被告重作具体行政行为是正确的。

二、行政合理性原则

——李某不服工商所不合理行政处罚案

知识要点

1. 行政合理性原则是指行政主体不仅应当按照法律、法规的规定作出行政行为，而且要求这种行为应符合法律的意图和精神，符合公平正义等法律理性。行政合理性原则中的“理”是指体现全社会共同遵守的行为准则的法理。由于社会活动的复杂多变，行政活动也呈现出多变性与复杂性。法律不可能对全部行政活动作出细致的规定，行政主体只能在法律原则的指导下，运用自由裁量权，根据客观情况采取适当的措施或作出合适的行为。同时法律对行政活动的规范，应留出一定的余地，以便使行政主体根据具体情况灵活处理。如果法律对行政活动规定得面面俱到，毫无裁量余地，则最终可能导致行政主体束手无策。

2. 行政合理性原则的具体要求：（1）行政行为应符合立法目的的精神；（2）行政行为应建立在正当考虑的基础上，不得考虑不相关因素；（3）行政行为的内容应客观公正，合乎情理。

案情简介

李某系从事饮食业的个体工商户，出售自制的蛋糕，但李某制作的蛋糕未经有关部门进行检验。这一行为被某工商所查获。根据《个体饮食业监督管理办法（试行）》的规定，对此类违法行为，应予以警告、没收违禁食品和违法所得，并处以违法所得1倍以上5倍以下罚款；没有违法所得的，处以1万元以下罚款；情节严重的，可责令停业整顿或者吊销其营业执照。在工商所查获前李某出售蛋糕共获利590元。根据上述有关规定，工商所没收了李某尚未出售的蛋糕，没收其违法所得590元，并且工商所认为李某曾因伤害罪而被判刑3年，一年前刚出狱，因此要重罚，又处以李某1 500元的罚款。

案情分析

本案中工商所的行政处罚行为是合法的，但不合理，违背了行政合理性原则，主要表现在对李某的罚款行为上。本案中，根据法定的罚款幅度的规定，工商所对李某处以1 500元的罚款属于法定的幅度内，其行为没有超越法律，不与法律相抵触，是合法的。但工商所在法定幅度内的自由裁量权的行使不恰当，对李某进行1 500元的罚款，除以其违法事实情节等为依据外，还依一种不正当的考虑而作出行政处罚行为，违背了行政合理性原则的要求，属不合理的行为。

三、行政主体的资格

——张瑜诉天津师范大学案

知识要点

行政主体，是指依法享有行政权力，能以自己的名义从事行政管理活动，并独立承担由此产生的法律责任的组织。

1. 行政主体是依法享有国家行政权力，实施行政活动的组织。首先，行政主体只能是组织，个人不能成为行政主体。公务员实施的职权行为，由其所在的行政机关对外承担行政法律责任，在行政诉讼中，由其所在的行政机关为被告应诉，因而，公务员不具有行政主体资格。其次，并非所有的组织都能成为行政主体，只有依法行使国家行政职权的组织才能成为行政主体。不享有行政职权，不能实施行政活动，因而不是行政主体。例如，立法机关行使立法权，司法机关行使司法权，它们虽然是国家机关，但所享有的不是行政权力，因而不是行政主体。其他社会组织，如企业、事业单位，不是国家行政机关，不能行使国家行政权和实施行政行为，因而也不具有行政主体资格。但如果从行使的行政权力的角度来看，我们会发现，行政主体并不限于行政机关，有些社会组织也可能因为法律、法规授权而获得行政主体地位。如高校，因全国人大常委会学位条例授予其学位证书的授予权而取得行政主体资格。

2. 行政主体是能以自己的名义行使行政权的组织。所谓“以自己的名义”，是指能够依照自己的意志作出处理决定，能以自己的名义采取措施。能否以自己的名义实施管理是判定一个组织是否是行政主体的标准。例如，工商管理活动是工商行政机关的职权，该管理活动分别由市场管理机构、商标管理机构、企业登记注册机构实施，但它们并不能以自己的名义实施这些管理活动，对于某个公民是否能够获得营业执照，或者对于某个企业申请注册的商标是否批准的决定等，都是以工商行政管理局的名义作出。因此，工商行政管理局才享有行政主体资格。这一点使行政主体与行政机关委托行使一定权力、实施一定行政行为的组织相区别。受委托的组织虽然在委托范围内可以行使行政权力、实施行政行为，但它们不能以自己的名义而只能以委托行政机关的名义行使行政权力、实施行政行为，因而受委托的组织不具有行政主体资格。

3. 行政主体是能够独立对外承担其行为所产生的法律责任的组织。一个组织是否是行政主体，重要的标准是看其是否承担行政行为所产生的责任，如果仅仅实施行政行为，但并不承担由此而产生的责任，那么，这个组织就不是行政主体，如某个社会团体不是行政机关，它虽然接受行政机关的委托从事公务活动，但并不负担由此而产生的责任，责任由委托的行政机关承担，受委托的社会团体就不能成为行政主体。再如公务员虽然行使国家行政职权、实施行政行为，但对于自己行使职权的行为并不由其本身对外承担法律责任，在行政诉讼中，不能作为被告应诉。公务员实施的职权行为，由其所在的行政机关对外承担行政法律责任，在行政诉讼中，由其所在的行政机关为被告应诉，因而，公务员不具有行政主体资格。①

案情简介

天津师范大学外国语学院英语教育专业本科女生张瑜因不服学校作出开除其学籍处理决定提起行政诉讼。日前，天津市第二中级人民法院一审审结此案，依法判决撤销被告《关于对外国语学院学生张瑜考试作弊问题的处理决定》。原告张瑜是天津师范大学外国语学院英语教育专业2001级本科生。2005年3月17日，在学院组织的“英语学科教学论”考试中，张瑜因请假联系工作不能返回学校参加考试，请他人代考，被监考教师发现并上报学院。校方于3月24日作出《关于对外国语学院学生张瑜考试作弊问题的处理决定》，给予原告开除学籍处分。庭审中，原告张瑜诉称，自己平时学习成绩优异，3月17日临时举行的“英语学科教学论”考试，因请假不能返回，仓促之下请他人代考。事后她作了深刻检讨，主观上积极承认错误，但是校方仍作出开除学籍的处分，剥夺其受教育的权利。张瑜认为校方开除学籍的处分明显不当，为此，她请求天津市第二中级人民法院撤销被告天津师范大学作出的开除学籍的处理决定，并向法庭提交了手抄处理决定作为证据。②

案情分析

本案的关键是学校是否具有行政主体资格。学校是事业法人单位，一般不可能是行政主体。但如果学校被法律直接授予行政权力的话，它在行使该行政权力时，也是当然的行政主体。这时，行政相对人向人民法院起诉该学校行使该行政权力的行为时，必然构成行政诉讼而不是民事诉讼。在本案中，行政相对人张瑜

① 参见余卫明、邓成明主编：《行政法与行政诉讼法》，36页，长沙，湖南大学出版社、湖南人民出版社，2001。

② 参见刘军、刘元旭：《天津师大开除学生未履行相关程序一审遭败诉》，载新华网，http://www.xinhuanet.com/chinanews/2005-09-21/content_5185650.htm。

控告的是学校作出有关开除学籍的处分的行为；天津师范大学在这一法律关系中是否属于行政主体，关键取决于学校这一行为是否属于行使行政权力的行政行为。而根据我国《教育法》以及《高等教育法》的规定，大学具有对在校学生进行管理及作出处分的主体资格及权力。天津师范大学在这里是具有行政主体资格的。而开除学籍处分是对学生违规违纪处分中最严重的一种，因此，大学在对学生作出该处分时应做到事实清楚、程序合法，但校方无法证明其按照有关规定履行了相应的程序，也不能证明其在作出处理决定前，向原告告知了处分事实和依据并听取了原告的陈述和申辩。此外，虽然校方提交证据证明原告在处理决定送达书上签字，但其并未将处理决定实际送达原告。校方在对原告张瑜作出处理决定过程中，未履行规定的程序，原告张瑜要求撤销处理决定的请求应予支持。

四、行政委托的合法性

——张先著诉安徽省芜湖市人事局案

知识要点

行政委托指行政主体委托其他机关、社会组织或个人行使某种行政职能、办理某种行政事务的法律行为。行政委托的特点是：

1. 受委托方本身不具有行政权。

2. 受委托方是以委托行政机关的名义行使权力，应由委托行政机关承担法律责任，区别于依法律法规的授权行使权力。

3. 能够委托行使的行政权也是有限的。例如，公安机关行使的限制公民的人身自由的权力不得委托其他组织或个人行使。

因此，行政主体在选择受委托方时必须考虑其资格、条件。比如《行政处罚法》第19条规定受委托组织必须符合以下条件：（1）依法成立的管理公共事务的事业组织；（2）具有熟悉有关法律、法规、规章和业务的工作人员；（3）对违法行为需要进行技术检查或者技术鉴定的，应当有条件组织进行相应的技术检查或者技术鉴定。

案情简介

2003年6月，原告张先著在芜湖市人事局报名参加安徽省国家公务员考试，报考职位为芜湖县委办公室。经过笔试和面试，张先著综合成绩在报考该职位的30名考生中名列第一，按规定进入体检程序。2003年9月17日，张先著在芜湖市人事局指定的铜陵市人民医院进行体格检查，体检报告显示其乙肝两对半中的HbsAg、HbeAB、HBcAb均为阳性，主检医生依据《安徽省国家公务员录用体检实施细则（试行）》确定其体检不合格。同年9月25日，芜湖市人事局组织包括张先著在内的11名考生前往解放军第八六医院进行复检。复检结果显示，张先著的乙肝两对半中HBsAg、抗-HBc（流）为阳性，抗-HBs、HbeAg、抗-Hbe均为阴性，体检结论为不合格。依照体检结果，芜湖市人事局以口头方式向张先著宣布，由于体检结论不合格而对张先著不予录取。

原告张先著认为被告芜湖市人事局作为公务员招考的人事管理机关，仅仅根据原告在乙肝两对半检查中HBsAg、抗-HBc（流）为阳性的事实，就确定原告不符合公务员身体健康标准，剥夺了原告担任国家公务员的资格和劳动权利，请求人民法院依法撤销被告的具体行政行为，并判令被告承担相应的法律责任。①

案情分析

本案的焦点是张先著在起诉书中认为，芜湖市人事局根据体检情况把他确定为不符合公务员健康标准的行政行为，是对乙肝病毒携带者的恶意歧视，违反了《宪法》第33条第2款“中华人民共和国公民在法律面前人人平等”的规定，严重侵害了他的合法权益。而芜湖市人事局作为被告，应承担举证的责任。其行为的依据之一是医院作出的张先著携带乙肝病毒的体检结论。而这份依据是由铜陵市人民医院以及解放军第八六医院作出的。在这里，铜陵市人民医院以及解放军第八六医院具备法律规定的受委托组织条件，芜湖市人事局作为行政主体将其职权的一部分依法委托给这两家医院行使是可以的，因此，医院的体检结论可以成为其行为依据。

① 参见王文革主编：《行政法与行政诉讼法案例教程》，40页，北京，法律出版社，2005。

但是这能否成为芜湖市人事局最终决定不录用原告的依据，法院对此持否定态度。①

五、公务行为与个人行为的区分

——李某诉某市公安交警支队案②

知识要点

国家公务员是指国家依法定方式和程序任用的，在中央和地方各级国家行政机关中工作的，依法行使国家行政职权，执行国家公务的人员。③ 国家公务员具有公私双重身份，即执行职务时的公务员身份和从事非职务活动时的公民身份。由于双重身份而导致了双重行为，这就是公务员的公务行为与个人行为。这两种不同的行为要遵循不同的法律规则，并发生不同的法律后果，其法律责任的归属也完全相悖。公务员的具体身份由其行为性质所决定：他从事个人行为时，其身份是公民；当他从事公务行为时，其实际身份为公务员。个人行为应由个人承担责任，执行职务的行为应由国家或其所在机关承担责任。因此，必须要对两种身份、两种行为加以区分。

具体区分个人行为与公务行为的因素主要有：

（1）时间要素。公务员在上班和执行任务期间实施的行为，一般视为公务行为，而在下班和非执行任务期间实施的行为，则一般视为个人行为。

（2）名义要素。公务员的行为是以其所属的行政主体的名义作出的，一般视为公务行为；以其自己的名义作出的，一般视为个人行为。

（3）公益要素。公务员的公务行为涉及公共利益的，同公共事务有关的，一般视为公务行为；涉及个人利益，与个人事务有关的，一般视为个人行为。

（4）职责要素。公务员的行为属于其职责范围的，一般视为公务行为；超出其职责范围的，一般视为个人行为。

（5）公务标志要素。公务员执行公务是佩戴或出示能表明其身份的公务标志

---

① 参见姜明安主编：《行政法与行政诉讼法教学案例》，68页，北京，北京大学出版社，2006。

② 参见王文革主编：《行政法与行政诉讼法案例教程》，47页，北京，法律出版社，2005。

③ 参见余卫明、邓成明主编：《行政法与行政诉讼法》，56页，长沙，湖南大学出版社、湖南人民出版社，2001。

的行为，一般视为公务行为，反之则属于个人行为。

在判断某一行为是否具有公务性时应该综合考虑上述要素，并不存在绝对的、唯一的标准。而且有时我们判断一个公务员的行为性质究竟如何，可能要站在公民的角度。对于公民来说，只要一个行为在外观上具有执行职务的形式，就应作为执行职务的行为对待。因为有执行职务的外观，公民就要将其作为公务行为对待，公民不具有从实质上判断公务员的行为性质究竟如何的权利。值得注意的是，在实践中，如果一个行为完全是个人因素或完全是职务因素，也就不存在去判断分析的必要了。

案情简介

某县公安局交通警察张某下班骑自行车回家的途中，看到一辆小轿车驶入禁行道，便将车拦住。司机李某看到警察拦车就停车问什么事，张某说："这是禁行路，前面有车辆禁行标志，没看见吗?"李某说："对不起，真没看见。"在对话中，张某闻到对方有酒味，便问司机李某："你喝酒了吗?"李某回答说："喝了点啤酒，没事。再说你现在下班了，还管违章，这不是多管闲事吗?"说完，就要开车走。张某说："不行，酒后驾车属于违章，罚款 50 元。"随后拿出罚款单。李某想争辩，见围观的群众越来越多，只好交了 50 元罚款。第二天，李某到县公安局交警大队以罚款不合理为由提出申诉，县公安局仍维持原决定。李某不服，向县人民法院提起行政诉讼，要求撤销罚款决定。

案情分析

我国《人民警察法》第 19 条规定：人民警察在非工作时间，遇有其职责范围内的紧急情况，应当履行职责。在本案中，某县公安局交通警察张某在非工作时间内的行为是属于公务性质的行为，应视为公安行政行为。从本案的情况来看，李某驾车驶入禁行道，并且有酒后开车的行为，显然是违章行为；张某是交通警察，其职责就是制止违章行为，保护国家和人民的利益免受损害，而且当李某看见张某拦车即停车，说明张某有较明显的公务标志，即通过着装表明了其身份，并依法对李某进行处罚。

人民警察的工作具有特殊性，判断某人的行为是否是公安行政行为可从以下几个方面分析：(1) 该行为实施者必须是警察人员或者是法律、法规授权的组织的正式工作人员，或者是公安机关依法委托执行公务的人员。(2) 该行为实施者在执行公务时必须表明其警察人员的身份，说明代表公安机关实施行为。表明身份的方式是多样的，可以通过着装、出示证件或者佩戴有关执勤标志等。(3) 该行为必须在其公安行政职权范围内进行，不得超越职权。(4) 行为实施者必须出于执行公务的动机和目的。上述四点是区别公安行政行为与个人行为的标准，单纯以是否在工作岗位上或在工作时间内来判断是不恰当、也是不全面的。

六、行政行为的特征

——陈见旭诉大连市教委案

知识要点

1. 行政行为是指行政主体在进行行政管理活动中行使行政职权，适用行政法律、法规作出并产生法律效果的行为。①

2. 行政行为的特征是：

(1) 行政行为具有从属法律性。行政行为是执行法律的行为，任何行政行为均须有法律根据，没有法律的明确规定或授权，行政主体不得作出任何行政行为。

(2) 行政行为具有自由裁量性。这是由立法技术本身的局限性及行政管理的广泛性、变动性、应变性所决定的。

(3) 行政行为具有单方意志性。行政主体在实施行政行为时，不必与行政相对方协商或征得其同意，即可依法自行作出。即使是在行政合同行为中，在行政合同的缔结、变更、解除与履行等诸方面，行政主体均享有与民事合同不同的单方意志性。

(4) 行政行为具有强制性。行政行为是以国家强制力作为实施保障的，行政相对方必须服从并配合行政行为。这种强制性与单方意志性是紧密联系在一起的，没有行政行为的强制性，就无法实现行政行为的单方意志性。

(5) 行政行为具有无偿性。行政主体所追求的是国家和社会公共利益，其对

---

① 参见余卫明、邓成明主编：《行政法与行政诉讼法》，78页，长沙，湖南大学出版社、湖南人民出版社，2001。

公共利益的集合、维护和分配，应当是无偿的。

案情简介

1996 年至 1998 年间，陈见旭利用到美国、加拿大探亲的机会，考察了国外教育状况，决心回国办学。1999 年，陈见旭向当时任大连市教委（现改为大连市教育局）副主任的老熟人周家昌提出申请，准备自筹资金创办一所民办高中。2000 年 6 月 1 日，大连市教委批复同意陈见旭为大连兴华高级中学校长、法定代表人，只是当初由他单方面提出的申请变成了大连宏良实业发展有限公司提出申请与他合作办学。陈见旭说："周家昌告诉我，这样由企业提出合作办学的申请，市教委才能批准。但是，4 年来，我至今一次也没跟大连宏良公司打过任何交道。在学校从筹备到 2000 年开学的过程中，我一共投资三十多万元，而宏良公司没有拿过一分钱、物。"据大连市人民政府办公厅查办处一位工作人员证实，他们曾经向宏良公司经理张永述核实过，陈见旭被免职前宏良公司确实未出过一分钱、物。然而，正是这个没有出过一分钱、物的宏良公司却于 2000 年 9 月 11 日，以"工作需要"为由，单方面免去陈见旭的兴华高中校长（法人代表）职务，聘任当时仍是在职国家公务员的周家昌为兴华高中校长（法人代表）。宏良公司在单方面向大连市教委提交的《关于聘任周家昌同志为兴华高中校长的报告》中说，"根据工作需要，经研究决定，聘任周家昌同志为兴华高中校长（法人代表），免去陈见旭同志的兴华高中校长（法人代表）职务。"大连市教委给予了备案，并于当天向大连商业银行甘井子支行和大连日报社出具了介绍信，内容为"更换兴华高中法人"和"办理关于更换大连兴华高级中学法人印章和财务印章作废声明事宜"。同年 9 月 14 日，大连市教委又向大连市甘井子公安分局和大连日报社出具介绍信，内容为"刻大连兴华高中校印和大连兴华高级中学公章作废"。由大连市教委一位工作人员出面，登报刊登声明，并办理了新印章。但实际上，上述印章并未丢失，至今仍在陈见旭手中。其后，陈见旭到大连市教育局上访，要求恢复其校长、法定代表人职务，并于 2001 年 10 月向大连市沙河口区法院提起行政诉讼，要求大连市教委撤销出具的介绍信。①

① 参见闫平、赵华：《民办高中校长无端被免起风波》，载新华网，http://news.xinhuanet.com/focus/2004-12-07/content_2300979.htm。

案情分析

本案争议的焦点在于大连市教委向大连商业银行甘井子支行和大连日报社出具介绍信的行为是不是行政行为，该行为是否可诉。我们认为行政机关出具介绍信的行为是一种证明行为，证明行为是否可诉，关键看这种证明行为对当事人的权利义务是否产生了实际影响。如果这种影响是间接的，且通过另外一个行政行为对当事人的权利义务产生了实际影响，那么，这种行为属于一种证据或者一种内部行为；如果这种证明行为对当事人的权利义务产生了直接的实际影响，那么，这种证明行为就属于可诉的具体行政行为。本案中出具介绍信的证明行为对当事人的权利义务产生直接的实际影响，理由如下：第一，根据最高人民法院《关于执行〈中华人民共和国行政诉讼法〉若干问题的解释》第 1 条的规定，证明行为在可诉之列。第二，根据《教育法》的规定，大连市教委是该区域内法定的教育行政管理机关。第三，依据《社会力量办学印章管理暂行规定》，教育行政管理机关有出具介绍信的法定职权。出具介绍信的行为对经法定程序产生的校长职权的行使产生了实际影响。第四，出具介绍信的行为对当事人的经营权甚至财产权产生影响。基于上述理由，大连市教委出具介绍信的行为对原告陈见旭的权利义务产生了实际影响，应属于可诉的具体行政行为。

七、内部行政行为与外部行政行为

——孙庆龙诉兴化市教育局案

知识要点

外部行政行为与内部行政行为是以行政行为作用对象的范围为标准所作的划分。外部行政行为是指行政主体在对社会实施行政管理活动过程中针对公民、法人或其他组织所作出的行政行为。内部行政行为是行政主体基于上级与下级、组织与个人之间领导与被领导关系或其他的隶属关系，在行政机关内部进行的行政行为，对外不具有法律效力。一般认为，由于这两种行政行为的性质和依据不同，因此，不同性质的行为引起的争议应通过不同的途径予以解决，即内部行政争议由行政机关自身解决，外部行政争议由法院解决。如果将行政内部争议也交由法院解决，一方面法院不熟悉行政机关内部事务，并缺乏具体的争议处理手段；另一方面容易造成法院干扰行政机关正常工作，影响依法行政的效力。因此，行政诉讼法明确规定，法院不受理就行政机关对行政工作人员的奖惩、任免等决定提起的诉讼。《行政诉讼法》第 12 条以否定方式分类列举的方法，规定人民法院不受理公民、法人或者其他组织对“行政机关对行政机关工作人员的奖惩、任免等决定”提起的诉讼。基于此，最高人民法院《关于执行〈中华人民共和国行政诉讼法〉若干问题的解释》在第 1 条第 2 款第 2 项中也重申，公民、法人或者其他组织对《行政诉讼法》第 12 条规定的行为不服提起诉讼的，不属于人民法院行政诉讼的受案范围。上述若干解释第 4 条对《行政诉讼法》第 12 条第 3 项规定的“对行政机关工作人员的奖惩、任免等决定”的含义予以明确，即是指“行政机关作出的涉及该行政机关公务员权利义务的决定”。

案情简介

孙庆龙于 2000 年 8 月以民办教师身份参加江苏省中师考试，其文化成绩进入录取最低控制线。在成绩公布和公示期间，有来电、来信举报孙庆龙存在计划生育问题，后经兴化市竹泓镇计划生育服务站办出具证明后，兴化市教育局将孙庆龙列入录取上报名单，2001 年 11 月江苏省教育厅批准孙庆龙为录取对象，录取学校为江苏省泰兴师范学校。2001 年 12 月，在办理入学手续前，又有人、来电举报孙庆龙存在违反计划生育政策问题，兴化市教育局又将这一情况向上级教育行政主管机关报告，于是孙庆龙被暂缓入学。

后孙庆龙将兴化市教育局、泰州市教育局起诉至人民法院。庭审辩论中，本案当事人围绕本案原告的诉讼请求是否属于人民法院的受案范围、被告是否为适格被告这两个争议焦点，进行了辩论。①

案情分析

本案中教师进编显属教育系统招录、任免工作人员的人事管理行为，对此无

---

① 参见《江苏省兴化市人民法院审理孙庆龙诉兴化市教育局、泰州市教育局不履行法定职责案行政裁定书》，载中国法院网，http://www.chinacourt.org/public/detail.php? id=95660。

须赘述。就中师招生而言，仅从表面上看，它涉及公民受教育权利的法律保护问题，但仔细推敲不难发现它是在岗教师所特有的权利：首先，中师招生对象为1984年年底以前从事中小学教育教学工作并取得任用证书的现仍在岗的中小学民办教师和1986年年底以前经县（市）教育行政部门批准聘用并报省辖市教育行政部门备案的现仍在岗的中小学合同代课教师。民办教师或代课教师，类似于党政机关中的以工代干人员及乡镇人民政府中经选举产生的而未进入国家干部编制的副乡长、副镇长，虽然与公办教师在人员性质和福利待遇上有一定区别，然而，他们都由地方财政拨款发放工资，都履行着教师职责，同属教育系统的工作人员，与教育行政部门存在行政隶属关系。其次，中师招生要求，报考时中学教师应具有国家承认的专科及其以上学历，小学教师应具有国家承认的中师或其他中专及其以上学历，被录取的学员毕业时颁发中师证书，这显然不是学历教育，而是教育系统内部的进修培训。再次，中师教学计划体现在职、成人特点，学员毕业纳入国家分配计划，回原单位工作，完全有别于普通国民教育，它实质上是为了稳定苏北偏远农村中小学教师队伍而有条件地将民办教师、代课教师转为公办教师的过渡措施。因此，兴化市人民法院认定中师招生与民办教师转为公办教师的教师进编行为同属教育行政系统内部行政行为，不属于人民法院行政诉讼案件受案范围是正确的。况且中师录取工作最终审核权在江苏省教育厅，录取原告的学校是江苏省泰兴师范学校，两被告并无发放原告入学通知书的法定职责，原告所诉被告主体也不适格。

八、抽象行政行为与具体行政行为

——点头隆胜石材厂诉福鼎市人民政府案①

知识要点

抽象行政行为与具体行政行为是以行政行为对象是否特定为标准所作的分类。抽象行政行为是指行政主体以不特定的人或事项为行为对象，制定或

① 参见郭克莎主编：《2003年度中国企业典型案例法律事务》，229～233页，北京，商务印书馆，2003。

发布能反复适用的、具有普遍约束力的规范性文件的行为。具体行政行为是指行政主体以特定人或事项为对象，且对特定人的权益产生实际影响的行为。

对二者进行区分具有重要的法律意义和理论意义。首先，对确定和判断行政复议和行政诉讼受案范围具有重要作用。根据我国《行政诉讼法》第 2 条规定，“公民、法人或者其他组织认为行政机关和行政机关工作人员的具体行政行为侵犯其合法权益，有权依照本法向人民法院提起诉讼”，只有对具体行政行为不服才可以作为行政案件提起行政诉讼。而《行政诉讼法》第 12 条规定：“人民法院不受理公民、法人或者其他组织对下列事项提起的诉讼：（一）国防、外交等国家行为；（二）行政法规、规章或者行政机关制定、发布的具有普遍约束力的决定、命令；（三）行政机关对行政机关工作人员的奖惩、任免等决定；（四）法律规定由行政机关最终裁决的具体行政行为。”这条规定中第 2 项的“行政法规、规章或者行政机关制定、发布的具有普遍约束力的决定、命令”其实就是抽象行政行为的结果。“行政法规、规章”，是行政立法的结果，而“制定、发布具有普遍约束力的决定、命令”就是准行政立法行为。其次，抽象行政行为与具体行政行为的主体、内容及效力的法律规定也有所区别。最后，划分抽象行政行为和具体行政行为，也是行政法学理论上对行政行为体系构成进行考察与研究的基本思路之一。

二者的区别标准主要有：其一，对象是否特定。其二，抽象行政行为针对将来要发生的事项，具体行政行为针对已发生的事项。其三，抽象行政行为是一种规范，具有假设推定及普遍适用性，而具体行政行为是一种处理决定，具有现实性、具体性、适用性。其四，抽象行政行为可反复适用，具体行政行为只能适用一次，不具有反复适用的效力。

案情简介

2001 年 3 月 13 日，福鼎市人民政府为了促进福鼎市的玄武岩石材企业上规模、产品上档次，由其下属的办公室作出鼎政办［2001］14 号文件，批准下发《福鼎市工业领导小组办公室关于 2001 年玄武岩石板材加工企业扶优扶强的意见》。该文件确定 2001 年在全市扶持具有一定生产规模的 31 家石板材企业。文件规定，福建玄武石材有限公司要为年销售收入 1 000 万元以上的 10 家企业，每家全年增加供应玄武岩荒料 500 立方米；要为年销售收入 500 万元以上的 21 家企业，每家全年增加供应玄武岩荒料 300 立方米。该文件以通知的形式下发到福鼎市各乡（镇）人民政府、街道办事处、市直有关单位和龙安开发区管委会。福建省福鼎市点头隆胜石材厂认为矿山每年开采的玄武岩荒料仅有 9 万立方米，都由福建玄武石材有限公司负责给本市的 920 余家石材加工企业供应，平均每个加工企业只能得到不足 98 立方米。鼎政办［2001］14 号文件规定对 31 家企业要用倾斜增加供应荒料的办法扶优扶强。照这样计算，每年需要从玄武岩荒料总量中提留 11 300 立方米去供应那些所谓的扶优扶强企业。平均到每家企业头上，就要被提留 12.28 立方米荒料。而且这 31 家所谓的扶优扶强企业中，就有 26 家产值低于500 万元，根本达不到扶优扶强条件。福鼎市人民政府这种逐年提高扶优荒料提留量的做法，迫使点头隆胜石材厂逐年减产。点头隆胜石材厂认为，强劲、优势的企业只能通过公平竞争显露出来，不能通过行政手段扶持起来。福鼎市人民政府的这种做法制造了不平等，破坏了公平竞争的社会经济秩序，使拉关系、走后门的腐败之风盛行，是违法行政。原告请求撤销被告的鼎政办［2001］14 号文件。本案审理期间，福鼎市人民政府又于 2001 年 7 月 13 日作出鼎政办［2001］74 号文件，决定停止鼎政办［2001］14 号文件的执行。①

案情分析

本案的关键是福鼎市人民政府的行为到底是抽象行政行为还是具体行政行为，因为这涉及当事人权利救济的方式，同时关乎法院能否受理此案。本案中福鼎市的玄武岩石材企业，其生产用原料都由第三人福建玄武石材有限公司供应，而且供应数量有限。在此情况下，福鼎市人民政府以鼎政办［2001］14 号文件，批准下发了《福鼎市工业领导小组办公室关于 2001 年玄武岩石板材加工企业扶优扶强的意见》。该文件虽然没有给原告点头隆胜石材厂确定具体的权利与义务，但却通过强制干预福建玄武石材有限公司的销售办法，直接影响到点头隆胜石材厂的经营权利，对其造成了实质上的影响。因此，对点头隆胜石材厂来说，该文件具有了《行政诉讼法》第 11 条第 1 款第 3 项规定的

① 参见《点头隆胜石材厂不服福鼎市人民政府行政扶优扶强措施案》，载《最高人民法院公报》，2001（6）。

“侵犯法律规定的经营自主权”的情形，是《行政诉讼法》第 2 条规定的具体行政行为，属于人民法院行政诉讼的受案范围，点头隆胜石材厂有权通过行政诉讼的方式维权。

九、行政行为的成立

——查幼君诉重庆市江北区体改办案

知识要点

行政行为的成立，是指行政行为在法律上存在。只有首先确定行政行为成立，才能对其进行法律评价，确认其是否合法适当。这实际上是一个事实判断问题，其着眼点在于判明行政行为是否已经成立或客观存在，它是行政行为合法有效的前提。行政行为的成立要件有：

（1）主体要件。行为主体是拥有行政职权或有一定行政职责的国家行政机关，或者法律、法规授权的组织，或者行政机关委托的组织或个人。

（2）主观要件。行为主体有引起产生、变更或消灭某种行政法律关系的意图，并有追求这一效果的意思表示。

（3）客观要件。行为主体有通过一定方式表现出来的行为。

（4）对象要件。有行政相对人的存在。

（5）功能要件。行为主体的行为能直接或间接地导致某种行政法律关系的产生、变更或消灭。

行政行为的成立是其生效的前提，但成立的行政行为并不必然合法有效；而合法有效的行政行为却必然是已成立的行政行为，必然包含所有构成要素；未成立的行政行为，则意味着其根本不存在，自然也就不用谈其效力。

案情简介

查幼君原系江北区燃料有限公司全民所有制职工，1999 年燃料公司改为股份制企业时，查与公司解除劳动关系，改制后的燃料公司以安置费折成股份对职工进行了安置，查获得燃料公司出资额为 15 906 元的股权证。2000 年 7 月经燃料公司同意，查幼君以全民所有制职工身份调到四川省天海物资开发公司。2002 年 6 月 4 日，江北区商委就燃料公司有关收回查幼君安置费折成股权问题向该委的请示致函体改办，请该办审查后回复该公司。次日，区体改办在函件上以批注形式答复燃料公司“按企业改革有关政策，查幼君按全民职工身份调出，故不应该享受安置费折成股份”。6 月 28 日，燃料公司书面通知查幼君到该公司办理退股手续。查幼君就此问题向区体改办申请回复，区体改办的答复仍然是她应该将所持股份退为国有资产。查不服“回复”，将江北区政府告上了法庭，要求法院驳回江北区政府的回复。江北区政府认为，该答复只是行政指导行为，对查没有产生效力，法院不应受理查的诉讼请求。另外，江北区政府称其回复的依据是市政府有关文件精神：职工在获得安置费后解除原有企业职工身份。①

案情分析

本案的焦点是行政答复的属性及可诉性。有人认为，该行政答复是被告在企业改制过程中，针对原告的提问所作出的具有解释与建议性质的行政指导行为，对相对人不具有强制力，也不会对其产生影响，属于准行政行为的一种，依照最高人民法院《关于执行〈中华人民共和国行政诉讼法〉若干问题的解释》第 1 条第 2 款的规定，该答复不具有可诉性。也有人认为，该行政答复是一种可诉的具体行政行为。我们同意后一种观点。要判断其是否可诉，首先就要判明这个行为是不是具体行政行为，即这个行政行为到底成不成立。这决定于其是否符合行政行为的成立要件。结合本案分析：虽然区体改办作为江北区人民政府的内设机构，不具备机关法人资格，不具有独立的对外行使职权的能力，但该机构具有区政府分解、确定给它的固定的进行经济体制改革研究、咨询、协调、决策等行政管理职权，具有行政权能，因而该机构满足行政行为的主体条件；并且这一行政答复是江北区人民政府的内设机构区体改办在解

① 参见最高人民法院行政审判庭编：《行政执法与行政审判》，总第 11 集，北京，法律出版社，2004。

决企业改制问题、行使经济体制改革管理职权的过程中所实施的行为，不管区体改办所作的回复内容是否超越权限、主体资格上是否有瑕疵，均不影响该答复是对行政权的实际运用这一事实。同时，本案中区体改办通过书面答复的形式，将要求查幼君把在企业改制时获得的安置费所折成的股份退为国有资产的效果意思告知了行政相对人，它给查幼君直接设定了退股这一新的义务，"应"字所表达出来的意思是不存在任何选择的自由，并且不管该行政答复是否有效，鉴于行政行为一旦成立其所具有的确定力和公定力，它在被宣告无效和被撤销前都对查幼君具有法律上的约束力和执行力，故该行政答复对查幼君的股权产生了实际影响。综上，被告重庆市江北区人民政府于2002年11月7日依据原告查幼君申请所作出的行政答复属于具有可诉性的具体行政行为。

十、行政行为的合法性

——常州东成电气有限公司诉常州市国土资源局国有土地使用权出让合同侵权案

知识要点

行政行为的合法要件，是指行政行为合法成立、生效所应具备的基本要素。行政行为合法的一般要件主要包括：

1. 行为主体合法。主体合法，是指作出行政行为的组织必须具有行政主体资格。

2. 行为内容合法。内容合法，是指行政行为所涉及的权利、义务以及对这些权利、义务的影响或处理，均应符合法律、法规的规定和社会公共利益。

3. 行为程序合法。程序合法，是指行政行为应当符合行政程序法确定的基本原则和制度以及法定的步骤和顺序。

4. 行为权限合法。权限合法，是指行政行为主体必须在法定的职权范围内实施行政行为，符合一定的权限规则。法律针对不同的行政主体确定了相应的职责、权限。行政主体只能依据法定职权实施行政行为，否则无效。同时，任何行政职权都有一定的限度，法律在确定行政主体的职权时，在地域、时间等方面设定了各种限度，这些限度是行政主体所不能超越的。

案情简介

江苏新辰集团公司，原名常州矿务局，含下属企业常州煤矿机械厂，主管单位是常州市经济贸易委员会。1972年，常州煤矿机械厂以划拨形式取得了坐落于本市永红乡陈渡村盛家村民小组17 960平方米，合26.94亩（内含该案讼争的1 389.2平方米的厂房所占用地）的国有土地使用权。1988年，常州市规划国土管理局对该地块进行登记备案，但未办理《国有土地使用权证》。1997年5月，刘晖和江苏新辰集团公司共同投资设立了常州东成电气有限公司，其中江苏新辰集团公司以1 389.2平方米的厂房作价100万元入股，同年12月12日该厂房产权转至常州东成电气有限公司名下。2000年4月20日的常州市人民政府《市长会议纪要》言明：原则上同意矿务局地处陈渡桥的五十亩左右工业用地进行置换，实行“优二进三”，原土地的开发按照“退二进三”的有关政策返回土地出让金和建设规费，先征后返，用于职工的分流安置。同年8月15日，常州市规划国土管理局对常州煤矿机械厂进行了详细规划。同月24日，常州市规划国土管理局发布公告，将常州煤矿机械厂的地块进行招投标拍卖，并发出了招标通知书、招标须知。其中招标须知第4项规定中说明：“此标价含土地出让金单价、土地及其地上建（构）筑物、附属物拆迁安置补偿费。”同年9月16日，天宁开发公司中标。10月18日，由常州市规划国土管理局作为出让方与天宁开发公司作为受让方签订了《国有土地使用权出让合同》，将常州市煤矿机械厂使用的面积为41 598平方米的国有土地使用权出让给天宁开发公司。2001年9月7日，常州市规划国土管理局经机构改革，根据其职能划分，分别变更为常州市规划局、常州市国土资源局，其中土地管理的职能划归常州市国土资源局。2002年8月28日，江苏新辰集团公司因经营管理不善造成严重亏损，不能清偿到期债务，被江苏省常州市中级人民法院依法宣告破产。2003年1月16日，常州市经济贸易委员会对如何处理常州煤矿机械厂用地以18号文进行请示，常州市国土资源局作出“由当时矿务局作为净地一并处理结算”的意见，并由市领导批准同意。江苏新辰集团公司破产过程中，常州市经济贸易委员会就常州东成电气有限公司的债权、债务、厂房、设备、资产等处置问题与常州东成电气有限公司进行协商未果。2003年7月，常州东成电气有限公司在不知情、不欠水电费的情况下，被停电、停水，遂于同月10日向常州市钟楼区人民法院提起行政诉讼，要求法院撤销常州市规划局与天宁开发公司之间签订的《国有土地使用权出让合同》。①

案情分析

本案首先要解决的问题是该案是否属于行政诉讼案件，即对国有土地使用权出让合同的合法性的审查是否属于法院行政审判职权的范围。1994 年《中华人民共和国城市房地产管理法》第 7 条规定，土地使用权出让是指国家将国有土地的使用权在一定年限内出让给土地使用者，由土地使用者向国家支付土地使用权出让金的行为。第 14 条规定，土地使用权出让，应当签订书面出让合同；土地使用权出让合同由市、县人民政府土地管理部门与土地使用者签订。《中华人民共和国城镇国有土地使用权出让和转让暂行条例》第 8 条规定，土地使用权出让是指国家以土地所有者的身份将土地使用权在一定年限内让与土地使用者，并由土地使用者向国家支付土地使用权出让金的行为。根据上述规定可以认定，国有土地使用权出让合同是市、县人民政府的土地管理部门代表国家以土地所有者和对土地的使用行使管理职权的管理者身份与土地使用者所签订的行政合同，属于双方行政行为。因此，如果当事人认为市、县人民政府所签订的国有土地使用权出让合同侵犯其合法权益的，依法有权向人民法院提起行政诉讼。

而本案的实质问题是常州市国土资源局出让土地的行为是否合法。按照通常的观点就是判定该行为是否满足行政行为的四个合法要件，即主体合法、权限合法、内容合法、程序合法。首先，常州市国土资源局是土地行政管理部门，具有行政主体资格。其次，常州市国土资源局的出让行为并没有存在任何越权的情形。再者，该行为内容合法。根据《中华人民共和国城镇国有土地使用权出让和转让暂行条例》第 47 条规定，无偿取得划拨土地使用权的土地使用者，因迁移、解散、撤销、破产或者其他原因而停止使用土地的，市、县人民政府应当无偿收回其划拨土地使用权，并可依照本条例的规定予以出让。对划拨土地使用权，市、县人民政府根据城市建设发展需要和城市规划的要求，可以无偿收回，并可依照本条例的规定予以出让。无偿收回划拨土地使用权时，对其地上建筑物、其他附着物，市、县人民政府应当根据实际情况给予适当补偿。本案中，常州市国土资源局出让的土地原是划拨国有土地，且该土地

① 参见最高人民法院行政审判庭编：《行政执法与行政审判》，总第 13 集，北京，法律出版社，2005。

的使用者正处于濒临解散和破产阶段，常州市国土资源局按照市政府纪要，将该土地无偿收回，并以净地出让给常州市天宁房地产开发有限公司使用是可以的。但是常州市国土资源局在无偿收回该土地时，应当依法对常州东成电气有限公司进行合理补偿，因为该公司对其厂房享有合法所有权。因此，常州市国土资源局在未对常州东成电气有限公司进行合理补偿的情况下，就将争议土地出让，违反了上述规定。最后，本案中常州市国土资源局的出让行为在程序上也不存在明显的程序瑕疵。

综上所述，常州市国土资源局的出让行为不完全符合行政行为的合法要件。但是本案中土地的受让者常州市天宁房地产开发有限公司已经履行了该出让合同，并投入了一定资金，进行了前期开发，常州市天宁房地产开发有限公司通过招标取得这块土地的使用权并无过错，加上常州东成电气有限公司所占用的土地仅是被出让土地中的一小部分，因此，为了保护第三人常州市天宁房地产开发有限公司的合法利益，法院只能作出确认违法的判决，而不宜直接撤销这一行政行为。

十一、行政许可中的法律问题

——红宇宙公司诉工商局行政许可不予受理案

知识要点

1. 行政许可是指行政主体根据行政相对方的申请，经依法审查，通过颁发许可证、执照等形式，赋予或确认行政相对方从事某种活动的法律资格或法律权利的一种具体行政行为。

2. 行政机关对申请人提出的行政许可申请，可以作如下处理：一是申请事项依法不需要取得行政许可的，应当即时告知申请人不予受理；二是申请事项依法不属于本行政机关职权范围的，应当即时作出不予受理的决定，并告知申请人向有关行政机关申请；三是申请材料存在可以当场更正的错误的，应当允许申请人当场更正；四是申请材料不齐全或者不符合法定形式的，应当当场或者在5日内一次性告知申请人需要补正的全部内容，逾期不告知的，自收到申请材料之日起即为受理；五是申请事项属于本行政机关职权范围，申请材料齐全、符合法定形式，或者申请人按照行政机关的要求提交全部补正申请材料的，应当受理行政许可申请。行政机关受理或者不予受理行政许可申请，应当出具加盖本行政机关专用印章和注明日期的书面凭证。

公民、法人或者其他组织对行政机关实施的行政许可，享有陈述权、申辩权、申请行政复议权、提起行政诉讼权和申请国家赔偿权。

案情简介

北京红宇宙法律咨询服务有限公司（以下简称“红宇宙公司”）于2007年8月11日向市工商局提出申请，要求将其名称“北京红宇宙法律咨询服务有限公司”变更为“北京红宇宙法律服务有限公司”，并提交了相关的申请文件。市工商局审查后认为，依据司法部、国家工商行政管理局有关规定，法律服务机构包括律师工作机构、法律咨询机构、基层法律服务所三种形式，只有法律咨询机构属于工商登记范围，其名称亦有严格限定，即必须有“法律咨询服务”字样。红宇宙公司的申请是改变其法律咨询服务机构的性质，不属于工商部门的登记范围。因此，根据《行政许可法》第32条第1款第2项的规定，作出了不予受理的决定。红宇宙公司不服，向法院提起行政诉讼，要求法院依法撤销市工商局作出的不予受理行政许可申请决定书，并判令被告依法为其变更公司名称。①

案情分析

本案主要涉及了行政许可两个方面的问题。一是原告申请的事项是否属于行政许可设定的事项。依据《行政许可法》第12条第5项的规定，“企业或者其他组织的设立等，需要确定主体资格的事项”的，可以设定行政许可。对于此类事项设定的行政许可是指行政机关确立企业或者其他组织特定主体资格、特定身份，使其获得合法从事涉及公众关系的经济、社会活动的能力的许可。例如工商企业登记、社团登记等。本案原告向被告提交的是公司名称变更申请，即公司登记事项的变更，因此，应当属于行政许可事项。二是原告申请的事项是否应当受理。即原告申请的事项是否属于被告的职权范围，这是本案的关键。工商局认为，法律服务机构包括

① 参见申进：《从本案看行政许可中的受理》，载中国法院网，http://www.chinacourt.org/public/detail.php?id=232106。

律师工作机构、法律咨询机构和基层法律服务所三种形式。这三种形式中只有法律咨询机构才属于工商登记的范围。原告申请将名称中的“法律咨询服务”变更为“法律服务”，去掉“咨询”二字，是改变了法律咨询服务机构的性质，不属于工商登记的范围。因此，作出了不予受理的行政决定。实际上，工商局作出的决定存在着对行政许可受理事项的认识错误。原告红宇宙公司的性质是有限责任公司，其提出的申请是公司名称的变更登记，是公司的登记事项，应当属于工商局行政许可的受理范围。工商局受理后，应当依据《行政许可法》第38条的规定，作出是否准予行政许可的书面决定。根据司法部、国家工商行政管理局的有关规定，原告是法律咨询服务公司，其名称中必须有“咨询”二字。如果工商局认为其申请事项改变了法律咨询服务机构的性质，应当依据《行政许可法》第38条第2款的规定作出不予行政许可的决定。

十二、行政裁决中的法律问题

——崔某不服某县公安局行政裁决案

知识要点

行政裁决是指特定行政机关依照法律授权对平等主体之间发生的、与行政管理活动密切相关的、特定的民事纠纷进行审查，并作出裁决的具体行政行为。从这一概念可知行政裁决具有以下特征：

1. 行政裁决的主体是经法律法规授权的特定行政机关。即不是任何一个行政机关都可以成为行政裁决的主体，只有那些对特定行政管理事项有管理职权的行政机关，经法律法规明确授权，才能对与其管理职权有关的民事纠纷进行裁决，成为行政裁决的主体。如《商标法》、《专利法》、《土地管理法》、《森林法》、《食品卫生法》、《药品管理法》等对侵权赔偿争议和权属争议作出规定，授权有关行政机关对这些争议予以裁决。

2. 行政裁决的对象是与行政管理活动密切相关的民事纠纷。随着社会经济的发展和政府职能的扩大，行政机关获得了对民事纠纷的裁决权。但行政机关参与民事纠纷的裁决并非涉及所有民事领域，只有在民事纠纷与行政管理密切相关的情况下，行政机关才对该民事纠纷进行裁决，以实现行政管理的目的。

3. 行政裁决是依申请的行政行为。争议双方当事人在争议发生后，可以依据法律法规的规定，在法定的期限内向特定的行政机关申请裁决。没有当事人的申请行为，行政机关不能自行启动裁决程序。

4. 行政裁决具有准司法性。行政裁决是行政机关行使裁决权的活动，具有法律效力。行政机关在实施行政裁决时，是以第三者的身份居间裁决民事纠纷，具有司法性质，同时又是以行政机关的身份裁决争议，具有行政性质。因此，行政裁决兼具司法性和行政性。

5. 行政相对人不服行政裁决而引起的纠纷属于行政纠纷。对此，除属于法定终局裁决的情形外，当事人可依法申请行政复议或提起行政诉讼。

案情简介

崔某与郭某系前后邻居。2002 年 3 月 8 日，崔某建房时，因郭某在崔某宅基地后面的大路上堆放了 200 余顶砖，影响其建房施工。崔某要求郭某将砖挪开。双方为此发生口角并引起厮打，互有伤情。2002 年 3 月 8 日至 9 日，郭某在某县前营乡医院医治，用去医疗费 323.90 元，同年 3 月 11 日至 20 日，郭某又在某县人民医院住院医治，花去医疗费 860.30 元。2002 年 3 月 11 日至 14 日，崔某在某乡卫生院治疗，用去医疗费 212 元。2002 年 3 月 31 日，郭某的伤情经某县公安局鉴定为轻伤。2002 年 4 月 17 日，某县公安局认定郭某辱骂他人，依法给予其警告处罚。2002 年 5 月 25 日，某县公安局对崔某殴打他人的违法行为依法给予警告处罚，并根据《治安管理处罚条例》① 第 8 条规定，对崔某作出裁决，责令其赔偿郭某经济损失并负担医疗费用共计 10 008 元。崔某不服，向某县人民政府申请复议。复议机关经审理认为：某县公安局依照《治安管理处罚条例》第 8 条对郭某的经济损失及医疗费用进行裁决，属适用法律、法规错误，同时也违反了公安部《关于公安机关贯彻实施〈行政诉讼法〉若干问题的通知》第 12 条的规定，属超越职权的行为，遂依据《行政复议法》第 28 条第 4 项规定，撤销了某县公安局的裁决。②

---

① 我国 1986 年《治安管理处罚条例》已被 2005 年《治安管理处罚法》所取代。

② 参见《谈公安机关行政裁决的权限》，载海门政府法制网，http://www.hmfzb.gov.cn/yfxingzheng/approach_detail.asp? id=6&id=14。

案情分析

公安机关是否有权裁决因民间纠纷引起的打架斗殴造成的损失或伤害是本案要解决的关键问题。行政裁决的特征是：行政机关能否享有裁决民事、经济纠纷的权利，应当取决于法律、法规有无授权性规定。本案中被告进行行政裁决的依据是《治安管理处罚条例》第8条，该条规定违反治安管理造成的损失或者伤害，由违反治安管理的人赔偿损失或者负担医疗费用，如果违反治安管理的人是无行为能力人或者限制行为能力人，本人无力赔偿或者负担的，由其监护人依法负责赔偿或者负担。很明显这仅仅是对损害赔偿责任以及责任承担人的规定，并未授予公安机关对因民间纠纷引起的打架斗殴造成的损失作出裁决的权力。同时公安部《关于公安机关贯彻实施〈行政诉讼法〉若干问题的通知》第12条第1款规定："公安机关因民间纠纷引起的打架斗殴和毁人财物等治安案件，除对违反治安管理的行为调解或裁决外，对造成的损失和伤害，需要赔偿和负担医疗费用的，可以进行调解处理，调解时应制作调解笔录。对调解不成或者调解达成协议后反悔的，应告知双方当事人到人民法院按民事案件起诉。"可见，法律并未明确规定公安机关有权对此类案件造成的损失或伤害作出裁决。因此，公安机关无权对此类案件造成的损失或伤害作出裁决。本案中，崔某与郭某之间的损失及医疗费用的负担问题，公安机关可以进行调解，在调解无效时应根据上述公安部的通知告知双方当事人到人民法院按民事案件起诉。而县公安局的裁决违反了公安部《关于公安机关贯彻实施〈行政诉讼法〉若干问题的通知》第12条的规定，属超越职权的行为。

十三、行政处罚法定原则

——宁德市大众影院诉宁德市工商局案

知识要点

1. 行政处罚是指在行政相对人实施了某种违反行政法规范但尚未构成犯罪的情形下，行政主体为了维护社会公共利益与行政秩序而对该违法者给予一定处罚的具体行政行为。因此，行政处罚首先要遵循行政法的基本原则，即行政法治原则。

2. 行政处罚法定原则包含如下几个内涵：第一，在法律、法规及规章没有明文规定某一种行为属行政违法行为时，行政相对人的行为不应被认为是违法行为，该相对人也不应承担相应的法律责任，并受到行政处罚。第二，行政处罚的设定权必须由特定的国家机关行使。具体地说，法律可以设定各种行政处罚，行政法规可以设定除限制人身自由以外的行政处罚，地方性法规可以设定除限制人身自由、吊销营业执照以外的行政处罚，行政规章可以设定警告与一定数额罚款的行政处罚，但是罚款的数额必须由国务院或者同级人大及其常委会作出规定。第三，行政处罚必须由特定的行政机关或者具有管理公共事务职能的组织实施。根据我国《行政处罚法》的规定，“国务院或者经国务院授权的省、自治区、直辖市人民政府可以决定一个行政机关行使有关行政机关的行政处罚权，但限制人身自由的行政处罚权只能由公安机关行使”。此外，法律、法规授权的具有管理公共事务职能的组织可以在法定授权范围之内实施行政处罚。第四，行政处罚的内容、种类、程序均应该遵循法律、法规与规章的明确规定。总之，“权力法定，权利推定”是现代民主法治的基本精神。特别是行政处罚行为，它直接影响到行政相对人的某种实在的、具体的权益，更需要有明确的法律依据。

案情简介

宁德市大众影院预定于1989年4月5日至6日上映《寡妇村》影片。上映之前，在影院前厅设立了一个活动宣传牌，售票处的宣传橱窗也对该片进行宣传。宣传牌载有八幅《寡妇村》电影剧照并加以文字说明：“郑重声明，儿童不宜”；“本片通过三位女主人公的夫妻生活，正面触及在文艺领域长期被视为禁区的性生活问题，反映落后的风俗与传统观念给予妇女的精神重负。该片被一些报刊宣传为我国第一部性电影，第一部儿童不宜的电影，在京上映场场爆满，黑市票价一张卖10元，广州卖到27元，是目前电影市场上一部看好的片子”。在宣传橱窗上标明的内容为：“《寡妇村》，国内首部性电影，儿童不宜”、“5日上映，票价六角”。同年4月4日上午，宁德市工商局以大众影院设立的宣传广告“内容恣意夸张，为票贩开绿灯”为理由，口头通知大众影院拆除《寡妇村》影片广告，但大众影院没有接受。同日下午3时许，宁德市工商局派员前往大众影院监督检查，大众影院代表以电影宣传不属广告，且其内容均摘自电影报刊资料和上级机关文件为理由，拒绝撤销。4 月 7 日，宁德市工商局以大众影院未经工商行政管理部门同意，擅自设立广告，恣意夸张内容，欺骗消费者为理由，根据国家工商行政管理局发布的《广告管理条例施行细则》第 22 条、第 23 条之规定，对大众影院作出行政处罚：（1）责成大众影院写出深刻的书面检查；（2）处以 2 000 元罚款；（3）通报有关单位。大众影院不服，向宁德地区工商行政管理局申请复议。5 月 5 日，地区工商局在请示省工商局和国家工商局之后作出复议决定，认定大众影院为了招揽观众，进行营业性的电影宣传，是属于广告的一种形式。有关部门根本没有确认《寡妇村》影片为我国首部性电影和儿童不宜的影片，而大众影院却利用报刊对该片的评论，把各抒己见、有争议的看法作为广告宣传的依据，内容荒诞；同时公然宣传黑市票价，其行为违反了国务院发布的《广告管理条例》第 3 条和第 8 条第 4、5 项的规定，并根据《广告管理条例施行细则》第 23 条之规定，维持宁德市工商局对大众影院的处理决定。

大众影院不服，向宁德地区中级人民法院提起诉讼。①

案情分析

大众影院对《寡妇村》影片的广告宣传内容是否荒诞，是本案行政处罚争议的焦点，它关系到工商局行政处罚决定是否合法、正确的问题。荒诞是指“毫无根据”、“毫无事实”、“凭空捏造”。《寡妇村》影片反映三个女主人公的夫妻性生活的压抑，揭示了旧社会落后风俗与传统观念给予妇女的精神重负，而且在此之前国内未曾拍过这一类电影。所以，认为它是性电影，甚至是国内首部性电影，不能说是错误的或违法的。为了保护少儿的身心健康，摄制该片的珠影公司在发行影片中标明“儿童不宜”，也是适当的。因此，大众影院对该影片的宣传内容不能认为是荒诞的。工商行政管理机关在电影主管部门未对该影片宣传内容定性为“荒诞”的情况下，认定大众影院宣传《寡妇村》影片为“性电影”的广告内容荒诞，是不当的。根据行政诉讼法关于行政机关负举证责任的原则，工商行政管理机关作出这样的认定，显然缺乏事实根据和法律依据，因而其行政处罚决定

① 参见最高人民法院中国应用法学研究所编：《人民法院案例选》（行政卷），231 页，北京，人民法院出版社，2000。

是不正确的。

十四、行政指导行为的判断
——王品朝等因“扶贫苗”不结果状告县农业局案

知识要点

1. 行政指导

行政指导是行政机关在其职责或管辖事务范围内，为适应复杂多样化的经济和社会管理需要，基于法律精神、原则、规则以及国家政策，适时灵活地采取指导、劝告、建议等非强制性方法，谋求相对人同意或协助，以有效地实现一定行政目的的行为。简言之，行政指导就是行政机关在其职责范围内为实现一定行政目的而采取的符合法律精神、原则、规则或国家政策的指导、劝告、建议等行为。行政指导具有以下特征：

（1）行政指导是非强制性行政活动，不以国家强制力为后盾。

（2）行政指导是一种事实行为，不产生法律效果。

（3）行政指导是行政机关单方面的意思表示，属于单方行为。

（4）行政指导是一种外部行为。

2. 行政指导的原则

（1）正当性原则。正当性原则是指行政指导行为必须最大限度保障行政相对人对行政指导的可接受性。

（2）自愿性原则。自愿性原则是指行政指导行为应被行政相对人认同和自愿接受，因为，行政指导行为不是一种行政主体以行政职权实施的，期望产生法律效果的行政行为，对行政相对人不具有法律上的约束力。行政指导不是行政机关的强制性行为，其没有国家强制力作保障，行政相对人不愿意接受行政指导行为，行政机关也不能借助国家强制力迫使行政相对人违心接受。否则，行政机关的行政指导行为就质变为具有强制力的行政行为了。

（3）必要性原则。必要性原则是指行政主体采取行政指导行为比实施行政行为可能会产生更好的客观效果的一种主观认识。

案情简介

1987年，临安县（现为临安市）政府用专项资金以0.5元每株的价格从浙江萧山一家个体户手中购买了2万株当时十分紧俏的“小叶猪肝梅”和“大花梅”种苗，用于“综合开发低丘缓坡，发展多种经营”。当时的“纳税大户”王品朝，以扣除政府补助金的办法拿到了2 400株种苗，投入三十多万元承包了60亩山地，修通两个村子的机耕路，准备搞个青梅产供销一条龙。这60亩山地，还成了“县级示范林”。按照农技站的介绍，这种青梅树3年挂果，5年丰产。可是5年过去了，梅树没有挂果，农技站说是因为“倒春寒”；7年过去了，终于有几株梅树结果，可是打下的青梅一百颗还凑不足一斤，跟满山遍野的“野梅子”没什么两样。1998年，四处上访的农户拿到了浙江省农科院青梅专家夏起洲对此做的品质鉴定：“90%以上为实生梅，质差产量低，没有经济价值和效益，继续保留没有意义。”十多年的希望彻底化为了泡影，临安县的承包农户中，仅王品朝一户直接和间接损失就达一百多万元。这些曾被临安县六十多户农民视作“摇钱树”的2万株青梅树苗，是当时县农业局“好心”从杭州市有关部门争取到的农业开发资助项目之一。令临安县农业局意想不到的是，国家的扶农资金打了水漂，六十多农户十多年的投入也血本无归；因为这批伪劣种苗，农业局还上了被告席，被村里的农民“索赔”100万元。①

案情分析

本案主要涉及县农业局的行政指导的方式是否正当以及对此要不要承担相应的责任。首先，本案中农业局的行政指导没有采取行政指导的正当方式：行政指导的常见方式有引导、劝告、建议、协商、示范、制定导向性政策、发布信息等等，而且不管采取哪种方式，都应向相对人说明行政指导的宗旨、内容、指导者的身份，增加行政指导的公开性与透明度。而本案中农业局及农业局下属的农技站采用的方式是介入市场经济，大包大揽从外地购进青梅苗，然后卖给农民，这

① 参见应松年、王成栋主编：《行政法与行政诉讼法案例教程》，217页，北京，中国法制出版社，2003。

种市场经济行为不是行政指导的正当方式。行政部门不是专业采购商，跟市场应保持距离，尽管农业局说没有赢利，但农民要求赔偿与政府采用市场经济买卖这种具有十分隐蔽性的手段实施所谓的行政指导有关。其次，行政指导的成立强调相对方的同意，若相对人不同意，则指导关系不可强行成立。而且行政指导应于达成行政目的之必要和最小限度内进行（即比例原则），同时也不得给予服从指导者特别利益（即平等原则）。本案中农业局用扶贫款补贴树苗价款，致使购买树苗人实际多得扶贫款，而不购买或少购买者少得或不得扶贫款。因此，县农业局提供青梅苗又称其“扶贫苗”的行为对当事人事实上有一定的意志强制，不符合行政指导的意思自治的要求。最后，县农业局在行政指导时也没有尽到谨慎原则。由于行政指导面对较多的相对人，一旦失误将造成重大损失，因此，行政机关在实施行政指导时要谨慎从事，切实为相对人利益着想。本案中，论专业技术，农业局对树苗的种类和质量最有发言权；论权威性，农业局作为国家行政机关也具有行政主体的权威性和识别树苗的职责，因此，在本案中，如果说农业局对其说得天花乱坠的青梅苗都辨别不了真假，农民就更不识真假了。农民出于对县农业局在占有信息情报、技术方面的信赖而购买青梅苗。因此，农业局在采购树苗时本应慎重对待，仔细鉴别，然后再提供给农民。然而，他们没有这样做，造成农民的“扶贫苗”16 年不结果的严重后果，农业局确是有严重过错的。对行政相对人基于对行政主体的信赖而接受行政指导所造成的损失进行补偿，可以促进行政指导的质量提高，防止滥用行政指导，保护相对人的合法权益。不过对相对人接受行政指导而受到损失的赔偿，即使在行政指导制度发达的日本，也没有成文法的明确规定。我们认为，此案最终被法院受理是一个良好的开端，但相对人要获得真正意义的补救，必须是相对人权利意识的提高、行政机关自身素质的改进、行政程序的健全和司法监督共同努力和进步的结果。

十五、行政合同的性质

——张瑜诉福建省龙岩市新罗区教育局不履行委培合同案

知识要点

行政合同也叫行政契约，是行政主体为了实现特定的行政管理目标，与公民、法人和其他组织就有关事项协商一致所达成的协议。①

行政合同是一种双方行政行为，与一般民事合同相比具有以下特征：行政合同的当事人一方必定是行政主体；行政合同签订的目的是实现特定的行政管理目标；行政合同以双方意思表示一致为前提；在行政合同的履行、变更或解除中，行政机关享有行政优益权。行政优益权表现为行政机关可以根据行政管理的需要，单方变更或者解除合同，行政机关非因相对方的过错而解除合同，导致相对方财产上受到损失的，应予以补偿。行政合同的订立方式主要有：招标、拍卖和协议。

案情简介

1996 年 10 月 7 日，张瑜与福建省龙岩市新罗区教育局签下了福建省师范高校委培生合同。合同规定：由新罗区教育局委托某师范学校代培普师专业教师；张瑜毕业后须回本市无条件服从福建省龙岩市新罗区教育局的安排；张瑜在校所需经费自理。1999 年 8 月，张瑜顺利地从某师范学校毕业，回到原籍后，该市教委要求福建省龙岩市新罗区教育局对张瑜给予工作安排，但福建省龙岩市新罗区教育局的办事人员明确告诉张瑜，要她按照区教育、卫生类毕业生就业改革领导小组办公室（以下简称“就业改革领导小组”）《关于 1999 年新罗区师范类中专毕业生择优录用考试的通知》要求，报名参加区里统一组织的择优录用考试。张瑜因成绩未达到录用分数线而未被录用为正式编制的小学教师。2000 年 8 月 11 日，福建省龙岩市新罗区教育局受就业改革领导小组的委托在当地报刊上登公告，要求 2000 年和 1999 年未被录用的师范类毕业生于 8 月 17 日前到该局报到，准备参加当年的择优录用考试。同年 8 月 17 日上午，福建省龙岩市新罗区教育局要求张瑜签收一封介绍信，介绍张瑜到某实验小学报到，由该校给张瑜安排工作。张瑜对此举很不满意，以编制、工作性质不明确为由拒绝签收，并向新罗区人民法院提起诉讼，该院于 2000 年 11 月初决定立案审理。②

---

① 参见余卫明、邓成明主编：《行政法与行政诉讼法》，151 页，长沙，湖南大学出版社、湖南人民出版社，2001。

② 参见《关于行政合同是否可以提出行政诉讼的条例——委培生难倒教育局》，载 http://www.3edu.net/lw/xzal/lw-79004.html。

案情分析

行政合同这种通过契约的方式将国家所要达到的行政管理目标固定化、法律化，并在合同中规范双方当事人的权利和义务的行政管理模式，在现代行政管理中被国家行政机关广泛地运用。

根据行政法基本原理，行政合同纠纷通过行政法的救济途径、适用行政诉讼程序来解决，这一点在理论界已经没有争议。但在实践中，由于我国尚未建立行政合同方面完善的法律制度，其纠纷解决途径仍有争议，因此，司法实务界曾一度认为此类案件不具有可诉性，不属法院受案范围。这一局面直到 2000 年最高人民法院出台《关于执行〈中华人民共和国行政诉讼法〉若干问题的解释》后才得以改变。

该解释第 1 条规定，公民、法人或者其他组织对具有国家行政职权的机关和组织及其工作人员的行政行为不服，依法提起诉讼的，属于人民法院行政诉讼的受案范围，将行政合同这种双向行政行为纳入了司法救济的范围。因此新罗区人民法院受理此案是没有争议的。由于行政合同的最终目的是维护国家的公共利益，国家为了保障行政机关有效地行使职权、履行职责，往往通过法律赋予行政机关种种职务上的优益条件，以保证行政合同的正确执行。因此，在行政合同的履行、变更或解除中，行政机关享有行政优益权，可以根据国家行政管理的需要，单方依法变更或解除合同。但行政主体单方面解除合同的权力的行使是有条件的，必须符合公平、合理、合法的原则，并要有职权和法律上的根据。所谓“有条件”，是指合同缔结后出现了妨碍合同目的实现的客观情况。行政机关非因相对方的过错而解除合同，导致相对方财产上受到损失的，应予以合理的补偿。

本案中被告新罗区教育行政主管部门，具有法定的行政管理职责。其与原告张瑜签订的委培合同，目标明确，内容合法。原告已按合同约定履行义务，交纳了全部费用并按期毕业返回向被告报到。因此，被告应按合同的承诺条款履行职责，并且被告在无明确政策、法律规定的情况下，仅凭不具有约束力的新罗区委会议纪要、新罗区就业领导小组的通知，单方变更合同约定的分配方式，显然违反法律规定，其单方变更合同内容的行为应当是无效的。

第三篇 国际法篇

第八章
国际公法

一、国际法的概念与性质

——英伊石油案

知识要点

国际法是在国际交往中形成的，用以调整国际关系（主要是国家间关系）的，有法律约束力的各种原则、规则和制度的总称。① 从特征上看，首先，国际法的调整对象主要是国家间的关系，因此国际法律关系的主体是国家。其次，国际法是在国家之间交往中形成的法律，它不是国际法主体之上的法律，而是它们之间的法律。最后，国际法的制定者、执行者、受制裁者都是国家，国家通过协议制定国际法规范，国际法规范的实施又依靠国家本身。总之，国际法是国际社会的法律规则。由于国际社会主要是由国家组成的，因此，国际法主要是国家之间的法，其主体主要是国家，但也包括国际组织和正在争取独立解放的民族组织。

案情简介

1933 年 4 月，伊朗（当时称波斯）政府与英国一家公司——英伊石油公司签订一项特许权协定。协定授予后者在伊朗境内开采石油的特许权，有效期为 60 年。1951 年 3 月，伊朗宣布对其境内的石油工业实行国有化，并由此取消了

① 参见梁西主编：《国际法》，3 页，武汉，武汉大学出版社，2003。

英伊石油公司的特许权。这些政策的实施引起了伊朗政府与英伊石油公司间的争端。英国政府支持该英国公司的主张，并以行使外交保护权的名义，于1951年5月16日以单方申请的形式在国际法院对伊朗提起诉讼。英国政府主张国际法院对该争端有管辖权的主要依据是英、伊双方曾发表的接受法院强制管辖权的声明和属于该声明范围的伊朗与英国、第三国分别缔结的若干协定。伊朗政府对国际法院对该争端的管辖权提出反对意见，其主要理由是，根据伊朗接受法院强制管辖权的声明，法院的管辖权限于该声明发表后伊朗缔结的条约所引起的争端。

国际法院指出，该特许权协定绝不构成伊朗声明之后的一项条约；事实上，它仅仅是一国政府与一个外国公司之间的一项协议，英国政府不是协议的当事人。因此，它不能构成英、伊两国政府间的联系，亦不能调整它们之间的关系，不论伊朗政府，还是英国政府，都不能以此合同为依据向对方主张任何法律权利或义务。鉴于上述理由，法院得出它对该案无管辖权的结论。①

案情分析

本案很好地澄清了国际法的性质和特点，国际法院清楚地表明了国际法主要是国家间的法律。本案的关键是明确伊朗政府与英伊石油公司特许权协定的性质。英国政府错误地认为1933年的特许权协定具有条约的性质，实际上是混淆了国际条约与国内法上的协议。在国际法上，能够享有条约权利和承担条约义务的只能是国际法上的主体，而不是外国法人。国际法通常只调整国家间的关系，而不调整国家与个人之间的关系。

二、作为国际法渊源的国际习惯

——庇护权案

一般而言，国际习惯是各国在其实践中形成的一种有法律约束力的行为规则。② 按照《国际法院规约》第38条的规定，国际习惯是指“作为通例之证明

---

① 参见梁淑英主编：《国际法教学案例》，177页，北京，中国政法大学出版社，1999。

② 参见梁西主编：《国际法》，33页，武汉，武汉大学出版社，2003。

而经接受为法律者”。它是国际法古老的渊源，也是一种严格法律意义上的渊源。

通常认为，作为国际法渊源的国际习惯的形成必须具备两个要件：“通例的存在”和“接受为法律”。“通例的存在”是国际习惯形成的客观要件，也称为国际习惯形成的“物质因素”，即必须有各国重复的类似行为，也就是各国在其相互关系上，对某种事项长期、重复地采取类似行为（或不行为）这一客观事实的存在。“接受为法律”是国际习惯形成的主观要件，也称为国际习惯形成的“心理因素”，即法律确信，也就是指惯例被各国视为法律规则而具有拘束力。

国际习惯是一种“不成文”法，为了证明某项规范已经确立为国际习惯，必须查找到充分的证据。一方面，有不少条约是在编纂国际习惯的基础上缔结的；另一方面，有些规定在双边及少数国家参加的多边条约中的规则及原则，在通过各国不断实践并获得公认后，能够以国际习惯的方式而成为一般国际法规范。可见，作为国际法渊源的条约和国际习惯，具有一种相互补充、渗透和转化的作用。

案情简介

1948 年 10 月 3 日，秘鲁发生一起未遂政变。次日，秘鲁总统下令取缔政变的组织者“美洲人民革命联盟”，并宣布对该联盟领导人维克托·劳尔·哈雅·德·拉·托雷等进行刑事审讯。1949 年 1 月 3 日，托雷前往哥伦比亚驻秘鲁使馆请求庇护。次日，哥伦比亚使馆接受了他的请求并通知秘鲁政府，它已对托雷给予庇护，并请求秘鲁政府向托雷颁发他离开秘鲁所需要的通行许可证。同年 1 月 14 日，哥伦比亚宣布托雷已被确定为政治避难者。秘鲁政府认为，托雷是普通刑事犯罪分子，无权享受庇护，更不可能获得安全离境的权利。两国在这些问题上不能达成一致，经过多次外交交涉，双方于 1949 年 8 月 31 日签订《利马协定》，同意将争端提交国际法院裁决。

同年 10 月 15 日，哥伦比亚向国际法院提出诉讼请求书，请求国际法院宣布：(1) 根据 1911 年《玻利维亚引渡协定》、1928 年《哈瓦那庇护公约》和美洲一般国际法，作为庇护国的哥伦比亚有权为该项庇护的目的确定避难者被指控罪行的性质；(2) 作为避难者的领土所属国秘鲁负有义务向该避难者颁发通行许可证。秘鲁政府则在后来的书面和口头程序中，请求国际法院驳回哥伦比亚政府的上述诉讼请求，判决并宣布对托雷准予庇护和维持该项庇护的行为违反了 1928 年《哈瓦那庇护公约》第 1 条第 1 款（不得庇护普通罪犯）、第 2 条第 2 款

（庇护只能在紧急情况下进行）及其他有关条款的规定。

1950 年 11 月 20 日，国际法院对本案作出了判决。法院首先对哥伦比亚政府用来支持其第一项诉讼请求的法律依据进行了逐一分析。首先，法院明确了“外交庇护”与“领域庇护”的区别：在领域庇护中，避难者是在给予庇护国境内；在外交庇护中，避难者是在使馆驻在国境内。使馆单方面确定避难者犯罪的性质，有损领土国的主权。因此不能承认这种有损领土主权的外交庇护，除非在某种特定的情况下，它的法律依据得到了确立。其次，哥伦比亚政府主张，由庇护国单方面确定避难者犯罪性质的做法已成为国际习惯法规则，其依据是拉丁美洲国家的某些协定和习惯。法院则认为，《国际法院规约》第 38 条将国际习惯定义为“作为通例之证明而经接受为法律者”，以国际习惯为依据的一方，必须证明这个习惯已经确立，因而对他方是有拘束力的；因此哥伦比亚政府必须证明它所援引的规则是符合有关各国所形成的恒久如一的习惯的，而且这个习惯须表明给予庇护的国家所享有的权利和当地国家所负有的义务。尽管 1911 年《玻利维亚引渡协定》第 18 条规定，缔约国家承认“符合国际法原则的庇护制度”，但这些原则并没有肯定庇护国有权单方面决定避难者所犯罪行的性质。1928 年《哈瓦那庇护公约》也没有赋予庇护国以单方面确定避难者犯罪性质的权利。虽然 1933 年《蒙得维的亚政治庇护公约》第 2 条确认庇护国享有这种权利，但秘鲁当时并未批准该公约，因此它对秘鲁无约束力。哥伦比亚政府援引了许多外交庇护权在事实上已被赋予和受到尊重的具体案例。然而，在国际法院看来，它们或者与本案无关，或者并未对前述单方确定权作出规定，或者虽然作了肯定的规定，但只获得少数国家的批准；而且，这些在不同场合发表的官方的肯定意见在很大程度上是基于政治的考虑。总之，法院认为，哥伦比亚政府不能证实单方面确定避难者犯罪行为性质的权利是一项国际习惯法的规则，因此不可能“看出已被承认为法律的任何稳定和前后一致的惯例”。最终，国际法院以 14∶2 的投票比例驳回了哥伦比亚政府的第一项诉讼请求。

关于哥伦比亚政府的第二项请求，国际法院认为，只有在庇护国合法地给予庇护和继续给予庇护且领土国首先要求避难者离开本国的情况下，庇护国才能要求领土国给避难者发放离开该国所需的通行许可证。在本案中，外交庇护权没有得到使馆驻在国的承认，驻在国也没有对避难者提出离境要求，因而秘鲁没有义务给避难者发放离境通行证。国际法院以 15∶1 的投票比例驳回了哥伦比亚政府的第二项诉讼请求。

1954 年，哥、秘双方经过谈判达成协议，秘鲁同意发放通行许可证。4 月，托雷离开秘鲁。[①]

案情分析

本案主要涉及国际法上的庇护制度，尤其是对外交庇护的国际习惯规则的确认问题。在国际法上，国际习惯是因各国重复类似行为而产生的具有法律拘束力的行为规则。按照这一定义，构成一个国际习惯规则必须具备两个条件：一是物质条件，即必须有国际惯例的存在，也就是各国不断重复的类似行为；二是心理条件，即法律确信，也就是各国在如此行事时有一种履行法律义务或行使法律权利的信念，这样，该惯例就被各国当成了法律规则而不能违背，它具有法律上的拘束力。本案中，国际法院正是沿着这一思路，否认外交庇护行为构成了国际习惯。国际法院指出外交庇护仅仅是一项存在于拉丁美洲一些国家间的惯例，它既没有满足作为一项国际习惯规则的“物质条件”，更缺乏必要的“法律确信”。在本案中，国际法院特别强调：(1) 只有少数国家参加，且当事国没有批准的国际条约，其规定不具有国际习惯法规则的效力；(2) 即使在有关国家之间存在着给予外交庇护的实践，但由于这些实践是不稳定的、不连贯的，甚至是前后矛盾的，故不能认为是“作为法律接受的不间断的和始终如一的通例”。

三、双重国籍的产生和解决

——梅盖求偿案

知识要点

双重国籍，又称为国籍的积极抵触，是指一个人在同一时间内具有两个以上国籍。双重国籍现象主要是由于各国国籍法对国籍的取得和丧失的规定不同而产生的。[②] 概括而言有以下 4 种：第一，由于出生而取得。如采取血统主义国家的

① 参见梁淑英主编：《国际法教学案例》，170～173 页，北京，中国政法大学出版社，1999。

② 参见梁西主编：《国际法》，206 页，武汉，武汉大学出版社，2003。

国民在采取出生地主义国家所生子女，出生时即是双重国籍人。第二，由于婚姻而取得。如甲国女子与乙国男子结婚，按乙国国籍法规定，外国女子与本国男子结婚自动取得其夫的国籍。而按甲国国籍法规定，本国女子与外国男子结婚不因婚姻而自动丧失本国国籍。第三，由于收养而取得。如某国的公民收养一个外国人为养子女。按收养人的国家的国籍法规定，外国人被本国人收养，即取得本国国籍。但按被收养人的国家的国籍法规定，收养不影响国籍。第四，由于入籍而取得。如一个人在外国申请入籍，其本国法律规定，本国人退籍必须经过批准，而该外国的法律规定，接受入籍不以退出本国国籍为条件。

双重国籍是一种不正常的状态，不仅会导致国家间对属人管辖权的冲突，而且还会对个人造成严重的后果。首先，对双重国籍人来说，具有双重国籍会使个人陷入困难境地。因为双重国籍人与两个国籍国都有固定的法律联系，他可以享受两个国籍国赋予的权利，但他应同时效忠两个国籍国，同时承担两个国籍国法律规定的义务。如承担双重服兵役的义务。其次，从国家关系来看，双重国籍问题往往引起国家间的纠纷。最后，对第三国来说，双重国籍给第三国对外国人的管理带来不便。

从目前国际实践来看，一般是通过国内立法、双边条约和国际公约来解决双重国籍。其中国内立法是防止和减少双重国籍产生的最有效方法，即各国在国籍法中写入“条件条款”或“自动丧失条款”。

案情简介

梅盖于1909年出生于纽约，原是美国国民。1933年，她嫁给了一个意大利人，以婚姻取得意大利国籍，并与其丈夫在意大利生活。直到1937年，因她丈夫被派到意大利驻日本使馆工作，她也持意大利护照随其夫到了日本。直到1946年，应她要求，美国驻东京总领事馆把她登记为美国人。第二次世界大战期间，日本曾把她作为敌侨拘留。1946年12月，她持美国签发的有效期为9个月的护照到美国旅游。1947年，她返回意大利并与丈夫住在一起，期间她在美国使馆登记为美国人。1948年，她按照《对意和约》第78条的规定，要求意大利赔偿她在战争期间的个人财产损失，遭到拒绝。意大利认为她因结婚取得了意大利国籍，是意大利人，不属于和约规定的联合国家的国民。1950年，在她的请求下，美国向“美—意调解委员会”提出赔偿请求。该委员会于1953年6月10日作出裁决，一致同意驳回美国的请求。

调解委员会认为，对于梅盖赔偿的请求需要解决两个法律问题：一个是梅盖的国籍问题，另一个是美国是否有为梅盖行使外交保护的权利。根据意大利国籍法，外国女子与意大利国民结婚取得意大利国籍，所以梅盖是意大利国民。梅盖到日本后一直在美国领事馆登记为美国人，并持美国护照到美国和意大利。这说明她一直保持美国国籍，也是美国人。故委员会认定她具有意、美双重国籍。1947 年的《对意和约》第 78 条只是提及对联合国家的国民给予赔偿，不包含处理双重国籍的规定。委员会认为本案只适用国际法中的有关处理双重国籍问题的原则。这些原则已被 1930 年《关于国籍法冲突的若干问题的公约》所编纂。该公约第 4 条规定："国家对于兼有另一国国籍的本国国民不得违反该另一国而施以外交庇护。"该公约第 5 条规定："具有一个以上国籍的人，在第三国境内，被视为只有一个国籍。第三国在不妨碍适用该国的关于个人身份事件的法律以及任何有效条约的情况下，就该人所有的各个国籍中，应在其领土内只承认该人经常及主要住所所在国家的国籍，或者只承认在各种情况下拟与该人实际上关系最密切的国家的国籍。"委员会认为在司法实践中，例如在卡涅瓦罗求偿案和诺特鲍姆案中都包含处理双重国籍的重要原则。其中最重要的是"有效国籍"原则和"国籍国不能为其国民向另一国籍国行使外交保护"的原则。这两项原则都是从国家主权引申出来的，两者是否矛盾呢？委员会称：基于国家主权平等原则，在双重国籍上排除外交保护的原则，必须让步于有效国籍原则，如果此人具有请求国的实际国籍。但若这个国籍的优先地位未能证实，第一项原则就不能让步了，因为它是被普遍承认的能消除可能出现的不稳定状态的实际适用的标准。委员会进而指出，有效国籍应考虑该人的惯常住所、经济、政治、民事活动及家庭生活等因素，并应考虑她与两个国籍国中哪一个国籍国的关系更为密切。梅盖同时具有美国和意大利的国籍，这两个国籍中谁属优先地位？美国国籍是否优先？委员会审查了本案的全部事实后认为，梅盖不能优先被视为《对意和约》第 78 条意义上的美国国民，因为她在美国没有惯常住所，她丈夫在美国也没有永久性的职业生活，事实上，梅盖在婚后就未在美国生活。1937 年，她使用意大利护照去日本，1937 年至 1946 年她与作为意大利驻日本外交官的丈夫一起住在日本。故她的美国国籍不具优先地位，美国无权为梅盖向意大利求偿。①

---

① 参见梁淑英主编：《国际法教学案例》，140～143 页，北京，中国政法大学出版社，1999。

案情分析

本案主要涉及双重国籍的处理和外交保护的问题。调解委员会进一步明确了确定双重国籍中优先国籍的标准——“有效国籍原则”和“真正联系原则”。所谓“有效”和“真正”，应从此人的惯常住所、家庭关系、社会关系、职业活动、经济来源等因素去考虑。① 从本案的案情来看，虽然梅盖多次登记声明自己是美国公民，但是自 1933 年到 1947 年间，她只在美国生活了 9 个月，其余时间都是随其丈夫在罗马或东京生活，若将其作为《对意和约》中规定的联合国家的国民，显然是不公平的。

四、国家责任

——美国驻德黑兰外交和领事人员案

知识要点

国际法上的国家责任，也称国家的国际责任，是现代国际法的一项重要的制度，是指国际法主体对其国际不当行为或损害行为所应承担的法律责任。② 在传统国际法理论和实践中，国家责任往往仅指侵害外国侨民引起的责任。第二次世界大战以来，国家责任的内容有了新的发展。《关于国家责任的条文草案》将国家对外侨的责任发展为一般国际责任，即国家违反其国际义务的责任，并特别强调了国家进行侵略、实行殖民统治、种族灭绝、种族隔离等国际犯罪行为所引起的该国的国际责任。

国家责任的特征主要有三个：第一，从主体上看，国家责任的主体主要是国家，还包括政府间国际组织和争取独立的民族。此外，个人在若干情况下是可以成为国际刑事责任的主体的，如海盗，贩毒者等。第二，从原因上看，国家的国际不法行为或损害行为是引起国家责任的原因。第三，从性质上看，国家责任是

① 参见陈致中编著：《国际法案例》，296 页，北京，法律出版社，1998。

② 参见梁西主编：《国际法》，90 页，武汉，武汉大学出版社，2003。

一种法律责任。这种责任表现为一定的形式，具有强制执行的性质。

国际不法行为是引起国家责任的主要原因，它是指一国违反国际义务而对另一国或国际社会所作的侵害行为，包括作为和不作为，传统国际法通常将前者称为直接或原始责任，将后者称为间接或转承责任。现代国际法一般将国际不法行为区分为国际罪行和国际侵权行为。一般认为，国际不法行为的构成要素有三个：首先，在客观上，该项行为违背了该国的国际义务，造成对外国权益的损害。其次，在主观上，行为国具有故意或过失。最后，该项侵害行为归因于国家，即所谓的“可归责性”。可归因于国家的行为有如下几种情况：国家机关的行为、经授权行使政府权力的其他实体的行为、实际上代表国家行事的人的行为、别国或国际组织交由国家支配的机关的行为、发动叛乱运动的机关的行为、成为一国新政府或导致组成一个新国家的叛乱运动的行为、非代表国家行事的人的行为等。

在国际法上，有些行为虽然符合国家责任的构成要件，但是由于某些特定情形，可导致国家责任的免除。国家责任免除主要有如下几种情况：有关国家的同意且不违反国际法基本原则、一国针对他国所犯国际不法行为而采取的对抗措施和自卫行为、一国不符合该国所负国际义务的行为，系起因于不可抗拒的力量或该国无力控制和无法预料的外界事件、遭遇危难与处于紧急状态。

国家责任的形式是国家责任制度的一个重要内容。国际法规定的国家责任形式主要有：停止不法行为、限制主权、恢复原状、赔偿和道歉等。

案情简介

1979 年 11 月 4 日，在美国驻伊朗德黑兰大使馆门前发生大规模的群众示威游行。尽管美国大使馆请求伊朗当局给予保护，但伊朗当局没有采取必要的保护措施。示威队伍闯进大使馆，把使馆内的美国使馆人员和当时在使馆内的来宾共五十多人扣作“人质”，并将使馆的档案文件损毁，侵占美国使馆的整个馆舍。此后不久，在美国驻伊朗大不里士和设拉子的美国领事馆亦发生同样事件。自美国使馆遭到占领之后，伊朗政府未采取任何措施来终止对美国使馆馆舍及其人员的侵犯行为，也未对美国使馆及有关人员遭受的损害进行赔偿，相反却对伊朗人占领使馆和扣押人质的行为表示赞同和认可，并拒绝与美国就此问题进行谈判。

1979 年 11 月 29 日，美国向国际法院起诉，请求国际法院宣布：伊朗政府因容许、鼓励以及未加防止和惩处伊朗人侵犯美国使领馆及其人员的行为，违反对美国承担的条约义务。伊朗政府应立即释放扣押在德黑兰大使馆和大不里士、设拉子的领事馆的全部美国人，并保证他们安全离境。伊朗应对此侵权行为赔偿美国的损失并将造成此侵权事故的人员交主管当局惩处。同年 12 月 9 日，伊朗外交部长致信国际法院，认为国际法院“不能，也不应审理此案”，理由是“人质问题”涉及 25 年来美国干涉伊朗内政的活动，它仅仅是整个问题中的一个非中心的问题和次要的方面，而且人质问题应看作是伊朗伊斯兰革命的一个问题，它基本上和直接地是伊朗国家主权范围内的事情。国际法院在 1980 年 5 月 24 日，在伊朗缺席的情况下作出判决，认定伊朗违反了它根据国际条约所承担的义务，也违反了对美国所承担的义务，应负国际责任。[①]

案情分析

本案主要涉及使领馆所在国对派遣国负担的国际义务以及所在国与此有关的国际责任的问题。[②] 本案是说明国家责任构成问题的最恰当的案例。[③] 国家责任由三个重要因素构成：一是客观上存在国际不法行为，二是主观上行为国存在故意或过失，三是该国际不法行为可归因于国家。在本案中，发生的美国驻伊朗使领馆被侵占及其外交人员被扣押的事件，无可否认是由国际不法行为所引起的。那么，接下来的问题是该行为能不能归因于伊朗国家？伊朗对该行为的主观态度如何？国际法院把整个事情分为两个阶段。在第一个阶段，证据尚不足以说明该事件可以归因于伊朗国家。但在美国大使馆请求伊朗当局给予援助和保护的时候，伊朗采取不作为的态度，这就产生违反国际义务的国际责任了。国家没有义务对在其境内发生的一切不法行为负责，但国家有保护外国人的义务，它对于外国人所受到的侵害有间接责任，它的不作为，会把间接责任转化为直接责任。至于该事件的第二个阶段，伊朗国家领导人的态度，特别是他把扣押人质与美国政府干涉伊朗内政的行为联系起来，无异说明侵犯外交人员的行为是伊朗当局纵容和支持的，不法行

① 参见梁淑英主编：《国际法教学案例》，164～166 页，北京，中国政法大学出版社，1999。

② 参见上书，166 页。

③ 参见陈致中编著：《国际法案例》，103 页，北京，法律出版社，1998。

为的可归因性就非常明显了。[①] 因此，不能免除伊朗的法律责任。

五、国籍与外交保护

——诺特鲍姆案

知识要点

在国际法上，国籍是指一个人隶属于一个国家而成为其国民或公民的法律资格，是一个人同某一特定国家的固定的法律联系，也是国家实行外交保护权利的依据。[②] 国籍的意义主要表现为，国籍是一个国家确定某人为其国民或公民的根据，国家基于它对其国民或公民行使属人管辖权；国籍是确定一个人的法律地位的一个重要依据，它体现了个人同国家的法律关系，基于这种法律关系，个人对其所属国负有效忠的义务，并服从其所属国的属人优越权，在国际上则享受本国的外交保护。

按照国际法，一国国民在外国受到不法侵害，依该外国国内法程序得不到救济时，其国籍所属国可以通过外交途径或国际司法手段向该外国要求适当救济。这就是"外交保护"。外交保护制度的实质是处理国家之间关系的制度。国家可以纯粹为其国民的私人利益行使外交保护权，也可以为其本身的利益行使这项权利。在具体案件中，是否行使该项权利，由国家自由裁量。行使外交保护有三个先决条件：一是一国国民在外国受到侵害是由可以引起该外国的国家责任的不法行为所致。二是请求国能证明受害者为其本国国民，即国际法上的"国籍持续原则"。三是用尽当地救济，即请求国为受侵害的本国人提出外交保护之前，该受害人必须首先用尽所在国法律规定的一切救济方法，包括行政或司法救济手段。

案情简介

诺特鲍姆 1881 年出生于德国，依德国国籍法，他因出生而取得了德国国籍。

① 参见陈致中编著：《国际法案例》，103～104 页，北京，法律出版社，1998。

② 参见梁西主编：《国际法》，199 页，武汉，武汉大学出版社，2003。

1905年，他开始将危地马拉作为其事业的中心，并在危地马拉定居。1939年10月，他去列支敦士登探望其兄弟时申请入籍。按照列支敦士登国籍法，外国人入籍，必须已在该国居住至少3年，但在某些例外的情况下可以免除这个限制。诺特鲍姆交了一笔费用后获得该限制的豁免，从而取得列支敦士登国籍。而按照德国国籍法的规定，他同时丧失德国国籍。1939年12月，诺特鲍姆持列支敦士登护照，经危地马拉驻苏黎世总领事馆签证，于1940年重返危地马拉，继续经营他的事业，并申请将他在外国人登记册上注明的德国国籍改为列支敦士登国籍，得到危地马拉政府批准。此后，他一直在危地马拉活动。1941年12月，危地马拉向德国宣战，德国被列入敌国。1943年11月，诺特鲍姆被危地马拉警方以其是敌国侨民为由逮捕，后被移交给美国。1944年12月，危地马拉当局撤销了把他登记为列支敦士登公民的行政决定，随后扣押和没收了他在危地马拉的财产。1946年，诺特鲍姆获得释放，他向危地马拉驻美国领事馆申请回危地马拉，遭到拒绝，随后他赴列支敦士登定居。1946年2月，他又向危地马拉政府提出撤销1944年作出的关于取消将他登记为列支敦士登国民的行政决定的请求，也遭到危地马拉政府拒绝。1951年12月7日，列支敦士登向国际法院提起诉讼。它认为，危地马拉当局将其国民诺特鲍姆逮捕、拘留、驱逐并且排除于国境外，以及扣押和没收他的财产，这是违反国际法的；拒绝为这些非法行为赔偿，也是违反国际法的。危地马拉政府指出，在本案中列支敦士登与诺特鲍姆之间没有任何密切的联系，而国籍是外交保护的基础，所以，列支敦士登不能以国籍为由对诺特鲍姆提供外交保护，而国际诉讼是外交保护的方式。因此，法院应驳回列支敦士登的起诉。

1955年4月，国际法院就实质问题作出判决，驳回列支敦士登的请求，支持危地马拉的抗辩。它认为，列支敦士登作为一个主权国家，有权制定法律并根据其法律授予国籍。因此，诺特鲍姆的入籍，是列支敦士登行使国内管辖权的行为。这种行为确实使诺特鲍姆取得了列支敦士登国籍，因为他已加入列支敦士登国籍，并同时丧失德国国籍。但是，这并不能证明列支敦士登可以对他行使外交保护权。行使外交保护权，须以他国承认这个国籍的国际效力为条件。法院判称：国籍是一个法律上的纽带，其基础是关于联结的社会事实，关于生存、利益和情感的实际连带关系，以及权利和义务的相互性；取得国籍的人与授予其国籍的国家的人民之间的关系，在事实上应比与其他国家的人民之间的关系更为密切。这样的国籍才是有效国籍。外交保护权的基础是有效国籍。法院审查了诺特鲍姆在列支敦士登入籍前后的行动，认为他同列支敦士登并无实际的关系，同危地马拉却有很久和很密切的关系，而且他同危地马拉的关系不因他加入列支敦士登国籍而有所减弱。诺特鲍姆在列支敦士登既无住所，又无长期居所，也无定居的意思，更无经济利益或已进行或拟进行的活动。在其入籍后，生活上也无变化。他申请加入列支敦士登国籍不是由于他在事实上属于该国的人口，而是希望在第二次世界大战发生时取得一个中立国的保护。列支敦士登准许他入籍也不是以他同本国有实际关系为依据的。因此，诺特鲍姆的列支敦士登国籍不是实际国籍，不符合国际法上实际国籍的标准。危地马拉没有义务承认列支敦士登赋予诺特鲍姆的国籍，列支敦士登不能根据这个国籍来向危地马拉行使它对诺特鲍姆的外交保护权。①

案情分析

本案涉及国籍与外交保护的关系。在本案中，国际法院根据国家实践、仲裁或司法判例给国籍下了一个经典的定义，即"国籍是一个法律上的纽带，其基础是关于联结的社会事实，关于生存、利益和情感的实际连带联系，以及权利和义务的相互性"。(Nationality is a legal bond having as its basis a social fact of attachment, genuine connection of existence, interests and sentiments, together with the existence of reciprocal rights and duties.）基于此，国际法院表明个人与国籍国之间应有"真正的联系"，也就是说，作为外交保护依据的国籍，必须是"有效国籍"。所谓"有效国籍"应当从生活、事业、利益、社会关系、情感等心理或社会状态来认定。

六、中国有关国家豁免的立法与实践
——湖广铁路债券案

知识要点

国家豁免，又称为"国家管辖豁免"或者"主权豁免"。它是指国家根据国

① 参见梁淑英主编：《国际法教学案例》，136～140页，北京，中国政法大学出版社，1999。

家主权平等原则而享有的不受他国管辖的特权。① 它包括三方面的内容：(1) 一国法院不得受理以外国国家为被告、以外国国家财产为标的的诉讼，除非得到后者同意；(2) 国家可以作为原告在一国法院起诉；(3) 即使国家在外国法院败诉，它也不受强制执行的约束。

国家豁免是 19 世纪逐渐形成的一项国际习惯法规则。其理论依据是源自罗马法格言“平等者间无管辖权”的国家主权平等原则。直到 19 世纪末，按照国家豁免原则，国家的一切行为和财产均免受外国法院的司法管辖，也就是“绝对豁免原则”。根据该原则，国家在外国法院的诉讼中可以对自己所有的行为援引管辖豁免。但到了 20 世纪，尤其是第二次世界大战以后，越来越多的发达国家逐渐采取了“有限豁免原则”或称“限制豁免原则”或“相对豁免原则”②。该原则将国家行为分为“主权行为”和“非主权行为”，前者可以享受豁免，而后者则不能享受豁免。但是由于各国在绝对豁免和有限豁免的问题上分歧很大，因此，有限豁免原则还不能成为国际习惯法规则。

在国家及其财产豁免问题上，中国在理论和实践上都坚持国家及其财产豁免的原则。凡国家本身从事的一切活动，除国家自愿放弃豁免外，国家及其财产均享有豁免；在实践中，区分了国家自身的活动和国营公司或企业的活动，对后者不享有豁免；在外国国家无视国际法，任意侵犯中国国家及其财产的豁免权的情况下，中国实行对等原则，采取相应的报复措施。③

案情简介

中国清末预备修建湖广铁路，为加快铁路的修建，便向国际上筹措借贷。1909 年 3 月 7 日，中德草签了借贷合同，决定向德国的德华银行借款。英、法两国得知此事后也认为有利可图，故通过抗议、照会对清政府施加压力，强迫清政府接受它们的借款。这使清政府只好搁置中德的借贷合同，另于 1909 年 6 月 6 日与英、法、德三国草签了借款合同。之后，美国又以“机会均等”为由挤进了该借贷合同。所以湖广铁路的借贷合同最后是以清政府邮传部大臣（盛宣怀）为一方，以德国的德

① 参见梁西主编：《国际法》，73 页，武汉，武汉大学出版社，2003。
② 黄瑶：《国际法关键词》，32 页，北京，法律出版社，2004。
③ 参见梁西主编：《国际法》，75 页，武汉，武汉大学出版社，2003。

华、英国的汇丰、法国的东方汇理等银行和“美国资本家”为另一方在北京签订的。合同签订后，德、英、法、美上述银行于1911年以清政府的名义发行“湖广铁路五厘利息递还金镑借款债券”（以下简称“湖广铁路债券”）600万金镑。该债券利息从1938年起停付，本金于1951年到期未付。

1979年11月，美国公民杰克逊等九名持券人向美国阿拉巴马州地方法院对中华人民共和国提起诉讼，要求偿还他们所持有的中国清朝政府于1911年发行的湖广铁路债券本息。美国地方法院受理了此案，即以中华人民共和国作为被告，通过邮寄方式将传票和起诉书副本送达我国外交部部长，要求中华人民共和国政府在传票送达后20天内对原告起诉书作出答辩，否则将进行“缺席审判”。对此，中国政府根据国际法原则曾多次向美国政府声明中国立场，但美国阿拉巴马州地方法院仍于1982年9月1日无理作出“缺席审判”，要求中国政府向原告偿还4 130万余元。[①]

案情分析

本案中涉及国家主权豁免原则。在本案中，中国是一个主权国家，与美国建有正常的外交关系，承认中国在美国享有司法豁免权是美国的法律义务。美国法院无视国际法和美国应承担的义务，对一个主权国家行使管辖权，向中国外交部部长发出传票，并对一个主权国家作出缺席判决，这在国际法的历史上是极为罕见的。主权豁免作为中国所固有的权利，除非自己放弃，任何国家或其机关都无权剥夺这一权利。尽管随着国家参与经济活动而出现了有限豁免原则，但它并没有形成为一项国际习惯法规则。有限豁免原则以国家行为及其财产的性质来判定是否给予豁免的做法在理论和实践上都有很大问题。美国转向有限豁免立场后颁布的《外国主权豁免法》只是一项国内法。该法规定国家的商业性行为不能享有主权豁免，那只是美国单方面的主张。在没有国际条约规定的情况下，一国通过其国内法单方面地剥夺他国的主权豁免是不适当的。而且，就如美国上诉法院所说，即使1976年的《外国主权豁免法》有效，其效力也不能追溯到1911年的行为。因此，中国反对美国法院行使管辖权、拒收传票、拒绝出庭和拒绝判决的立场是合法的。

---

① 参见梁淑英主编：《国际法教学案例》，48～50页，北京，中国政法大学出版社，1999。

七、毗邻或相向国家海洋划界问题

——北海大陆架案

知识要点

大陆架原本是地质地理学上的概念，是指从大陆沿岸逐渐地向外自然延伸直到大陆坡度平缓的海底区域。第一个提出大陆架法律概念的文件是美国总统杜鲁门发表的《大陆架公告》。1958年第一次联合国海洋法会议通过了《大陆架公约》，提出了法律上大陆架的概念，是指领海之外一定范围的海底区域。1982年《联合国海洋法公约》第76条规定了大陆架的法律定义："沿海国的大陆架包括其领海以外依其陆地领土的全部自然延伸，扩展到大陆边外缘的海底区域的海床和底土。"《联合国海洋法公约》还为大陆架的外部界限设置了两个标准：其一，大陆架是其陆地领土的全部自然延伸，若其到大陆边的距离不足200海里，则扩展到200海里；其二，若上述距离超过200海里，则不应超过从领海基线量起的350海里，或不应超过连接2 500公尺等深线以外100海里。可见，确定大陆架有两个标准：自然延伸原则和200海里距离。前一标准是基本标准，而后一标准是辅助标准。沿海国开发200海里以外的大陆架上的非生物资源，应向国际海底管理局缴付实物或费用。

大陆架的法律地位体现在沿海国和其他国家对大陆架的权利上。根据《联合国海洋法公约》的规定，沿海国可以为勘探大陆架和开发其自然资源的目的，对大陆架行使主权权利。这种权利是专属的。如果沿海国自己不勘探开发，任何人未得到沿海国明示同意，不得从事这类活动。沿海国对大陆架的权利，不取决于有效的占领、象征性的占领或明文公告。沿海国对大陆架的主权权利主要包括：勘探、开发自然资源的权利；授权和管理为一切目的在大陆架上进行钻探活动的专属权利；建造并授权和管理建造、操作和使用人工岛屿、设施和结构的专属权利，并对它们拥有专属管辖权。沿海国对大陆架的权利不影响上覆水域或水域上空的法律地位。大陆架上覆水域具有公海的法律地位。如果沿海国主张专属经济区权利，那么200海里以内的大陆架上覆水域及水域上空则适用专属经济区制度，而在200海里以外的大陆架上覆水域及水域上空则适用公海制度。其他国家在大陆架的权利包括：在大陆架上覆水域或水域上空航行或飞越的权利；在大陆架上铺设海底电缆和管道的权利，但管道路线的划定须经沿海国同意。

相邻或相向国家间大陆架的划界是一个争论不断的问题。《大陆架公约》规定了“协议——等距离中间线和特殊情况”规则，即相邻或相向国家间的大陆架的疆界应由两国之间的协议确定。在无协议的情况下，除特殊情况另定疆界线外，其疆界应适用等距离中间线原则来确定。《联合国海洋公约》规定，相邻或相向国家间大陆架的界限应在《国际法院规约》第38条所指国际法的基础上以协议划定，以便得到公平解决。

案情简介

1966年，德国与荷兰、丹麦在如何划定北海大陆架界线上发生争议。1967年2月，德国与丹麦、荷兰分别达成协议，将争议提交国际法院，请求法院判定“在划分属于该三国的北海大陆架区域时应适用什么国际法原则和规则”。丹麦和荷兰认为，1958年《大陆架公约》的“等距离（中间线）规则”是划分三国北海大陆架应当采用的规则，即使德国不是《大陆架公约》的缔约国，该规则仍然对德国有拘束力。因为该规则是一项公认的国际法规则，它是大陆架法律概念中所固有的，已成为国际习惯法。德国明确反对适用“等距离（中间线）规则”来划分三国在北海大陆架的界线，它提出同一大陆架上国家之间划界应经协议决定，留给每个国家“公平合理的一份”，因而应公平划定这一地区各国大陆架的界线。国际法院在1969年2月20日以11票赞成、6票反对作出判决。法院指出，“等距离（中间线）规则”不是国际习惯法规则，而且德国没有参加《大陆架公约》，因而该规则对德国没有约束力。法院进一步指出，划界应“通过协议，按照公平原则，并考虑到一切有关情况，以使每一个国家尽可能多地得到构成其陆地领土自然延伸的大陆架所有部分，并且不侵占另一国陆地领土的自然延伸”。如果划界导致各方的区域相重叠，这些区域应按协议的比例在各方之间分配，或者在协议不成时由各方平分，除非它们决定对重叠区域或其中任何部分实行共同管辖、使用或开发的制度。在谈判过程中，各当事国应予考虑的因素包括：(1) 海岸的一般构造以及任何特殊或异常特征的存在；(2) 大陆架的自然和地质结构及其自然资源；(3) 依公平原则划归沿海国的大陆架区域的范围与依海岸线一般方向测算的海岸长度之间的合理比例。①

案情分析

本案是国际法院解决大陆架划界的经典案例，涉及的国际法主要问题是在相邻国家之间的大陆架划界应遵循什么原则。国际法院的判决确立了依公平原则，协议划定相邻或相向国家间大陆架边界的规则，指出公平原则不排除依“等距离（中间线）规则”划界，但“等距离（中间线）规则”不具有国际习惯法的地位。同时，判决还明确了自然延伸原则是与大陆架有关的所有法律规则中最基本的规则；此外，判决还指出了划界导致的重叠处可实行共同管辖和开发。1982 年《联合国海洋法公约》确立的划界制度深受本判决的影响。

八、国际组织的国际法主体资格

——为联合国服务而受伤害的赔偿案

知识要点

国际组织是指若干国家或其政府通过缔结国际条约而建立的常设机构，即政府间国际组织。国际组织的国际法主体资格问题是随着国际组织的产生和发展而提出来的。国际组织在全球的迅速增加以及某些组织在一定范围内参与国际法律关系的事实，表明国际组织，特别是某些负有重大国际责任的国际组织，已经成为国际法主体。②

国际组织作为国际法的重要主体，体现在如下几个方面：（1）国际组织作为一个独立于国家之外的“集体第三方”已越来越多、越来越深地介入国家间的活动中，独立参与了国家间各种关系，并形成了一类新的国际关系：国际组织与国家之间以及国际组织相互之间的关系。（2）国际组织已具备作为国际法主体的各

① 参见梁淑英主编：《国际法教学案例》，103～107 页，北京，中国政法大学出版社，1999。

② 参见梁西主编：《国际法》，57 页，武汉，武汉大学出版社，2003。

方面的权利能力和行为能力，即拥有广泛的外交能力、缔约能力、一定的求偿能力和承担国际责任的能力。(3) 国际组织的主体资格已为一系列国际条约及有关国际法文件所承认。

国际组织作为国际法主体的局限性主要表现在：(1) 它是否具有国际人格，要看其组织章程是否赋予它这种地位；(2) 其权利能力和行为能力更受其组织章程以及该组织的宗旨和职能的限制；(3) 它不能与国家相提并论。

案情简介

1948 年 9 月 17 日，联合国派往中东调停阿以冲突的瑞典籍调解员伯纳多特和法国籍观察员塞雷在耶路撒冷以色列控制区遭暗杀。事件发生后，联合国秘书长承担了对受害人支付适当赔偿的责任，随后，就联合国是否具有向以色列求偿的能力问题，联合国请求国际法院发表咨询意见。1949 年 4 月 11 日，国际法院就本案发表了咨询意见。法院认为，要确定联合国是否具有提起国际求偿的能力，要看联合国宪章是否赋予它此种地位，也就是说，联合国是否具有国际人格。由于宪章对这一问题没有任何明确的规定，因此必须考虑宪章授予联合国哪些特征。法院认为，宪章并不满足于使联合国成为一个协调各国活动的中心，它还给该中心配备有各种机构，并赋予其特殊任务。联合国和有关国家缔结条约和它在广泛领域内负有重要政治使命的事实也证明它和它的会员国具有明显不同的身份。因此，法院认为，联合国是一个国际人格者，但这并不等于说它是一个国家，或它的法律人格及其权利和义务与国家相同，更不等于说它是一个“超国家”。这只意味着它是一个国际法主体并能够享有国际权利和义务，以及它有能力提起国际求偿以维护其权利。

在确认了联合国的国际人格后，法院指出，联合国宪章虽然没有明确规定它可以为其代表遭受的损害提出求偿。但是，按照国际法，联合国应该具有这种权利。联合国代表执行其职能就暗含着联合国有权对其代表提供有限的保护，这是代表在执行职务时必不可少的，因为宪章要求联合国的工作人员应脱离其本国而从国际角度进行活动。法院强调，为履行其宗旨和职能，联合国有必要授予其代表以重要使命，派其前往世界动乱地区，并为其代表提供有效的支持，同时，联合国必须提供充分保护。联合国职能的特点与其代表使命的性质证明，宪章中暗含着联合国有对其代表行使职能性保护的能力。[①]

案情分析

本案涉及的主要问题是，政府间国际组织能否成为国际法的主体。依照传统国际法的观点，只有国家才是国际法的唯一主体，但是这种理论已经为19世纪下半叶以来的国际实践所否定，尤其是联合国组织成立以后，政府间国际组织对国际关系与国际法的发展产生了深刻的影响。现代国际法认为，国际法的主体主要有国家、国际组织以及正在争取解放的民族。

需要明确的是，国际组织作为国际法的主体具有特殊性。正如国际法院所说，承认国际组织是国际法的主体，并不等于说它们是一种超国家的国际法主体，国际组织是一种特殊的国际法主体。

九、无害通过制度

——科孚海峡案

知识要点

无害通过制度是指外国船舶在不损害沿海国和平、良好秩序或安全的前提下，可以继续不停地迅速通过沿海国的领海，而无须事先请求并得到批准。它主要适用于沿海国领海、群岛水域及部分不适用过境通过制度的用于国际航行的海峡。[②] 无害通过制度中通过的目的是穿过领海但不进入内水，或是为了驶入或驶出内水而通过领海的航行，而且这种航行须继续不停和迅速进行，只有在遇到不可抗力或救助遇难等情况下才能停船和下锚。通过只要不损害沿海国的和平、良好秩序或安全，就是无害的。此外，潜水艇或其他潜水器通过领海时，须在海面上航行并展示其旗帜。

沿海国关于无害通过的权利主要有：可以制定关于无害通过领海的法律和规章；

---

① 参见梁淑英主编：《国际法教学案例》，1～4页，北京，中国政法大学出版社，1990。

② 参见黄瑶：《国际法关键词》，92页，北京，法律出版社，2004。

可以指定海道和分道通航制；在领海内采取必要的步骤以防止非无害的通过；为保护国家安全之必要，在不歧视的条件下，可以在领海的特定区域内暂停外国船舶的无害通过。沿海国关于无害通过的义务主要有：不应妨碍外国船舶无害通过领海；不应对外国船舶强加其实际后果等于否定或损害无害通过的要求；不应对任何国家的船舶有形式上或事实上的歧视；应将其所知的在其领海内航行有危险的任何情况妥为公布。

军舰是否享有无害通过权是个有争论的问题，各国法律的规定也不一样。我国《领海与毗连区法》对外国军用船舶规定了批准制度。

案情简介

科孚海峡位于阿尔巴尼亚与希腊之间，其最狭窄的部分完全在两国的领海中。1946 年 5 月 15 日，两艘英国海军军舰通过位于阿尔巴尼亚大陆与科孚岛北部之间的科孚海峡时遭到阿尔巴尼亚海岸的炮火轰击。随后，英国政府向阿尔巴尼亚政府提出了抗议，认为其船舶在科孚海峡拥有无害通过权。而阿尔巴尼亚政府却明确表示，外国船舶通过其领海必须事先通知并取得阿尔巴尼亚政府的许可。1946 年 10 月 22 日，英国为试探阿尔巴尼亚的态度，派出一支英国舰队又通过该海峡，其中两艘驱逐舰触雷，造成死伤 82 人的巨大损失。同年 11 月 12 日至 13 日，英国海军未经阿尔巴尼亚同意，单方面强行到海峡中属于阿尔巴尼亚的领海去扫雷，发现有 22 颗水雷。英国将事件提交了联合国安理会。安理会于 1947 年 4 月 9 日通过一项决议，建议有关国家“应立即根据《国际法院规约》的规定将争端提交国际法院解决”。英、阿两国接受了这项决议。1947 年 5 月 22 日，英国单方面向国际法院起诉。阿尔巴尼亚则强烈反对英国单方面提出的请求。英国提出，联合国安理会的建议可以构成国际法院管辖权的充分依据，英国军舰享有“无害通过权”，不需事先征得阿方同意，因此阿方应对英舰触雷事件负赔偿责任。英军在事件以后的扫雷活动，其目的在于调查此前的爆炸事件，以收集证据，帮助国际法院；同时这也是一项自保或称自卫措施，以防止类似事件重演。因此，英军在海域内扫雷并未违反国际法。国际法院就此案作出了三个判决，其中在第二个判决中对海峡的无害通过问题作了重要的说明。法院认为，“在和平时期，各国不用事先取得沿海国的许可，有权派军舰通过位于公海两部分之间的用于国际航行的海峡，假如这种通过是无害的话。这一点是获得普遍承认的，也是符合国际惯例的。除国际条约另有规定外，沿海国无权在和平时期禁止这样通过海峡”。法院进一步指出科孚海峡就是这样的用于国际航行的海峡。最终以14票对2票判决：英国1946年10月22日的行动没有破坏阿尔巴尼亚的主权。对于1946年11月12日至13日，英国海军在阿尔巴尼亚领海内的扫雷活动，构成了对阿尔巴尼亚主权的侵犯。法院指出，该行动不能以行使无害通过权来证明其正当性，也不能以行使自助权为由或依其他理由而把这种行为说成是正确的。①

案情分析

本案涉及领海的无害通过权问题。根据国际法，领海是国家领土的组成部分，处于沿海国的主权支配之下。因此，任何外国船舶尤其是军舰在通过一国领海时，应尊重沿海国的领土主权，这是尊重国家领土主权原则的必然要求。这一原则是整个国际关系的基础，也是国际法的基础。法院在本案中重申了这一原则，并判定英舰在阿尔巴尼亚领海内扫雷侵犯了阿尔巴尼亚的领土主权，这无疑是正确的。但法院判定1946年10月22日英舰挑衅性地通过阿尔巴尼亚领海并未侵犯阿尔巴尼亚的领土主权则是大有疑问的。该案还表明，国家对领海的领土主权应受“无害通过权”的限制。但这种无害通过权是否能适用于军舰，在理论和实践上都是有争议的。一些西方国家主张外国军舰在一国领海内也享有无害通过权，其他国家却不同意外国军舰享有此种权利。本案中，法院判定军舰享有无害通过权，招致了众多批评。有学者指出，从当时的情况来看，认为军舰享有无害通过权是一项国际习惯法规则是比较牵强的。退一步言，即使它能够成立，英舰挑衅性地通过阿尔巴尼亚的领海也不能算是“无害”的，因为它是一种赤裸裸地炫耀武力、以武力相威胁的行为。

十、国家财产的继承

——光华寮案

知识要点

国家财产是指国家继承发生时，按照被继承国国内法为该国所拥有的财产、

① 参见梁淑英主编：《国际法教学案例》，85～89页，北京，中国政法大学出版社，1999。

权利和利益。[①] 国家财产的继承是指被继承国的国家财产转属继承国的法律关系。[②] 国家财产的继承，产生双重法律效果：被继承国对财产所享有的权利的消灭和继承国对该财产权利的产生。它只涉及继承国与被继承国之间财产所有权的转属问题，而对第三国在被继承国领土内所拥有的财产不发生影响。

国家财产继承的原则主要有两个：一是国家财产一般随领土的转移而由被继承国转属继承国的原则，主要适用于不动产。二是所涉领土实际生存原则，主要适用于动产，是指关于国家动产的继承要以该动产是否与所涉领土活动有关为根据，与所涉领土有关的国家动产，应转属继承国。

国家财产继承方面的具体规则主要有[③]：

第一，一国将一部分领土移交给另一国的财产继承，应按被继承国与继承国的协议解决；如无协议，依上述原则解决。

第二，两个或两个以上国家合并成为一个新国家的财产继承，被继承国的所有国家财产，不论动产和不动产，转属继承国。

第三，一国领土的一部分或数部分分离而组成一个新国家，或一国分裂为两个或两个以上新国家的财产继承，其规则是：除被继承国与继承国另有协议外，依上述原则解决；而与所涉领土活动无关的国家财产，按比例公平转属继承国。在被继承国解体而不复存在的情况下，若其不动产无法依上述原则处理，将其转属其中一个继承国，但该继承国应对其他继承国给予公平补偿。

第四，新独立国家的财产继承遵循与其他情形领土变更不同的特殊规则。[④] 继承国获得被继承国位于国家继承所涉附属地内国家的不动产，以及属于附属地内但位于附属地以外在领土附属期间已成为被继承国的国家财产的不动产；与所涉领土的活动有关的被继承国的财产，应转属新独立国家；即使不属于原所涉领土所有和与所涉领土活动无关的被继承国的动产，由于附属地人民对创造被继承国财产作出过贡献，应依贡献按比例转属新独立国家。此外，被继承国与新独立国家可以不执行以上各项规则而另订协定，但是，该协定不得违反各国人民对其

---

① 参见王铁崖、田如萱：《国际法资料选编》，62 页，北京，法律出版社，1986。

② 参见梁西主编：《国际法》，83 页，武汉，武汉大学出版社，2003。

③ 参见上书，84 页。

④ 参见朱文奇主编：《国际法学原理与案例教程》，2 版，62～63 页，北京，中国人民大学出版社，2009。

财富和自然资源享有永久主权的原则。

案情简介

光华寮是位于日本京都市的一座面积为992.58平方米的五层楼房。该房产原属日本洛东公寓公司，第二次世界大战后，当时中国政府驻日本代表团以变卖侵华日军在中国大陆掠夺之财产所得公款购买了该房屋，作为中国留日学生宿舍。1952年日本与我国台湾地区当局“建交”。1961年台湾地区当局以“中华民国”的名义在日本将该房产登记为“中华民国国家财产”。1967年，“中华民国”驻日“大使”陈迈之向京都地方法院对居住于光华寮的中国留学生于炳寰等8人提起退寮的诉讼请求。在诉讼期间，中华人民共和国政府与日本国政府于1972年发表联合声明，实现两国邦交正常化。日本承认中华人民共和国政府是中国唯一合法代表，并同时撤销了它对“中华民国”的承认。1977年9月16日，该法院作出判决，确认光华寮为中华人民共和国财产，驳回原告诉讼请求。原告不服，于1977年10月又以“中华民国”的名义上诉至大阪高等法院。1982年4月14日，大阪高等法院决定撤销原判，将该案发回京都地方法院重审。1986年2月，京都地方法院改判光华寮归台湾地区当局所有。被告于炳寰等不服，向大阪高等法院提出上诉。1987年2月26日，该法院判决维持原判，驳回上诉。同年5月30日，由光华寮上诉人辩护律师作为于炳寰等8人的代表，向日本最高法院提交上诉书。日本最高法院于2007年3月27日下午就光华寮案作出判决，认定台湾地区当局在光华寮问题上不具有诉讼权。①

案情分析

本案涉及国家财产继承问题。按照1983年《维也纳公约》的规定，国家财产是指按照某国国内法的规定为该国所拥有的财产、权利和利益。如前所述，国家财产的继承是指被继承国的国家财产转属继承国的法律关系。本案中的光华寮

① 参见梁淑英主编：《国际法教学案例》，51～53页，北京，中国政法大学出版社，1999；朱文奇主编：《国际法学原理与案例教程》，2版，61～62页，北京，中国人民大学出版社，2009。

属于中国财产。1972 年《中日联合声明》等一系列法律文件已经表明，日本承认中华人民共和国政府是中国唯一的合法政府，台湾地区是中国领土不可分割的一部分。这就意味着，依据国际法规则，中华人民共和国政府拥有完全的排他继承权，光华寮是中华人民共和国的国家财产。

第九章 国际私法学

一、识　别

——马耳他人案

知识要点

（一）识别的概念

识别是指法院在审理涉外民商事案件时，依据一定的法律概念、原理、法律规范等，对具体的案件事实作出“定性”或“分类”，将其归入一定的法律范畴，从而确定应援用什么样的法律来处理案件的认识过程。例如，识别案件事实是合同问题还是侵权问题，是结婚能力问题还是结婚形式问题，是实质问题还是程序问题等等。

（二）识别的差异性

1. 不同国家对同一事实赋予不同的法律性质，因而可能援引不同的冲突规范。例如，关于未达一定年龄的青年结婚需要父母的同意问题，法国法把这种事实识别为婚姻能力问题，英国法则视之为婚姻形式问题。适用前一识别，应援用当事人的属人法来判定其有无结婚能力，而适用后一识别，则应适用婚姻举行地法。

2. 不同国家往往把具有相同内容的法律问题分配到不同的法律部门中去。比如说，对于时效问题，一些国家认为它是实体法上的一项制度，而另一些国家则认为它只是程序法上的一个问题。作这两种不同的识别，就会导致适用不同的准据法。如认为时效是实体法问题，就应依有关法律关系的准据法解决；如果把它作为程序问题，由于程序问题一律适用法院地法，那么，关于时效问题就要依法院地法作为它的准据法了。

3. 不同国家对同一问题规定的冲突规范具有不同的含义。尽管各国都是用一定的法律名词或术语来规定冲突规范的范围，但由于各国社会制度以及历史文化传统的差异，不同国家对同一问题规定的冲突规范所使用的法律名词或概念并不一定相同。有时即使表面上相同，各自对其含义的理解也不完全一致。例如，各国法律都规定“不动产依不动产所在地法”，但各国对什么是不动产、什么是动产有不同理解，如法国把蜂房看做动产，荷兰则视之为不动产。

（三）识别的方法

1. 依法院地法识别，即以法院地国家的实体法作为识别的标准。其理由主要是：首先，冲突规范是国内法，其使用的名词或概念只能依照其所属国家的法律，亦即由法院地法进行解释；其次，由于法院熟悉自己国家的法律概念，依法院地法识别简单明确，不需要外国专家的证明；再次，识别是适用冲突规范的先决条件，在没有解决识别冲突之前，外国法还没有获得适用，因此，除法院地法以外，不可能有其他法律作为识别的依据。这种做法在理论上与实践中都得到了普遍的赞同。

2. 依准据法识别，即用来解决争议问题的准据法，同时就是对争议问题的性质进行识别的依据。

3. 依一般法律原则识别。由于冲突规范是使法官就涉及不同国家法律问题的准据法作出决定的规则，所以识别过程就必须按照分析法学的原则和在比较法研究基础上形成的一般法律原则来进行。这种主张很吸引人，但到目前为止，各国普遍适用的一般法律原则并不多。同时这种做法会大大增加法院的负担，使法院感到十分为难。因此，在实践中采用分析法学和比较法说进行识别的例子并不多见。

4. 个案识别。识别问题不应该采取统一的解决办法，也没有什么统一的规则，它归根到底就是一个冲突规范的解释问题，因而应该根据冲突规范的目的，考虑是依法院地法还是依准据法识别。

案情简介

安东夫妇均系马耳他人，他们在马耳他结婚，1870 年以前，他们在马耳他设有住所。后来，他们移居到当时法属阿尔及利亚，在那里安东置有土地。1889 年，安东去世，其妻在阿尔及利亚法院提出诉讼请求，除主张享有夫妻共同财产的一半外，还主张对死者地产的1/4享有用益权。阿尔及利亚法院受理了这个案件。

按照马耳他法的规定：(1) 未亡妻是以配偶的权利取得亡夫遗产的；(2) 未亡妻可取得亡夫1/4的地产的用益权。而法国法规定：(1) 未亡妻是以继承权取得亡夫的遗产的；(2) 未亡妻不得取得已亡配偶地产的用益权。因此，适用马耳他法和法国法将导致两种不同的判决结果。

依照法国冲突法的规定，配偶权利依结婚时当事人的住所地法，不动产继承依物之所在地法。因此，如将安东夫人的请求权定性为配偶权利，那么安东夫妇结婚时住所所在地马耳他法应予适用；如将其请求定性为继承权，则因该土地在阿尔及利亚而应适用法国法。①

案情分析

从案情来看，影响当事人权益的关键问题是：本案是适用法国法，还是适用马耳他法，因为二者的规定有着较大的差别，会产生截然不同的结果。而直接影响这一结果的是法院如何认定“未亡妻”的继承依据：是继承权，还是配偶权？这一现象在国际私法上称为识别问题。由于法官通常比较熟悉本国法，法官们也倾向于适用本国法处理涉外案件，因此，该案中当时隶属法国的阿尔及利亚法院必然会适用法国法来解决此问题，最终判定安东的妻子不能取得位于法属阿尔及利亚的地产的用益权。

二、反　致

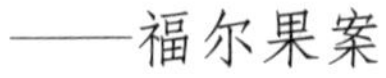

——福尔果案

知识要点

(一) 反致的概念

反致有广义与狭义之分。广义的反致包括狭义的反致、转致、间接反致和外

① 参见蒋新苗、吕岩峰主编：《国际法学案例分析解题指南》，17页，长沙，湖南人民出版社，2001。

国法院说。

1. 狭义的反致，即直接反致，通常简称为“反致”，是指对于某一涉外民事案件，法院按照自己的冲突规范本应适用外国法，而该外国法中的冲突规范却指定应适用法院地法，法院结果适用了法院地国的实体法。这种反致在法文中叫做“一级反致”。

2. 转致，是指对于某一涉外民事案件，甲国法院按照自己的冲突规范本应适用乙国法，而乙国的冲突规范指定适用丙国法，甲国法院因此适用了丙国实体法。转致在法文中称为“二级反致”。

3. 间接反致，是指对于某一涉外民事案件，甲国法院依自己的冲突规范应适用乙国法，依乙国的冲突规范又应适用丙国法，而依丙国的冲突规范却应适用甲国法，甲国法院因此适用自己的实体法作为准据法。

4. 外国法院说，是英国冲突法中的一项独特制度，它是指英国法官在处理特定范围的涉外民事案件时，如果依英国的冲突规范应适用某一外国法，英国法官应“设身处地”地将自己视为在外国审判，再依该外国对反致所抱的态度，决定应适用的法律。因此，如果英国冲突规范所指向的那个外国承认反致，就会出现所谓“双重反致”。所谓“双重反致”，又称为完全反致。[①] 如果英国冲突规范所指向的那个外国法不承认反致，就只会出现“单一反致”的结果；如果英国冲突规范所指向的那个外国法还承认转致，其适用结果还可能出现转致，从而适用第三国的内国法。所以，用“双重反致”来概括英国的反致理论是不恰当的，最恰当的名称莫过于“外国法院说”。

（二）反致产生的条件

反致问题的产生，是基于以下三个互相关联的原因和条件：

1. 审理案件的法院认为，它的冲突规范指向的某个外国法，既包括该国实体法，又包括冲突法。如果法院地国把本国冲突规范所援引的外国法仅理解为该国实体法，依该实体法就可确定双方当事人的权利义务，反致问题就不会发生。因此，认为本国冲突规范所指引的外国法是该外国的全部法律制度，是反致产生的主观条件。

---

① 参见司法部国家司法考试中心编审：《国家司法考试辅导用书》，533页，北京，法律出版社，2003。

2. 相关国家的冲突法规则不一致，彼此也存在冲突，也就是说，不同国家就同一涉外民事法律关系或法律问题制定的冲突规范的连结点不同，或在连结点表面相同的情况下，各自对连结点有不同的解释。如果仅仅是法院认为外国法也包括冲突法，但相关国家的冲突规范相同，也不会产生反致。因此，相关国家冲突法的冲突是反致产生的法律条件。

3. 致送关系没有中断，这是反致产生的客观条件。即使相关国家都认为本国冲突规范指定的外国法包括对方国家的冲突法，如果致送关系中断，反致也无从产生。

由此可见，反致问题的产生，必须同时具备上述三个条件，缺少其中任何一个，都不会产生反致问题。

（三）中国关于反致问题的规定

我国在《民法通则》起草的过程中，就有人试图规定反致和转致，但有些学者以反致不符合冲突法的宗旨为由反对采用反致。结果，《民法通则》对反致问题没有作出明文规定，即使后来最高人民法院发布的《关于贯彻执行〈中华人民共和国民法通则〉若干问题的意见（试行）》也未明确规定。尽管最高人民法院在 1987 年 10 月 19 日《关于适用〈涉外经济合同法〉若干问题的解答》中规定，“当事人协议选择的或者人民法院按照最密切联系原则确定的处理合同争议所适用的法律，是指现行的实体法，而不包括冲突规范和程序法”，但这只表明我国在决定涉外合同的法律适用方面不采用反致，并不表明我国对反致的一般态度。①

最高人民法院在原《关于适用〈涉外经济合同法〉若干问题的解答》中曾明确规定在合同领域不采纳反致制度，这与国际上的普遍实践是一致的。但该解答随着《合同法》的颁布实施已失效。不过，2005 年 11 月最高人民法院向各高级人民法院下发了《第二次全国涉外商事海事审判工作会议纪要》，其中第 48 条规定：“当事人协议选择的法律，是指有关国家及地区的实体法规范，不包括冲突规范和程序法规范。”第 49 条规定：“人民法院按照最密切联系原则确定的涉外商事合同应适用的法律，是指有关国家及地区的实体法规范，不包括冲突规范和程序法规范。”可见，在合同领域，我国的司法实践对反致的

① 参见韩德培主编：《国际私法》，130 页，北京，高等教育出版社，2000。

态度保持了连续性。不过在其他领域是否也排除反致，估计还是一个见仁见智的问题。①

案情简介

福尔果是一个具有巴伐利亚国籍的非婚生子。他从5岁开始随母生活在法国，在法国设有巴伐利亚法所认为的事实上的住所，但至死未取得法国法意义上的住所。68岁时，福尔果在法国去世，生前未留遗嘱，其母亲、妻子先于他死亡，且无子女，但留有动产在法国。福尔果的母亲在巴伐利亚的旁系亲属得知后，要求根据巴伐利亚法律享有继承权，向法国法院提起诉讼，法国法院受理了这个案件。

按照法国的冲突法，动产继承适用被继承人原始住所地法，因此，本案应适用巴伐利亚法，其旁系亲属可以继承福尔果留在法国的遗产。但是，巴伐利亚的冲突法则规定：无遗嘱的动产继承，应适用死者死亡时住所地法（且不分事实住所和法律住所）。于是法国法院便认为福尔果的住所在法国，故适用法国法。②

案情分析

此案的关键是法院地国对涉外民事案件法律适用的态度。具体到本案中，根据法国法的规定，法国法院应适用巴伐利亚法律。如果法国法院认为适用外国法不包括它的冲突法在内，则法国法院最终会适用巴伐利亚的实体法了结此案；如此一来，则福尔果母亲在巴伐利亚的旁系亲属对福尔果留在法国的动产有继承权。然而法国法院认为应该适用的外国法包括该外国的冲突法在内，而按照巴伐利亚的冲突法的规定，法国法院最终适用本国的实体法了结此案。学者们在此案的基础上，发展与完善了国际私法特有的“反致理论”。

---

① 参见李双元主编：《国际私法》，2版，137页，北京，北京大学出版社，2006。

② 参见蒋新苗、吕岩峰主编：《国际法学案例分析解题指南》，20页，长沙，湖南人民出版社，2001。

三、法律规避
——鲍富莱蒙案

知识要点

（一）法律规避的概念

法律规避，又称僭窃法律或欺诈设立连结点，它是指涉外民事法律关系的当事人为利用某一冲突规范，故意制造某种连结点，以避开本应适用的法律，从而使对自己有利的法律得以适用的一种逃法或脱法行为。

（二）法律规避的构成要件

1. 必须要有主观上的故意。法律规避是当事人有目的、有意识造成的，也就是说，当事人主观上有逃避某种法律的动机。

2. 必须要有客观上的后果。即当事人的规避行为已经完成，如果按照当事人的行为形成的既成事实去适用法律，就必然会导致对当事人有利的法律得以实施的结果的发生。

3. 必须通过改变动态连接点来进行，如改变国籍、住所、行为地、物之所在地等等。

4. 规避的对象必须是强行法而不是任意法。尽管有的国家法律规定，规避外国法可能并不构成规避行为，但规避内国法的也必须是规避本应适用的强制性或禁止性的法律。

（三）法律规避的效力

在国内民法上，法律规避行为自然是非法的，并应受到制裁。但国际私法上的法律规避行为，既涉及被规避的法律，又涉及行为人故意改变连结点的行为和因此而成立的法律关系；被规避的法律有时是内国法，有时是外国法。因此，有关法律规避的效力问题，各国在立法、理论和司法实践方面存在着较大分歧，大致可归纳为三种情况：

1. 肯定规避外国法的效力

早先的学说认为，国际私法上的法律规避并不是一种无效行为，大陆法系的一些学者认为，既然双边冲突规则承认可以适用内国法，也可以适用外国法，那么，内国人为使依内国实体法不能成立的法律行为或法律关系得以成立，前往某一允许为此种法律行为或设立此种关系的国家，设立一个连结点，这并未逾越冲突规范所容许的范围，因而不能将其视为违法行为。一些英美法系的学者也认为，既然冲突规范给予当事人选择法律的可能，则当事人为了达到自己的某种目的而选择某一国家的法律，即不应归咎于当事人；如果要防止冲突规范被人利用，就应该由立法者在冲突规范中有所规定。但这种观点受到了越来越多的批评，一个共同的意见是，如果承认法律规避的效力，必然造成法律关系的不稳定，影响整个社会的安定。因此，有些学者提出了相对无效的主张，即规避法院地法无效，规避外国法律有效。

2. 仅仅否定规避内国法的效力

绝大多数国家的立法都明确否定当事人规避内国法律的效力，而对规避外国法律的效力不作规定。

3. 所有的法律规避行为均为无效

欧洲大陆学者大多认为，法律规避是一种欺骗行为，因而在发生法律规避的情况下，就应排除当事人所希望援用的法律的适用，而适用本应适用的法律。所谓“欺诈使一切归于无效”便是其理论根据。

（四）中国的理论与实践

我国立法对法律规避问题未作明文规定，但最高人民法院《关于贯彻执行〈中华人民共和国民法通则〉若干问题的意见（试行）》第 194 条规定：“当事人规避我国强制性或者禁止性法律规范的行为，不发生适用外国法律的效力。”但对于规避外国强行法的行为是否有效，这里也没有规定。依我国多数学者的意见，由于国际私法所调整的法律关系不仅涉及本国和某外国两个国家，而且常常涉及三个或四个国家的法律，当事人既可适用外国法来规避本国法，也可适用第二国法来规避第三国法，而第二国法和第三国法对法院来说都是外国法。因此，国际私法上的法律规避应包括一切法律规避在内，既包括规避本国法，也包括规避外国法。至于法律规避的行为是否有效，应视不同情况而定：首先，规避本国法一律无效。其次，对规避外国法要具体分析、区别对待，如果当事人规避外国法中某些正当的、合理的规定，应该认为规避行为无效；反之，如果规避外国法中反常的规定，则应认定该规避行为有效。

案情简介

鲍富莱蒙为法国王子，其王妃原为比利时人，因与鲍结婚取得法国的国籍。婚后，鲍妃又同罗马尼亚比贝斯哥王子相恋，要与鲍离婚。但当时法国法律只允许别居不允许离婚；而当时德国的法律允许离婚。为了达到离婚的目的，鲍妃移居德国并归化为德国公民，随后，在德国法院提出与鲍离婚的诉讼并获得离婚判决。鲍妃在离婚后与比贝斯哥王子结了婚，并以德国公民的身份回到了法国。鲍向法国法院起诉，要求宣告王妃加入德国国籍、离婚及再婚无效。

法国法院受理了这一案件。按照当时法国的冲突法规定，婚姻能力适用当事人的本国法，由于鲍妃已归化为德国公民，其本国法为德国法。按照德国法，鲍妃的再婚是有效的。但法国最高法院最终判决鲍妃在德国的离婚和再婚均属无效。至于其加入德国国籍问题，法国法院无权审理。

案情分析

这是国际私法中关于法律规避问题的著名案例。鲍妃离开法国前往德国并归化为德国公民的动机是为了达到离婚的目的，具备了法律规避的主观要件；鲍妃在德国法院提出与鲍离婚的诉讼并获得离婚判决，构成了法律规避的客观要件；而其规避的方式是改变国籍这个动态的连接点；本案中，当时的法国是不允许离婚的，因而鲍妃规避的对象是当时法国的强行法，符合法律规避的法律要件。基于上述原因，法国最高法院最终判决鲍妃在德国的离婚和再婚均属无效。但鲍妃的法律规避行为为何得到了德国法院的支持呢？这里涉及法律规避的效力问题。学界与法律实务界并没有一个统一的定论，也就是说即使构成法律规避行为也未必都是无效的行为。比较普遍的做法是：规避本国法一律无效；规避外国法效力待定。

四、外国法的查明

——南京华夏海运公司诉塞浦路斯澳非尔提斯航运有限公司船舶碰撞案

知识要点

（一）谁有义务查明外国法：当事人还是法院

这个问题涉及对外国法的性质的认识，即应将外国法看作是法律还是事实。不同的看法，就有不同的回答。

1. 关于外国法的性质的学说

（1）事实说。英美等普通法系国家多奉行此说。它们认为，依本国冲突规范而适用的外国法相对于内国而言，只是一个单纯的事实，而非法律。英国、美国的司法实践均采取这种观点。不过，它们的观点目前有所改变。

（2）法律说。这是意大利、法国等国家的学者所主张的理论。该说认为，内国法院适用外国法，是根据法律关系的性质而适用的；由于内、外国法律是完全平等的，因此，本国法官适用外国法同适用内国法一样，没有什么区别。这种理论也有其不可克服的弊端。毕竟，本国法官适用外国法与适用内国法是有根本区别的，否认这种区别同样会陷入形而上学的泥坑。

（3）折中说。该说主要是为了调和事实说与法律说的矛盾，它主张外国法既非单纯的事实，亦非绝对的法律，而是依本国冲突规范的指引应适用的外国法律。就本国法观点而言，它适用的是外国法；就外国法观点来看，它是依据法院地国法而被援用的，因此，它既有别于本国法，又有别于外国法，是一种特殊的法律事实。所以，证明外国法也必须采取有别于确定事实的程序，又不同于确定法律的程序。德国、日本和东欧国家采取这种做法。

在我国，民事诉讼采取“以事实为依据，以法律为准绳”的原则，人民法院在审理涉外民事案件时，要作出切合实际、合理的判决，维护当事人的正当权益，促进我国对外开放事业的发展，不管是“事实”，还是“法律”，都必须查清。因此，把外国法看成是“法律”还是“事实”的争论，在我国没有实际意义。[①]

2. 外国法的查明方法

（1）当事人举证证明。英、美等普通法系国家和部分拉丁美洲国家采用这种办法。它们把外国法不是看做法院主动适用的法律，而是视为当事人引用来主张自己权利的事实。外国法中有无相关规定及其内容如何，须由当事人举证证明，法官无依职权查明的义务。证明的方法可以是当事人在诉状中引证该外国法，或者请有关专家提供证言。双方当事人对该外国法的内容有争议时，由法院断定哪一方的主张是正确的。（2）法官依职权查明，无须当事人举证。欧洲大陆一些国家，如意大利、奥地利等，把外国法看作法律，认为法官应该知道法律，主张法官负责调查认定，无须当事人举证证明。（3）法官依职权查明，但当事人亦负有协助的义务。采取这种做法的国家，如德国、瑞士、土耳其和秘鲁等，主张对外国法内容的查明，既不同于查明内国法律的程序，又不同于查明事实的程序，原则上应由法官负责调查，当事人也应负协助的责任。这种做法更重视法官的调查，对当事人提供的证据既可以确认，也可以限制或拒绝。

（二）通过何种途经查明外国法

我国立法虽然没有明文规定外国法查明的方法，但最高人民法院《关于适用〈涉外经济合同法〉若干问题的解答》第 2 条第 11 款规定："在应适用的法律为外国法律时，人民法院如果不能确定其内容的，可以通过下列途径查明：（1）由当事人提供；（2）由我驻该国的使、领馆提供；（3）由该国驻华使、领馆提供；（4）由中外法律专家提供。"之后，最高人民法院《关于贯彻执行〈中华人民共和国民法通则〉若干问题的意见（试行）》第 193 条又增加了一个途径：由与中国订立司法协助协定的缔约对方的中央机关提供。1988 年 2 月 8 日生效的《中华人民共和国和法兰西共和国关于民事、商事司法协助的协定》第 28 条也规定："有关缔约一方的法律、法规、习惯法和司法实践的证明，可以由本国的外交或领事代表机关或者其它有资格的机关或个人以出具证明书的方式提交给缔约另一方法院。"我国的上述做法是切实可行的。

（三）无法查明或查明无法时该怎么办

1. 适用内国法。这又有两种不同的情形：一种是直接适用内国法，这是大

---

① 参见韩德培主编：《国际私法》，137 页，北京，高等教育出版社，2000。

多数国家采取的办法；另一种是类推适用内国法，英国法院、美国法院就采取此种类似方法，但这种推定仅限于普通法系国家的法律。

2. 驳回当事人的诉讼请求或抗辩。德国和美国在实践中采取这种做法。采取这种做法的主要理由是：适用某一外国法是内国冲突规范的指定，这意味着不允许适用其他法律来代替；此外，若外国法的内容无从知悉，如同当事人不能证明其请求原因、事实或其抗辩事实的情形一样，法院得认为当事人的诉讼请求或被告的抗辩无根据，而予以驳回。

3. 适用同本应适用的外国法相近似或类似的法律。德国曾有案例采取这种做法，日本也有判例采取这种做法，但从立法上明确规定外国法无法查明时适用与其相近似的法律的情形尚不多见。

4. 适用一般法理。日本的学说和判例大多持此主张。

总之，各国的司法实践关于外国法无法查明时的解决方法是多种多样的，但上升到立法上的规定则只有适用内国法和驳回诉讼请求两种。我国最高人民法院在《关于适用〈涉外经济合同法〉若干问题的解答》中规定“可以参照我国相应的法律处理”，但在之后的《关于贯彻执行〈中华人民共和国民法通则〉若干问题的意见（试行）》中改为“适用中华人民共和国法律”。

（四）外国法适用错误该怎么办

外国法的错误适用可因两种情况发生：一是依冲突规范本应适用某一外国的法律，却适用了另一外国或内国的法律，或者本应适用内国法，却适用了外国法而发生的错误，这叫做“适用冲突规范的错误”；二是虽依冲突规范适用了某一外国法，但对该外国法的内容作了错误解释，并据此作出了错误的判决。

1. 适用冲突规范的错误

这类错误虽然也属于外国法的错误适用，但从本质上讲，它直接违反了内国的冲突规范，具有错误适用内国法的性质。因此，在实践中，各国都认为这与错误适用内国其他法律规范的性质相同，允许当事人依法上诉，以纠正这种错误。

2. 适用外国法的错误

对于这类错误，是否允许当事人上诉，在国际私法的理论与实践中，有两种不同的主张：

（1）不允许当事人上诉。这些国家把对外国法的认定看作是一种事实的认定，而其最高法院只是作为法律审法院，即它必须接受下级法院关于事实的认定，而其工作只限于审查从事实得出法律上的结论。因此，对适用外国法的错误不允许上诉到最高法院。另外，还有一些国家虽然把外国法看作是法律，但它们认为：其最高法院之所以设立，是为了保证本国法律解释的正确性与一致性，至于外国法律的解释是否正确与一致，应由外国最高法院解决。而且，内国最高法院如果干涉外国法的解释，事实上也有所不便。况且，如果内国最高法院所作的解释与外国最高法院不相一致，或对外国法律作了错误的解释，也会影响自己的声誉。因此，它们对外国法的错误适用问题，不接受当事人的上诉。采取这种制度的国家有法国、德国、瑞士、西班牙、希腊、比利时、荷兰等。

（2）允许当事人上诉。允许当事人以适用外国法的错误为由提起上诉的国家，大致有两种类型：第一种是奥地利、葡萄牙、芬兰、意大利、波兰、美洲国家及苏联、东欧等国家。它们认为，对外国法内容的确定与解释有误，就是对规定适用外国法的内国冲突规范的适用的错误。当外国法作为处理涉外民事法律关系的准据法时，它同内国法并无差异，两者应同等看待。此外，在外国法的查明方面，进行上诉审的上级法院更容易查明外国法，从法律的安定性出发，应允许上级法院或最高法院对下级法院关于他国法律在解释上有无错误作最后决定。因此，它们允许当事人上诉。第二种是以英、美为代表的普通法系国家。它们虽将外国法视为“事实”，但在诉讼程序上实行上诉审制度，法律赋予上诉审法院对下级法院关于事实的认定和法律的适用问题进行审查的职能。所以，对外国法的错误适用，是可以提起上诉的。英国最高法院即上议院就曾在一些案件中纠正了适用外国法的错误。

在我国，对民事案件实行两审终审制，无法律审和事实审的区别。因此，无论什么错误，当事人不服都可以提起上诉。如果是明显的错误，或造成了严重的不合理后果，还可以通过审判监督程序予以纠正。这样做，有利于维护正当的国际民事法律关系。①

案情简介

原告南京华夏海运公司所属“华宇”轮于 1994 年 6 月 10 日由印度尼西亚雅加达港空载驶往泰国曼谷港，被进港的被告所属的“珊瑚岛”轮撞击。事后经过日本海事协会检验，确认“华宇”轮丧失适航能力。由于修理，“华宇”轮停航 66 天。“珊瑚

① 参见韩德培主编：《国际私法》，140～141 页，北京，高等教育出版社，2000。

岛”轮撞船后离开了曼谷港，于1994年7月30日抵达中国南京港。原告于是申请武汉海事法院扣押该船舶，并向武汉海事法院起诉，要求被告赔偿损失175万美元。

一审中武汉海事法院对于法律适用问题认为，根据中国《海商法》关于涉外关系的法律适用原则，本案法律适用的第一选择是1910年的《统一船舶碰撞若干法律规定的国际公约》，但该公约对我国尚未生效，因此不能适用；第二选择是泰国法律，即侵权行为地法律，但因为双方当事人均不属于泰国国籍，又不主张适用泰国法，视为当事人对泰国法不举证，因此泰国法不被适用；法院于是适用法院地法，即中国的《海商法》，判决被告赔偿原告八十多万美元。

被告不服判决，向湖北省高级人民法院提起上诉。湖北省高级人民法院认为：根据中国《海商法》第273条第1款的规定，本案应当适用侵权行为地法律即泰国的法律。但本院依照最高人民法院《关于贯彻执行〈中华人民共和国民法通则〉若干问题的意见（试行）》第193条规定的途径未能查明泰国的有关法律。根据该条的规定，本案应适用中华人民共和国的法律。原审法院未完全依照前述规定查明泰国法即适用中华人民共和国的法律不妥，但事实认定正确，最后判决驳回上诉，维持原判。①

案情分析

解决本案的关键是：泰国有没有关于船舶碰撞方面的法律？如果有则适用泰国法，如果没有，又该怎样适用法律？因而这就涉及外国法内容的查明问题。也就是涉及前述所讲的几个问题，即谁有义务去查明？法院还是当事人？通过什么途径去查明？不能查明又该怎样处理？从我国的司法实践来看，当事人与法院均有义务去查明外国法的内容，而且以法院依职权查明为主。查明的方法也多种多样，既可以是当事人主动提供，也可以是两国间的外交机关去查明，还可以是中外法律专家提供相关资料。然而，本案中一审法院的做法是否正确？二审法院的查明方式是否欠周全？这是我们在分析此案例时需要考虑的几个问题。要正确地回答以上问题，就需寻找相关的法律依据。对于海上侵权行为的法律适用，我国《海商法》第273条就船舶碰撞的损害赔偿作了明确规定：船舶碰撞的损害赔偿，适用侵权行为地法律。船舶在公海上发生碰撞的损害赔偿，适用受理案件的法院

① 参见李双元主编：《国际私法》，2版，175页，北京，北京大学出版社，2006。

所在地法律。同一国籍的船舶，不论碰撞发生于何地，碰撞船舶之间的损害赔偿适用船旗国法律。因此，本案中作为一审法院的武汉海事法院在处理法律适用问题方面的做法是不妥的，因为它没有经过外国法的查明阶段就直接适用了法院地法。

五、公共秩序的保留

——基尔伯诉东北航空公司案

知识要点

（一）公共秩序保留的概念

公共秩序保留，在英美法中称公共政策，法语中称公共秩序，而德语中称保留条款。它是指一国法院依其冲突规范本应适用外国法时，因其适用会与法院地国的道德、法律、政策或公共利益相抵触而排除其适用的一种法律制度。

（二）公共秩序保留的主要情形

1. 按照内国冲突规范原应适用的外国法，如果予以适用将与内国关于道德、社会、经济、文化或意识形态的基本准则相抵触，或者与内国的公平、正义观念或根本的法律制度相抵触，从而不适用原应适用的外国法。

2. 一国民法中的一部分法律规则，由于其属于公共秩序法的范畴，在该国有绝对效力，从而不适用与之相抵触的外国法。

3. 按照内国冲突规则原应适用的外国法，如果予以适用，将违反国际法的强行规则、内国所负担的条约义务或国际社会一般承认的正义要求时，也可以适用该外国法将违反国际公共秩序为由，而不予适用。

（三）公共秩序保留的实质与作用

国际私法中的公共秩序，是体现各国政治、经济和法律制度的基本原则，以及对外基本政策与社会秩序的总概括。因此，它不仅是一个法律概念，还是一个政治概念。公共秩序保留的实质就是国家在通过冲突规范调整涉外民商事法律关系的过程中用以维护其本国利益的一种重要工具。

如前所述，公共秩序保留有两个方面的作用：一是消极的否定作用，即当本国法院依冲突规范指定应适用外国法，而其适用结果与本国的公共秩序相抵触时，便可排除该外国法的适用。二是积极的肯定作用，即内国法的某些规定，由于涉及国家或社会的重大利益、道德与法律的基本原则，因而是必须直接适用的，这就根本不考虑有关的冲突规范如何规定，从而排除了外国法的适用。

（四）公共秩序保留在司法实务中应注意的问题

公共秩序保留制度的最大特征是它的不确定性，其实施带有极大的灵活性和伸缩性。这虽然有利于法官根据本国利益的需要，随机应变地决定是否适用冲突规范所指引的外国法，但是，公共秩序保留不能漫无边际地滥用，只应作为一种在相当严重的情况下，例外地排除外国法适用的手段和措施。因此，在运用公共秩序保留时，应注意以下问题：

第一，应区分国内民法上的公共秩序与国际私法上的公共秩序。

国际私法上的公共秩序保留虽然也是从国内法立场出发规定的事项，两者的基本精神是一致的，归根到底都是维护国家利益的，但它与国内民法上的公共秩序有所不同。许多在处理纯国内民法关系时作为强行法的事项，在处理涉外民事关系时就不一定也是强制性的。例如，就本国公民来说，法律关于婚龄的规定，都是强制性的，必须无条件地适用于所属一切公民，但在涉外婚姻中，如本国公民在国外与他国公民结婚，或外国人与外国人在外国结婚而让他们的婚姻在内国发生效力，这一规定就不一定必须排除婚姻举行地法或当事人住所地法有关婚龄规定的效力，因为这一强行性规定只属于国内民法的公共秩序。因此，在实践中，应注意将国内民法上的公共秩序与国际私法上的公共秩序加以区别。如将两者完全等同起来，就可能妨碍许多合理的涉外民事法律关系的成立，可能否定许多依外国法已经成立的涉外民事关系，从而妨碍国际民事交往的发展。

第二，应尊重他国的主权。

国家主权是国家固有的对内的最高权和对外的独立权，任何国家在其领土范围内的主权行为只要不违背国际法，他国就无权干涉，并应予以尊重。如果援用本国的公共秩序而侵犯他国的主权，譬如：拒绝承认外国国家的国有化法令，显然违背了国家主权原则，是滥用公共秩序保留的一种表现。同理，当冲突规范指定适用的是一个未被承认的国家或政府的法律时，也不应该以该外国国家或政府未被承认作为援用公共秩序保留的根据。

第三，应当慎用公共秩序保留条款来限制国际条约中冲突规范的效力。

在过去的实践中，对于国际条约中的冲突规范，除非条约成员国在缔结或参加该条约时作出了保留，一般不能在条约生效后又援用公共秩序保留来限制其效力。然而，在第二次世界大战以后，出现了一种新趋势，几乎所有的国际私法公约订立了公共秩序保留条款，允许缔约国在认为根据条约中的规定适用某外国法会与自己的公共秩序相抵触时，可以援用这种保留条款来排除公约中的规定。这种趋势的出现，是为了在保障各缔约国国内强行法效力的条件下，推动各国较快达成协议，在较为广泛的范围内签订各项有关的法律适用公约。因此，只要条约中订有公共秩序保留条款，缔约国就可援用它限制条约的效力。

第四，在排除本应适用的外国法后，可否一律代之以法院地法。

第一种观点，赞同以法院地法取而代之，这是一种传统的观点，其目的是扩大本国法适用范围，现在仍有许多国家的立法与实践采取这种做法。

第二种观点，认为应根据案件的具体情况妥善处理，而不能一概代之以内国法，必要时可考虑适用与该外国法有较密切联系的另一外国法。理由是：如果一概代之以内国法，会助长滥用公共秩序的错误倾向，与内国冲突法的原意不相符合。因为既然内国冲突规范指定有关的涉外民事法律关系应以有关的外国法作准据法，就表明该涉外民事法律关系与该外国有更密切的联系，适用该外国法更为合理。

第三种观点，认为外国法被排除后，法院可拒绝审判。理由是：冲突法既已规定应适用外国法，便表明它不允许用其他法律代替。因此，在该外国法被排除后，可视同外国法的内容不能证明，拒绝审判是恰当的。

总而言之，由于公共秩序本身的灵活性，究竟在什么情况下才能运用，立法中不可能、也无必要作出明确的硬性规定，它依赖于法官的自由裁量。

案情简介

基尔伯是纽约人，在纽约有住所。被告东北航空公司是在马萨诸塞州注册的公司，它从事纽约至马萨诸塞州之间的空中运输。基尔伯在纽约买了该公司的机票，乘坐飞机前往马萨诸塞州，中途因飞机在马萨诸塞州坠毁而死亡。死者的遗产管理人在纽约州法院提起诉讼，要求被告赔偿。马萨诸塞州法律规定，受害人向从事公共运输者索赔的数额为 2 000 美元以上、15 000 美元以下，且索赔的具体数额要根据被告人的过错程度来确定；纽约州法律则禁止规定索赔的最高限额。纽约州地方法院根据侵权行为地法即马萨诸塞州法律，判决被告向原告赔偿 15 000 美元。原告不服，上诉到纽约州上诉法院。

负责审理此案的德斯蒙法官认为，从纽约起飞的飞机，在几小时内可能经过好几个州，飞机可能由于恶劣的天气或其他不测事件而进入某州，因此，何处成为损害发生地纯属偶然。若有可能，法院应为本州公民提供保护，使他们免受由于其他法院作出的不公正判决而遭受损失。纽约州 1894 年《宪法》中禁止索赔最高限额的规定，正是反映了这种精神。纽约州宪法是该州根本法，它的这一规定是明确的、古老的，因而更强有力。实际上，近几年很多州已不再限制致死人命案中索赔的最高数额。马萨诸塞州法律中关于索赔最高限额的规定，是与纽约州公共政策相违背的，所以不能予以适用。至于索赔的计算方法，它属于程序问题。程序问题应依法院地法，所以，应适用纽约州法。①

案情分析

通常，公共秩序保留的情形发生在国家与国家之间。但严格地讲，它是发生在不同国家或不同法域之间。本案中，马萨诸塞州与纽约州同为美联邦的成员，但由于其各州之间有着独立的法律体系，因而形成了不同的法域。这样一来，两个不同法域之间的法律制度与公共政策之间的冲突也可能产生公共秩序保留问题。纽约州上诉法院认为，马萨诸塞州的法律中对于航空侵权索赔最高限额的规定违背了纽约州的公共秩序，应予以排除。在排除适用侵权行为地法后，纽约州上诉法院直接适用了法院地法，这也是目前世界上大多数国家的一种做法。而根据纽约州法的规定，索赔没有最高限额的要求。这样一来，当事人的利益就得到了最大限度的保护，从而体现了公共秩序保留的实质与作用。

---

① 参见赵相林主编：《国际私法教学案例评析》，70 页，北京，中信出版社，2006。

六、时际法律冲突与准据法的确定

——香港沛时投资公司诉天津市金属工具公司合资合同纠纷案

知识要点

（一）时际法律冲突产生的原因

1. 法院地国的冲突规则发生了改变。冲突规则的改变又可分为三种情况：一是冲突规则中采用的连结点发生改变，如以前采用国籍，现在改为采用住所；二是冲突规则中采用的时间因素发生了改变，如以前采用“立遗嘱时的住所地法”，现在改为采用“死亡时的住所地法”；三是冲突规则中采用的连结点和时间因素均发生了变化，如原来采用“立遗嘱时的本国法”，现在改为采用“死亡时的住所地法”。

2. 法院地国的冲突规则未变，但事实上的连结点发生了改变。例如，动产适用所有人住所地法，他原来的住所在甲国，现在的住所在乙国，依据前一住所地法，他无权买卖和拥有文物，而依据后一住所地法却并无这种限制。这种因事实上的连结点发生改变而导致前后两个准据法之间的冲突，又称为“动态冲突”。

3. 前两者均未改变，但被指定的准据法本身发生了改变。例如，中国 1950 年《婚姻法》规定五代以内的旁系血亲之间的婚姻从习惯，而 1980 年《婚姻法》则禁止三代以内的旁系血亲之间结婚。若现有一对 1979 年在中国结婚的表兄妹于定居美国多年后，男方于 2003 年在美国提出婚姻无效的诉讼，这时美国法院不但得首先确定究竟应适用中国法还是美国法的问题，而且在确定应适用中国法后，还要进一步确定是适用 1950 年《婚姻法》（这样他们之间的婚姻将被认定为有效）还是适用 1980 年《婚姻法》（这样他们之间的婚姻将被认定为无效）。这就是典型的时际法律冲突现象。

（二）时际法律冲突解决的办法

1. 因法院地国的冲突规则发生改变引起的时际法律冲突问题。一般说来，依“法律不溯及既往”和“既得权保护”的原则，应在修改冲突规则时，明确规定新的冲突规则是否有溯及力、溯及力的条件和范围如何。

2. 因事实上的连接点发生改变引起的时际法律冲突问题，在理论与实践中并未形成一致的原则。各国一般根据法律关系的不同性质，从有利于案件公正合理的解决出发，视情况采取可变主义和不可变主义两种相反的态度。所谓可变主义就是允许适用变更后的新连结点指定的准据法。所谓不可变主义是指准据法的指定不应因连结点的改变而改变，以防止当事人间的权利义务关系发生不合理的改变，并防止当事人通过改变连结点达到以改变准据法而规避法律的目的。①

3. 因被指定的准据法发生改变引起的时际法律冲突问题。对于这一问题，一种观点认为，应该适用旧法，理由是双方当事人协议选择的准据法一旦订入合同，就成了合同的一项具体条件，不应随被选择法律的改变而改变，否则就等于变更了当事人之间的权利义务关系，成立了一个新的合同；但另一种观点认为，应该适用变更后的新法，理由是，当事人既然选择了某国法律作为合同的准据法，就表明他们已同意将整个合同的命运系之于该国的整个法律制度，包括该国法律制度的变化。相比较而言，前一理由似乎更合情理，因为双方事人在选择法律的适用时，对当时该适用的法律的内容已经了解，所以才作出这一选择。通常国家在制定新法或修改旧法时，会在新法中宣告它是否具有溯及力，如有溯及力，一般会规定其溯及的范围和条件。如未作出明确规定，通常根据前述“法律不溯及既往”和“既得权保护”的一般原则来解决。②

案情简介

1994年1月12日，香港沛时投资有限公司（住所地在香港，以下简称“香港沛时”）与天津市金属工具公司（以下简称“天津公司”）签订了合资经营天津南华工具（集团）有限公司合同。合同约定：香港沛时出资51%，以现金分5次缴费，在取得营业执照1年内公司注册资本全部到位；天津公司出资49%，以现有固定资产、分厂、门市部及其他第三产业等作价投入，在取得营业执照1个月内一次性缴清；逾期欠缴者，应按月支付欠缴额的2%作为迟延利息。合同还约定，由于一方不履行合同、章程规定的义务或严重违反合同、章程的规定，致使合资公司无法经营或者无法达到合同规定的经营目的的，视为违约方单方终止合同，对方除有权向违约方索赔外，还

① 参见李双元主编：《国际私法》，2版，153页，北京，北京大学出版社，2006。

② 参见韩德培主编：《国际私法》，88页，北京，高等教育出版社，2000。

有权报原审批机关批准终止合同。任何一方在发生不能履约行为时，应及时通知对方，并对其行为和相应后果负责。同年2月7日，该合资公司领取了企业法人营业执照。

到1995年4月5日为止，香港沛时按约定分3次投入注册资本，但尚欠人民币34 635 840.67元未投入。天津公司则按期投入价值人民币7 394.7万元的房屋和设备供合资公司使用。之后，天津公司以多种方式催告香港沛时公司缴纳剩余资金未果，于是诉之法院。1999年天津市高级人民法院依法判令香港沛时给付未到位资金的迟延利息，并终止合资合同。

被告不服原审判决，上诉至最高人民法院。理由之一是：原判决适用法律错误。本案原审时我国《合同法》已实施，《合同法》第68条和第69条确立了不安抗辩制度，第108条和第94条第2项确立了预期违约制度。香港沛时主张：天津公司总经理自合资公司领取营业执照时起长达7年时间始终兼任合资公司总经理和董事，香港沛时在投入前三期资金后，仍被排斥在合资公司之外，因此，天津公司以其行为表明不履行合资合同义务，香港沛时在此情况下不再投资，属行使不安抗辩权，并不违约。①

案情分析

本案属于国际私法中的时际法律冲突问题。双方当事人签订合同时，合同受《中外合资经营企业法》及《民法通则》调整，而当纠纷提交人民法院进行诉讼时，《合同法》已经颁布实施。因此解决该案的关键是：《合同法》对本案是否适用。根据前述的理论可知，该案属于因被指定的准据法发生改变而引起的时际法律冲突问题。故而解决的办法首先是看新法是如何规定的。具体到本案来说，即《合同法》及相关的司法解释是否对其自身的适用范围与溯及力作了规定。最高人民法院《关于适用〈中华人民共和国合同法〉若干问题的解释（一）》（法释[1999] 19号）第1条规定：合同法实施以后成立的合同发生纠纷起诉到人民法院的，适用合同法的规定；合同法实施以前成立的合同发生纠纷起诉到人民法院的，除本解释另有规定的以外，适用当时的法律规定，当时没有法律规定的，可以适用合同法的有关规定。第5条规定：人民法院对合同法实施以前已经作出终

① 参见徐青森、杜焕芳主编：《国际私法案例分析》，39页，北京，中国人民大学出版社，2004。

审裁决的案件进行再审，不适用合同法。根据上述规定，受案法院有选择法律适用的自由裁量权，即本案既可以适用《合同法》审理，也可根据“法律不溯及既往”的一般原则来解决。

七、意思自治原则与准据法的确定

——“帕玛”轮抵押合同纠纷案

知识要点

意思自治原则是国际私法的基本原则之一，也是合同准据法确定的重要方法之一。其含义是指合同当事人可以通过协商一致的意思表示自由选择支配合同的准据法。但这一原则与方法在具体的运用过程中尚需注意以下几方面的问题。

1. 选择行为的效力问题

即当事人在就合同的准据法作出选择时，当事人的选择行为是否有效？如果当事人的选择行为无效，被指定作为合同的准据法是否依然有效？现在普遍接受的理论是，当事人的法律选择协议（包括合同中的法律选择条款和单独的法律选择协议）是独立的协议。主合同的效力并不必然影响法律选择协议的效力。所以，应将当事人是否作出有效的和有约束力的法律选择问题与是否缔结了有效合同问题区别开来。但普遍认为，当事人的选择行为无效则被指定的合同的准据法无效。因而，确定支配当事人的选择行为效力的准据法非常重要。

对法律选择协议的准据法，国际上有以下几种主张：第一，适用法院地法；第二，适用当事人选择的法律。新近的立法多采此主张；第三，适用当事人没有作出法律选择时将会适用的法律；第四，由法院裁量。这对法院来说，使问题变得较为简单，但却使结果难以预见。

2. 选择的时间问题

关于当事人选择法律的时间，一般认为既可以在订立合同当时选择，也可以在订立合同之后选择。新近的国际公约和国内立法都表明，多数国家反对对当事人选择法律的时间加以限制，而允许当事人在合同订立后选择法律，甚至允许变更原来所作的选择。不过，当事人在合同订立后选择或变更选择的权利也受到了一定限制，即不得使合同归于无效或使第三人的合法利益遭受损害。

3. 选择的方式问题

当事人选择法律的方式，有明示和默示两种。明示选择，因其透明度强和具有稳定性和可预见性，而为各国普遍肯定。对于默示选择，各国理论和实践尚无定见，其态度大致可分为三种：第一，土耳其、尼日利亚、秘鲁、中国等少数国家只承认明示选择，不承认任何形式的默示选择。第二，荷兰、美国（1971 年《第二次冲突法重述》）有限度地承认默示选择。第三，承认默示选择，允许法官在审理案件时推定当事人的意图，多数国家和国际公约持此种态度。

4. 选择的范围问题

当事人根据自治原则所选择的法律应是实体法，而不包括该国的冲突法，这是目前多数国家的立法和国际公约所一致认可的。关于当事人选择法律的空间范围，即当事人能否选择与合同没有客观联系的法律，长期以来就是一个有争议的问题。欧洲大陆的学者多主张，为了避免当事人通过选择准据法来规避法律，只能选择与合同有客观联系的法律。一些国家的法律也从连结点的空间范围上对当事人的法律选择作出限制，如波兰国际私法和美国统一商法典。但以英国为代表的大多数国家不要求当事人选择的法律与合同有客观的联系。①

5. 准据法的变更问题

当事人选择了合同的准据法后，如果所选国家的法律发生变更，是适用选择时的法律，还是适用变更后的新法呢？对这一问题，学者们大多主张适用新法。

6. 意思自治的限制

合同的法律适用采取当事人意思自治原则，但并非没有条件限制。受限制的方面主要是合同的形式、当事人的缔约能力方面。另外，某些特殊的合同是不允许当事人作出选择的，譬如：雇佣合同、消费者合同、保险合同等。

案情简介

1990 年 9 月 27 日，申请人英国钱斯利公司（Chancery PLC）和柏林人银行（二者共同称为银行方）与被申请人希腊山奇士海运有限公司（Sukissed Marine Co.，LTD）签订贷款合同，约定：由银行方贷款给被申请人总额为 310 万美元

① 参见韩德培主编：《国际私法》，196～199 页，北京，高等教育出版社，2000。

的款项，用于经营被申请人所有的塞浦路斯籍“卡帕玛丽”（Kappa Mary，1992年更名为“帕玛”（Pammar））轮；柏林人银行委托申请人为其代理人，负责处理上述贷款本金和利息的偿还以及贷款的日常管理事务；被申请人应分5次，以等量、连续分期付款的形式向代理人偿还贷款，每隔6个月偿还62万美元。同日，申请人作为抵押权人，被申请人作为船主，双方签订了船舶抵押合同，约定抵押权人和柏林人银行联合向船主提供310万美元的贷款，被申请人将其所有的“帕玛”轮设置抵押。1990年9月27日14时30分，申请人作为抵押权收益人由当地登记官作了抵押登记。

因广州海事法院应其他海事请求权人申请扣押并预备拍卖“帕玛”轮，申请人于1994年7月27日向广州海事法院提出债权登记申请，请求法院确认至1995年2月28日止，申请人对被申请人享有抵押债权本息共365 392 010美元。审理过程中，被申请人对申请人的债权请求全部予以承认。双方选择适用中国法律。申请人还向法院提供了《塞浦路斯共和国海商法（暂行条例）》。广州海事法院认为，当事人双方选择适用中国法律，根据《海商法》第271条的规定，“船舶抵押权适用船旗国法律”。“帕玛”轮悬挂塞浦路斯共和国的国旗。申请人与被申请人双方签订了抵押和贷款合同，并就“帕玛”轮设置抵押进行了登记，申请人与被申请人签订的抵押、贷款合同和被申请人以其所有的“帕玛”轮对申请人设立的抵押权符合塞浦路斯共和国法律的规定，应确认有效。申请人作为抵押权人有权对被申请人主张抵押债权。申请人向被申请人主张的366 392 010美元抵押债权应予认定。据此，广州海事法院根据我国《海商法》第271条、《塞浦路斯共和国海商法（暂行条例）》第31条的规定，于1996年2月28日判决：确认申请人对被申请人所有的“帕玛”轮的抵押债权成立；其抵押债权为366 392 010美元。判决后，双方当事人均没有上诉。①

案情分析

本案的关键问题有两个：（1）合同中的法律适用能否允许当事人进行选择？（2）我国法律对反致问题有何规定？根据《民法通则》第145条（合同的法律适用）第1款规定，“涉外合同的当事人可以选择处理合同争议所适用的法律，法律另有规定的除外”。因此，本案中，当事人就涉外船舶抵押债权问题的处理所

① 参见徐青森、杜焕芳主编：《国际私法案例分析》，57页，北京，中国人民大学出版社，2004。

达成的“选择适用中国法律”的协议有效。据此，广州海事法院应该适用中国的法律。但根据我国《海商法》第271条的规定，“船舶抵押权适用船旗国法律”，而本案所涉的船舶为塞浦路斯籍，于是广州海事法院最终适用《塞浦路斯共和国海商法（暂行条例）》处理了该案件。问题是广州海事法院最终适用的法律是否正确，对此学者们有不同的看法。有学者认为法院适用的法律是错误的。然而，《民法通则》（1987年1月1日起施行）对反致问题没有作出明文规定，即使后来最高人民法院发布的《关于贯彻执行〈中华人民共和国民法通则〉若干问题的意见（试行）》（1988年4月2日实施）对此问题也未明确规定。尽管最高人民法院在1987年10月19日出台的《关于适用〈涉外经济合同法〉若干问题的解答》中规定：“当事人协议选择的或者人民法院按照最密切联系原则确定的处理合同争议所适用的法律，是指现行的实体法，而不包括冲突法规范和程序法。”但从该法的适用范围来看，该法并不适用于此案件。故而，广州海事法院当时适用的法律并无不妥之处。

八、物权的法律适用

——中根振平诉山东海丰船舶工程有限公司船舶买卖欠款纠纷案

知识要点

（一）适用物之所在地法的情形

1. 动产与不动产的区分

从通常意义上讲，动产和不动产的区别在于物能否从一个地方移到另一个地方且不损害其经济价值，能移动之物为动产，不能移动之物为不动产。不过，在现实中，尽管各国法律对物属于动产或不动产一般都有明文规定，但往往并非只作上述这种简单的划分，而且各国规定不尽相同。由于各国在动产和不动产的区分上不完全一致，在国际民事交往中，当要决定某物为动产还是不动产时，国际上一般都主张依物之所在地法来进行识别。

2. 物权客体的范围

笼统地讲，作为物权客体的物在范围上是十分广泛的，凡是存在于人身之外，能为人力所支配和控制并能够满足人们的某种需要的物，都能够成为物权的客体。但各国在这方面的规定并不完全相同。此外，在哪些物可以分别作为自然人、法人或国家物权的客体方面，各国的规定也不尽相同。但无论如何，物权客体的范围只能由物之所在地法决定。

3. 物权的种类和内容

物权的种类是由法律具体规定的。但是，在不同的历史时期和不同国家的法律中，物权的种类是不一样的。

4. 物权的取得、转移、变更和消灭的方式及条件

物权的取得、转移、变更和消灭是基于一定的法律行为或法律事实而发生，各国法律对其方式及条件都有自己的规定。这些问题在实践中一般由物之所在地法决定。

对于物权变动的方式、条件，也有主张区别因法律行为而变动和因事实行为而变动两种情况而分别确定准据法。在因法律行为而发生物权变动时，物权法律行为的成立和效力，一般应依物之所在地法。但对于当事人行使物权的行为能力，大陆法系各国一般主张适用当事人属人法，德国《民法施行法》出于对本国贸易的保护，也主张兼采行为地法。英美普通法系国家则主张：物权的法律行为方式，例如登记或进行处分的法律行为方式（如土地抵押设定方式、房屋让渡方式、财产租赁方式等），概依行为地法。但也有人主张区分物权行为和债权行为分别确定准据法。在因法律行为以外的事实或事实行为（例如无主物的占有、遗失物的拾得、埋藏物的发现等）而发生物权变动时，一般都主张只适用物之所在地法。

5. 物权的保护方法

在民法上，物权的保护方法主要有物权人请求停止侵害、排除妨碍、恢复原状、返还原物、消除危险、确认其所有权或其他物权存在、损害赔偿等。物权人是否有上述请求权以及如何行使均应依物之所在地法决定。

（二）不适用物之所在地法的情形

1. 运送中的物品的物权关系的法律适用

运送中的物品处于经常变换所在地的状态之中，难以确定到底以哪一所在地法来调整有关物权关系。即使能够确定，把偶然与物品发生联系的国家的法律作为支配该物品命运的准据法，也未必合理。而且，运送中的物品有时处于公海或公空，这些地方不受任何国家的法律管辖，并不存在有关的法律制度。因此，运送中物品的物权关系不便适用物之所在地法。在实践中，运送中的物品的物权关系的法律适用问题主要有如下解决办法：(1) 适用送达地法。(2) 适用发送地法。(3) 适用所有人本国法。不过，运送中的物品并不是绝对不适用物之所在地法的。在有些情况下，如运送中物品的所有人的债权人申请扣押了运送中的物品，导致运送暂时停止，或运送中的物品因其他原因长期滞留于某地，该物品的买卖和抵押也可适用该物品的现实所在地法。

2. 船舶、飞行器等运输工具之物权关系的法律适用

由于船舶、飞行器等运输工具处于运动之中，难以确定其所在地，加上它们有时处于公海或公空，而这些地方无相关法律存在，因此，有关船舶、飞行器等运输工具的物权关系适用物之所在地法是不恰当的。国际上，一般主张有关船舶、飞行器等运输工具的物权关系适用登记注册地法或者旗国法或标志国法。

3. 外国法人终止或解散时有关物权关系的法律适用

外国法人在自行终止或被其所属国解散时，其财产的清理和清理后的归属问题不应适用物之所在地法，而应依其属人法解决。不过，外国法人在内国境内因违反内国的法律而被内国撤销时，该外国法人财产的处理就不一定适用其属人法了。

4. 遗产继承的法律适用

遗产继承的法律适用分为两类：一类为单一制，即不将遗产区分为动产和不动产，遗产继承适用同一法律。在实行单一制的国家中，有的根本不考虑遗产继承适用物之所在地法，而主张适用被继承人的属人法。另一类为区别制，即将遗产区分为动产和不动产，分别适用不同的法律。一般来说，实行区别制的国家主张，动产遗产的继承适用被继承人死亡时的属人法，不动产遗产的继承适用不动产所在地法。

5. 无体动产的法律适用

无体动产是与有体动产相对应的概念，它是指不以实体形态存在的财产。这类动产由于不以实物形态存在，其所在地难以确定，因而其法律适用问题采用了与一般动产物权不同的规则。按照英国学者的理解，无体动产可以分为以下几方面：(1) 诉权；(2) 由一些文书所代表的、不仅可以交割而且在现代社会还可作为独立物流通的权利。前者如产生于借贷或正常商事活动的债，后者如流通票据和股票（股份）。

(三) 中国关于物权法律适用的规定

我国《民法通则》明确肯定了物之所在地法原则，规定“不动产的所有权，适用不动产所在地法律”。

最高人民法院《关于贯彻执行〈中华人民共和国民法通则〉若干问题的意见(试行)》进一步指出：“不动产的所有权、买卖、租赁、抵押、使用等民事关系，均应适用不动产所在地法律。”

1987 年最高人民法院《关于适用〈涉外经济合同法〉若干问题的解答》还规定，在当事人没有选择可适用的法律的情况下，关于不动产租赁、买卖或者抵押的合同，适用不动产所在地的法律；动产的租赁合同，适用出租人营业所所在地法。

《海商法》对船舶物权的法律适用作了规定：关于船舶所有权的取得、转让和消灭，适用船旗国法；船舶抵押权也适用船旗国法，但船舶在光船租赁以前或者光船租赁期间设立船舶抵押权的，适用原船舶登记国的法律；船舶优先权适用受理案件的法院所在地的法律。

我国《民用航空法》就民用航空器物权的法律适用作了如下规定：(1) 关于民用航空器的所有权，该法第 185 条规定：民用航空器所有权的取得、转让和消灭，适用民用航空器国籍登记国法律。(2) 关于民用航空器的抵押权，该法第 186 条规定：民用航空器抵押权适用民用航空器国籍登记国法律。(3) 关于民用航空器的优先权，该法第 187 条规定：民用航空器优先权适用受理案件的法院所在地法律。①

案情简介

1994 年年底前后，中根公司（该公司由中根振平创办并任法定代表人）作为买方，从另一日本公司购买了一条废钢铁船“西方公主号”，买卖双方约定在中国上海港交货。该船抵达上海港后，由上海中舟拆船公司办理进口手续并缴纳了有关关税，至于中根公司是否与中舟拆船公司存在委托法律关系，并没有相关证据。1995 年 6 月 14 日，中舟拆船公司与喜多来公司签订了一份交接协议，协

① 参见司法部国家司法考试中心编审：《国家私法考试辅导用书》，548 页，北京，法律出版社，2003。

议称："根据双方签订的合同，'西方公主号'油轮的一切事宜均由喜多来公司负责。"1995年7月28日，中根公司（甲方）与喜多来公司（乙方）签订了一份修船协议，约定：中根公司现有一艘2 000吨旧油轮"西方公主号"在青岛港委托喜多来公司修理。修理完毕后由喜多来公司办理船舶保险和注册登记，费用暂由喜多来垫付。1995年9月8日，双方又签订了一份有关该船的船舶买卖协议，约定买卖价格为40万美元，喜多来公司支付30%的款项作为定金，该船到达青岛港双方交接验收后3天内，喜多来公司将全部款项付清。1996年3月28日，喜多来公司将该船更名为"华龙港2号"并申请办理了中华人民共和国船籍证书。

后来喜多来公司没有按买卖协议约定付清其余70%的款项。1997年10月，喜多来公司被海丰公司兼并，海丰公司于1998年7月29日向中根公司书面承诺，原喜多来公司所欠债务由海丰公司负责处理。中根振平于2000年6月7日向法院起诉，要求法院判决海丰公司清偿剩余欠款。

审理法院认为，本案应适用中国法律，中国法院具有管辖权。中根公司不能证明该公司对买卖合同的标的物拥有所有权，无权要求海丰公司返还船舶或返还剩余款项。①

案情分析

解决此案的关键有二。一是"华龙港2号"的所有权的归属问题，也就是说它是由喜多来公司所有还是由中根公司所有？另一关键问题是"西方公主号"是否还是真正意义上的船？从案情的陈述来看，它是一条废钢铁船，也就是说它已是"徒有虚名"了。上海中舟拆船公司办理了进口手续、交纳了关税，同时委托喜多来公司进行修理，最终由喜多来公司在中华人民共和国办理船舶保险和注册登记，进而将其从废品变成了"名正言顺"的船。因此，此船具有中国国籍。然而船舶物权有别于一般物权的特征，它的法律适用通常不适用物之所在地法，而是适用船籍国法，也就是本案的中国法；如果从该船进口时的情形来看，它只能是废品即普通的物，而一般的物的物权取得、转移、变更和消灭的方式及条件通常适用物之所在地法，本案中物之所在地为中国，因此也应适用中国法。

① 参见赵相林主编：《国际私法教学案例评析》，134页，北京，中信出版社，2006。

九、一般情形下侵权行为的法律适用

——刘某等诉科威特港湾工程公司案

知识要点

（一）传统的做法

1. 适用侵权行为地法

（1）理由。有的观点认为，侵权行为之债的产生是由侵权行为这一法律事实引起的，因此只有侵权行为地与侵权行为有某种自然的联系。有的观点认为，这种债的发生是基于法律的权威，而非债务人的意思。对行为人施加责任，是为维护人们的权利平衡，而恰好是在行为地的侵权行为打破了这种平衡。再者，适用行为地法也是当地公共秩序的要求，并且易于查明事实和确定法律上的责任。有的观点认为，适用侵权行为地法是为保护行为地国的主权和公共利益。不适用侵权行为地法就是对行为地国主权的侵犯。有的观点则认为，侵权行为地法是给当事人一种与损害赔偿请求权类似的既得权，原告不管在何处起诉，都拥有该法所授予的权利，诉讼法院只不过是被请求支持或协助取得这一权利。

（2）侵权行为地的确定。1）主张以加害行为地为侵权行为地。这一主张为德国学者所推崇，并为瑞士、意大利、波兰、奥地利、日本及斯堪的那维亚国家的立法所采纳。① 2）主张以损害发生地为侵权行为地法。如美国《第一次冲突法重述》第377条就持此说。3）主张侵权行为地既包括加害行为地也包括损害发生地，甚至还可以包括其他相关的地方。行为发生地或损害发生地均可作为侵权行为地，受害人可自由选择已发生的整个行为的各项事实中任何一项的发生地作为侵权行为地。

2. 适用法院地法

侵权行为适用法院地法是德国学者韦希特尔于1841年提出来的，他认为侵权行为近似于犯罪，如果法庭对犯罪判处刑罚只能依法院地法，则对于类似犯罪

---

① 参见许光耀、宋连斌主编：《国际私法》，290页，长沙，湖南人民出版社，2003。

的侵权行为也只能依法院地法。萨维尼在《现代罗马法体系》中也主张适用法院地法，认为侵权行为责任与法院地的公共秩序有着密切联系，侵权行为与犯罪非常相似，不宜适用外国法，而只能适用法院地法。但侵权行为适用法院地法，当事人无法预见到行为的后果，这也会助长原告挑选法院。

3. 选择适用侵权行为地法或当事人共同属人法

单纯采用侵权行为地法，可能会因为侵权行为地的偶然性而不太合理。特别是当事人具有同一国籍或在同一国有住所时，更是如此。因此，一些国家采用了选择适用侵权行为地法和当事人共同本国法或共同住所地法的方法。

4. 重叠适用侵权行为地法和法院地法

这种做法在国际上较为普遍。单纯采用法院地法或侵权行为地法遇到的最大矛盾是：如果侵权行为地法认为是侵权行为而法院地法不认为是侵权行为，或者相反，就会造成法院地法和侵权行为地法之间的冲突。考虑到侵权行为地国和法院地国的利益，一些国家采用了对侵权行为认定的“双重原则”，即法院地国对于发生在外国的行为，只有在其既符合行为地法规定的侵权行为要件，又符合法院地法规定的侵权行为要件时，才作为侵权行为处理，即重叠适用侵权行为地法和法院地法，这是目前国际社会普遍的做法，不同的是，有的国家是以行为地法为主，兼采法院地法；有的则是以法院地法为主，兼采行为地法。①

5. 重叠适用侵权行为地法、法院地法和当事人共同属人法

由于涉外侵权行为的当事人可能来自同一个国家或者具有共同住所，这时也应适当考虑当事人本国法或住所地法的规定。所以，有的国家采用重叠适用侵权行为地法、法院地法和当事人属人法的做法。

（二）发展趋势

20 世纪中期以来，侵权行为的法律适用有了新的发展。具体而言，有如下几方面：

1. 侵权行为自体法

此概念首先由英国的莫里斯提出。他指出，将一种单一而机械的公式适用于一切侵权行为以及侵权的所有方面，似乎是不可能的。因此需要一种富有弹性的方法才可以适当地解决这一问题。莫里斯认为，尽管在大多数情况下仍有适用侵权行

---

① 参见许光耀、宋连斌主编：《国际私法》，290 页，长沙，湖南人民出版社，2003。

为地法的必要，但应该有一种足够广泛而且足够灵活的冲突规范，以使其能够顾及各种例外情况，这就是侵权行为自体法。不过，侵权行为自体法的含义是不同于合同自体法的。在这里，不存在当事人对准据法的选择，而是对侵权行为地法、法院地法以及当事人属人法加以综合考虑。这种方法是对传统国际私法上侵权行为法律适用的改进，它顾及侵权行为地法之外的法律的可适用性，但又不是呆板地重叠适用。

2. 当事人意思自治

私法自治的观念本来是流行于民事主体的平等交易领域，但有些国家立法也将其引入侵权法领域。

3. 对受害人有利的法律

美国有的学者提出了政府利益分析、功能分析和比较损害等方法，并在实践中得到不同程度的适用。

（三）中国关于侵权行为法律适用的一般规定

《民法通则》第 146 条规定：侵权行为的损害赔偿，适用侵权行为地法律。当事人双方国籍相同或者在同一国家有住所的，也可以适用当事人本国法律或者住所地法律。中华人民共和国法律不认为在中华人民共和国领域外发生的行为是侵权行为的，不作为侵权行为处理。最高人民法院在《关于贯彻执行〈中华人民共和国民法通则〉若干问题的意见（试行）》中解释说，侵权行为地的法律包括侵权行为实施地的法律和侵权结果发生地的法律。如果两者不一致时，人民法院可以选择适用。

案情简介

1983 年，我国某市第四建筑安装工程公司（以下简称“建筑公司”）职工季锦龙被派往科威特，参加科威特港湾工程公司承揽的楼房建设。1985 年 1 月 28 日，季锦龙被科威特阿米瑞公司司机驾车轧死。其后，经中方多次交涉，阿米瑞公司于 1985 年 2 月 5 日向科威特港湾工程公司致函，保证按科威特现行保险条例向死者的合法继承人偿付应得的赔偿金。同时，国内有关部门根据我国有关政策规定，对季锦龙死亡事件进行了善后处理，付给季锦龙的遗孀刘某等人包括丧葬费、抚恤金、生活困难补助费在内共计人民币一万余元。时隔不久，阿米瑞公司按照科威特保险条例的标准赔偿季锦龙的亲属七万余元，此款汇至科威特港湾工程公司。刘某等人一再要求得到此笔赔偿金，均被港湾工程公司拒绝。为此，刘某等人起诉到法院，要求被告港湾工程公司返还赔偿金，并赔偿银行利息。

被告科威特港湾工程公司辩称：根据1986年8月27日中华人民共和国交通部发出的《关于外派船员及劳务出租人员在国外发生病、死、伤残善后处理的通知》，“外派人员及劳务出租人员因国外原因在国外发生病、死、伤、残，我方索回的赔偿费用，一律按国内保险条例规定办理”。原告则认为，根据国务院国发[1981] 147号《关于驻外、援外人员在国外牺牲、病故善后工作的暂行规定》，所有出国人员在国外不是我方原因而不幸牺牲，驻在国或有关当局给予死者以赔偿性抚恤金时，原则上归死者的遗属所有，应全部转回国内由主管部门负责转交。因此，被告建筑公司留置的国外赔偿金应予全都退还。

案情分析

本案中原告刘某为中国公民，被告为科威特港湾工程公司，侵害的是刘某丈夫死亡的赔偿金，其性质为涉外侵权案件。事情发生后，刘某向中华人民共和国法院提起诉讼，根据我国《民法通则》的规定，原则上侵权行为适用侵权行为地法律。但根据最高人民法院在《关于贯彻执行〈中华人民共和国民法通则〉若干问题的意见（试行）》中的规定，所谓的侵权行为地包括侵权行为实施地和侵权结果发生地。本案中，侵权行为实施地在科威特，侵权结果发生地在中国。“如果两者不一致时，人民法院可以选择适用。”因此，中国法院既可选择适用科威特的实体法，也可以选择适用中国法。由于侵权行为发生在国务院国发［1981］147号文件失效之前，故而该案应适用当时仍有效的该文件，而不是之后出台的交通部的通知。

十、海上侵权行为的法律适用

——“易迅”号和“延安”号船舶碰撞案

知识要点

（一）因船舶相撞或与海上设施碰撞发生的侵权行为的法律适用

对于发生在领海上的船舶相撞，或损害其他海上设施，一般是将领海国视作侵权行为地，适用侵权行为地法，即领海国法。如果双方船舶具有同一国籍，可适用其共同本国法。如果在公海上发生船舶损害他国海上设施或海底电缆的，因公海自由，许多国家主张除考虑船旗国法以外，还应适用法院地法。英美的做法便是如此。

关于船舶碰撞的赔偿问题，国际海事法律委员会于 1977 年通过了《统一船舶碰撞中有关民事管辖权、法律选择、判决的承认和执行方面若干规则的公约》，适用于因船舶的灭失或损害以及因船上财产的灭失或损害而提出的碰撞诉讼的管辖权、法律选择和判决的承认与执行等问题。公约所指的"碰撞"，是指两艘或更多艘船舶（其中至少一艘是远洋船舶）的接触和一些其他事故，包括这些船舶由于操作失误，或由于未能遵守适用于航行的成文的或不成文的规则而引起的事故（即使并未发生实际的接触），但不适用于军船或专门拨作公共非商业性服务的政府船舶（渡船除外），以及基于合同而提出的请求。

关于法律选择问题，上述公约规定，除当事人另有协议外，如碰撞发生于一国内水或领海，适用该国法律；如碰撞发生在领海以外的水域，适用案件受理国法律；如有关的船舶都在同一国登记或由它出具证件，或都属于同一国家所有，则不管碰撞发生在何处，均应适用该国的法律；如船舶在不同国家登记或由它们出具证件，即使没有登记或出具证件，但属同一国家所有，则不管碰撞发生在何处，都适用该国的法律。如果船舶对公海定着物（如管道或电缆）造成损害，这些财产具有公共性质，不是任何国家的专属财产，这类侵权行为应适用法院地法处理。

（二）船舶内部发生的侵权行为的法律适用

对于发生在船舶内部的侵权行为，无论该船舶是处于公海或某国领海，各国多主张适用船旗国法，其理由是船舶可视为船旗国的浮动领土。但是如果船舶处于他国领海之内，并且该侵权行为影响领海国的利益，有的国家如美国，主张适用领海国法。英国则不加区别，对于处于他国领海内的船舶内部侵权行为，不问是否影响到领海国的利益，一律适用领海国法。

（三）因海上事故致旅客死伤、货物毁损所发生的侵权行为的法律适用

如果海上运送中致旅客人身伤亡或行李毁损，因有运送合同关系存在，所以有人主张依合同准据法来解决运送人的责任问题。但旅客案件常受到许多国家的强制性法律的保护，且这种法律不得在合同中运用法律选择条款加以规避。为统

一对这种侵权责任的法律规定，1974 年订立了《海上旅客及其行李运输的雅典公约》。

对于海上侵权行为的法律适用，我国《海商法》第 273 条就船舶碰撞的损害赔偿作了明确规定：船舶碰撞的损害赔偿，适用侵权行为地法律。船舶在公海上发生碰撞的损害赔偿，适用受理案件的法院所在地法律。同一国籍的船舶，不论碰撞发生于何地，碰撞船舶之间的损害赔偿适用船旗国法律。该法第 274 条规定：共同海损理算，适用理算地法律。海事赔偿责任限制与船舶优先权，均适用受理案件的法院所在地法律。对于其他类型的海上侵权行为的法律适用，我国《海商法》未作规定，应根据《民法通则》的有关规定处理。①

我国 1983 年颁布的《海洋环境保护法》规定，凡在我国内海、领海以及我国管辖的其他一切海域内发生的损害海洋环境及资源、破坏生态平衡的侵权行为都要按该法处理。在我国领域以外排放有害物质、倾倒废物，造成我国管辖的海域损害的，也应按该法处理。

案情简介

1989 年 7 月 7 日，两艘巴拿马籍远洋运输货轮“易迅”号（本案原告）和“延安”号（本案被告）在东太平洋公海上发生碰撞。“易迅”号沉没，“延安”号船体受损，但仍坚持驶往目的地日本。事故发生以后，原告获悉“延安”号驶抵中国秦皇岛港，遂于 1989 年 12 月 29 日向中国天津海事法院申请扣押“延安”号。1990 年 2 月 2 日，原告向天津海事法院提起诉讼，声称被告违反了《1972 年国际海上避碰规则》的有关规定，要求被告赔偿损失。被告依据《1972 年国际海上避碰规则》，声称原告应负碰撞的主要责任，反诉要求原告赔偿损失。②

案情分析

从案件来看，原告与被告均以对方违反《1972 年国际海上避碰规则》为理

① 参见许光耀、宋连斌主编：《国际私法》，296 页，长沙，湖南人民出版社，2003。

② 参见赵秀文主编：《国际私法学原理与案例教程》，2 版，267 页，北京，中国人民大学出版社，2009。

由，声称对方应承担相应的法律责任。那么中国法院受理这起涉外侵权案件后会不会适用该规则呢？是否还要考虑中国的法律？巴拿马国家的法律又居于什么地位？这里就涉及“海上船舶碰撞的法律适用”问题。而根据前述理论，海上船舶碰撞事件通常会适用以下几种法律：(1) 侵权行为地法；(2) 船旗国法，前提是当事船舶具有同一国籍；(3) 法院地法。本案中双方当事船舶均为巴拿马籍，因此适用巴拿马国法的可能性大，这也符合一般的立法与司法实践，但最终要看受理案件的法院国的立法是如何规定的。本案由中国法院受理，一方面，根据中国《海商法》的规定，同国籍的船舶，不论碰撞发生于何地，碰撞船舶之间的损害赔偿均适用船旗国法律。另一方面，我国司法实践是不接受反致的，据此，我国法院将依据巴拿马的实体法对当事船舶的责任进行认定。至于是否会适用《1972年国际海上避碰规则》则要看巴拿马国的法律是如何规定的了。如果不能查明巴拿马国法律或巴拿马没有相关法律可以适用，则属于另外的法律问题了。

十一、涉外结婚的法律适用

——英国人乔治与王某结婚案

知识要点

（一）结婚实质要件的法律适用

结婚的实质要件包括婚姻当事人必须具备的条件和必须排除的条件。前者一般指双方当事人必须达到法定婚龄，双方当事人自愿结婚等。后者一般指双方当事人不在禁止结婚的血亲之内，没有不能结婚的疾病或生理缺陷，不存在另外的婚姻关系等。关于结婚实质要件的准据法主要有以下几种：

1. 婚姻举行地法

结婚的实质要件依婚姻举行地法。也就是说，如果结婚符合婚姻举行地法有关结婚实质要件的规定，该婚姻就是有效的婚姻，它在任何地方都是有效成立的婚姻；如果结婚不符合婚姻举行地法有关结婚实质要件的规定，该婚姻就是无效的婚姻，它在任何地方都是无效的婚姻。赞成这一规则的理由有：第一，结婚也是一种契约关系或法律行为，根据“场所支配行为”的原则，其成立的实质要件也应该适用婚姻举行地的法律；第二，应该将当事人依婚姻举行地法结成的婚姻视为一种既得权，根据“既得权保护说”，这种婚姻也应该得到其他国家的承认和保护；第三，婚姻的有效成立与否关系到举行地国家的善良风俗和公共秩序，所以必须适用举行地法；第四，结婚的实质要件适用婚姻举行地法简便易行。适用婚姻举行地法是一条古老但目前仍流行的原则。采用此原则的国家和地区有美国的许多州和大多数的拉丁美洲国家，如阿根廷、巴拉圭、危地马拉、秘鲁、哥斯达黎加和墨西哥等。

2. 当事人的属人法

由于结婚与当事人的身份地位（如是否成年、是否神智健全、是否已婚等）有密切关系，所以许多国家对有关结婚实质要件的问题适用当事人的属人法。符合当事人属人法的婚姻即为有效婚姻，否则为无效婚姻。在采用当事人属人法的国家中又分为采用本国法和采用住所地法两种。如果双方当事人属人法相同，适用当事人属人法自然简便容易。如果双方当事人的属人法不同，就要解决如何适用当事人属人法的问题。在这种情况下，主要有以下几种做法：

（1）适用丈夫的本国法。目前此种做法已为许多国家所放弃。

（2）分别适用双方当事人各自的属人法。即只要结婚分别符合双方当事人各自属人法规定的实质要件，该婚姻就是有效婚姻。

（3）累积适用双方当事人的属人法。即婚姻只有在满足双方当事人的属人法所要求的实质要件时，才被认为是有效的婚姻。

3. 混合制

婚姻的成立涉及婚姻举行地法和当事人双方的属人法。所谓混合制是指关于婚姻成立的实质要件，或是以婚姻举行地法为主，但在一定条件下也可以适用当事人的属人法，或是以当事人的属人法为主，但在一定条件下也可以适用婚姻举行地法。

混合制考虑了在不同的情况下适用不同的准据法，避免了单纯适用婚姻举行地法或当事人属人法的不足。由于其比较灵活和切实可行，已为越来越多的国家所接受。

（二）结婚形式要件的法律适用

结婚的实质要件是婚姻成立的基本条件，但是婚姻的成立还需要满足一定的形式要件。目前有关缔结婚姻的方式主要有民事登记方式和宗教方式。根据民事登记方式，缔结婚姻的双方当事人必须到法律指定的机关办理登记手续，取得一定的证件后，婚姻才有效成立。世界上的许多国家包括我国在内都采取民事登记方式。宗教方式要求缔结婚姻的双方当事人根据自己信仰的宗教的规定，举行一定的宗教仪式后，婚姻才成立。目前，除极少数国家外，大部分国家已不再将依宗教方式结婚视为婚姻成立的必要条件。此外，在许多国家中，当事人在进行民事登记的同时也举行宗教婚礼，在举行宗教婚礼时也办理民事登记。

对于婚姻的形式要件的法律适用，根据“场所支配行为”的原则，世界上许多国家长期以来都适用婚姻举行地法，即只要结婚的方式符合婚姻举行地法的要求，即为有效的婚姻。单纯适用婚姻举行地法，有时会出现“跛脚婚姻”。为了避免发生这种情况，有些国家除了规定结婚的形式要件适用婚姻举行地法外，还规定本国公民在国外结婚也必须遵守本国法规定的方式，或者规定在内国结婚的外国人，如果遵守了他们本国法对婚姻方式的规定，婚姻亦为有效。这种立法是以婚姻举行地法为主，同时兼采当事人属人法。

（三）我国关于涉外结婚的法律规定

我国处理涉外结婚的法律规定主要有 1983 年 8 月 17 日发布的《中国公民同外国人办理婚姻登记的几项规定》、1983 年 11 月 28 日发布的《关于驻外使领馆处理华侨婚姻问题的若干规定》、1983 年 12 月 9 日发布的《关于办理婚姻登记中几个涉外问题处理意见的批复》和 1986 年 4 月 12 日通过的《民法通则》。

我国处理涉外婚姻的法律规定主要涉及以下几方面：中国人和外国人在中国境内结婚；外国人之间在中国境内结婚；中国人和外国人在中国境外结婚；中国人之间在中国境外结婚；外国人之间在境外结婚，要求在我国承认其效力。

根据《民法通则》第 147 条的规定，中华人民共和国公民和外国人结婚适用婚姻缔结地法。因此，我国公民和外国人在中国境内结婚，适用中国法，我国公民和外国人在中国境外结婚适用婚姻举行地国家的法律。该规定没有区分结婚的实质要件和形式要件，可以理解为既适用于实质要件也适用于形式要件。

根据民政部《关于办理婚姻登记中几个涉外问题处理意见的批复》的规定，对于男女双方都是来华工作的外国人，或是一方为来华工作的外国人，另一方为临时来华的外国人，要求在中国办理结婚登记的，只要他们具备《中国公民同外国人办理婚姻登记的几项规定》所要求的条件，符合我国婚姻法的规定，可予以办理结婚登记。但为了保证我国婚姻登记的有效性，使我国的婚姻登记在当事人本国或第三国有效，可以让婚姻当事人提供其本国法律准许在国外办理结婚登记的条款规定。外国双方当事人可以按宗教仪式结婚，但如要使其婚姻在我国具有法律效力，就必须按我国法律规定到婚姻登记机关进行登记。在国际条约或互惠的基础上，我国也承认具有相同国籍的外国人双方在其本国驻华使领馆成立的婚姻为有效。

关于外国人之间在我国境外结婚的要件应适用何种法律，《民法通则》无明确规定，但依该法第147条的规定，既然中国人和外国人在境外结婚适用婚姻缔结地法，那么，推定外国人之间在境外结婚也适用婚姻缔结地法应该是没有问题的。对双方均是中国公民在国外结婚应适用的法律，《民法通则》也无规定，但可参照外交部、最高人民法院、民政部、司法部、国务院侨务办公室联合发布的《关于驻外使领馆处理华侨婚姻问题的若干规定》，即“严格按照我国婚姻法的基本精神，并照顾到他们居住在国外的实际情况，加以妥善处理”。

案情简介

英国人乔治生于1977年，1995年来中国，在北京××学院就读。读书期间与本校中国籍女学生王某相识并产生恋情。王某出生于1975年。1997年7月，王某毕业，在一家外资企业就业。同年8月，乔治与王某二人决定结婚，遂到王某住所地的街道办事处办理结婚登记手续。办事处工作人员认为：乔治与王某的婚姻属涉外婚姻，应到区人民政府婚姻登记机关办理结婚登记。乔治与王某遂到区人民政府婚姻登记机关办理结婚登记。婚姻登记机关审查了乔治提供的证明材料后认为，乔治现年20岁，不符合我国《婚姻法》关于结婚年龄的规定，而且没有按照民政部发布的《中国公民同外国人办理婚姻登记的几项规定》的要求提供有关证件和证明，系证件不全，遂决定不予登记。①

案情分析

本案中，区人民政府婚姻登记机关的做法是否正确？乔治与王某能否在中国

① 参见徐青森、杜焕芳主编：《国际私法案例分析》，225页，北京，中国人民大学出版社，2009。

登记结婚？由于当事人的婚姻缔结地在中国，就涉外结婚的实质要件的法律适用来看，通常为婚姻举行地法，因此适用中国法来判断他们能否结婚，是一种较为普遍的做法。对于婚姻的形式要件的法律适用，根据“场所支配行为”的原则，世界上许多国家长期以来都适用婚姻举行地法，故而区人民政府婚姻登记机关的做法是正确的。更重要的理由是，根据《民法通则》第 147 条的规定，中华人民共和国公民和外国人结婚适用婚姻缔结地法。本案中的当事人一方为英国人，一方为中国人，如采用当事人各自的属人法的话，则乔治已达到结婚的年龄，因为按英国法的规定，男女法定结婚年龄均为 16 岁。

十二、涉外离婚的法律适用

——黄女士与詹先生涉外离婚案

知识要点

（一）法院地法

英国和美国等国家在离婚的法律适用问题上适用法院地法。理由是：离婚涉及一国的公共秩序和善良风俗。但这种做法可能会促使当事人寻找对自己有利的法院去起诉，从而产生挑选法院的现象。我国 1986 年《民法通则》第 147 条规定，离婚适用受理案件的法院所在地的法律。因此，在我国起诉的涉外离婚案件也适用法院地法。

（二）属人法

主张离婚适用属人法的理由是，离婚是消灭既存婚姻关系的一种法律行为，与人的身份有着密切关系；而既存婚姻关系是由婚姻的成立而产生的，所以离婚应与婚姻成立的准据法一致，既然婚姻的成立适用属人法，离婚也应适用属人法。但传统的做法多是适用丈夫的本国法，这种做法已不符合男女平等时代的要求。后来也有主张适用当事人共同本国法或共同住所地法的，但如果当事人国籍或住所不同，就会给法院适用法律带来困难。

（三）属人法和法院地法相结合

采取这种做法的理由是：完全依当事人属人法，如当事人本国法所允许的离婚原因违反法院地国公共秩序，或依当事人本国法不允许离婚而依法院地法却允许离婚，这时当事人的属人法就很难为法院地法所承认和适用。而且过去在适用当事人属人法时，多适用丈夫的本国法，这种做法已不符合男女平等的时代要求。后来虽有适用当事人共同本国法或共同住所地法的主张，却又因常有当事人双方异其国籍或住所的情况，给法院适用法律造成障碍。从而，各国或规定对离婚的准据法应允许就当事人属人法或法院地法选择适用其中之一，或规定应重叠适用当事人属人法和法院地法。大多数欧洲大陆国家、日本和泰国等都采用本国法和法院地法相结合的做法。

（四）适用有利于实现离婚的法律

这是当前在欧洲许多新立法中出现的趋势。但是它的表现方式却有所不同，最普遍采用的方法是用法院地法作为辅助的应适用的离婚准据法。①

案情简介

2000 年 3 月，经人介绍，黄女士与法国人詹先生认识。十多天后二人便到云南省某市民政部门登记结婚。同年 11 月，黄女士随詹先生来到了法国，并取得了法国的临时居住证。婚后由于性格不合，两人经常吵闹，最后甚至分居。2001 年 11 月，詹先生向法国某地方法院提出离婚请求，但因担心黄女士索赔而自行撤诉。2002 年 8 月，黄女士回到中国，向某市中级人民法院提起离婚诉讼。随后，某市中级人民法院依法向詹先生送达了诉讼通知，但他拒不到庭参加诉讼。2004 年 8 月，某市中级人民法院依照《中华人民共和国民事诉讼法》的规定，决定缺席审理。法院经审理认为，根据我国法律规定，该离婚诉讼适用我国相关法律；最高人民法院《关于人民法院审理离婚案件如何认定夫妻感情确已破裂的若干具体意见》第 2 条规定，“婚前缺乏了解，草率结婚，婚后未建立起夫妻感情，难以共同生活的”，可依法判决离婚；《中华人民共和国婚姻法》（2001

① 参见李双元主编：《国际私法》，2 版，436 页，北京，北京大学出版社，2006。

年）第 32 条规定“因感情不和分居满二年的”，经调解无效，应准予离婚。鉴于原、被告婚前缺乏了解，经人介绍认识十多天后即结婚，无婚姻基础；婚后双方因性格差异，未建立夫妻感情，且分居两年有余，夫妻感情确已破裂，无和好可能。法院遂于 2004 年 11 月 17 日一审判决黄女士与詹先生离婚。[①]

案情分析

该案中，黄某为中国人（尽管她在法国办了临时居住证，但并没有加入法国国籍），詹先生为法国人，因此，该案是一宗涉外离婚案件；从该案受理的法院来看，它是中国某市的中级人民法院，它适用了中国的有关法律对案件进行审判。从涉外离婚法律适用的普遍做法来看，本案依照中国的相关法律作出判决，是符合目前世界上大多国家的司法实践的。

十三、涉外法定继承的法律适用

——李其然夫妇遗产继承案

知识要点

在解决涉外法定继承的法律适用问题上，主要存在着两种制度，即区别制和同一制。

（一）区别制和同一制

区别制也称分割制，是指在涉外继承中，将遗产区分为动产和不动产，对动产和不动产分别适用不同的冲突规范所指向的实体法，即动产适用被继承人的属人法，不动产适用物之所在地法。在法则区别说的影响下，区别制不仅在 19 世纪成为占主导地位的原则，即使到现在仍为英美以及若干大陆法系国家所采用。我国也是采用区别制的国家。

① 参见徐青森、杜焕芳主编：《国际私法案例分析》，229 页，北京，中国人民大学出版社，2009。

同一制也称单一制，是指不管遗产是动产还是不动产，继承关系作为一个整体适用同一冲突规范所指向的实体法，即被继承人的属人法（本国法或住所地法）。同一制以罗马法中的总括继承（继承为基于亲属关系对财产和身份的总括继承）为理论依据，在 19 世纪后期逐渐取得优势。采用同一制的国家目前已为数不少。

（二）区别制和同一制的利弊

区别制和同一制的利弊不能简单地一概而论，它们各有利弊。继承制度具有财产法和身份法的双重性质。强调继承财产法性质的国家采用的是区别制，强调继承身份法性质的国家采用的是同一制。

由于不动产与所在国关系密切，维护财产所在地国的公共利益是现代采用区别制的一个重要考虑，并且适用不动产所在地法既有利于案件的审理，又有利于判决的执行，所以目前仍为许多国家所坚持。

采用区别制有一个缺陷，就是在实际运用上，如果遗产分布在两个或两个以上的国家，遗产继承就要受两个或两个以上国家的法律支配，因此使继承关系复杂化，在法律适用上可能会碰到诸多麻烦和困难。而采用同一制可以避免上述缺陷，因为按同一制，无论遗产分布在几个国家，也无论遗产是动产还是不动产，遗产继承都将只受被继承人属人法调整。因此，法律适用简单方便，这是同一制的明显优点。但同一制也有一个缺陷，即如果死者属人法与财产所在地法不同时，会发生一定的困难，特别是财产所在地国的国际私法采用区别制时，根据属人法作出的判决有可能在不动产所在地国无法得到承认与执行。

同一制和区别制的根本分歧在于不动产继承的法律适用上。为了协调两者之间的对立，有些国家在继承问题上接受反致，目前这已成为普遍的观点。一方面，通过反致制度可以使财产所在地法得到考虑；另外公共秩序保留制度也可以使财产所在地法得到考虑。这样可以在一定程度上调和同一制和区别制的矛盾。另一方面，采区别制有时难以解决继承问题时，也存在着为了在遗产债权人间维持平衡或为了调整继承人间的不平衡，而统一解决的意向。

另外，瑞士国际私法在限定范围内允许被继承人选择继承的准据法。《关于死者遗产继承的准据法公约》对继承问题采同一制。继承的准据法原则上分为三个类型，同时还承认被继承人选择准据法。即如果被继承人具有其死亡时惯常居所地国的国籍则依该国法律（第 3 条第 1 款）。如果到被继承人死亡时为止，被继承人有居住 5 年以上的惯常居所时，依该惯常居所地法（第 3 条第 2 款）。其他的情况下，依被继承人死亡时的本国法（第 3 条第 3 款）。但此外还规定了例外，即在第二种情况下，如果被继承人死亡时的本国与被继承人有更密切的联系时，依其本国法；在第三种情况下，如果被继承人死亡时与其他国家有更密切的联系时，依该国法律。但是，如果被继承人对准据法已作了选择且这种选择有效时，上述原则不予适用。准据法的选择范围为选择时或死亡时被继承人的本国法或惯常居所地法。

在同一制和区别制之外，关于继承还存在着两种立法与实践。一是以属人法为主，兼采财产所在地法；二是有国家（如乌拉圭）规定，无论遗产为动产还是不动产，继承一概依遗产所在地法，这是一条古老的冲突规范，现已逐渐被淘汰。

（三）我国关于继承准据法的规定

我国立法对涉外继承准据法也是规定采用区别制。我国 1985 年《继承法》第 36 条规定：中国公民继承在中华人民共和国境外的遗产或者继承在中华人民共和国境内的外国人的遗产，以及外国人继承在中国境内的遗产或者继承中国公民在中华人民共和国境外的遗产，动产适用被继承人住所地法律，不动产适用不动产所在地法律。按最高人民法院的解释，被继承人住所地法系指被继承人生前最后住所地法。我国 1986 年《民法通则》仍采用区别制，该法第 149 条规定：遗产的法定继承，动产适用被继承人死亡时住所地法律，不动产适用不动产所在地法律。

案情简介

李其然与其妻周新丽系美籍华人。李其然夫妇生前在上海置有房产两处。一处为位于延安东路 26 号的混凝土三层楼房，总面积 201.46 平方米；另一处为位于淮海中路 132 弄 14 号的二层楼房，总面积 98.76 平方来。另外，李其然夫妇在美国加利福尼亚州还购有住宅一座。李其然和周新丽分别于 1960 年和 1972 年在美国去世，未留下遗嘱处分其财产。李其然和周新丽有婚生子女 2 人——儿子李宜能、女儿李宜群以及养子李宜民，3 人均为美籍华人。住所在美国。儿子李宜能已于 1980 年去世。

李宜能有子女 3 人——女儿李启佳、长子李启明、次子李启亮，其中李启佳与李启亮为美国国籍，住所在美国，李启明为加拿大国籍，住所在加拿大。李其然夫妇购置的上海淮海中路 132 弄 14 号的二层楼房有 50 平方米被征用，房屋折抵款 1 500 元由李启佳领得。另一栋延安东路 26 号的三层楼房全部出租，20 世纪 50 年代后由李启佳代收房屋租金，管理房屋修理等事宜。在美国的住宅，由李其然夫妇及女儿李宜群共同居住。李其然夫妇去世后，由李宜群及其丈夫居住。1985 年，李宜群委托代理人于上海市中级人民法院起诉，要求继承其父母所购置的上海延安东路 26 号的楼房。法院在查明事实之后，根据《中华人民共和国继承法》第 9 条、第 10 条、第 13 条的规定，作出判决：(1) 位于上海市延安东路 26 号的楼房一层 1/2 和二层 1/2 产权由李宜群继承；(2) 该楼房一层另 1/2 和三层的 1/2 产权由李宜能的子女李启佳、李启明、李启亮共同继承；(3) 该楼二层另 1/2 和三层另 1/2 产权由李宜民继承。①

案情分析

这是一起涉外代位继承案件。案中，被继承人李其然、周新丽均已死亡。其遗产应由其亲生子女——儿子李宜能、女儿李宜群以及养子李宜民继承。但其儿子李宜能已于 1980 年去世。因此应由李宜能的子女——女儿李启佳、长子李启明、次子李启亮代位继承。由于案中所涉遗产为位于中国境内的不动产，且被继承人对其遗产未作遗嘱处分，根据我国 1986 年《民法通则》第 149 条的规定，“遗产的法定继承，动产适用被继承人死亡时住所地法律，不动产适用不动产所在地法律”。因而，本案应适用中国继承法来解决争端纠纷问题。

十四、涉外遗嘱继承的法律适用

——非婚生子涉港继承案

知识要点

遗嘱是立遗嘱人在生前对其财产进行处分并于死后发生法律效力的单方法律行

① 参见赵秀文主编：《国际私法学原理与案例教程》，2 版，324 页，北京，中国人民大学出版社，2009。

为。在国际私法上，对遗嘱问题的处理必须区分遗嘱的实质内容问题和遗嘱的形式问题。遗嘱的实质内容问题应由作为该内容法律关系的准据法解决。而该准据法，因遗嘱的实质内容问题的不同而有所不同，在国际私法上无法统一加以规定。

（一）立遗嘱能力的法律适用

1. 立遗嘱能力的法律冲突。各国关于立遗嘱能力的规定存在着差异：（1）采取权利能力与行为能力一致的做法，即要求被继承人立遗嘱的能力与行为能力一致；（2）采取权利能力与行为能力不一致的做法，即采取立遗嘱能力与行为能力不一致的做法；（3）关于无民事行为能力人的界定不一样，一些国家除规定未成年人或精神病患者无立遗嘱能力外，还规定被宣告为无行为能力或限制行为能力的浪费人等不具有立遗嘱能力。

2. 解决立遗嘱能力法律冲突的方法。一般认为应由当事人的属人法来解决。其中一些国家采用被继承人的本国法，如日本、奥地利、韩国、捷克、埃及和土耳其等。另外一些国家采用被继承人的习惯居所或住所地法。在英国，对动产的立遗嘱能力由被继承人的住所地法决定。此外，在有些国家，对在本国境内的不动产立遗嘱的能力要求适用不动产所在地法。

3. 动态冲突的解决办法。譬如：在适用当事人属人法时，当事人的本国法或住所地法发生改变，应该适用什么法？对于这一问题，在立法和实践上，一般规定适用被继承人立遗嘱时的属人法。这样规定的理由是，一项法律行为既已有效完成，就不应该因以后属人法的改变而变为无效。同样，一项原本无效的法律行为也不能因事后属人法的改变而变为有效。另外，也有国家采用结果选择方法，规定原则上适用立遗嘱时被继承人的属人法，但如果依该法立遗嘱人无立遗嘱能力而依被继承人死亡时的属人法有立遗嘱能力，则适用被继承人死亡时的属人法。

（二）遗嘱方式的法律适用

在遗嘱方式上，各国的规定也存在着差异。一般说来，英美法系国家无公证遗嘱形式。法国、日本、瑞士等国无代书遗嘱的规定。而除我国和韩国外，几乎所有国家均无录音遗嘱的规定。

对遗嘱方式的有效性问题，有些国家不区分动产与不动产，统一规定应适用的法律。有些国家则区分动产与不动产，分别规定应适用的法律。在前一类国家中，一般采用属人法和行为地法为准据法，其中又可分为：（1）首先依遗嘱人的属人法，如果属人法不认为其遗嘱方式为有效，但立遗嘱时所在地法认为其方式为有效者，则依立遗嘱时的所在地法。(2) 属人法和立遗嘱时所在地法中，只要有一个国家的法律认为其遗嘱方式为有效，即承认其为有效。

目前，普遍的观点是对遗嘱方式的准据法采取放宽的态度。海牙《遗嘱处分方式法律冲突公约》集中地反映了这种趋势。

（三）遗嘱解释的法律适用

对遗嘱的解释因各国法律观念的不同也会产生法律冲突。在立法上，许多国家并没有对遗嘱解释单独规定适用的法律。在这种情况下，遗嘱解释一般认为应受遗嘱实质要件准据法的支配。

（四）遗嘱撤销的法律适用

一个有效成立的遗嘱可能会因立遗嘱人后来的遗嘱、行为或事后发生的事件而被撤销。对于遗嘱撤销的准据法，许多国家的立法作了明确的规定。有的规定，遗嘱的取消依取消时立遗嘱人的本国法；有的规定遗嘱撤销依支配继承关系的法律，该法通常情况下为死者死亡时的本国法。

案情简介

被告黄某与蔡某系夫妻，居住在香港。1993 年，蔡某到汕头投资，遇到陈某，二人交往一段时间后同居。同居期间，陈某产下一子小林，由蔡某和陈某共同抚养。2000 年 9 月，蔡某前往广州治病前夕，陈某和其子小林见了蔡某最后一面，自此就断了联系。2000 年 12 月 1 日，蔡某患重病在广州突然去世，陈某并不知情，到 2001 年 7 月，才获知蔡某死讯。蔡某在汕头留有两个大型的房地产公司及多处楼盘、写字楼，在香港也有部分房产，资产过亿。2002 年 4 月，因陈某发现黄某有擅自处置遗产行为，6 岁的非婚生子小林即由其母亲陈某作为法定代理人，将另外三名遗产继承人告上法庭，列黄某为第一被告，同父异母的两个姐姐分列为第二、第三被告。原告小林请求法院判决确认其对被继承人蔡某享有法定继承权，依法有权继承的遗产价值为人民币 500 万元。

在庭审期间，三被告向法庭出示了蔡某生前委托律师代书蔡某签名的遗嘱，签名时间为 2000 年 7 月 28 日。根据遗嘱约定，蔡某在香港的遗产全部归被告黄某所有，在汕头的全部财产由黄某分得 50%，两个婚生女儿各分得 25%，财产分割前保留给未成年的非婚生子小林人民币 20 万元作为必要的遗产份额。

原告的法定代理人陈某对这份遗嘱的真实性持怀疑态度，诉称：根据《中华人民共和国继承法》规定，代书遗嘱应当有两个以上见证人在场见证，由其中一人代书。而该份电脑打印的遗嘱无法反映见证人代书、见证是当场行为。另外，该份共有两页的遗嘱是用两颗订书钉钉在一起的，遗嘱首页并没有蔡某的签名，遗嘱次页多处关键字眼被他人涂改。蔡某在遗嘱中的签名与其同一时间的签名流畅程度明显不符，两页遗嘱各自上下页边距明显不同，等等。另外，该遗嘱称遗嘱共有两份，被告却无法提供另一份遗嘱。另一方面，被告黄某在 2001 年 3 月至 4 月之间两次向汕头市公证处声明蔡某生前未立遗嘱，而此时为何会突然间冒出一纸“遗嘱”。

为此，原告向法院提出了鉴定遗嘱中的笔迹和印鉴（包括见证人所在单位印鉴、骑缝章等）是否就是遗嘱载明的日期 2000 年 7 月 28 日形成的，及各种字迹、印鉴是否于同一时间形成，以及鉴定遗嘱中的蔡某签名及涂改部分的笔迹是否为蔡某于签署遗嘱期间的亲笔笔迹等十几项要求。庭审时，法庭出示的汕头市中级人民法院文检鉴定室出具鉴定结论是：遗嘱上的签名是蔡某亲笔签名笔迹。

原告于 2002 年 11 月 12 日再次提交申请书，要求法院委托权威机构全面鉴定遗嘱。2003 年 9 月 8 日，第二次鉴定结论指出：遗嘱中打印文字的打印特征相同，为同一台打印机打印。因右侧的骑缝章能够拼接，故倾向认为遗嘱的打印文字是同时形成的。至于遗嘱中字迹是否系同时形成则无法判定。

汕头市中级人民法院经审理认为，遗嘱符合《中华人民共和国继承法》关于代书遗嘱形式要件的规定，遗嘱已经过两次文检鉴定，可确认其真实性。据此于 2003 年 11 月 27 日作出一审判决：遗嘱有效，原告继承被继承人蔡某遗产 20 万元。原告不服，上诉至广东省高级人民法院，请求撤销一审判决，判决遗嘱无效，对其父亲蔡某的全部遗产享有法定继承权以及确认被告擅自处分遗产的行为无效或责令其承担赔偿责任。①

案情分析

本案的焦点在于遗嘱是否发生法律效力，该问题的解决需要确定遗嘱的形式

① 参见赵相林主编：《国际私法教学案例评析》，252 页，北京，中信出版社，2006。

和内容是否符合法律要求。本案法院适用的是中国法律，但案件涉及位于香港地区的动产与不动产。因此全然不顾香港法的规定似有不妥。根据我国 1985 年《继承法》第 36 条规定：中国公民继承在中华人民共和国境外的遗产或者继承在中国境内的外国人的遗产，以及外国人继承在中国境内的遗产或者继承中国公民在中华人民共和国境外的遗产，动产适用被继承人住所地法律，不动产适用不动产所在地法律。该条没有指明适用于何种涉外继承的情形，我们认为可理解为包括涉外遗嘱继承的法律适用问题皆依此规定处理。因此，在处理蔡某位于香港地区的不动产时应适用香港继承法的规定。另外，关于遗嘱处分能力的规定，亦应考虑适用不动产所在地的法律。该案中，同为蔡某的儿子，小林却分得明显少于其他两位继承人的遗产份额，是否有违财产所在地的法律？这也是个值得考虑的问题，而这个问题的解决也得依赖于香港法的规定。

十五、外国法院判决的承认与执行

——王华实诉付春花案

知识要点

（一）外国法院判决的概念

在国际民事诉讼法中，或者说在国际民事司法协助中，外国法院判决具有特定的含义，一般是指非内国法院根据查明的案件事实和有关的法律规定，对当事人之间有关民事权利义务的争议，或者申请人提出的申请，作出的具有强制拘束力的裁判。对此，应注意以下几点：

1. 对“外国判决”应作广义的理解。在多法域国家，“外国判决”也包括另一法域的法院作出的判决。此外，尽管判决通常是以作出地为标准来界定其是否为外国判决，但有时在内国境内的其他法院（主要是某些国际组织的法院，如联合国国际法院、欧洲共同体法院等）所作出的判决，也属外国法院判决，只要该法院不是属于内国或本法域的法院。

2. 对“外国法院”应作广义的理解。尽管“外国法院”通常是指具有民商事管辖权的普通法院，但也包括劳动法院、行政法院、特别法院，以及被赋予一定司法权的其他机构。

3. 对“外国法院判决”也应作广义的理解。外国法院判决，在司法实践中并非仅指法院判决一种，其他如我国法院在民事案件中所作的裁定和调解书，某些外国法院就诉讼费用作出的裁决，经法院认可的调解书，法院就刑事案件中的有关损害赔偿事项作出的判决，以及某些外国公证机关就特定事项作出的决定等，都应包括在内。对此，有关国际条约作了明确规定。我国与法国、波兰等国家所缔结的司法协助协定中也都明确规定，法院对刑事案件中的有关赔偿请求作出的裁决和主管机关对继承案件作出的裁决，同样属于缔约双方相互承认和执行的民事裁决的范围。此外，我国与外国缔结的双边司法协助协定或条约中采用了“法院裁决”这一概念，主要是为了将法院的判决、裁定、调解书等全部包括进来。①

（二）承认与执行外国法院判决的一般条件

综观各国国内立法以及有关国际条约的规定，除了要求判决必须是民事判决或刑事判决中的附带民事部分之外，不同国家对承认和执行外国法院判决通常还要求具备以下一些条件：

1. 原判决国法院必须具有合格的管辖权

一国法院在什么样的情况下对有关案件具有管辖权的问题，各国立法和各国际条约相关规定差异很大，因此，需要确定应该适用哪一国的法律作为准据法，来确定原判决作出国法院的管辖权问题。主要有以下几种做法：（1）规定原判决国法院的管辖权应依承认和执行地国家的国内法来确定。这是德国、英国、原苏联和东欧国家等的做法。（2）日本、匈牙利、西班牙等国规定，只要承认和执行地国家的国内法并不排除该外国法院的管辖权就够了，并不要求外国法院根据承认与执行地国家的国内法应该具有管辖权。（3）依判决作出地国法来判定其管辖权。

我国《民事诉讼法》对此问题未作规定。但从我国与外国缔结的双边司法协助协定或条约来看，主要有三种不同的方式：（1）我国与法国、波兰等国签订的司法协助协定或条约中规定，依被请求国法律来判断请求国法院是否具有管辖权；（2）我国与俄罗斯签订的司法协助条约中规定，依被请求国对案件是否具有专属管辖权来判断请求国法院是否有管辖权；（3）我国与意大利、西班牙签订的司法协助条约中，专门规定若干项管辖权标准，只要作出裁决的法院符合条约中

---

① 参见许光耀、宋连斌主编：《国际私法》，442页，长沙，湖南人民出版社，2003。

所列情形之一，即被视为具有管辖权。

2. 外国法院判决已经生效或具有执行力

在我国与外国缔结的双边司法协助协定或条约中，均将依判决作出地国法判决已经生效或具有执行力，作为承认与执行该判决的必要条件之一。

3. 外国法院进行的诉讼程序是公正的

一国法院的判决应经过一定的诉讼程序才能作出并生效。在通常情况下，外国法院所作的判决既然已经生效，就没有必要再对该外国法院审理有关案件并作出判决时所进行的诉讼程序的公正性进行审查。但各国立法及有关的国际条约基于对败诉一方当事人的保护，往往规定内国法院在承认与执行外国法院判决时，应对有关外国法院判决所依赖的诉讼程序的特定方面，更确切地说，对败诉一方当事人是否适当地行使了辩护权的问题进行审查。如果发现有关诉讼程序中败诉的一方当事人基于除其本身失误以外的原因而未能适当地行使辩护权，就认为该有关的诉讼程序不具备应有的公正性，从而内国法院就可以因此拒绝承认与执行该外国法院判决。

4. 外国法院的判决必须为当事人合法取得

大多数国家的立法、司法实践以及国际条约都强调，运用欺诈手段获得的外国法院判决不能在内国境内得到承认与执行。至于应适用哪一个国家的法律来决定是否是欺诈行为的问题，世界各国的立法一般都没有作出明确的规定。不过，大多数国家的法院都是基于内国法来决定。

5. 不存在“诉讼竞合”

各国法律和有关国际公约都规定，如果出现“诉讼竞合”的情形，即外国法院判决与内国法院就同一当事人之间的同一争议所作的判决，或内国法院已经承认的第三国法院就同一当事人之间的同一争议所作出的判决相冲突，内国法院可以拒绝承认与执行。

此外，如果请求承认与执行外国法院判决的案件，正在被请求国提起诉讼或正在审理，一般也可以拒绝承认与执行该外国判决。我国与外国缔结的双边司法协助协定或条约，对此作了三种不同的处理：(1) 无条件拒绝。多数协定或条约规定，只要有关案件正在被请求国法院审理，无论请求国法院和作出判决的法院谁先受理该案件，被请求国均可拒绝承认与执行对方法院的判决。(2) 一定条件的拒绝。我国与蒙古、意大利等国缔结的司法协助协定或条约规定，只有在被请求国法院比作出判决的外国法院先受理该案件的情况下，才能拒绝承认与执行对方法院的判决。(3) 未作规定。我国与法国缔结的司法协助协定，对此种情况下是否可以拒绝承认和执行外国法院的判决，未作规定。

6. 承认与执行外国法院判决不违背内国公共秩序

这是国际社会所普遍公认的一个条件。各国立法及有关的国际条约都毫不例外地对此作了明确的规定。值得注意的是，虽然大多数国家的立法都规定，如果有关外国法院判决的承认与执行将有损于内国的公共秩序，则内国法院应拒绝承认与执行该项外国法院判决；但也有个别国家的立法，把外国法院判决本身不违背内国的公共秩序作为承认与执行有关外国法院判决的条件。关于这一问题，恰当的做法应该是在要求承认与执行有关外国法院判决不与内国的公共秩序相抵触时，强调的应该是承认与执行有关外国法院判决的结果，而不是有关外国法院判决本身的内容不与内国的公共秩序相抵触。因为各国在规定这一条件时，只是为了保护内国国家的重大利益，维护内国的基本政策、道德与法律的基本观念和基本原则，使它们不至于因为外国法院判决在内国的承认与执行而受到威胁和动摇。我国《民事诉讼法》第 266 条以及我国与外国缔结的双边司法协助条约均规定，承认与执行外国法院判决不得违背我国的公共秩序。此处强调的亦是承认与执行的后果。

7. 有关国家之间存在互惠关系

这一条件强调在有关国家之间没有缔结或参加涉及承认与执行外国法院判决的国际条约的情况下，内国法院可以基于互惠原则承认与执行有关的外国法院判决；同时，如果原判决法院所属国拒绝给予互惠待遇，内国法院也可以因此而拒绝承认与执行有关的外国法院判决。从目前国际社会的实践来看，除了允许内国法院对外国法院判决进行实质性审查的国家和只允许内国法院基于有关的国际条约承认与执行外国法院判决的国家以外，其他国家的诉讼立法一般都在不同程度上规定内国法院可以基于互惠原则承认与执行外国法院判决或允许内国法院在不存在互惠关系的情况下拒绝承认与执行有关的外国法院判决。我国《民事诉讼法》也作了类似的规定。①

此外，某些国家的诉讼立法和司法实践要求把有关外国法院适用依内国国际私法中的冲突规范可适用的实体法作为承认与执行外国法院判决的条件。我国同有关国家签订的司法协助协定中对此作了明确的规定，如《中法司法协助协定》第 22 条第 2 款规定：在自然人的身份或能力方面，请求一方法院没有适用按照

---

① 参见韩德培主编：《国际私法》，467 页，北京，高等教育出版社、北京大学出版社，2000。

被请求一方国际私法规则应适用的法律时，可以拒绝承认与执行请求法院所作出的有关判决，但其所适用的法律可以得到相同结果的除外。不过，这并非是普遍采用的一个条件。

案情简介

同为中国公民的王华实、付春花于1987年在北京结婚，二人在1989年生有一子。1990年王华实前往美国自费留学，并于1996年取得博士学位，在加拿大的安大略省的一家公司找到了工作。1997年，王华实以夫妻长期分居为由向安大略省的多伦多法院提起了离婚诉讼，但在离婚请求书中王华实隐瞒了他与付春花生有一子的事实。

当该离婚请求书由王华实的律师邮寄给付春花之后，付春花万分气愤：在王华实赴美国留学的6年期间，付春花不仅要自己工作，而且还要侍奉老人、照顾孩子。考虑到王华实在外留学不易，付春花自己节衣缩食，经常给丈夫寄去一些衣物等。但是她却没有料到，在自己丈夫学成之时，竟然要弃他们母子于不顾，并且为了不承担抚养儿子的责任，居然还向法院隐瞒了他有儿子这一事实。

付春花在经过详细的咨询之后，于1997年10月向北京市某区人民法院提起了离婚诉讼。北京市某区人民法院受理该案之后，进行了公开审理。鉴于被告王华实未能到庭参加诉讼，法院便依据我国相关法律对该案作出了缺席判决：判决原告付春花与被告王华实离婚，并且由被告王华实承担其儿子的抚养费用，每月350元。

同时，加拿大安大略省的多伦多法院也审理了王华实所提起的离婚诉讼，由于付春花未能到庭应诉，多伦多法院也作出了缺席判决，判决王华实与付春花离婚。①

案情分析

本案当事人双方为中国人，但付春花在中国法院提起诉讼，王华实在加拿大

---

① 参见赵相林主编：《国际私法教学案例评析》，231页，北京，中信出版社，2006。

提起诉讼。两国法院都受理了离婚案件。王华实在加拿大工作，中国法院判决他承担其儿子的抚养费，这就涉及案件的执行问题。根据外国法院判决的承认与执行的条件来看，其中一条是“不存在诉讼竞合”。本案两国法院都进行了审理，明显存在诉讼竞合情形，因此很难在双方法院得到承认与执行。本案中加拿大的判决，尽管中方不承认，但对当事人王华实的根本利益不会造成根本性的影响，他依然可以在加拿大结婚；而中方的判决如不能得到加拿大的承认，则付春花子女的抚养费就落空了。因此弥补措施应是再通过加拿大的司法救济途径，寻找最终的解决办法。

第十章
国际经济法学

一、国际货物买卖合同的成立
——中国A公司与荷兰B公司关于合同成立的纠纷案

知识要点

（一）要约（Offer）

1. 要约的构成要件

根据《联合国国际货物销售合同公约》（本章以下简称《公约》）的规定，一项有效的要约应当包含下列条件：（1）要约必须向一个或一个以上特定的人提出。如果对公众发出商业广告、商品目录等，并不属于向特定的人提出，不能算作要约，而属于要约邀请。（2）要约人必须清楚明白地表明其愿意按要约内容订立合同的意思。这种订立合同的意思表示必须包括在受要约人接受全部要约条件时就能按该要约条件订立合同。（3）要约的内容必须十分明确和肯定。要约中列出的主要交易条件必须是明确的、完整的、无任何保留的，能够包括拟订立合同的主要条件，一旦对方承诺，合同就可以成立并能有效履行。（4）要约必须送达受要约人，且要约从送达受要约人时生效。如果要约未送达受要约人，则受要约人无法知晓要约内容，也就不可能在合理期间内作出是否承诺的决定。而且，要约达到受要约人处后，要约人受要约的约束。

2. 要约的撤回和撤销

（1）要约的撤回。要约的撤回（withdrawal）是指要约人在发出要约后，在其尚未到达受要约人之前，或在要约到达受要约人的同时，以适当的方式将该项要约取消，使之失去作用。

要约撤回的条件是：1）要约人已经发出要约，但该要约尚未到达受要约人的这一段期间，要约尚未生效。2）要约人欲撤回其要约，必须将撤回通知在该要约到达受要约人之前或者至少也应与该要约同时送达受要约人。由于发出要约在先，撤回要约通知在后，因此要约人拟撤回一项先前发出的要约，必须以比要约更迅捷的方式发出撤回要约的通知。3）即使要约人发出的是一项不可撤销的要约，只要符合上述条件，要约也可以撤回。

（2）要约撤销。要约的撤销（revocation）是指要约人在其要约已经送达受要约人之后，即要约已经生效后，将该项要约取消，从而使要约的效力归于消灭。

在未订立合同之前，如果撤销通知于受要约人发出承诺通知之前送达受要约人，则要约得予撤销。但是，如果要约载明承诺的期限或以其他方式表示要约是不可撤销的，或者受要约人有理由信赖该要约是不可撤销的，且受要约人已本着对该要约的信赖行事，则要约不得撤销。如果受要约人已经发出了承诺通知，按《公约》所确立的承诺到达生效的原则，此时虽然合同尚未成立，但要约人已经丧失了撤销的权利。

（3）要约终止及失效。一项要约即使是不可撤销的，也将于拒绝（rejection）通知送达要约人时终止。

（二）承诺（Acceptance）

1. 承诺的构成要件

被发价人声明或作出其他行为表示同意一项发价，即是接受。缄默或不行动本身不等于接受。该规定表明，如果受要约人无条件地对要约人在要约中所提出的交易条件表示同意，并作出愿意按此条件与要约人订立买卖合同的意思表示，即构成承诺。因而，一项法律上有效的承诺通常必须具备的基本条件是：（1）承诺必须由受要约人作出。由于要约是向特定的人提出的，因此，除了受要约人或其授权的代理人以外，任何第三人即使知道要约的内容后作出完全一致的答复也不能构成有效承诺。（2）承诺必须与要约所提出的交易条件保持一致。（3）承诺必须在要约规定的有效期内作出。如要约中未规定要约的有效期，受要约人一般应在合理期限内作出承诺。（4）承诺必须用口头或书面方式向要约人表示出来，沉默或不作任何表示本身并不构成承诺。若依据要约或当事人之间已确立的习惯做法或者惯例，受要约人可以以作出某种行为来表示同意，而无须向要约人发出通知的，则承诺于该行为作出时生效。(5) 承诺于送达要约人时生效。

2. 承诺生效的时间及承诺撤回

(1) 承诺生效的时间。对于承诺生效时间问题，各国法律规定不尽一致，基本上分为两种：第一种为“投邮生效”原则，由英美法系国家采用，即以电报、电传或书信等方式作出承诺时，载有承诺内容的通知一经发出，该承诺立即生效，合同据此成立。发出承诺通知的地点就是合同成立地，无论要约人是否实际收到该承诺通知，或者承诺通知因在传递过程中发生问题而未及时送达要约人，合同仍然成立。尽管投邮生效原则在英美合同法实践中具有普遍的适用性，但该原则并不具有强制性，允许当事人在合同中自行约定承诺生效的时间和地点。第二种为“到达生效”原则，大陆法系国家较普遍采用该原则，即承诺只有传递到要约人时才发生法律效力，要约人收到承诺的时间即合同成立的时间，要约人收到承诺的地点就是合同成立地。

《公约》关于承诺生效的规定，采纳了大陆法系的“到达生效”原则。这一原则可以明确划分要约人和受要约人各自对于承诺通知送达过程中承担的风险，如果因邮递失误导致承诺通知在传递过程中遗失，或未能在要约规定的期限内或在合理期限内送达要约人，该承诺便无效，合同不能成立。

(2) 承诺的撤回。依据《公约》第 22 条，承诺得予撤回，但撤回通知应于承诺生效之前或在承诺生效之同时送达要约人。就承诺的撤回而言，其基础在于承诺的生效采用“到达生效”原则，因为若采用“投邮生效”作为承诺生效的原则，则受要约人一旦发出承诺通知后，承诺就已经生效，显然无法撤回；而只有采取“到达生效”原则，从发出承诺通知至该通知到达要约人尚有一段合理的时间，只要受要约人使用更加迅捷的撤回通知方法，仍有可能在承诺送达要约人之前将其撤回。

3. 逾期的承诺 (Late Acceptance)

逾期的承诺系指承诺通知到达要约人的时间已经超过了要约所规定的有效期，或者要约虽未规定有效期，但已超过了合理的期间。在国际贸易实务中，导致逾期的承诺大致有两种情况：一是受要约人未按要约所确定的有效期间及时发出承诺通知；二是因承诺通知传递的延误导致该通知逾期送达要约人。

不论承诺逾期产生的原因如何，各国法律均不承认逾期的承诺为一项有效的承诺，而认为它只是一项新要约。然而按《公约》第 21 条第 1 款规定，如果要约人毫不迟延地用口头或书面方式向受要约人表示接受逾期承诺，则逾期承诺仍然有效。显然，如果要约人愿意接受某项逾期的承诺，则应当毫不迟延地将自己的意思通知受要约人，在此条件下合同仍然成立。反之，要约人不作任何意思表示，合同就不成立。本条规定的逾期承诺仅指因受要约人自身原因造成的延误，而不是因承诺通知传递过程中的第三方造成的延误。

案情简介

1986 年 7 月 27 日中国 A 公司应荷兰 B 公司的请求，报出某初级产品 100 吨，每吨鹿特丹到岸价格（CIF）人民币 3 900 元即期装运的实盘。对方接收到我方报盘后，没作承诺表示，而是再三请求我方增加数量，降低价格并延长要约有效期。我方曾将数量增至 300 吨，价格每吨鹿特丹 CIF 减至人民币3 800 元，并两次延长了要约的有效期，最后延至 8 月 30 日。荷兰于 8 月 26 日来电接受该盘。我方公司在接到对方承诺电报时，发现巴西因受旱灾而影响到该产品的产量，国际市场价格暴涨，从而我方拒绝成交，并复电称：由于世界市场价格变化，货物在接到承诺电报前已售出。但荷方不同意这一说法，认为承诺是在要约有效期内作出，因而是有效的，坚持要求我方按要约的条件履行合同，并提出，要么执行合同，要么赔偿对方差价损失四十余万元人民币，否则将提起诉讼。

案情分析

本案的关键问题是如何认识合同订立的程序。一般说来，订立合同必须经过两个程序，即要约和承诺。要约是向一个或一个以上的特定的人提出的订立合同的建议，其内容必须十分确定，并且表明对方一旦接受，要约人就愿受其约束。因此，一项要约必须具备下列条件：

（1）应清楚表明愿意按要约所列条件与对方订立合同的目的，并表明一旦对方接受，要约人就愿受其约束。

（2）原则上应向一个或一个以上特定的人提出，凡不是向一个或一个以上特定人提出的建议，仅视为要约邀请。

（3）内容必须十分确定。所谓十分确定，即要约需标明货物的名称，明示或默示地规定货物数量或价格，或者规定如何确定数量和价格。

承诺即受要约人作出声明或以其他行为对要约表示同意。构成一项承诺也必须具备以下条件：

（1）承诺必须由受要约人以声明或其他行为作出。

（2）承诺的内容必须与要约的内容一致，而不能有所添加、限制或更改，但如果所作限制、添加或更改并未实质上变更要约的内容，要约人又未在过分迟延的期间内以口头或书面方式提出反对，则该项承诺仍然可以视为有效。

（3）承诺必须在要约规定的期限内送达要约人，如果要约人未规定时间，则必须在一段合理的时间内送达，对于口头发出的要约，必须立即作出承诺。承诺一旦送达要约人，就发生效力，合同即宣告成立。

本案中，经过推迟的要约有效期是 8 月 30 日，荷兰 B 公司的承诺于 8 月 26 日到达，是有效承诺，合同应于 8 月 26 日成立。我方公司以“由于世界市场价格变化，货物在接到承诺电报前已售出”为由不履行合同，是完全没有法律依据的违约行为。

二、国际货物买卖双方的权利义务

——中国甲公司与英国乙公司关于买卖双方义务的纠纷案

知识要点

（一）卖方的义务

根据《公约》第 30 条规定，卖方必须按照合同和本公约的规定，交付货物，移交一切与货物有关的单据并转移货物所有权。国际货物买卖中，卖方所承担的义务是主要的，因此《公约》对于卖方履行合同义务作了相当广泛的规定。现将卖方的主要义务分述如下：

1. 交付货物。根据《公约》之规定，卖方必须按照合同规定的地点、时间和方式完成交付货物的义务。

(1) 交货地点。如果买卖合同已明确规定了交货的地点，则卖方应按照合同规定的地点向买方交付货物。如果合同未规定具体的交货地点却又涉及货物运输，当卖方将货物交给第一承运人，即已履行了交货义务。在此情况下，卖方不仅完成了交货的义务，而且依照《公约》第67条之规定，在涉及货物运输时，货物的风险自交付第一承运人时，风险也从卖方转移于买方。当合同规定卖方通过承运人将货物交付给买方时，依据《公约》卖方还必须履行如下的附属义务。此时，双方当事人所遵循的贸易习惯或惯例对于这些附属义务的确定具有决定性意义：

第一，如果按照合同或《公约》规定，卖方要将货物交付给承运人，但货物并未打上标志，或以填写装运单据的方式或其他方式将货物确定在该合同项下(identified to the contract)，则卖方必须向买方发出具体注明此项货物的发货通知。这就是所谓的将货物特定化。

第二，如果卖方有义务安排货物的运输，他必须负责订立运输合同，以适当的运输工具、按通常的运输条件，将货物运送至指定地点。例如，买卖合同适用CIF或CFR等条件，卖方有义务自费安排运输；如果双方按FOB条件订立买卖合同，则卖方并无义务安排货物的运输，但必须将货物运送至指定的装运港口，即使卖方的营业地是在一个内陆城市，他也应当自费通过内陆的运输工具将货物运到装运港口，以便货物装上买方安排的船舶。

第三，若卖方无义务对货物的运输办理保险，他必须在买方提出要求时，向买方提供一切现有的必要资料，使买方能够办理保险事宜。例如，在FOB或CFR条件下，根据国际商会《2000年国际贸易术语解释通则》的规定，运输保险是买方的义务。但是，即使如此，卖方也必须在买方提出要求时提供一切必要的资料，如关于货物的名称、包装、原产地等资料，以便买方及时办理保险。否则，若因卖方未及时提供相应的资料导致买方无法投保，卖方就可能会对货物运输过程中的风险承担责任。

第四，如果买卖合同既未规定具体的交货地点，又未规定卖方必须将货物运送给买方，即合同未涉及卖方应负责办理货物的运输事宜，如果该合同所买卖的货物是特定物，或者是从某批特定的存货中提取的货物，或者是尚待加工制造的未经特定化的货物，而双方当事人在订立买卖合同时已经知道这些货物存放在某个地点，或者已经知道它们将在某个地方生产制造，则卖方应在该地点把货物交给买方处置。

在其他情况下，卖方应在他于订立合同时的营业地将货物交给买方处置。

（2）交货时间。《公约》第 33 条对卖方的交货时间作了明确规定：1）如果合同中规定了卖方交货的日期，或从合同中可以确定交货的日期，则卖方应在该日期交货。由于货物运输可能受到诸多不可预测因素的影响，若合同规定了于具体的某一日期交货，卖方早一天或者晚一天交货，均构成违约。所以在贸易实践中通常不采用这种交货时间的安排。2）如果合同规定了一段交货的时间，或从合同中可以确定一段期间，则除情况表明买方有权选择一个具体日期外，卖方有权决定在这段期间内的任何一天交货。这是国际贸易中最普遍采用的确定交货时间的安排。3）在其他情况下，卖方则应在订立合同后的一段合理的时间内交货。至于何谓合理的时间，应根据交易的具体情况来确定。

2. 承担对货物的品质担保和权利担保责任。绝大多数买卖纠纷源自卖方交付的货物与合同不相符。在许多纠纷中当事人提出的唯一事实问题就是：货物的情况如何。这一看似简单的问题，并不能简单地通过对照合同条款来检验货物就能够得以解决。假如交易的是常规货物，而且为了加速装运，买卖双方通常不会试图详细阐明其与货物买卖相联系的对方订立合同的期望。即使最谨慎的商人都无法草拟一份滴水不漏的买卖合同，以明确的文字表明其订立合同的意图，等等，因为人们都认为这些内容是不言而喻的。这样，一旦发生纠纷，法官或者仲裁员就得解释本该在当事人合同中体现出来的订约时的期望和意图。有鉴于此，各国买卖法就卖方对货物的品质应承担的附随的担保义务作出规定。

卖方对交付的货物承担品质担保和权利担保的义务，是与其交货义务紧密相连的。卖方交付的不是一般意义上的货物，而是交付品质和权利均无瑕疵的货物。换言之，如果卖方交付的货物存在品质或权利瑕疵，即使其交付的货物已经运抵买方，仍然不认为卖方已经履行完毕其交货的义务。

（1）卖方对货物的品质担保义务。《公约》第 35 条第 1 款规定，卖方交付的货物必须与合同所规定的数量、质量和规格相符，并须按照合同所规定的方式装箱或包装。该条第 2 款规定，除双方当事人已另有协议外，货物除非符合以下规定，否则即为与合同不符：1）货物适用于同一规格货物通常使用的目的；2）货物适用于订立合同时曾明示或默示地通知卖方的任何特定目的，除非情况表明买方并不依赖卖方的技能和判断能力，或者这种依赖对他是不合理的；3）货物的质量与卖方向买方提供的货物样品或样式相同；4）货物按照同类货物通用的方式装箱或包装，如果没有通用的方式，则按照足以保全和保护货物的方式装箱或包装。

(2) 卖方对货物的权利担保义务。卖方对货物的权利担保义务是指卖方应保证对其出售的货物享有合法的权利，不得侵犯任何第三人的权利，并且任何第三人都不会就该项货物向买方主张任何权利。根据《公约》的规定，卖方在国际贸易中对出售货物的权利担保义务主要包括两方面：1）卖方所交付的货物必须是第三方不能提出任何权利或要求的货物。《公约》第 41 条规定，卖方所交付的货物，必须是第三方不能提出任何权利或要求的货物，除非买方同意在这种权利或要求的条件下，收取货物。此项规定要求卖方必须保证对出售货物享有合法的权利，若有任何第三方对货物提出权利主张或请求，卖方必须对此承担责任。公约此项规定旨在保护善意买方的正常期望，即买方订立合同是购买其所需的货物，而非一项法律诉讼。尽管《公约》并不调整货物所有权的转移问题，涉及所有权的争议得依赖国内法解决，但因第三人对买卖的货物提出某种主张，即使最终法院判定卖方对货物具有合法的权利，这也将使买卖活动受到影响和干扰。故而，《公约》规定的精神是卖方不仅要保证所交付的货物必须是第三方不能提出任何权利的，而且必须是第三方不能提出任何请求的。2）卖方应确保其交付的货物不会侵犯任何第三方的工业产权或知识产权。在当代的国际贸易中，技术因素越来越强，货物价值中所包含的工业产权或知识产权的比例越来越高，尤其是唱片、录音带、录像带、CD、VCD、电脑软件等等。为此，《公约》第 42 条第 1 款明确规定，卖方所交付的货物，必须是第三方不能根据工业产权或其他知识产权主张任何权利或要求的货物，但以卖方在订立合同时已知道或不可能不知道的权利或要求为限，而且这种权利或要求根据有关国家的法律规定是以工业产权或其他知识产权为基础的。

《公约》第 42 条第 2 款规定了例外情形，即卖方不承担在前款中的义务的两种情形：一是若买方在订立合同时已知道或不可能不知道此项权利或要求；二是第三方提起知识产权的权利或要求的原因是由于卖方要遵照买方所提供的技术图样、图案、程式或其他规格。

3. 移交有关货物的单据。移交有关货物的单据是《公约》规定的卖方的第三项主要义务。在国际货物买卖中，买卖双方的营业地分处不同国家，并有诸多相关人参与才能最终完成交易，如货物包装、仓储、检验、海关、保险、运输、支付等等，涉及大量的单据，通常称之为装运单据。特别是其中的海上运输提单，更具有物权凭证的作用。为此，人们形象地将现代国际贸易视为“单据贸易”。在国际贸易中，与货物有关的单据，主要包括但不限于提单、保险单、商业发票、原产地证书、各类商品检验证书等。

《公约》第 34 条规定，卖方必须按照合同所规定的时间、地点和方式移交这些单据。如果卖方在规定时间以前已移交了这些单据，他可以在那个时间到达前纠正单据中任何不符合合同的情形，但是卖方在行使此项权利时不得使买方遭受不合理的不便或者承担不合理的开支，而且买方有权保留《公约》所规定的要求损害赔偿的权利。

4. 移交货物的所有权。虽然根据《公约》第 30 条的规定，卖方的第四方面的义务是将货物的所有权移交给买方，但是，《公约》第 4 条第 2 款已明确规定，它将不涉及买卖合同对所售货物所有权可能产生的影响。因此《公约》事实上未对货物所有权从卖方转移到买方作出具体规定。尽管如此，卖方转移货物所有权于买方仍然是其基本义务。

（二）买方的义务

按照《公约》的规定，买方的主要义务是支付货款和受领货物两项。

1. 支付货款。《公约》自第 54 条至第 59 条对买方支付货款作了具体规定。买方支付货款的义务牵涉到付款的手续、付款的时间和地点等。

(1) 办理必要的付款手续。《公约》第 54 条规定，买方支付价款的义务包括根据合同或任何有关法律和规章规定履行步骤和手续，以便支付价款。

国际贸易中的支付比国内贸易支付复杂得多，它涉及本国货币与交易货币的汇率、政府的外汇管制、支付方式的确定等问题。当买卖合同约定以信用证方式支付货款，买方就必须向开证银行提出开证申请，办理开立信用证的手续；如果银行需要买方缴纳开证的押金，买方应当如数缴纳，以确保银行开出信用证。如果买卖合同要求买方预付货款，买方必须按合同规定的数额以适当的方式完成支付。总而言之，这些手续都是根据合同规定由买方承担的义务，倘若买方未办理或者未完全办理此类手续，便不认为买方已履行其付款义务。

国际贸易中货款的支付一般采用可自由兑换的货币，对于实行外汇管制的国家的买方来说，其履行付款义务的重要环节是获得必要的可自由兑换的外国货币。为此，买方应根据本国的法律和规章，采取必要的步骤和手续以获得政府对其汇出外汇申请的批准。如果买方未作出申请外汇的努力，无疑构成了违约。如果买方向本国政府申请汇出外汇，但政府不批准，导致买方无法履行其支付货款的义务，在此情况下，买方是否应当承担违约责任，存在截然不同的观点。有的学者认为，政府是否批准不是买方所能控制的，买方的义务应限于尽最大的努力取得政府的批准，而不是绝对保证一定要获得政府的批准；即使要求买方对未获得政府批准一事负责，买方也可以依据《公约》第 79 条关于免责事由的规定，要求免除责任。

（2）支付货款的地点。国际货物买卖如果约定了买方支付货款的地点，买方应在合同规定的地点付款；若该合同对付款地点未规定，则买方应按《公约》第 57 条之规定，在下列地点向卖方支付货款：1）在卖方的营业地付款。如果卖方有一个以上的营业地，根据《公约》第 10 条的规定，则买方应在与该合同及合同的履行关系最为密切的那个营业地向卖方支付货款。2）如果是凭移交货物或单据支付货款，则应在移交货物或单据的地点支付货款。国际贸易中的大多数情况下，卖方向买方交付的是代表货物所有权的单据。因此，无论买卖以 CIF、CFR 等由卖方承担运费的条件成交，还是以 FOB 由买方承担运费的条件成交，卖方出口地银行提交了装运单据，就意味着卖方履行了交货义务。然而，装运货物与移交装运单据并非同一概念，《公约》并未对移交单据的地点作出明确的规定。通常，移交单据的地点可与预付款方式结合来确定，例如，以信用证结算时，卖方向出口地的议付行交付单据、取得货款，表明移交单据的地点为出口地；以跟单托收方式结算时，卖方将装运单据交付出口地的托收行，由后者通过买方所在地的代收行向买方提示单据，买方才予以付款，卖方向买方移交单据的地点为买方所在地。

（3）支付货款的时间。《公约》第 58 条规定了买方支付货款的时间：1）根据第 58 条第 1 款规定，如果合同未约定买方在特定时间内支付货款，买方就必须在卖方按照合同和《公约》规定将货物或控制货物处置权的单据移交买方处置时，支付货款。卖方可以以买方支付货款作为移交货物或单据的条件。2）如果合同涉及货物运输，依照第 58 条第 2 款规定，卖方可在合同中订明交货的条件，即在买方支付货款后，卖方才将代表货物所有权的装运单据移交给买方。3）《公约》第 58 条第 3 款规定，买方在未有机会检验货物前，无义务支付价款，除非这种机会与双方当事人议定的交货或支付程序相抵触。也就是说，只有在买方对卖方的货物进行检验并证实货物与合同相符的条件下，买方才有义务付款。不过这种支付货款的程序在一般货物的买卖中并不普遍，因其要求买方在卖方交货地现场检验，买方需派专人专程前往或者通过当地的贸易代表，并需配备必要的检验手段。对买方而言，其对货物进行检验的前提是必须先付款；买方不付货款，银行将拒绝把代表货物所有权的装运单据交付给买方。显然，如果买方坚持先验货后付款，将使交易陷入两难的境地。因此，《公约》第58条第3款的规定就十分重要。在国际贸易实践中，更普遍的做法是买方先付款，然后，凭卖方交付的装运单据取得货物进行检验。由于买方付款在前，验货在后，待发现货物与合同不符时，其货款早已支付给卖方，买方承受较大的风险。但是，买方可依《公约》的有关规定，采取一切补救措施以维护自身的权益。

（4）买方付款无须卖方催告。《公约》第59条规定，买方必须按合同和《公约》规定的日期付款，无须卖方提出任何要求或者办理任何手续（paymentdue without request）。若买方不按时付款，应负迟延付款的责任。《公约》强调买方付款无须卖方催告，是针对法国、德国、瑞士等一些大陆法系国家的催告制度。根据这些国家的法律，债权人必须先向债务人发出催告通知，才能使债务人承担迟延付款责任；而英美法制度中债权人无须向债务人催告。《公约》特别规定无须催告即足以使买方承担迟延付款的责任。

2. 收取货物。《公约》第60条规定了买方有关收取货物的两方面义务：一是采取一切理应采取的行动，以便卖方能交付货物；二是接收货物。

（1）采取一切理应采取的行动，以便卖方能交付货物。虽然交付货物是卖方的义务，但买方应当采取一切必要的行动，以使卖方能够交付货物。例如，依合同约定，买方应提供运输工具、处理接收货物后的一切相关事宜。

（2）接收货物。买方接收货物不仅是其订立合同时所追求的目的，而且也是其基本的义务，这一义务并非可有可无。因为卖方交付货物后，如果买方拒绝接收货物，卖方将承受滞期费及滞港的仓储费等，甚至还要承受货物灭失等风险责任。虽然货物的风险自货物送交第一承运人后即从卖方转移给买方，但是如果买方违约而拒绝收取货物，该项风险事实上又转给了卖方。所以，接收货物是买方的基本义务，如其无故不接收货物则构成根本违约，卖方有权宣布解除合同并索赔。

案情简介

买方中国甲公司与卖方英国乙公司于1992年5月14日签订了两项合同，规定卖方向买方供应某货8 000吨，交货期为1992年7月至12月，按月份分批交货，装货口岸为汉堡、鹿特丹、安特卫普，由卖方选择。成交以后，买方于1992年6月7日主动提前开出了信用证。此后，买方由1992年6月至11月七次电函催促卖方发货。卖方在其四次答复中提到其供货人未能交货并对迟延发出通知表示歉意。

1992 年 11 月 13 日卖方致函买方，以英镑贬值为由，要求提高合同价格，买方未接受这一要求。合同于 1993 年 4 月、5 月部分履行；英方仍希望中方提高合同价格，中方未同意。1994 年 11 月 16 日中方函告英方，声明收到该函告后 45 天内如果再不履行交货义务，即提请仲裁，要求赔偿损失。英方复函，由于买方于 1992 年 6 月 7 日开立的信用证已过期，后来又未开立新的信用证，因此解除了卖方的交货义务。

买方于 1995 年 5 月 20 日向中国国际贸易仲裁委员会提交仲裁申请书，要求卖方赔偿买方的损失，即按照 1993 年 6 月 29 日市场价格与合同价格的差价计算共 748 000 英镑，并要求卖方承担仲裁的一切费用。

案情分析

提交货物和转移与货物有关的单据是国际货物买卖中卖方的一项主要义务。卖方应在合同约定的时间和地点移交货物和单据，否则就要承担违约责任。本案中英国公司在与中国公司签订合同后，未能按合同规定的交货期分批交货，先是迟延交货，后是拒绝交货，应承担违反合同的责任。至于英方辩称，买方开立的信用证过期，那完全是卖方的违约行为造成的。中国公司在合同订立后、实际履行期到来之前开出了信用证，已履行了自己的合同义务，是符合合同规定和国际惯例的。后来由于英国公司没有履行通知对方交货时间的义务，导致了中国公司开立的信用证过期，也不可能开立新的信用证。货物买卖合同是双务有偿合同，根据同时履行抗辩权的法理，一方的违约，必然导致另一方的不能正确履行合同，但违约方不能以此为由，认为对方违约，从而免除自己的责任。

三、国际货物买卖中的救济

——中美两国公司关于啤酒供应的违约救济纠纷案

知识要点

在国际货物买卖中，买方或卖方违反合同时，另外一方可以采取如下救济措施：

（1）损害赔偿。当事人任何一方违约，无论其违约程度如何、主观是否有过错，受害方都可以要求损害赔偿。赔偿的基本原则是：一方当事人因违反合同应付的损害赔偿额，应与另一方当事人因违约方违反合同而遭受的包括利润损失在内的损失额相等。这种损害赔偿不得超过违反合同一方在订立合同时，依照他当时已知道或应知道的事实和情况，对违反合同预料到或理应预料到的可能的损失。

（2）继续履行、采取补救措施。继续履行合同是指违反合同的当事人不论是否已经承担给付赔偿金或违约金责任，都必须根据对方的要求，在自己能够履行的条件下，对原合同未履行部分继续履行。采取补救措施是指在违反合同的事实发生以后，为防止损失发生或扩大，而由违反合同行为人采取修理、重做、更换等措施。

（3）支付违约金。当事人可约定在违约后通过支付违约金达到救济的目的。约定的违约金低于或高于因违约造成的损失的，当事人可请求人民法院或仲裁机构予以增加或减少。

（4）其他。一方违约，另一方可采取的其他救济措施包括解除合同，以及定金的返还等。

案情简介

美国甲公司与中国的乙公司签订合同，由乙公司向甲公司供应三年啤酒。合同订立两年之后，中国实行新法规，禁止买卖和销售含有酒精的饮料。乙公司立刻援引情事变更条款并且要求与甲公司重新谈判合同。甲公司承认发生了艰难情势，但是拒绝接受乙公司提出的修改合同的建议。在进行了1个月毫无结果的协商后，乙公司诉诸法院。

案情分析

在处理这样一个涉及合同的救济的案例时，我们首先应当弄清楚的问题是，乙公司援引的情事变更条款是指什么？所谓情事变更原则（又称作情势变更，本文统一为“情事变更”），按照通说，是指合同生效后，非因当事人的过错而发生了当事人于订立合同时无法预见的情事变更，致使继续履行合同失去意义或者对一方当事人显失公平，应当允许当事人变更或解除合同。究其实质，乃是诚实信用原则的具体运用。这里的“情事”，是指作为合同基础或背景环境的一切客观事实，如合同订立时的法律秩序、经济秩序，通常的交易条件、物价、币值等；“变更”特指发生了异常、急剧的变化，并且这种变化是当事人不可预料的。该原则的意义在于通过司法权力的介入，强行改变合同业已确定的条款或撤销合同，在合同双方当事人的意志之外，协调因情事变更引起的当事人之间的利益重大失衡，重新分配交易双方在交易中应当获得的利益和风险，维护社会公正和经济流转的正常秩序。因此情事变更原则已成为当代债法最重要的法律原则之一。从近些年各国和国际立法实践及理论研究来看，该原则的成文化已成为不可逆转之趋势。1994 年由国际统一私法协会编撰、2004 年做了大的修订的《国际商事合同通则》(以下简称《通则》) 第 6.2.1 条至第 6.2.3 条规定了艰难条款。根据《通则》第 6.2.1 条至第 6.2.3 条的规定，如果履约使一方当事人变得负担加重，在艰难情形下该当事人可以向人民法院提出申请变更合同或解除合同。艰难情形 (hardship) 是指由于一方当事人履行成本增加，或由于一方当事人所获履约价值减少，而发生了根本改变合同双方均衡的事件，并且该事件在订立合同后发生或为不利一方当事人所知；在订立合同时，不利一方当事人没有理由考虑到该事件；事件非受不利一方当事人所能控制，且事件的风险不由不利一方当事人承担。

另外，如果乙公司有可能向甲公司出售啤酒，则法院应该依据什么判决？依据《通则》第 7.2.2 条规定，“如果一方当事人未履行其不支付金钱的债务，另一方当事人可要求履行，除非：(a) 履行在法律上或事实上不可能；(b) 履行或相关的执行带来不合理的负担或费用；(c) 有权要求履行的一方当事人可以合理地从其他渠道获得履行……”。所以如果乙公司有可能向甲公司出售啤酒，则法院应该判决乙公司实际履行。

四、国际贸易术语

——Pyrene 公司与印度政府关于风险转移的纠纷案

知识要点

(一) 国际贸易术语概述

国际贸易术语 (或称贸易术语) 属于国际经贸惯例或国际商业惯例，它表现为一组字母和简短概念的组合，用于划分国际货物买卖合同的双方当事人之间的责任、风险、费用，并反映价格构成、交货条款。因此，贸易术语又被称为“价格术语”或“交货条件”。贸易术语的使用可以大大简化当事人的贸易谈判、合同订立的过程，同时又提供了确定买卖双方权利、义务的准则。在国际货物买卖合同中，大都使用贸易术语，并构成合同的重要条款。

国际上广泛使用的贸易术语是国际商会的《国际贸易术语解释通则》所规定的，该通则自 1936 年制定，先后于 1953 年、1967 年、1976 年、1980 年、1990 年、1999 年进行了修订和补充。1999 年 9 月国际商会发布了《2000 年国际贸易术语解释通则》（简称 INCOTERMS2000），该通则于 2000 年 1 月 1 日起实施。

（二）INCOTERMS2000 主要内容

与 INCOTERMS1990 相比，INCOTERMS2000 的价格术语结构未发生变化，在内容上发生变化的价格术语有两个，即对 FAS 与 DEQ 的买方与卖方责任进行了调整。此外，INCOTERMS2000 从买卖双方义务排序上对术语合并规定。

以下将 INCOTERMS2000 四组贸易术语的规定做一简述。

E 组。E 组包括一个贸易术语，即 EXW（Ex Works，…named place），意思是工厂交货（指定地点）。该贸易术语合同中，卖方的责任是：(1) 在其所在地或其他指定地点（工厂、工场或仓库）把货物交给买方处置，即履行交货义务；(2) 承担交货前的风险和费用。

买方的责任是：(1) 自备运输工具将货物运至预期的目的地；(2) 承担卖方交货后的风险和费用；(3) 自费办理出口结关手续等。

在全部四组贸易术语中，该价格术语中的卖方的责任最小，相应地买方责任最大，当买方无力办理出口结关手续时，不应选用这一术语。该术语可适用于任何方式的运输。

F 组。F 组包括三个贸易术语：FAS（Free Along-side Ship…named port of shipment)，意思是船边交货（指定装运港）；FOB（Free on Board…named port of shipment)，意思是船上交货（指定装运港）；FCA（Free Carrier…named place)，意思是货交承运人（指定地点）。

在 F 组的贸易术语中，卖方的责任是：(1) 在出口国承运人所在地（包括港口）将货物交给承运人，履行自己的交货义务；(2) 自费办理货物的出口结关手续；(3) 自费向买方提交与货物有关的单证或相应的电子单证。

买方的责任有：(1) 自费办理货物的运输和保险手续，并支付费用；(2) 自费办理货物的进口结关手续等。

采用F组贸易术语应当注意的是：

第一，三种贸易术语的交货地点、风险和费用的界限的划分。FAS是以指定装运港、买方指定装货地点的指定船边作为的界线。FOB是以装运港、买方指定船舶货物是否越过船舷作为界线。而在FCA中，则是以在指定的时间和地点货物交付承运人作为界线。

并且，根据INCOTERMS2000的规定，在FCA术语中，如卖方在其所在地交货，则当货物装上买方或其指定人所指定的承运人提供的运输工具时，完成交货；其他情况下，当货物尚未卸离卖方运输工具，但交由买方指定的承运人或其他人处置时，即完成交货。

第二，FAS、FOB适用于海运和内河航运，而FCA可适用于任何运输方式。

C组。C组包括四个贸易术语：CFR (Cost and Freight…named port of destination)，意思是成本加运费（指定目的港）；CIF (Cost, Insurance and Freight…named port of destination)，意思是成本、保险费加运费（指定目的港）；CPT (Carriage paid to…named place of destination)，意思是运费付至（指定目的地）；CIP (Carriage, Insurance Paid to…named place of destination)，意思是运费、保险费付至（指定目的地）。

在C组的贸易术语中，卖方的责任是：(1) 自费办理货物的运输手续并交纳运输费用。在CIF和CIP术语中，卖方按伦敦保险业协会货物保险条款险别自费办理投保手续并交纳保险费用；(2) 在CFR和CIF术语中，承担货物在装运港越过船舷以前的风险和费用；在CPT和CIP术语中，承担货交承运人以前的风险和费用；(3) 自费办理货物出口结关手续；(4) 向买方提交与货物有关的单据或相应的电子单证。

买方的责任是：(1) 在CFR和CPT术语中自费投保并支付保险费用；(2) 在CFR和CIF术语中，承担货物在装运港越过船舷以后的风险和费用；在CPT和CIP术语中，承担货物交付承运人以后的风险和费用；(3) 自费办理货物进口结关手续。

C组中，CFR和CIF贸易术语适用于海上或内河运输；CPT和CIP可以适用于任何方式的运输。

D组。D组包括五个贸易术语：DAF (Delivered at Frontier…named place)，

意思是边境交货（指定地点）；DES（Delivered Ex Ship… named port of destination），意思是船上交货（指定目的港）；DEQ（Delivered Ex Quay… named port of destination），意思是码头交货（指定目的港）；DDU（Delivered Duty Unpaid… named place of destination），意思是未完税交货（指定目的地）；DDP（Delivered Duty Paid… named place of destination），意思是完税交货（指定目的地）。

在D组贸易术语中，卖方的责任是：（1）除DEQ外，将货物运至约定目的地或目的港在运输工具上尚未卸下，交买方处置即完成交货。DEQ术语中，卖方在指定的目的港码头将货物交付买方，而完成交货义务。（2）承担货物交付前的全部风险和费用；（3）自费办理出口结关手续并交纳相关费用。在DDP术语中，卖方不但要自费办理货物出口结关手续，还要办理货物进口结关手续并交纳进口关税及其他税、费。

买方的责任是：（1）承担货物在目的地（港口）交货后的一切风险和费用；（2）除DDP贸易术语外，自费办理进口结关手续。

在D组中，DES和DEQ主要用于海上和内河航运；DAF可用于陆地交界交货的各种运输方式；DDU和DDP可用于任何运输方式。

案情简介

原告Pyrene公司（卖方）与印度政府（买方）签订了一份购买消防设备的合同，FOB（伦敦），买方与被告Scindia Steam Navigation公司（以下简称“船方”）签订了货运合同，提单合并了英国1924年《海上货运法》。卖方按照买方的指示将货物运到伦敦港，船方在使用船上吊杆把消防设备从驳船往船上运的时候，吊杆折断，造成货损，此时，货物尚未越过船舷，风险并未转移给买方。卖方向英国法院提起诉讼，要求船方承担赔偿责任，承担卖方修理消防船的全部费用。被告（船方）承认其责任，但主张依据《海上货运法》享有赔偿责任限额。原告（卖方）则不同意船方享有赔偿责任限额，理由是：其一，权利及免责不能扩展适用于货物越过船舷之前；其二，FOB下，运输合同是由买方与船方订立的，卖方并没有参与到运输合同中去，提单合并的规则是规范船方和提单持有人（买方）之间的关系。

法院认为，首先，根据《海上货运法》第1条（b）项、（e）项以及第2条的规定，该法案能否适用仅取决于该合同是否为海上货运合同，而不受任何时间上的限制。第 1 条（e）项所提及的“货物装上船起”，目的仅在于确定船方与海上货物运输有关的一系列义务中的第一项，船方承担全部的装卸义务的同时，他们的权利和免责也延及整个装卸过程，包括货物越过船舷之前的装卸阶段。其次，不可否认，运输合同牵涉三方（即卖方、买方、船方）当事人，只要运输合同对卖方有影响，卖方与之有利益关系，卖方就应该参与到合同中去。即卖方把货物交付船边就意味着请求船方装卸，船方搬运货物就意味着接受该请求，这个默示的合同（implied contract）包括有关船方权利、义务、免责的一般条款。因此，原告（卖方）也受买方与船方之间的合同及该合同合并的《海上货运法》条款的约束。所以，船方有权享有赔偿责任限额。

英国《海上货运法》第 1 条（b）项规定：“运输合同”适用于提单所证明的或与海上货物运输有关的任何类似的单证所证明的运输合同；也适用于在租船合同下或根据租船合同所签发的上述任何提单，或类似单证，自该单证制约承运人与上述单证持有人之间的关系时开始。该法第 1 条（e）项规定：“货物运输”包括自货物装上船起（loaded），至卸下船（discharged）时止的一段时间。该法第 2 条规定：除第 6 条规定外，海上货物运输合同的承运人，对有关货物的装载、搬运、积载、运输、保管、照料和卸载，都应按照下列规定承担责任和义务，并享有权利和豁免。

案情分析

在处理这样一个涉及国际贸易术语以及风险转移的案例时，我们首先应当弄清楚的问题是：什么是国际贸易术语？国际贸易术语又称价格术语。在国际贸易中，买卖双方所承担的义务，会影响到商品的价格。在长期的国际贸易实践中，逐渐形成了把某些和价格密切相关的贸易条件与价格直接联系在一起，形成了若干种报价的模式。每一模式都规定了买卖双方在某些贸易条件中所承担的义务。用来表明这种义务的术语，称为贸易术语。贸易术语所表示的贸易条件，主要分两个方面：其一，说明商品的价格构成是否包括成本以外的主要从属费用，即运费和保险；其二，确定交货条件，即说明买卖双方在交接货物方面彼此所承担的责任、费用和风险。贸易术语是国际贸易中表示价格的必不可少的内容。在报价中使用贸易术语，明确了双方在货物交接方面各自应承担的责任、费用和风险，说明了商品的价格构成，从而简化了交易磋商的手续，缩短了成交时间。由于规定贸易术语的国际惯例对买卖双方应该承担的义务，作了完整而确切的解释，因而避免了由于对合同条款的理解不一致，在履约中可能产生的某些争议。

另外，根据《国际贸易术语解释通则》，FOB术语下货物的风险在何时转移？FOB是国际贸易中常用的贸易术语之一。FOB的全文是Free On Board（…named port of shipment），即船上交货（离岸价格），习惯称之为装运港船上交货。

按此术语成交，由买方负责派船接运货物，卖方应在合同规定的装运港和规定的期限内，将货物装上买方指定的船只，并及时通知买方。货物在装船时越过船舷，风险即由卖方转移至买方。在FOB条件下，当货物在指定的装运港越过船舷，卖方即完成交货。这意味着买方必须从该点起承当货物灭失或损坏的一切风险。FOB术语要求卖方办理货物出口清关手续。该术语仅适用于海运或内河运输。卖方要负担风险和费用，领取出口许可证或其他官方证件，并负责办理出口手续。采用FOB术语成交时，卖方还要自费提供证明其已按规定完成交货义务的证件，如果该证件并非运输单据，在买方要求下，并由买方承担风险和费用的情况下，卖方可以给予协助以取得提单或其他运输单据。一些国家鼓励出口使用CIF术语，进口使用FOB术语，由本国保险公司和承运人保险或承运。根据《2000年国际贸易术语解释通则》的解释，FOB术语只适用于海运和内河运输。

五、国际海上货物运输合同

——"SHONG CHON GANG"轮航次租船合同纠纷案

知识要点

海上货物运输是用船舶作为运输工具来完成运输任务的一种商事行为。在各种国际货物运输中，海上运输历史最为悠久，目前所占的比重仍然最大。该运输方式是通过国际海上货物运输合同实现的。

所谓国际海上货物运输合同，是指承运人与托运人或船舶出租人与承租人之间签订的，托运人按合同约定支付运费，承运人将指定货物从一国港口运输到另一国港口，交由收货人收取的合同。该运输合同主要通过提单运输和租船运输等方式完成。

国际海上货物运输合同的主体是承运人和托运人。承运人通常称为船方，是指其本人或以本人名义与托运人订立海上货物运输合同的人。托运人称为货方，是指本人或委托他人以本人的名义与承运人订立运输合同的人。

国际海上货物运输合同，根据不同的划分标准可以分为多种类型。但主要有以下几种类型：

1. 件杂货运输合同。件杂货运输合同，又称零担运输合同，是指承运人负责将货方交运的货物运至指定的港口，而由货方支付运费的合同。该合同通常是班轮运输采用的方式。在此方式运输过程中，承运人按照规定为不同货方的货物签发提单，并按规定的船期和航线完成货物运输。因此，件杂货运输又称提单运输，它是海上货物运输中的一种重要运输方式。

2. 租船合同。租船合同包括：航次租船合同、定期租船合同和光船租赁合同。航次租船合同，指船舶出租人按合同约定的一个或数个航次，把船舶租给承租人，由承租人支付运费的一种运输合同。按照合同约定的航次，可以分为单航次租船合同、往返航次租船合同、连续单航次租船合同、连续往返航次租船合同。定期租船合同，是指出租人向承租人提供特定的船舶，承租人在约定的期限内按约定的用途使用船舶，并支付租金的合同。光船租赁合同，是出租人保留船舶的所有权，而将船舶的占有权转移给承租人，由承租人支付租金和管理船舶的合同。

3. 海上货物运输包运合同。海上货物运输包运合同，亦称海上货物运输总合同，它是指承运人负责一定数量的货物，在约定的时间，分批经海路从一国港口运至另一国港口，而由托运人或收货人支付运费的合同。这一类合同适用于大批量散货运输，当事人在合同中会签订货物总吨位、船舶的吨位、装运的港口、装卸期限、运价等条款。承运人在履行合同时，以按每批货物签发提单或根据每批货物签订航次租船合同来完成。

4. 多式联运合同。多式联运合同是指多式联运经营人以两种以上的运输方式，把货物从接收地运至目的地交付收货人，并收取全程运费的合同。这种运输的优点是一次托运，签发全程提单，运输货物迅速安全。

案情简介

1995 年 10 月 4 日，原告青岛正和航务公司作为船东与被告莱阳市对外贸易公司签订了 M. V “SHONG CHON GANG” 轮自中国龙口港到孟加拉 MONGLA 港的航次租船合同，承运7 028吨袋装水泥。在该航次中，被告给原告造成滞期费及滞期损失。原告向青岛海事法院起诉要求被告赔偿以下损失：(1) 滞期费损失：1) 在装货港，原告于1995年10月17日16时递交了准备就绪通知书，依合同规定装卸时间从18日8时起计算至27日7时装货完毕，共用8.96天，除去22日星期天和规定用时5.86天，装港滞期时间为2.1天。2) 在卸货港，原告于1995年11月26日15时递交了准备就绪通知书，依合同规定装卸时间从27日8时计算至12月21日6时30分卸货完毕，共用23.94天，除去12月3日、10日、17日三个星期天和规定用时7.81天，卸港滞期时间为13.13天。(2) 滞期损失：1) 据合同第11条规定，如被告在船到新加坡之前仍未付清全部运费，则原告有权停船，所有时间按滞期费标准计算。由于被告违约未付清运费，该轮自1995年11月6日11时20分至1995年11月8日10时停在新加坡等运费，用去2.06天。2) 在卸货港FAIR-WAY浮标，同样由于被告违反合同第11条规定，原告停船等运费，自11月14日6时30分起至21日13时收到运费止，用去7.27天。3) 进入卸货港锚地后，因被告提出要求更换船代，致使船在1995年11月22日11时15分到达锚地后拖延至11月26日20时30分才开始卸货，延滞时间4.34天，应按船方损失计算。原告请求法院判令被告赔偿滞期费等损失73 680美元及相应利息，后原告依“一旦滞期，永远滞期”原则，变更诉讼请求，将索赔额增至86 788美元。

被告在庭审中辩称，原告只是一个水路运输企业，无水路运输许可证，在国际海上运输中不具备作为转租出租人的主体资格，原、被告之间签订的航次租船合同为无效合同，索赔滞期费不受法律保护。

青岛海事法院认为：原告青岛正和航务公司虽未持有交通部颁发的《水路运输许可证》，但其在《水路运输服务许可证》及《企业法人营业执照》规定的经营范围内，自国外租船从事国际海上货物运输并未为我国现行法律所禁止，双方在协商一致的基础上签订的航次租船合同应认定为有效，原告依合同规定索赔滞期费应予支持。

案情分析

在处理这样一个涉及航次租船的案例时，首先，我们应当弄清楚的问题是：什么是“一旦滞期，永远滞期”。对于滞期费的计算方法，因合同中未明确约定有“一旦滞期，永远滞期”及“两港装卸时间可合并使用”条款，滞期费应根据实际装卸用时扣除合同规定用时和除外时间计算，且应按装卸两港分别单独计算。其他应计为滞期的时间依合同确定。

其次，星期六是否属于应扣除的假日？合同中约定的“晴天工作日，星期天、节假日除外，除非已使用‘WWD SHE XUU’”条款，依国际航运界的通常理解，不应包括星期六，装卸时间中星期六（除非雨天）不应扣除。

最后，法院应当如何判决此案？依合同中引用的金康合同标准文本“普通罢工条款”，对由于装卸工人罢工或停工造成的装卸时间应作为除外时间扣除。在装货港，原告于1995年10月17日16时递交准备就绪通知书，装货时间自18日8时起算，至27日7时装货完毕，实际装货时间8.96天，扣除合同规定用时5.86天及除外时间1.33天（22日为星期天及23日12时至20日下雨），装货港滞期为1.77天，滞期费5 310美元。在新加坡停船1.95天及船抵卸货港FAIRWAY浮标停行至收到全部运费止的7.26天，由于被告未付清运费违约在先，无论原告是否利用该时间加油或因其他原因，均应依合同规定按滞期费标准计算损失，两项合计为27 630美元。船舶抵卸货港港外锚地后，由于船舶代理的争议致使船舶迟延进港，依照租船合同“两港代理由船东指定”的约定，原告根据当时情形合理安排或更换代理系其应承担的合同义务，故由此造成船舶延滞损失不应由被告承担。在卸货港，原告于1995年11月26日下午递交准备就绪通知书，依合同规定卸货时间自27日8时起算。原告于11月30日7时起至12月16日20时45分止，因未收到滞期费而停卸造成的时间损失，因合同没有约定，不能依滞期费标准向被告索赔，要求被告赔偿滞期损失亦无法律根据。依照我国《民法通则》第106条第1款、《海商法》第98条的规定，青岛海事法院判决如下：被告莱阳市对外贸易公司赔偿原告青岛正和航务公司滞期费损失29 865美元及其相应利息损失。审判后，当事人双方均未上诉。

六、提　　单

——福建三明塑料集团公司与香港慧珊公司提单纠纷案

知识要点

提单是指承运人在接受所交托运的货物后，签发给托运人，用以证明海上货物运输合同和货物已由承运人接管或者装船，以及承运人保证据以交付货物的书面凭证。通常提单具有以下三个法律性质或特点：

1. 提单是承运人与托运人之间订有国际海上货物运输合同的凭据。提单主要适用于班轮运输，有时在租船合同下也签发提单。托运人与承运人之间事先就货运订有货运合同，例如，订仓单、托运单。托运人订仓或托运的意思表示一经承运人接受，海上货物运输合同即告成立。提单是当事人之间存在运输合同的一种证明，即在提单签发前托运人与承运人之间既已存在国际海上货运合同关系。提单是承运人单方签发的，旨在证明、补充运输合同。但是，提单通常是一种可以转让的单证，当提单转让给善意的第三方时，提单就成了约束承运人和提单持有人运输关系的唯一凭证。

2. 提单是承运人收到货物的收据。承运人向托运人签发提单后就意味着承运人已收到了提单上载明的货物或该货物已经装船。此时，承运人有义务将货物运至提单上指定的目的港，把货物交付于收货人。在这种情况下，提单具有收据的作用，并表明货物的情况。当提单转让给善意第三方时，提单即成为承运人与提单持有人之间的绝对证据了。即使承运人对提单所记载的货物有疑问，并能提出有效的证据，也不能推翻提单的记载事项。

3. 提单是承运人保证向收货人交付货物的物权凭证。提单是物权凭证，它代表着提单内记载货物的物权归属。提单持有人对提单项下的货物享有所有权，并有权向承运人提货。提单具有物权性质也就决定了它可以在一定条件下具有转让、抵押、结汇等功能。

但是，如果提单转让方与受让方另行规定所有权的转移时间，或者法律另有规定的，则即使受让人取得提单也不能取得标的物的所有权。例如英国《1979年货物买卖法》规定，当提单是卖方批示交货时，则该提单是卖方保留处分权的初步证明。如果买方不见付卖方汇票，并错误地占有提单，则货物所有权不发生转移。

案情简介

原告福建省三明塑料集团公司（以下简称“三明公司”）与香港慧珊手袋有限公司（以下简称“慧珊公司”）于1997年2月21日签订买卖合同，由慧珊公司向原告购买2万件PVC雨衣，价格为34 400美元，价格条件为FOB福建，结汇方式为即期跟单托收。慧珊公司于1997年5月2日传真原告，要求原告与被告嘉宏航运有限公司（以下简称“嘉宏公司”）福州办事处联系安排1个集装箱，将货物于5月7日左右送往香港，再转口意大利。原告按照慧珊公司的指令于5月7日将上述货物交给嘉宏公司福州办事处，嘉宏公司福州办事处则将编号为FZ970267的一式三份的被告远东货运班轮公司（以下简称“远东公司”）格式正本提单交给原告。原告在此基础上缮制单据，并将提单作为汇票跟单材料，与有关单据一并提交中国工商银行三明市分行，委托该行办理跟单托收业务。后因慧珊公司未到银行付款赎单，托收不成。原告于1998年1月19日收到银行退回的全套托收单据。原告依据收回的提单向嘉宏公司提出自提货物的要求，但嘉宏公司告知提单项下货物已被交付。1998年4月6日，三明公司向厦门海事法院提起诉讼，以嘉宏公司无正本提单交付货物，侵害原告合法权益为由，请求法院判令嘉宏公司返还货物或赔偿货款损失34 400美元、银行结算费用245美元及占用资金利息损失。案件审理过程中，原告又以本票货物提单是远东公司格式提单为由，申请法院追加远东公司为本案共同被告，并请求判令远东公司与嘉宏公司承担连带赔偿责任。

案情分析

本案是一起因无正本提单交付货物致使托运人遭受货物损失而引起的纠纷。本案争议焦点是被告嘉宏公司是否属于原告托运货物的承运人。国际海上货物运输中提单承运人的认定是一个颇为复杂的问题。根据海商法的理论与国际、国内的司法实践，提单承运人的认定一般有三种方法：一是根据提单抬头认定，即抬头是谁，谁就是承运人，至少是承运人之一，但适用该标准的前提是提单抬头所标明的船舶公司或其他性质的公司客观存在；二是租期内船舶受谁控制和占有；三是以谁的名义签发提单。在实际生活中提单往往由承运人的代理人签发，代理人签发提单时又明确表示其是“代××公司签发”，因此适用这一方法的前提条件首先是被代理的公司也应客观存在，其次是代理人能证明其代理权成立。实践中，仅仅根据以上方法还不能确认承运人，本案就证明了这一点。首先，提单抬头所标明的远东公司是否实际存在无法证明；其次，即使远东公司客观存在，嘉宏公司也不能证明被远东公司授权使用其格式提单并代签提单。至于要查明本案所涉承运船舶受谁控制和占有，对原告来说也非易事，且如果该船系光船租赁，即使查到船东也无实际意义。因此，就本案而言确定承运人必须另寻途径。原告与慧珊公司以“FOB福建”价格条件成交，不论是传统型的FOB价格还是服务性的FOB价格，都有一个共同的特点，即买方负责租船订舱，然后将情况通知卖方，要求卖方按其指示交运货物。也就是说，FOB价格条件下，买方的义务是租船、卖方的义务是把货物在起运港交付给买方指定的承运人或承运人的代理人。根据FOB价格条件的这一法律特征，除非买方能明确告知卖方承运人是谁，或明确告诉卖方在起运港接受货物的人是承运人的代理人，否则对于卖方来讲，在起运港接受其托运货物并签发提单的人就是承运人，法院也应当将其确认为承运人。本案中买方慧珊公司负责订舱，但它向谁订舱？是直接向船东即实际承运人订舱，还是向无船承运人订舱？这些都没有告诉原告，实际情况是慧珊公司指示原告向嘉宏公司交货，嘉宏公司接受了慧珊公司的指示并办理了货物的运输。虽然嘉宏公司使用的是远东公司的提单，并注明是代远东公司签发提单，但却不能证明慧珊公司与远东公司存在运输合同关系，也不能证明远东公司是基于慧珊公司的订舱而授权嘉宏公司代办运输并签发提单。因此，这一系列不能证明的事实和关系，以及已经存在的事实和关系，都把嘉宏公司锁定在承运人的位置上。如果嘉宏公司能证明远东公司的客观存在，那么即使慧珊公司并未直接向远东公司订舱，远东公司也是实际承运人。问题是嘉宏公司使用远东公司提单却不能证明远东公司的存在，也不能证明远东公司授权其使用并代签提单，因此，本案的承运人只能认定是嘉宏公司自己了。该案判决生效后，如果确有远东公司，远东公司也确实授权嘉宏公司使用并签发其提单，且无单放货系远东公司所为，那么，嘉宏公司也只能在独立承担责任之后，再依据与远东公司的合同关系向远东公司索赔。还需要说明的是，目前在我国各港口有许多境外公司的派驻机构，虽然它们的经营范围只是中介服务，但不少机构非法从事揽货运输业务，为规避法律、推卸责任，在揽货运输中使用的手法就是“借单代签”，一旦因运输事宜给托运人造成损失，它们便以自己不是承运人，只是代签提单为由开脱。对于它们的法律地位的确定问题，多年来在海事审判中始终存在争议，可以说是海事审判理论与实践的一个难点。本案的判决在坚持以事实为依据、以法律为准绳原则的前提下，用一种新的思路，结合国际贸易价格术语的定义和特征，以买卖双方的权利义务为标准，将买方指定的接货人认定为承运人，不仅有一定的理论价值，更有积极的实践意义。

七、承运人与托运人的权利义务

——关于承运人责任的“马可多尼亚”轮纠纷案

知识要点

（一）承运人的权利、义务

1. 承运人的责任。有关调整提单运输的国际条约和各国海商法对承运人的责任都有明确的规定。概括地讲，承运人责任包括：（1）承运人在开航前和开航当时，应谨慎处理，从而使船舶适航。船舶至少从装货开始至开航时这一期间应当适航。承运人提供的船舶构造、性能和设备在特定的航程中能够安全航行或能够抵御合理预见的风险。（2）承运人应妥善地配置船员、装备船舶和配备供应品。这条规定主要指承运人应妥善地为船舶配备船员和配备供应品，在数量上要求承运人按约定船舶的船员定位要求配足。这些船员必须持有与其职务相适应的证书。承运人提供船舶的装备是指船舶航行所需的各种仪器和设备，同时，也应配有船舶航行所需的各种资料、文件和证书，例如，船舶登记证书、船舶吨位证书、海图等等。承运人在开航前对船舶的供应品配备包括船舶的油料、物料、船员生活必需品等。（3）承运人应确保货舱具有适合装货的能力。根据不同货物的特性，收受、保管和运送，并要求货舱清洁、干燥、无味、无虫、通风筒畅通、舱盖密封。承运人并负有管理货物的义务。承运人应该按运输合同的要求，妥善、谨慎地装载、搬移、运输、保管、照料所运货物。海上货物运输中，由于承运人违反法律和合同的规定，没有尽到船舶适航或管理货物的义务，造成货物损害或灭失，应负赔偿责任。

2. 承运人的基本权利。在国际海上货物运输中，承运人享有收取运费、亏舱费、滞期费、共同海损分摊等费用的权利。这是法律赋予承运人的基本权利。

运费是指承运人按合同约定完成货物运输后所收取的报酬。在实践中，运费有两种：一种是预付运费。它是指托运人向承运人支付运费的时间在签发提单之前，承运人在提单上载明预付运费的字样。预付运费支付以后，即使被运输的货物遭受灭失或损害，承运人也无义务退还运费。另一种是到付运费。它是承运人和托运人订约时，规定货物送达目的港，才支付运费。到付运费必须在提单上注明。

亏舱费，又称空舱费，是指托运人未能按合同约定的货物数量交货，致使承运人船舶的舱位部分空舱，托运人应向承运人支付的费用。

滞期费是指承运人未能在合同规定的装卸时间内完成装卸货物，而需延长时间，这部分延长的时间损失应由承运人向出租人支付延长费用。这项费用通常发生在航次租船运输中。

共同海损费用是指共同海损发生后，受益的船舶、货物和运费等应分摊而支出的费用。

3. 承运人其他权利。承运人除享有上述一般权利外，还享有其他的权利，包括：(1) 留置权。承运人主要是对其运输的货物享有留置权。当托运人或收货人不支付运费、共同海损分摊费用或其他有关款项时，承运人有权按照合同的约定或法律的规定，留置托运人的货物，以保证其请求权实现。(2) 责任限制权利。这项权利符合海上运输业发展的需求。由于承运人承担的运输工作，有其特殊的风险，一旦发生运输事故，引起的损害赔偿额往往是巨大的，甚至会导致当事人无力赔偿而破产。法律赋予承运人赔偿限额的特别权利，能够鼓励承运人经营海上运输业。

（二）托运人权利义务

1. 托运人的义务。(1) 托运人有提供约定货物的义务。托运人在履行合同过程中不得擅自变更合同约定的运输标的。(2) 托运人对其托运物必须经过妥善的包装，并提供货物的品名、标志、包数或者件数、重量、体积等有关内容。托运人托运的货物属危险货物时，托运人应将危险品的正式名称、货物性质和运输预防措施，以书面的方式通知承运人，并且应按海上危险货物运输的规定，妥善包装，在每件货物的表面贴上危险标志或者标签。否则，承运人有权随时将运输的货物在任何时间和任何地点卸下，而不承担法律责任。(3) 托运人有正确申报和办理货物运输手续的义务。托运人办理货物运输的主要手续是向海关、商检、卫生检验等机构申报托运的货物，并把各项机构签发的单证送交承运人。(4) 托运人应按合同约定支付运费，或支付运输过程中发生的亏船费、滞期费、共同海损分摊费用，以及其他应由其支付的费用。

2. 托运人的权利。(1) 托运人有装运货物的权利。托运人签订合同后，取得托运货物的舱位和提单。承运人应按合同约定的时间、地点和舱位，将托运的货物安全地运送至目的港。(2) 托运人有提取货物的权利。托运人应根据合同约定在目的港及时提取货物，或者由合同指定的收货人提取。如果货物无人提取或迟延提取，承运人可以将货物卸在仓库或其他场合，由此产生的费用或风险由托运人承担。(3) 承运人没有按合同约定履行其职责，而使托运人的货物或其他利益受到损害时，托运人有权向其请求赔偿。

案情简介

“马可多尼亚”轮从加拿大运输一批木材到英国伦敦，中途因为缺乏淡水和燃油而不能航行，在海上漂泊一段时间后，接受救助而被拖到附近的港口，同时产生了共同海损。货主在伦敦提货时分摊了救助费用，并且为相应的共同海损提供了担保。原告货主认为，该船不适航，该船在装货港出发时船舶油箱已出现裂缝，使得在中途淡水和燃油不足，从而引起了一系列损失。货主要求被告承运人退回已经支付的救助费以及产生的利息和相应的货物损失，并诉诸法院，请求法院判处不应由其承担共同海损。而被告承运人指出，其所提供的船舶在开航前及开航时是适航的，即使有缺陷，船方也已经尽了《海牙规则》(《1924 年统一提单的若干法律规则的国际公约》) 所要求的谨慎处理义务，因此属于提单背面条款规定的谨慎处理仍不能发现潜在缺陷的免责范围。

《海牙规则》中所说的“开航”中的航程有广义和狭义之分，狭义是指从装货港到目的港。因此，只要船舶从装货港出发时是适航的，那么船舶自始是适航的。而广义的航程是指船舶每停到一个中途港就是一个航程。在本案中，法院最后采取的标准是广义的航程，即从中途港出发也应该适航。法院认为，“马可多尼亚”轮的设备、机械是适航的，其供应也是充足的，所提供的燃料是合理的，但由于轮机长的处理不当导致最后淡水和燃油不足，因此法院认为承运人在配备船员的方面没有做到谨慎处理，即在聘用轮机长时未尽合理注意义务，从而认定船舶不适航、不适员，最后判决原告胜诉。

案情分析

在处理这样一个涉及船舶适航与适员的案例时，我们首先应当弄清楚的问题是：承运人的适航的时间是什么。依据《海牙规则》第 3 条第 1 款的规定，承运人在开航前与开航时必须谨慎处理以使得：(1) 该船舶具有适航性；(2) 适当地配备船员、设备和船舶供应品；(3) 货仓、冷藏舱和船舶其他运载货物的部位适宜并能安全地收受、运送和保管货物。在本案中，航程采取的是广义航程的概念，即船舶供应分段主义，船舶在开航时不需要配备整个航程需要的供应品，只要配够从装运港到中途港的供应品即可，待到中途港之后，再继续补充，只要航程中不发生供应短缺就不构成不适航。这样就可以增加承运人运输货物的能力，也可以减少运费，对船货双方都是有利的。

另外，通过本案，我们还应该知晓的一个问题就是关于船舶适当地配备船员的义务。以未持有职务证书的船员充当合格人员的，或者以级别低的船员取代级别高的船员均属于不适航的状态。同时，对于经过考核取得证书的船员如果其日常表现恶劣而没有表现出专业水平，足以影响正常工作的，承运人仍然不能逃避由其不适航引起的责任。在本案中，承运人在配备轮机长时未尽到合理注意的义务，因此，应该承当不适员引起的责任。

八、国际海上货物运输中的损失

——“亨利号”海损纠纷案

知识要点

国际海上货物运输合同承保的标的物遭受损失时，由于保险标的物受损情况不同、程度不同、内容不同，因此，保险人的赔偿金额、方式也有所不同。

(一) 全部损失

全部损失是指保险标的物遭受损失后，已经全部毁坏，失去了原有的用途。全部损失可分实际全损和推定全损。

1. 实际全损。实际全损是指保险标的物发生保险事故后灭失，或者受到严重损坏，完全失去原有形体、效用，不能再归被保险人所拥有的情形。从实际全损的定义分析，船舶航行遭遇下列事故会引起实际全损：(1) 保险标的物完全灭失，如船舶在航行途中遇到风险沉没、货物被火烧毁等。(2) 保险标的物已丧失原有形态、效用、价值，如茶叶串味不能食用、食糖溶化无法食用等。(3) 被保险人对丧失的标的物无法收回，如船舶被敌国捕获、货物被没收等。(4) 被保险的标的物失踪到达法定时间。英国《1906 年海上保险法》第 58 条规定，有关冒险船舶形迹，经过相当时间，仍无消息者，应推定为实际全损。

保险标的物发生实际全损后，保险人应办理索赔通知手续。索赔金额主要是依据保险合同来确定的。当国际货物运输保险合同是定值保险合同时，该保险标的物在发生保险事故后，保险人应当以保险合同约定的保险价值作为计算保险赔偿金额的基础。保险标的物被确定为实际全损，保险人和被保险人不必对保险标的物进行重新估价，只要按保险合同载明的保险金额全部赔偿即可。

当国际海上货物运输保险合同是不定值保险合同时，保险人对实际全损的标的物赔偿，应根据合同约定的保险金额与实际损失价值相比的结果确定赔偿金额：如果实际价值低于保险金额，保险人按实际价值赔付被保险人；如果实际价值超过保险金额的，根据补偿原则，被保险人可以获得等于其实际损失的保险补偿。这种补偿通常是以保险标的在当地的市场价格为准。

2. 推定全损。推定全损是指保险标的物实质上未达到全部损坏或灭失，但已失去价值，或者虽有一定价值，但其修复费会接近或超过原有价值。

构成推定全损的要件有两个：(1) 保险标的物实际全损已无法避免；(2) 为了避免实际全损所需要支付的费用，将超过保险标的物的价值。例如，被保险货物受损后，所支付的修理费将到达或超过该货物本身价值。

(二) 部分损失

部分损失是指保险标的物发生保险事故后造成部分损坏，并且受损价值没有达到保险人承保的全部金额。实质上，保险标的物在保险事故发生后造成的损失没有构成实际全损或推定全损，即为部分损失。

按照国际海上货物运输保险标的物产生部分损失的原因，部分损失可以分为共同海损和单独海损。被保险人就保险标的物遭受的部分损失可以向保险人提起索赔，保险人会根据保险标的物实际遭受损失的数额予以赔偿。但这种赔偿只能限于保险金额范围内。

案情简介

1999 年 10 月 20 日，我国诺华公司与新加坡金鼎公司签订了由诺华公司向金鼎公司购买 52 500 吨饲料的 CFR 合同，诺华公司开出信用证，装船期限为 2000 年 1 月 1 日至 1 月 10 日。由于新加坡金鼎公司租来运货的“亨利号”在开往某外国港口运货途中遇到飓风，结果装货至 2000 年 1 月 20 日才完成。承运人在取得金鼎公司出具的保函的情况下，签发了与信用证条款一致的提单。而“亨利号”途经某海峡时起火，造成部分饲料烧毁。船长在命令救火的过程中又造成部分饮料湿毁。由于船在装货港口的迟延，使该船到达目的地时赶上了饲料价格下跌的市场环境，诺华公司在出售余下的饲料时价格不得不大幅度下降，给诺华公司造成很大的损失。

案情分析

在司法考试中，共同海损制度往往会结合倒签提单和保函问题来出题，解答起来难度较大，应引起足够重视。另外，CFR 与 CIF、FOB 一样，是最常考的三大国际贸易术语之一，应详细掌握 CFR 条件下各当事人之间的权利义务关系。

在处理这样一个涉及单独海损和共同海损的案例时，我们首先应当弄清楚的问题是：途中烧毁的饲料损失属什么损失，应由谁承担？为什么？

共同海损，是指在同一海上航程中，当船舶、货物和其他财产遭受共同危险时，为了共同安全，有意而合理地采取措施所造成的特殊牺牲及支付的特殊费用。共同海损与单独海损的区别有：1）发生的原因不同。共同海损是有意采取措施造成的，而单独海损则是由偶然的意外事件造成的。2）涉及的利益方不一样。共同海损是为保护船货各方的共同利益所受的损失；而单独海损则只涉及损失方个人的利益。3）后果不同。共同海损应由受益各方分摊，而单独海损则由损失方自己承担。共同海损的成立条件是：1）船舶、货物和其他财产必须遭遇共同危险。2）措施必须是有意的和合理的。3）牺牲和费用必须是特殊的。4）采取的措施取得了效果，达到了全部或者部分保全船货或其他财产的目的。一般而言，共同海损的损失范围包括：1）抛弃货物的损失；2）为扑灭船上火灾而造成的损失；3）舍弃残损部分的损失；4）自愿搁浅所致的损失；5）机器和锅炉损害的损失；6）作为燃料烧掉船用材料和物料造成的损失；7）卸货等过程中造成的损失；8）运费损失，即由于货物的灭失或者损害所造成的运费损失。在本案中，途中烧毁的饲料损失属单独海损，应由诺华公司承担。因为途中烧毁的饲料不属共同海损，而依 CFR 术语，此时的在途货物已由诺华公司即买方承担风险。

其次，途中湿毁的饲料损失属什么损失，应由谁承担？为什么？途中湿毁的饲料损失属共同海损。因为船舶和货物遭到了共同危险，船长为了共同安全，有意而又合理地造成了饲料被湿毁。此项损失由诺华公司与船舶公司共同承担，这是共同海损的结果。

再次，诺华公司可否向承运人追偿由于饲料价格下跌造成的损失？为什么？诺华公司可以向承运人追偿由于饲料价格下跌造成的损失。因为承运人无正当理由迟延装船，又倒签提单，当然应对买方的损失负责。

最后，承运人可否向托运人金鼎公司追偿责任？为什么？承运人可以向托运人金鼎公司追偿责任，因为金鼎公司出具了保函。

九、国际投资的方式

——外商并购中国企业产权的纠纷案

知识要点

国际投资是指一国的投资者以营利为目的，将本国的资本投入到别国的一种经济活动。该资本包括货币、物资、技术、专利、商标及其他财产权利。在国际投资关系中，接受别国投资的国家称为资本输入国或东道国；向别国投资的国家称为资本输出国或投资者母国。

按照不同的标准可以对国际投资进行分类：按投资者主体的不同，可分为政府（或官方）投资和私人投资；按投资时间的长短，可分为短期投资和长期投资；按投资方式的不同，可分为直接投资和间接投资；按资金来源的不同，可分为国际信贷与国际私人直接投资。其中，直接投资在国际投资中占有重要地位，对世界经济的发展影响最为巨大，尤其是国际私人直接投资已经成为国际资本流动的最主要形式。

国际私人直接投资主要有如下几种方式：

1. 举办或参与举办独立经营的经济实体的方式，主要是投资者根据东道国的法律在东道国设立独资经营的企业或与东道国的经营者共同投资设立合资经营、合作经营的企业。

2. 跨国兼并收购的方式，主要是投资者收购或兼并资本输入国（即东道国）原有的企业或其他经济实体，或在原有的经济实体内取得股份，参与经营。

3. 设立分支机构的方式，投资者（主要是一些跨国公司）根据需要在资本输入国依据当地法律，设立分公司或其他分支机构，以执行并实施总公司的全球战略。

4. 合作开发方式，投资者根据东道国的特许参与陆上或海上自然资源的合作勘探开发。

5. BOT投资方式，主要是指投资者通过特许协议取得东道国政府对其参与某一基础设施项目的建设与经营的许可，在规定的期限内由该投资者负责特定项目的筹资、建设与经营，并通过对该项目的经营活动收取使用费或服务费用于回收投资并取得合理的利润；协议期满时则向东道国政府移交该设施的所有权、经营管理权等。

案情简介

1992年4月，印度尼西亚泉州籍华裔实业家黄奕聪应邀回乡考察，并与泉州市政府签订了合作开发项目的意向书。同年8月，黄奕聪之子、香港中策投资有限公司（以下简称“中策公司”）董事长黄鸿年与泉州市国有资产投资经营公司签订了对该市37家国有工业企业实行一揽子合资的合同。它包括了该市除公用事业（水、电、交通运输等）和专卖行业（烟草加工）以外的几乎全部市属国有工业企业。按照合资合同，双方组建了泉州中侨（集团）股份有限公司（以下简称“中侨公司”）。合同约定的交易内容如下：(1) 中侨公司的投资总额定为10亿元人民币；注册资本为4亿元人民币，其中，中方出资1.6亿元，拥有40%股权，中策公司出资2.4亿元，拥有60%的股权。(2) 中方37家企业的厂房和设备经评估后双方确认的固定资产净值为2.97亿元。连同未偿债务1.37亿元全部转入中侨公司；资债相抵后，净资产1.6亿元作为中方出资。(3) 中侨公司租用企业所占土地，但土地使用费用向市政府申请最初5年免交，第六年起减交。(4) 中侨公司每年按工资总额的28%提取退休养老保险基金，交市社会保险公司，用于退休职工的退休金和医疗费。(5) 中策公司在中侨公司成立之日起3个月内缴付不低于20%的出资额，其余出资额在两年内分批缴清。(6) 合资期限为100年。中策公司在其承诺的出资额到位25%(6 000万元)以后，即分几次向马来西亚华裔业主（也是泉州籍）的发林物业有限公司（以下简称“发林集团”）转让了对中侨公司的控股权。到 1995 年 8 月，中策公司只保留了不到 6%的股份，发林集团则拥有 53.3%的股份。这是一宗外商买卖中国企业产权的交易。

案情分析

在处理这样一个香港中策公司一揽子并购泉州市 37 家国有企业的著名案例时，我们首先应当弄清楚的问题是：国有企业的被并购背后中国政府的态度如何。当时泉州市的国有工业企业，除大中型企业各一家外，都是地方小企业。这些企业的基本状况是布局散、规模小、技术旧、产品不适销对路。它们在非国有经济的竞争压力下，逐渐失去了生存发展的空间。不少企业债台高筑，工资无着落，生产难以为继。通过国有企业与外商合资，能享受国家对合资企业的优惠政策。这实际上是推动地方政府与企业寻求中外合资的政策导向。中侨公司的成立使泉州政府放弃了对 37 家国有企业的控制权，但政府也由此摆脱了这些企业的资金短缺、人员安置、债务清偿等问题的困扰。市政府中原来的一些企业主管局随之撤销。至于中策公司在合资后向发林集团转让其对中侨公司的控股权，市政府并不介意，中侨公司的中方董事们表示，只要合同规定的外资能到位，他们并不在乎外方是谁。这表明，卸掉包袱、盘活地方政府控制的国有存量资产，是市政府推行这项产权交易的主要目的。

其次，什么是外资并购？所谓外资并购中国上市公司，就是指投资者采用各种有效方式，直接或间接兼并、合并或收购在我国境内公开发行股票的上市公司。然而对于什么是外资，目前似乎还没有一个公认的定义。国际上通常有三种标准：注册地标准、主营业地标准和资本控制标准。《外资并购境内企业暂行规定》主要规定了股权并购和资产并购两种形式。股权并购是指外国投资者协议购买境内非外商投资企业（以下简称“境内公司”）的股东的股权或认购境内公司增资的股份，使该境内公司变更设立为外商投资企业（以下简称“股权并购”）；股权并购的操作比较简单，购买的价格也比较好确定。资产并购是指外国投资者设立外商投资企业，并通过与该企业协议购买境内企业资产且运营该资产，或外国投资者协议购买境内企业资产，并以该资产投资设立外商投资企业运营该资产。

十、国际投资争议的解决

——美国与墨西哥投资争议解决纠纷案

知识要点

解决国际投资争议的手段，有政治手段，也有法律手段（包括司法诉讼和仲裁程序）；有国内法解决，也有国际法解决。

（1）政治解决。一是调停与斡旋，二是外交保护。前者只具有劝告性质，对当事人没有拘束力；后者指投资者本国政府出面，通过外交途径，对在国外的本国国民行使外交保护权。行使外交保护权要受两个原则的限制：1）国籍继续的原则，即要求本国政府行使外交保护权的当事人（在海外私人投资者），必须在争议前后始终保有本国的国籍。2）用尽当地救济手段原则，即海外投资者在争议发生后，必须尽可能利用当地一切可利用的救济手段，直至所在国拒绝司法救济、不当推延诉讼、执法不公等情况发生，才能要求外交保护。

（2）司法诉讼。包括国内司法诉讼和国际司法诉讼。当投资契约双方当事人未在契约中订明同意将争议交付仲裁解决时，任何一方均可在国内法院起诉要求解决。但如以东道国政府为被告，就要引起国家主权的司法豁免问题。如果利用国际诉讼，因为国家同外国私人投资者间的契约不是国际协议，投资者个人或法人在国际法院没有起诉权，只能通过其本国政府向东道国提出国际诉讼。这种情况，也只能以双方国家间有投资保证条约关系，而东道国又违反义务者为限。

（3）仲裁。基于上述情况，仲裁成为解决投资争议最常用而有效的手段。仲裁有国家仲裁与国际仲裁，有临时仲裁与常设仲裁。临时仲裁是指由双方当事人基于协议直接指定仲裁人，自行组成仲裁庭进行裁决，争议处理完毕，即自动解散。常设仲裁指由常设仲裁机构进行裁决，有固定组织和仲裁规则，有的还备有仲裁员名册，供当事人选择，能为当事人提供较多的仲裁方便，具有稳定性。当事人一般倾向于利用常设仲裁机构处理争议。常设仲裁机构有国家仲裁机构和国际仲裁机构。在国际上较有声誉的国家仲裁机构，有瑞典的斯德哥尔摩商会仲裁院、伦敦仲裁院、美国仲裁协会、中国国际贸易促进委员会对外经济贸易仲裁委员会等。投资争议，一般采取在东道国仲裁机构仲裁，但也可根据当事人同意选择第三国仲裁或提交国际仲裁。国际商事仲裁常设机构，有巴黎国际商会仲裁院、解决投资争端国际中心。此外，《联合国国际贸易法委员会仲裁规则》已为不少国家和地区仲裁机构所采用，有较大国际影响，但无对应的仲裁机构。

案情简介

1912 年，美国北美疏浚公司与墨西哥政府签订了一项合同。合同第 18 条（即“卡尔沃条款”）规定，有关合同的解释及适用，疏浚公司不得向美国政府提出任何行使外交保护权的请求。另外，合同第 1 条第 1 款还规定疏浚公司可以向本国政府提出请求的事项，对于这些事项，可以排除用尽当地救济的国际法规则。之后，北美疏浚公司以墨西哥毁约为由向墨、美两国政府依 1923 年 9 月 8 日协定设立的总求偿委员会提出赔偿请求。

北美疏浚公司认为墨西哥政府违反合同，并应承担赔偿责任。墨西哥政府主张，根据合同中的“卡尔沃条款”，不履行合同的问题不应由总求偿委员会管辖。

总求偿委员会首先评析了“卡尔沃条款”的效力问题，它指出，一国政府对其本国国民行使外交保护权是该国的权力，而“卡尔沃条款”在于防止滥用外交保护权而侵犯当地国家的领土主权。因此，在私人与外国政府签订合同的情况下，该私人放弃请求本国政府行使外交保护权，并不等于该国政府不能对其本国国民的利益加以保护。具体地说，如果仅就合同事项而依该外国国内法程序提供救济的情况下，该私人的本国不得进行干涉，“卡尔沃条款”具有约束力；但是当外国政府出现违反国际法的情况时，即使规定了“卡尔沃条款”，也不能排除该私人的本国政府行使外交保护权。

总求偿委员会认为，北美疏浚公司的索赔请求不属于根据合同的规定可以排除适用“用尽当地救济”原则的事项，因此，该公司应首先请求墨西哥政府给予国内救济，只有在墨西哥拒绝提供司法救济后，才能请求本国保护。但事实却不是这样，该公司尚未用尽当地救济就强制撤除了疏浚机械，墨西哥不存在拒绝提供司法救济而违反国际法的情况，因此，合同中的“卡尔沃条款”对双方具有约束力。委员会最后裁定，它对本案无管辖权。

案情分析

本案涉及外交保护与“卡尔沃条款”的关系问题。

在国际法上，外交保护指的是在一国的外国人应履行其对居住国和国籍国的双重义务，同时他的有关权利也应得到居住国及国籍国的双重保护。当在居住国其权益受到侵害时，国籍国在某些情况下有权采取某些措施提供帮助，其中重要的措施之一就是外交保护。外交保护泛指一国通过外交途径对在国外的本国国民的合法权益所进行的保护。国家有权对其在国外的本国国民的合法权益进行保护，这是国家属人优越权的重要内容之一。实践中，各国都是通过本国外交机关对在国外的本国国民提供各种保护。外交保护是直接涉及所在国的权益的国家行为，必须具备两个基本条件：

(1) 符合“国籍继续规则”，因为外交保护权源于属人管辖权。

(2) 符合“用尽当地救济规则”，因为这是构成国家责任的前提。该所在国的行为被认为是国际不当行为，或是所在国的立法或行政行为侵犯了保护国国民的合法权益时的情况下才能行使。所以，外交保护权实质上是国家的权力。国家行使外交保护有两个先决条件：一是受害者具有保护国国籍且未中断；二是用尽当地救济。

至于“卡尔沃条款”，属于国际投资争端解决的一种方法。卡尔沃主义的实质是维护国家主权原则，提倡外国人与本国人待遇平等的原则，反对外国人特权地位，坚持国家属地管辖权的完整性。拉丁美洲国家提出了“卡尔沃主义”，以反对大国滥用外交保护权，其核心思想是外国侨民与本国人应享有同等待遇，不能享有更多的权利。关于“卡尔沃条款”，现今国际法学界公认，即使外国人在契约中作了不请求本国保护的承诺，它也不能禁止外国人的本国行使外交保护权，因为该权利应由国家自由裁量行使。事实上，该条款也不是旨在反对外国人的本国正当行使外交保护权，而是旨在限制外国人倚仗本国的外交压力，藐视当地法院和法律，满足其过分要求的行为。拉美国家也承认在构成“司法拒绝”的情况下，外交保护是允许的。因此，卡尔沃主义的积极意义基本上为国际社会所肯定。至于能否排除国家的外交保护的问题，一般认为，外交保护权是国家的一项权利，换句话说，私人请求国家予以外交保护，国家可以置之不理；反之，私人不愿意国家进行外交保护，国家也完全有权行使。因此，“卡尔沃条款”的法律效力确实是有限制的。但是，正如本案所表明的那样，“卡尔沃条款”的目的在于防止强国毫无限制地滥用外交保护权，从而侵害当地国家的主权，并使其国民处于高于当地国民和超越于当地法律的地位，所以，“卡尔沃条款”的积极意义也是明显的。本案结合“用尽当地救济”原则，赋予合同中的“卡尔沃条款”以国际法律效果，可以说是一种折中。

十一、汇 付

——汇票背书效力争议案

知识要点

(一) 汇付概述

汇付（remittance）指汇款人主动将货款交给银行，由银行根据汇款指示汇交给收款人的一种付款方式。汇付属于商业信用，是否付款取决于进口商（买方）或服务接受方，付款没有保证。采用此方式对国际经济活动中的当事人来讲都有风险。因而，除非买卖双方有某种关系或小数额的支付，一般很少使用汇付。在国际支付业务中，汇付是由进口方直接付款，其又可分为：信汇、电汇、票汇。

(二) 汇付法律关系

1. 汇付法律关系当事人。一项汇付业务中通常涉及的当事人有：(1) 付款人，通常是指国际贸易中的买方即进口方；(2) 收款人，通常是指国际贸易中的卖方即出口方；(3) 汇出行，通常是指接受汇款人申请，代其汇款的银行，汇款行一般是进口地银行；(4) 汇入行，是接受汇出行的委托，对收款人付款的银行，通常汇入行是出口地银行。

2. 汇付内容。在信汇和电汇两种情况下，汇付使用的凭证是支付授权书或支付指示。汇款人与汇出行是委托代理关系，汇出行和汇入行是委托代理关系。汇出行或汇入行与收款人没有直接的法律关系，是上述代理关系的第三人。在票汇的情况下，汇付使用的是汇票，汇款人与汇出行是委托代理关系，汇出行、汇入行与收款人是票据关系中的出票人、付款人和收款人。

案情简介

某汇票在法国开出，由伦敦的一家银行承兑，收款人在法国。根据收款人的授权，收款人的儿子在法国以背书方式将汇票转让。背书是收款人的儿子以他自己的名义作出的，但并没有为了表明他是作为收款人的代理人在汇票上签字而记载“代理”字样。结果，对该背书的有效性发生争议，被背书人（即收款人之子背书的汇票的受让人）在英国法院提起诉讼。

案情分析

收款人的儿子通过接受授权以自己的名义背书，按照法国法律关于票据背书的形式要求是有效的，但根据英国法律则因不符合其形式要求而无效。英国法院确定本案适用的准据法为法国法，所依据的冲突规则是：汇票的形式有效性依据出票地法律确定；汇票之附属合同如承兑、背书等的形式有效性依该合同的订立地法律确定。本案中的背书行为发生在法国，该行为导致使被背书人成为票据权利人的合同关系产生，因此，合同订立地就是法国，其法律就是确定合同在形式上是否有效的准据法。可见，汇票背书等行为的形式有效性是依背书等行为发生地的法律确定的。许多国家在规定票据行为的方式适用行为地法律的同时，也对此规定了例外。例如，根据英国《汇票法》的有关冲突规则，票据行为发生在英国境外的汇票，如果行为方式符合英国法律的要求，则汇票在英国境内的当事人之间为付款的强制执行得视为有效。因此，英国法院对本案裁定，收款人的儿子以自己的名义所作汇票背书为有效。

十二、托　收

——B进出口公司与马斯亚国际贸易有限公司托收纠纷案

知识要点

（一）托收概述

托收是指债权人委托银行凭票据向债务人收取贷款的一种支付方式。托收一般的做法是：由债权人（卖方）根据发票金额，开立以买方为付款人的汇票向债权地银行提出申请，委托银行通过其在债务地分行或其他往来银行，代为向买方收取货款。

（二）托收法律关系

1. 托收主体，即托收当事人。托收支付方式中通常会涉及四个主要当事人：债权人、债务人、债权人所在地的银行和债务人所在地的银行，即托收业务中的委托人、付款人、托收行和代收行。

委托人，是开出汇票、委托银行向债务人收取货款的人，在买卖关系中是出口方（卖方）。委托人通常在托收法律关系中是债权人，也是汇票的出票人。

托收行，是接受委托人的委托，办理托收业务的出口地银行，也被称为寄单行。

代收行，是接受托收银行的委托，向付款人收取货款的债务人所在地银行。代收行通常是付款人所在地银行，一般是托收行的分行或代理行。

付款人或受票人，是代收银行在汇票上注明并向其提示单据并要其付款的人，通常是国际货物买卖关系中的进口方（买方）。

2. 托收内容，即当事人享有的权利与承担的义务。委托人与托收行之间是委托代理关系。委托人申请托收首先要填写托收委托书，明确托收委托的内容和双方的责任范围，委托人的委托经托收行接受后，构成委托代理合同关系。双方的权利和义务关系应适用代理法的一般原则。托收行应该严格按照委托人的托收委托指示进行托收业务，并有权收取托收费用。

案情简介

我国B进出口公司与国外马斯亚国际贸易有限公司成交一笔业务，在交易会上口头商谈时曾提过其货款按凭单即期付款的信用证结算，签订合同在合同支付条款中规定：“payment by draft drawn on buyer payable at sight”。B进出口公司按合同规定于交货期前按时备妥货物，准备装运，但始终未见买方开来信用证。B进出口公司于6月20日向买方马斯亚国际贸易有限公司去电催证，但买方复电称，根据双方贸易合同规定并非信用证方式结算款，是以即期付款交单方式办理托收。B进出口公司有关结算人员即查询该笔业务经办人员，经业务人员回忆在商谈时确实提过货款按即期付款的信用证方式结算，并未接受托收方式。B进出口公司有关人员又核对合同支付条款“payment by draft drawn on buyer payable at sight”的规定，认为该条款是凭买方为付款人的即期汇票付款，虽然并未接受托收方式，但该条款中也未明确以信用证方式结算，这才发现合同条款不明确，因为托收方式和信用证方式都可以采用买方付款人的即期汇票付款方法。双方几经交涉、洽商，但主要由于买方的外汇正在申请中，还未正式获批，所以无法在装运期前开立信用证。B进出口公司根据合同条款以及考虑到装运期，最后接受买方马斯亚国际贸易有限公司的意见，以见票45天付款交单（D/P 45 days after sight）办理托收，但由于原即期付款改为远期付款，B进出口公司要求并经买方同意由买方负担45天的远期利息。B进出口公司按期装运货物后，于7月25日按45天D/P方式向托收行办理托收手续，并在托收指示书上规定45天利息与货款一起收取。9月20日B进出口公司接到托收行通知，该笔托收票款业已收到，但据代收行称，付款人拒付利息，只收回货款部分。B进出口公司经研究认为买方马斯亚国际贸易有限公司的资信太差，本应按即期信用证结算，而在交货时却推翻诺言，要改以远期托收结算。虽然对方承诺其利息可以由其负担，但待付款时又再次推翻诺言，拒付利息。B进出口公司随即于9月25日发电向买方马斯亚国际贸易有限公司追究，而买方于9月29日复电如下：“你25日电悉。关于第××××号合同项下货物，我方提货后发现货物有部分霉斑。我本应准备退货拒付货款，但考虑贵我双方今后长远贸易关系，故作出最大的让步，接受了货物，但仅以在该笔托收中我方未付利息作为弥补由于货物霉变造成的损失。谢谢合作。”B进出口公司从上述买方电文中看出一个问题：买方业已提取货物。说明代收行早已放单给买方，所以买方才能持单据向船方提货。既然买方没有按我方要求托收整笔付款，也就是说拒付了部分票款，而我方在托收指示书上明确指示代收行要将货款与利息一起收取。买方拒付部分票款，为什么代收行还放单给付款人？代收行理应将付款人拒付的情况通知我方，然后根据我方的意见决定是否放单，这才符合国际惯例的做法。B进出口公司即通过托收行向代收行提出责问，但托收行不同意B进出口公司的意见，理由如下：“对于你公司第××××号托收，我行认为代收行的处理方法符合国际惯例。对于托收票款要收取利息，如果你公司认为其利息必须坚持收取而且不得放弃，则必须在托收指示书上明确强调不得放弃，否则代收行在对方拒付利息时，可以放单给付款人。这是国际商会第522号出版物《托收统一规则》明文规定的。”B进出口公司根据托收行的意见，又查阅了上述第522号国际惯例文件后，不得不放弃利息的收取，而且货又被对方提取，只好认输而告结案。

案情分析

国际贸易有关当事人的一切义务、权利均以贸易合同形式而确定，合同一经签订成立，当事人就要履行义务，它具有法律的约束力。所以在签订合同时要以慎重的态度，完整地、详细地、准确地订立合同中的一切条款。本案例中B进出口公司虽然在交易商谈时曾提过以即期付款的信用证结算货款，但在正式签订有效的合同时就缺乏慎重的态度，没有将支付条款完整地在合同中规定下来。如果以即期付款的信用证结算，应完整、明确地加以规定，例如 Terms of Payment："The buyer shall establish an irrevocable Letter of Credit available by sellers documentary draft at sight to be valid for negotiation in China until the 15th days after date of shipment. The Letter of Credit must reach the seller 30 days before the contracted month of shipment."（支付条款：买方开立不可撤销信用证，凭卖方即期跟单汇票于装运后15天内在中国银行议付有效。信用证必须在合同所规定的装运月前30天开到卖方。）这样的条款就比较明确。本案例的合同对支付条款只笼统规定"payment by draft drawn on buyer payable at sight"，即"凭买方为付款人的即期汇票付款。"非常笼统，因为不但信用证（L/C）支付方式项下的付款可"凭买方为付款人的即期汇票付款"，而且即期付款交单（D/P at sight）、远期付款交单（D/P X days after sight）、承兑交单（D/A）等方式都可以"凭买方为付款人的即期汇票付款"。所以本案例的合同条款无法确定是采用什么支付方式，结果远期收汇，造成利息损失的责任主要在于B进出口公司对签订合同条款不够慎重。买方电称货物发现霉斑，但B进出口公司在装货前业已经商检部门检验合格，符合合同要求，并有品质检验证书为凭。本案例合同关于装运货物的品质条款规定："Quality certificate by C. C. I. B. at loading port to be taken as final."（以中国商品检验局在装运港出具的品质证书作为最后依据。）对方既未经当地的有关检验部门检验，也未提供有效的复验证书，仅凭电文一句话"货物有霉斑"而拒付利息，而B进出口公司对此不表态而默认，承认交付货物不合格的做法是错误的。B进出口公司另一个错误就是对国际惯例掌握不够。国际商会第522号出版物《托收统一规则》（以下简称《URC522》）第20条a款规定："如果托收指示书规定应收取利息而付款人拒付利息时，提示行可凭付款或承兑或其他条款和条件交付单据，而不再收取利息，除非第二十条 c 款适用。”本条 c 款又是这样规定的：“当托收指示书明确规定利息不能免收时，如果付款人拒付利息，提示行不应放单并对由于交单延误引起的任何后果概不负责。利息遭拒付后，提示行必须毫不延误地通过电讯方式，若不可能，则通过其他快捷方式通知发出托收指示书的银行。”这就是说虽然托收的委托人意欲委托代收行收取利息，不但要在托收指示书上明确作出规定，而且还要明确强调其收取利息不得免除，代收行才能不入单给付款人。所以说本案例的代收行有权在未收取利息的情况下凭付款的条件而放单给付款人。因此本案例的代收行的处理是正确的，符合国际惯例要求。不仅如此，而且《URC 522》第 20 条的 b 款还规定：“当需要收取利息时，托收指示书必须注明利率、计息时间及计算基础。”但 B 进出口公司在托收指示书上没有这方面的规定，当然代收行在付款人付款的条件下就放单给付款人。同时《URC 522》第 4 条又重复强调托收，在本条的 b 款中规定：“对于托收的利息，如有的话，注明是否可以放弃，包括：(a) 利率；(b) 计息期；(c) 所适用的计息基础（例如，一年按 360 天还是 365 天计算）。”B 进出口公司在本案例的托收指示书上不指示这方面的内容，当然使代收行无法代收。如果利息数额已经明确，有的企业的做法是在商业发票上计算表示出来，然后与货款加在一起（包括汇票）向付款人托收。本案例的利息也已经明确是 45 天，如果 B 进出口公司在托收时，采取上述做法，其收回利息的可能性会大一点，因为付款人在承兑一张汇票时，不是拒付就是承兑。即使拒付，代收行也不能放单给付款人，其货权仍然掌握在 B 进出口公司手中。也有一种可能：买方为了急于承单提货，只好承兑付款，则本案例也不会发生。

十三、信 用 证

——JS 公司与香港 GT 公司信用证支付纠纷案

知识要点

（一）信用证概述

信用证（Letter of Credit，L/C）是开证银行（简称开证行）应开证申请人的申请签发的、在满足信用证要求的条件下，凭信用证规定的单据向受益人付款的一项书面凭证。

以信用证支付方式付款，是以开证银行自身的信誉为卖方提供付款保证的一种书面凭证。通常，只要出口商按信用证书面规定的条件提交单据，银行就必须无条件地付款，所以卖方的货款就会得到可靠的保障。而进口商则可以保证在付款后获得符合信用证条件的所有货运单据。

（二）信用证法律关系

1. 信用证主体，即当事人。信用证下的当事人主要有：

（1）开证申请人，指向银行申请开立信用证的人，通常是买卖合同中的进口方，也是信用证支付关系中的债务人。开证申请人开立信用证通常要有良好的资信，并需向开证行支付押金、开证费用或者提供开证担保。

（2）开证银行，是指接受开证申请人的委托，同意开立信用证的银行。通常，实力雄厚、信誉良好的银行开出的信用证信用度较高。

（3）通知银行，是接受开证银行的委托，将信用证通知受益人的银行。通知行是开证银行的代理人，其应合理、谨慎地审查信用证表面的真实性，而无其他法律责任。

（4）受益人，是指信用证上所指定的有权享有该信用证权益的人，即卖方，也是信用证支付关系中的债权人。

（5）议付银行，是指愿意买入或贴现受益人交来的汇票的银行。议付银行可以是通知行，或是其他指定或非指定的银行。如果信用证未限制议付行，任何愿意买入或贴现汇票的银行均可做议付行。议付银行接受单据和汇票时，经审查单证相符后即可议付。议付后，议付行就成了汇票和单据的合法持有人，可以享有票据法对合法持票人的保护。若开证行拒付，议付银行仍拥有向受益人的追索权。

（6）付款银行，是指信用证上指定的付款银行，通常是开证银行本身。只要付款银行对持票人进行审查无异议即可付款，但是付款行对受益人付款后，对受益人无追索权。

（7）保兑银行，是指根据开证行的请求在信用证上加以保兑的银行。保兑银行和开证行均对受益人承担第一顺位的付款责任。

2. 信用证内容。信用证内容，即信用证当事人的权利与义务。由于信用证下的当事人较多，故法律关系也比较复杂。

（1）开证申请人与受益人之间的法律关系。开证申请人与受益人的法律关系是买卖合同关系。由于买卖合同约定了以信用证方式支付货款，所以买方的义务是必须根据合同约定按时申请开立信用证，超过合同约定的时间尚未开证即为买方的重大违约。

按合同约定开立信用证，是指开证的时间、类型、内容和开证行均要符合合同的约定。如果合同中没有约定开证时间，那么根据国际贸易的实践，通常买方必须在合同约定装运货物开始日的前一天将信用证送达卖方；卖方则必须按合同约定备货、发货并及时提供符合合同约定的单据。

（2）开证申请人与开证银行之间的法律关系。开证申请人与开证银行的法律关系是以开证申请书为基础的委托合同关系。

开证申请书主要规定了开证银行的权利和义务。开证银行对开证申请人的义务或责任主要有两点：其一，根据开证申请人的指示开证，即开出的信用证内容必须与开证申请书相符；其二，以合理的谨慎审核受益人提交的单据。银行审单的责任仅限于核对单据的表面是否符合信用证条款，而不问单据的格式、完整性、真实性、是否系伪造或其法律效力以及单据所代表的货物的品质、数量、签发人的情况或清偿能力等。

（3）开证银行与受益人之间的关系。开证银行与受益人之间因开证行开立信用证之后送达了受益人，受益人接受了信用证之后就确立了双方的法律关系。

（4）通知行和开证行、受益人之间的关系。通知行和开证行之间是一种委托代理关系。通知行接受开证行的委托，其责任仅限于应合理审慎地鉴别所通知的信用证表面的真实性。如该通知行不愿通知，则必须毫不迟延地告知开证行。

通知行和受益人之间没有合同关系。因此，通知行在通知受益人时，往往特别声明它不是当事人，也不因其通知受益人的行为而在双方之间产生任何合同关系。

（5）受益人与议付银行之间的法律关系。一般的公开议付信用证的议付银行与开证银行之间没有委托代理关系，议付银行是自愿承担风险买入受益人的跟单汇票，然后以持票人的身份向开证银行行使索偿权。其愿意议付、买入单据和汇票主要基于以下原因：1）有开证付款保证；2）有受益人提交的符合信用证条款的单据，有物权凭证；3）议付行通常在议付时扣除必要的利息后垫款给受益人而有一笔不小的手续费和利息收入。

（三）备用信用证与保函

在国际货物买卖合同中，有时会使用备用信用证或保函，保证合同的履行或货款的支付。跟单信用证用于保证买方的付款，而保函则保障买方免于卖方不履行合同的损害。保函和备用信用证还广泛用于投标、履行担保、付款担保等。

1. 保函。1978年国际商会制定了《合约保函统一规则》（URCG），但该规则未被广泛接受，1991年其又制定了《见索即付保函统一规则》（URDG）。此二规则皆属于国际惯例，要求只有在保函中明确援引时才对保函有约束力。URCG未被广泛接受的重要原因是，保函与基础合同相联系，而不是担保人承担义务的独立文件；受益人在确定申请人确实违约后才能受偿。URDG是在URCG的基础上制定的新的规则。

URDG所述见索即付保函，是指由银行、保险公司或其他组织或个人（担保人）以书面形式出具的任何保证、担保或其他付款责任。其特点在于：保函与基础合同相互独立，对保函索赔的认定凭单据而非凭事实，担保人只检查单据与保函要求的表面是否一致。

见索即付保函通常有直接担保和间接担保两种。直接担保有三个当事人：申请人、担保人和受益人。间接担保，又叫反担保，有四个当事人：申请人、指示人、担保人、受益人。间接担保一般由申请人向其所在地的指示人提出申请，指示人指示或要求受益人所在地的担保人向受益人提供担保，并向担保人提供反担保。

2. 备用信用证。UCP500适用于包括备用信用证在内的跟单信用证，但并非UCP500所有条款都适用于备用信用证，可以说大多数条款不适用于备用信用证。在制定该惯例时，曾有人提议国际惯例应明确规定适用备用信用证的条款，但这一提议被认为不可能实现而未被采纳。因此，信用证当事人应具体明确信用证的条款与条件。UCP500适用于备用信用证的原因是，从法律上说，备用信用证与见索即付保函相同，但备用信用证的适用范围远远广于后者，且UCP500是最适合备用信用证的规则，故按惯例适用于备用信用证。

备用信用证从法律上讲，实际上就是保函。在联合国上述公约中独立保函和备用信用证是同一概念。独立保函或备用信用证是银行或其他机构、个人的承诺，在受益人索偿或附有单据索偿时，根据承诺的条款和单据条件，向受益人支付一定数额或可确定数额。独立保函与备用信用证也是一种有条件的付款承诺，但它并不总是发生付款。各方通常并不希望索偿要求真正提出，开证行的责任是“备用的”。

备用信用证是由一方应开证申请人的申请开立给受益人的一种付款凭证。根据备用信用证的一般规定，开证行在信用证单证相符的情况下必须履行其按信用证规定条件付款给受益人的责任。就是说，在此条件下，开证银行在受益人向其出示该备用信用证规定的汇票或开证申请人违约的声明或证明时，必须按该证规定，向受益人支付规定的款项。

由此可以看出，备用信用证的主要特点表现为，它是一种独立于买卖合同或借款合同或其他类似的基础合同之外的交易。银行与这类合同完全无关，也无义务去审查这类合同，更不受这类合同的约束。开证银行只是根据该备用信用证的规定和受益人提供的借款人的违约证明即可付款。这点与跟单信用证相似。

备用信用证与跟单信用证也有不同之处，主要表现为：其一，对单证的要求不同，一般的跟单信用证对单据的要求包括运输单据、提单、商业发票、商检证明和保险单据等，而这些单据要求在正常的情况下不适用于备用信用证。备用信用证的单据只是受益人提供的付款人的违约证明。其二，银行对一般商业信用证具有审单义务，而且必须单证相符、单单相符时才有付款义务。但是，银行对备用信用证的审单要求是，具有受益人签署的、证实借款方违约的证明或声明，并不需要去调查借款人是否真的违约就可以付款。其三，付款的性质不同，在商业跟单信用证条件下，开证行承担的义务是支付货款，而备用信用证则是在开证申请人未履约时由银行承担还款责任。

案情简介

1994 年 4 月 11 日，中国内地 JS 公司与香港 GT 公司签订一份出口合同：合同号 No. 94JS-GT102，4950dz of 45×45/110×70 T/C yarn-dyed shirt with long sleeve（涤棉长袖衬衫），5% more or less are allowed，单价 USD28. 20/dz CFR Hongkong，总金额 USD139 590. 00，1994 年 8 月底之前装运，付款方式为 by 100% irrevocable L/C to be available by 30 days after date of B/L（不可撤销的提单日后 30 天远期信用证付款）。

经 JS 公司催促，JS 公司于 5 月底收到由意大利商业银行那不勒斯分行开来的编号为 6753/80210 的远期信用证，信用证的开证申请人为意大利的 CIBMSRL，并将目的港改为意大利的那不勒斯港，最迟装运期为 1994 年 8 月 30 日，同时指定承运人为 Marvelous International Container Lines（以下简称 MICL 公司），信用证有效期为 1994 年 9 月 15 日，在中国议付有效。

JS 公司收到信用证后，没有对信用证提出异议，并立即组织生产。由于生产衬衫的色织面料约定由香港 GT 公司指定的北京 GH 色织厂提供，而此后北京 GH 色织厂未能按照 JS 公司的要求及时供应生产所需面料，并且数量也短缺，导致 JS 公司没有赶上信用证规定的 8 月 30 日的最迟装运期限。为此香港 GT 公司出具了一份保函给 JS 公司，保证买方在收到单据后会及时付款赎单。JS 公司凭此保函于 9 月 12 日通过信用证指定的 MICL 公司装运了 4 700 打衬衫（总货款为 USD132 540.00），并取得了编号为 GM/NAP-11773 的海运提单，提单日期为 1994 年 9 月 12 日。

同年 9 月 14 日，JS 公司备齐信用证所要求的全套单据递交议付行。不久便收到意大利商业银行那不勒斯分行的拒付通知，理由是单证不符：(1) 数量短缺；(2) 提单日超过了信用证的最迟装运期。此后 JS 公司多次与香港 GT 公司和意大利的 CIBM SRL 联系，但二者都毫无音讯。

同年 10 月 19 日，开证行来函要求撤销信用证，JS 公司立即表示不同意撤证。

11 月 1 日，JS 公司收到 CIBMSRL 的传真，声称货物质量有问题，要求降价 20%。JS 公司据此推断 CIBMSRL 已经提货，接着便从 MICL 海运公司处得到证实。而且据 MICL 称 CIBMSRL 是凭正本提单提取的货物。因此 JS 公司立即通过议付行要求意大利商业银行那不勒斯分行退单。此后还多次去电催促退单事宜。

11 月 15 日，意大利商业银行那不勒斯分行声称其早已将信用证号 6753/80210 项下的全套正本和副本单据寄给了 JS 公司的议付行，但议付行仅收到了一套副本单据。

JS 公司了解到意大利商业银行在上海开设了办事处，并立即与该办事处的负责人交涉，严正指出作为在国际银行界有一定地位的意大利商业银行，擅自放单给买方是一种严重违反 UCP500 及国际惯例的行为，希望意大利商业银行尽快妥善处理这一事件，否则 JS 公司将会采取进一步的法律行动，以维护自身的合法权益。

12 月 2 日，意大利 CIBMSRL 公司的总经理 L. Calabrese 主动要求来华与 JS 公司协商解决这一贸易纠纷。12 月 5 日，JS 公司组成 3 人谈判小组赴上海与 L. Calabrese 谈判。在确认了 CIBMSRL 是从银行取得正本提单提货的事实后，谈判过程显得比较简单。谈判中对方以短量和货物质量有问题为由要求降价，JS 公司未予理睬。

12 月 10 日，JS 公司收到 CIBMSRL 公司汇来的全部货款。

案情分析

JS 公司在遭拒付后与有关方面联系以协商解决此事时，有关当事人都避而不理。正当JS公司一筹莫展之时，收货人CIBMSRL公司一封提出货物质量有问题并要求降价20%的传真使之露出了马脚，JS公司由此推断收货人很可能已经提取了货物。接着JS公司便与承运人核实货物下落，证实了JS公司的推断，而且肯定了收货人取货凭借的是从开证行取得的正本提单。因为在这一环节还有可能是承运人无单放货。

根据UCP500的相关规定，开证行如果决定拒收单据，则应在自收到单据次日起的7个银行工作日内通知议付行，该通知还必须叙明银行凭以拒收单据的所有不符点，并还必须说明银行是否留存单据听候处理。言下之意，开证行无权自行处理单据。照此规定，本案中的意大利商业银行那不勒斯分行（以下称开证行）通知JS公司拒付的事由后就应妥善保存好全套单据，听从受益人的指示。

既然JS公司已确定了是开证行擅自将单据放给收货人，就立即通过议付行要求开证行退单。事实上开证行根本就无单可退，也就迫使开证行将收货人推出来解决这一纠纷。银行的生命在于信誉，此时的开证行再也不会冒风险与收货人串通一器。正是抓住了开证行擅自放单这一把柄，使得本来在履约过程中也有一定失误的JS公司寸步不让，将货款如数追回。

JS在前期履约过程中主要有两点失误：一是在信用证改变了目的港后未能及时提出异议，因为目的港从香港改成了意大利的那不勒斯港，至少买方的运费成本增加了许多；二是当面料供应不及时时，没有要求客户修改信用证，而是轻信了对方的担保函。

十四、国际保理

——英国Tex UK公司采用国际保理的案例

知识要点

（一）国际保理概述

国际保理，有多种称谓，有称保付代理、承购应收账款、包销代理、转让收款权等，是指在国际经济贸易活动中用托收的承兑交单和付款交单等方式支付货款时，保理人（或称保理人、保理商）从出口商那里买下所有应收账款，并向客户提供资信调查、风险担保、催收追债、财务管理以及融通资金等综合财务服务。

国际保理业务通常是在出口商的货物装船、发货后，保理人立即将出口商的有关货运单据买下、收取货款的一种支付方式。出口商通过使用国际保理的支付方式来避免不能收受货款的风险。

（二）国际保理法律关系

1. 主体。一笔国际保理业务涉及的当事人通常有四个，即出口商、进口商、出口保理人和进口保理人。出口商是出售货物的组织或个人。进口商是购进货物的组织或个人。出口保理人是接受出口商的委托，在收到出口商的单据后，按汇票金额扣除利息和费用，并按约定的日期将货款支付给出口商的公司。进口保理人是接受出口保理人的委托，对进口商的资信状况进行调查和评估，并确定进口商的信用度，然后将调查结果通知出口保理人，并且在收到出口保理人寄来的单据后向进口商提示付款或承兑后收取货款的公司。

2. 内容。国际保理业务中，保理关系呈多元化特点，不同当事人之间权利、义务是不同的。

（1）出口商与进口商是合同关系，双方通过签订货物买卖合同规定交易最高金额（以保理人提供的信用额度为上限）、货物数量、货物质量、交付时间、交付地点等。

（2）出口商与出口保理人的关系。出口商与出口保理人是合同关系，他们通过签订协议，规定双方的权利与义务。出口商将进口商的名称、信用额度及有关交易情况报告给出口保理人。出口保理人负责向出口商提供进口商的资信调查结果。出口商按合同规定准备货运单据并将单据交给出口保理人。出口保理人收到单据后，按汇票金额扣除利息和费用，并按约定的日期将货款支付给出口商。

（3）出口保理人与进口保理人的关系。出口保理人与进口保理人是代理关系。出口保理人委托进口保理人对进口商资信状况进行调查和评估，并确定进口商的信用额度，然后将调查结果通知出口保理人。出口保理人将从出口商那里得到的单据寄给进口保理人，委托进口保理人向进口商提示付款或承兑后收取货款。进口保理人将收到的货款在扣除手续费以后，将全部款项通过银行转给出口保理人。

（4）出口保理人与进口商的关系。出口保理人与进口商的关系是根据进口商与出口商的合同约定，出口保理人属于合同中的第三人。当出口保理人向进口商催收到期货款时，进口商应付清全部款项。

（5）进口保理人与进口商的关系。进口保理人与进口商没有直接的法律关系，他们的关系是通过出口保理人与进口保理人的法律关系而引起的。当进口商拒付货款时，进口保理人只能通知出口保理人。

（6）出口商与进口保理人关系。出口商与进口保理人没有任何直接法律关系。

案情简介

经营日用纺织品的英国 Tex UK 公司主要从中国、土耳其、葡萄牙、西班牙和埃及进口有关商品。几年前，当该公司首次从我国进口商品时，采用的是信用证结算方式。最初采用这种结算方式对初次合作的公司是有利的，但随着进口量的增长，他们越来越感到这种方式的烦琐与不灵活，而且采用这种方式他们必须向开证行提供足够的抵押。为了继续保持业务增长，该公司开始谋求至少 60 天的赊销付款方式。虽然他们与我国出口商已建立了良好的合作关系，但是考虑到这种方式下的收汇风险过大，因此我国供货商没有同意这一条件。之后，该公司转向其国内保理商 Alex Lawrie 公司寻求解决方案。英国的进口保理商为该公司核定了一定的信用额度，并通过中国银行通知了我国出口商。通过双保理制，进口商得到了赊销的优惠付款条件，而出口商也得到了风险保障以及贸易融资。目前 Tex UK 公司已将保理业务推广到了 5 家中国的供货商以及土耳其的出口商。公司董事 Jeremy Smith 先生称，双保理业务为进口商提供了极好的无担保迟延付款条件，使其拥有了额外的银行工具，帮助其扩大了从中国的进口量，而中国的供货商对此也应十分高兴。

案情分析

虽然出口商会将保理费用加入到进口货价中，但 Jeremy Smith 先生认为对进口商而言，从某种角度看也有它的好处。当进口商下订单时，交货价格就已确定，他们无须负担信用证手续费等其他附加费用。而对于出口商十分关心的保理业务中的合同纠纷问题，相对而言，虽然理论上说信用证方式可以保护出口商的利益，但实务中由于很难做到完全的单证一致、单单一致，因此出口商的收汇安全也受到挑战。Jeremy Smith 先生介绍，该公司在与中国供货商合作的五年时间里仅有两笔交易出现一些货物质量方面的争议，但问题都很快得到解决，且结果令双方满意。日本轮胎制造商 Shimano 公司为了开拓北欧这一新市场，于 1984 年首次采用出口保理的结算方式。目前该公司已对许多国家的出口采用了此方式。据公司的一位发言人介绍，出口保理作为一种价廉高效的结算方式，帮助公司抓住了出口机遇，改善了公司的资金流动性，减少了坏账，同时也节省了用于销售分户账管理、资信调查、账款回收等的管理费用。该公司认识到，仅靠公司规模以及产品声誉不足以应付跨国贸易中的各种问题，与日本出口保理商的合作以及 FCI 全球网络提供的服务促进了公司成功开拓海外市场。

图书在版编目（CIP）数据

法学综合案例教学/谭和平，陈文曲主编.
北京：中国人民大学出版社，2010
（实践性、研究性人才培养综合案例教学系列教材/皮修平总主编）
ISBN 978-7-300-12324-0

Ⅰ.①法…
Ⅱ.①谭… ②陈…
Ⅲ.①案例-分析-中国-高等学校-教材
Ⅳ.①D920.5

中国版本图书馆 CIP 数据核字（2010）第 116068 号

实践性、研究性人才培养综合案例教学系列教材
总主编/皮修平　副总主编/唐芳贵　梁文明
法学综合案例教学
主　编　谭和平　陈文曲
副主编　周标龙　罗文正
Faxue Zonghe Anli Jiaoxue

出版发行	中国人民大学出版社		
社　　址	北京中关村大街 31 号	**邮政编码**	100080
电　　话	010－62511242（总编室）		010－62511398（质管部）
	010－82501766（邮购部）		010－62514148（门市部）
	010－62515195（发行公司）		010－62515275（盗版举报）
网　　址	http://www.crup.com.cn		
	http://www.ttrnet.com(人大教研网)		
经　　销	新华书店		
印　　刷	涿州星河印刷有限公司		
规　　格	170 mm×228 mm　16 开本	**版　　次**	2010 年 6 月第 1 版
印　　张	24.5	**印　　次**	2013 年 1 月第 3 次印刷
字　　数	436 000	**定　　价**	39.00 元